煮酒话太宗

皇二代的千秋家国梦

黄如一 著

山西出版传媒集团
山西人民出版社

图书在版编目（CIP）数据

煮酒话太宗：皇二代的千秋家国梦 / 黄如一著. —太原：山西人民出版社，2012.5
 ISBN 978-7-203-07711-4

Ⅰ.①煮… Ⅱ.①黄… Ⅲ.①皇帝-生平事迹-中国-古代-通俗读物②中国历史：古代史-通俗读物
Ⅳ.① K827=2 ② K220.9

中国版本图书馆CIP数据核字（2012）第073890号

煮酒话太宗：皇二代的千秋家国梦

著　　者：	黄如一
责任编辑：	吕绘元
装帧设计：	昭惠文化
出 版 者：	山西出版传媒集团·山西人民出版社
地　　址：	太原市建设南路21号
邮　　编：	030012
发行营销：	0351-4922220　4955996　4956039
	0351-4922127（传真）　4956038（邮购）
E-mail：	sxskcb@163.com　发行部
	sxskcb@126.com　总编室
网　　址：	www.sxskcb.com
经 销 者：	山西出版传媒集团·山西人民出版社
承 印 者：	山西出版传媒集团·山西新华印业有限公司
开　　本：	787mm×1092mm　1/16
印　　张：	24.75
字　　数：	366千字
印　　数：	1-10 000册
版　　次：	2012年5月第1版
印　　次：	2012年5月第1次印刷
书　　号：	ISBN 978-7-203-07711-4
定　　价：	39.80元

如有印装质量问题请与本社联系调换

目 录
CONTENTS

序　篇　太宗文皇帝 …………………………………… 001

第一篇　上古之玄幻序曲——商太宗太甲 …………… 007
 中华帝国的传说时代 …………………………… 008
 阴影下的主角 …………………………………… 010
 知错能改是好太宗 ……………………………… 012
 历史记载 AB 剧 ………………………………… 014
 中国国君的公共管理属性 ……………………… 016

第二篇　二世而亡，帝国成型——秦二世赵胡亥 …… 018
 失败的例子 ……………………………………… 019
 中国特色封建社会 ……………………………… 020
 千古一帝，死了吃鲍鱼 ………………………… 023
 被即位的小朋友 ………………………………… 026
 传说中的暴政 …………………………………… 029
 二世而亡不怨我 ………………………………… 033
 前进路上的曲折 ………………………………… 035

第三篇　文景之治，大汉天威——汉文帝刘恒 037

- 太祖建国，三足鼎立 038
- 脆弱的权力真空 040
- 主角出马摘桃子 043
- 微妙博弈 045
- 三大贤君，文景之治 048
- 北方的草原很危险 057
- 身后是——汉并天下 060

第四篇　魏晋南北朝——一笔风花雪月的烂账 065

- 茶几上摆满了杯具 066
- 头破血流得精彩纷呈的三国时代 067
- 被当了坏太宗的好丞相——晋太宗司马昱 077
- 被当了坏丞相的好太宗——屠龙大王宇文护 082
- 南北朝的烂账有人收 089

第五篇　一破瓶颈千年路——隋文帝杨坚 091

- 得来最容易的江山 092
- 三省六部科举制 096
- 再造华夏的不世奇雄 103
- 超级大国的草原攻略 108
- 开皇之治开启隋唐盛世 116
- 可怜一片父母心 122

第六篇　贞观长歌传四海——唐太宗李世民 129

- 少年英雄，挟父出世 130
- 天策上将，再统天下 133

目 录

玄武夺嫡,历史重演 ··················· 140
华夏天威,广布全球 ··················· 147
贞观长歌,盛唐气象 ··················· 153
夸大其词,急功近利 ··················· 158
亦正亦邪,谜样风采 ··················· 166

第七篇　五代十国——被害妄想症的夜宴 ··········· 169
最严重的一次乱世 ··················· 170
这个太宗没本纪 ···················· 172
这个太宗没文化 ···················· 176
这个太宗没爷爷 ···················· 182
这个太宗没智力 ···················· 188
这个太宗没生命 ···················· 193
菊花残,满地伤 ···················· 204

第八篇　中国特色封建社会的最巅峰——宋太宗赵炅 ······ 205
最有秩序的一次改朝换代 ················ 206
中华帝国怎么决定谁当皇帝 ··············· 210
结束五代乱世的真正英雄 ················ 217
旗开得胜,我好厉害 ··················· 221
运筹帷幄之中,决败千里之外 ·············· 226
规范成熟的国家体系 ·················· 234
中国特色封建社会的巅峰盛世 ·············· 245
中华文明造极于赵宋之世 ················ 252
虽然有点幼稚,其实还不错 ··············· 257

第九篇　辽夏金元——你方唱罢我登场 ············ 260
与宋为邻的周边政权 ·················· 261

驼峰奇侠，盖世帝圮——辽太宗耶律德光 ………… 262
凡易五姓，终建家国——夏太宗赵德明 ………… 269
神秘崛起，蛇吞巨象——金太宗完颜吴乞买 ………… 275
草原正主，上帝之鞭——元太宗窝阔台 ………… 281
巅峰处的大调整 ………… 287

第十篇　万里海疆日月是——明太宗朱棣 ………… 290

最特殊的太宗 ………… 291
奉天靖难，战鼓之歌 ………… 295
成王不等于败寇 ………… 307
宰相的终极形态 ………… 314
武功之盛，远迈汉唐 ………… 325
中国主导下的全球化模式 ………… 331
中国特色封建社会的集大成者 ………… 339
际天极地，罔不臣妾 ………… 347

第十一篇　奇迹之成功者——清太宗皇太极 ………… 350

东北版西夏 ………… 351
满洲版德明 ………… 355
明朝版秦桧 ………… 361
幻想版南宋 ………… 371

终　篇　一脉相承的发展脉络 ………… 375
主要参考资料 ………… 385

序篇　太宗文皇帝

毫无疑问，从秦汉到清代的两千年是中华民族最重要的一段历史，在这段被称作封建时代或帝王时代的两千年中，统一的中国概念逐渐形成，中华文明走向成熟。而这漫长的两千年并非只有一个朝代，一个个前后相继的王朝构成了中国历史这幅跌宕起伏的浩瀚长卷。

但有一位西方哲人曾说过："中国历史就是一部周而复始的王朝更替史，每一次改朝换代又回到原点，重复上一个周期，所以几千年里中国始终原地踏步。"这句话曾让无数中华民族的仁人志士痛心疾首，立志要将本民族的传统文化连根拔起，改换门庭，投在西方文明旗下。至于这位西哲姓甚名谁、家住何方就不透露了，因我实在不好意思直接冒犯他的鼎鼎大名。他这个流毒甚广，至今还有无数拥趸的论断显然是错误的。在过去的几千年中，在中国特色封建社会道路上发展的中华民族，不但不是原地踏步，而且还是全球进步最快的一个民族。每一次改朝换代不但不是回到原点，而且很多次还是引领人类文明走向的重要节点，用杰出的管理科学破解了一个又一个社会发展的瓶颈。

全球进步最快！杰出的管理科学！有些接受了西方先进教育的精英已经忍不住要扇自己两个耳光，看是不是在做梦。别急，如果您耐心看完本书，恐怕要把脸扇肿——就算脸皮够厚，手也要扇肿。

当然，如果只是为了扇精英的脸，我可没兴趣写这么一部书，只是近年来

民间学史气氛浓郁,人人都爱指点江山,纵论古今。这本是好事,但可能现代人不太擅长繁体字和文言文,白领们更忙着过劳死,没空去看正史,却热衷于当年明月、赫连勃勃大王、黄如一之流用口水话写的通俗历史。无数人高举自己都忘了是从《明朝那些事儿》还是《铁血强宋》或是《金瓶梅》中看来的论据,每天在论坛、茶馆、公交车和办公室津津有味——也有可能是脸红筋涨地传道授业解惑。他们一句话可以总结出上下五千年的盛衰规律,一句话可以点破中华文明为何必然被西方文明甩在后面,再一句话又可以成为如何反超的锦囊妙计。我甚至相信,他们再多说几句,可以让玉帝和嫦娥交换工作——在他们看来,天庭政府庞大的组织结构和天蓬元帅魁梧的体形结构区别也就是自己多弹几下舌头。

当然,我很赞赏言论自由,更提倡学术宽容,但这个问题实在有必要认真探讨一下——西方传统封建社会和中国特色封建社会到底谁周而复始,原地踏步,而谁引领世界发展前行。

很多探讨者认为:古代中国没有自由民主,没有管理科学,只有两千年的独裁专制,能发展出来个狗屁。然而搞笑的是,这些讨论的朋友往往并不具备最基本的史学和管理学知识,他们很多刚刚搞清丞相其实是宰相的一种,甚至还没来得及搞清黄帝其实不是皇帝中的一个,却可以用百分之百,甚至百分之一万的口吻告诉你:"别傻了! 管理科学? 社会进步? 这些东西压根儿就没有出现在封闭落后的封建中国!"——当然,也有可能说的是西方。

那么,这个问题到底该如何作答? 我们至少应该先准备一点历史学和公共管理学的基础知识,略览过了我们的历史才好回答。

首先,中华帝国并不机械等同于西方的Empire(帝国),中国的封建社会亦绝不简单等同于西方的Feudal Society(封建社会),而是中国特色封建社会。西方封建社会以宗教和封建人身依附关系为纽带,传统西方公共管理学的要义便在于强化这种纽带作用。而东方社会没有宗教和封建人身依附关系,公共管理思想则是以设计组织结构体系和协调平行人际关系为核心。中华帝国分为许多朝代,每个王朝都希望本朝长盛不衰,这就需要设计合理、符合当时历史背景的国家政权制度和行政管理体系,每个朝代的不同设计就构

成了中华帝国的不断进步。因此我们至少应该略览过这种发展历程,才好作出从不进步或者总在进步的宏大论断。

那么每个朝代的结构体系和运行风格又如何形成?一建国自然就有了吗?只恐未必。所谓打江山难,坐江山更难,事实上开国皇帝往往都是些打天下的武夫,王朝的盛衰气运似乎更取决于第二代皇帝如何坐江山。因为一世打江山的方式自己一个人用就可以了,后人不用学,但是二世主怎么坐江山,则往往成为整个王朝长期坚持的标杆。这个标杆树得好,王朝就发展得好,而标杆一旦跑偏,便很难保持繁荣稳定。所以,研究一世怎么造反,在和平年代似乎意义更小,而研究每个王朝的二世主所设计的国家架构,就能从很大程度上掌握这个朝代的总体风格和运行机制,从而勾勒出整个中华帝国两千年来的发展脉络。具体到每位二世主,由于建国初期的一些不规范性和不稳定性,他们往往都不是常规继位,坐上皇位的故事非常值得一看,所以我作《煮酒话太宗》十三篇,来与读者共同研究他们的故事。

如果把每个王朝的第二代领导人称作二世,似乎太枯燥了一点,不妨使用中国传统的太宗称谓。在此,需要先大致了解一下史书对皇帝的称呼以及谥法的常识。

所谓谥法,即指一个人死了,后人追赠给他的一个称号。这个称号概括了此人的一生,可以和爵位连用。比如一位周天子(天王)很厉害,就叫周厉王;一位秦国公很孝顺,就叫秦孝公;一位汉朝的皇帝又孝顺,武功又很卓著,就叫汉孝武帝。后来公的概念扩散化了,杰出的士大夫均可称公,不一定真的是公爵。比如范仲淹谥号文正,习惯就称范文正公。

而庙号则是一种皇帝专用追赠。每个家族都有自己的宗祠,皇室也有自己的太庙,供奉皇室历代祖先。在唐朝之前,特别杰出的皇帝除了每人都有的谥号,还可以专门上一个庙号,但只有特别杰出的才有,并非人手一份。比如汉朝著名的文景之治中的汉景帝,在大多数人看来应该算是青史留名的一位杰出帝王,却未能取得庙号。正因为有的皇帝有庙号,有的只有谥号,所以汉晋的皇帝史书上统一称谥号而不称庙号,如汉武帝、晋惠帝等。而从唐朝开始,庙号就滥市了,除了末代皇帝,一个都不能少。而谥号却越来越长,一般都

是十几个字。比如宋太宗的"至仁应道神功圣德文武睿烈大明广孝皇帝"。因此隋唐以后史书统一称庙号而不称谥号,如唐高宗、宋太祖等。明朝以后沿袭宋制,史书一般称庙号,但由于绝大多数皇帝都只用一个年号,习惯上也可用年号指代,如永乐帝、光绪帝等。

可能很多人都想问为何有的庙号是"祖"而有的是"宗"呢?这便是根据"祖有功而宗有德"的标准:"祖"一般是立下了创建王朝的功,"宗"则是保持了王朝继续兴盛的德。

"祖"和"宗"前面那个字当然也不能随意取。按惯例,第一位"祖"庙号太祖,谥号高皇帝,这一般是开国皇帝,复辟的可称世祖、烈祖等。第一位"宗"庙号太宗,谥号文皇帝,这一般是第二代主要领导。文帝和太宗都常用于二世主。"文"不是指文才,而是治理的意思,所谓"经天纬地曰文"。您可以理解为高帝创建了一个硬盘,而文帝对其进行了格式化,后面的根据这种格式运行。其后的庙号则按具体情况追谥,用于表达后世对此帝王一生的评价。一般来说,公认的仁君可谥仁宗,发扬了孝道的可谥孝宗等。当然,庙号的描述未必就一定客观准确,比如有人只有一米五却要叫高宗,但总体而言庙号是精炼评价一个历史人物的重要手段。中国的谥法系统是中华帝国一种重要而巧妙的公共管理技术。

本书要详细讲解的正是每个王朝第一位取得"宗"字庙号,一般也是王朝第二代重要帝王——太宗的故事,每篇主角选取的标准非常公开、公平、公正:

第一,每朝获得太宗庙号的人;

第二,每朝获得文帝谥号的人;

第三,每朝具有规范性、具有选择正轨意义的第二代领导核心。

当然,他们也不一定正好都是第二位,有的晚到了第三至五位,还有的甚至是负一位——建国前就死了,太宗庙号是儿子开国后追赠的。还有人并未正式取得太宗庙号,但确实具备了二世主的特征,对帝国甚至整个人类文明的走势起到了龙颈的作用,所以均可记入本书。

本书最重要的几篇主角都完全符合上述三条标准,获得了第二代领导核

心庙谥的标准配置——太宗文皇帝。有几篇主角没有获得标准配置,但一般来说要么有太宗,要么有文帝,少数只符合第三条标准的也都可以入选。比较特殊的是有一位小同志既不是太宗,又不是文帝,而是叫×二世。这么直观的表述是不是有点降低大家的品味啊?没办法,他确实符合第三条标准,准予入选。每一位太宗都有不一样的精彩故事,而他们之间的不同,哪里又仅仅是他们个体的差异,实是社会进步的大背景使然。所以,比较他们之间的异同,正是把握中华帝国龙脉,认清社会前进方向的途径之一,也正是本书的目的所在。

第一篇 上古之玄幻序曲——商太宗太甲

中华帝国的传说时代

据流传至今的文字版史书记载,商朝首创谥法系统,所以商太宗太甲应该是中华帝国的第一位太宗,理所当然他应该成为本书的第一位主角。

然而,商朝显然不能与秦朝以后的朝代相提并论,彼时之中国亦无法称之为帝国。本书主要内容当是中华两千年帝国时代,本篇只不过是开端肇始,似乎更应在序篇一笔带过。然而一部著述,可以无尾,留人以遐想,却不能无头,陷人以迷茫。所以本书单列一篇,既是为第一位太宗单独成篇,也可以概述先秦故事,讲明中华民族的上古渊源,使后人明白各种道理来之有据,并非偶然。

中华民族向来有文字记载历史的传统,留下了浩如烟海的文字史料,尤以正史精神著称。这便不同于其他民族以口述作为历史传承的方式,很多故事编得言之凿凿却不经意间突破了逻辑底线。宙斯、雅典娜、路西法更是正史中的常客,以至于已经接受信史思想的现代西方史学界,至今未能根治间歇性人神不分的病根。

当然,客观地说,《史记》的前几卷在后人看来也未必算得上正史,相信太史公司马迁用区区四卷概述中华民族的起源(在当时看来应该是人类的总起源),应该和我现在写本篇的想法相去不远。

后人习惯将秦以前的夏商周三个朝代称为三代,再往前就是传说时代了。虽然二十四史之首的《史记》甚至四书五经都记载了一些三代的情况,但是作为一位理性且无极端宗教思维方式的中国人，我还是对有关三代的史料持姑妄听之的态度。事实上，大多数中国人也都持类似态度，三家注本《史记》中，三位唐宋的注解者注解的字数比原文多十几倍，我们基本上要在注解中去找原文。这些注解主要都是考证《史记》的谬误和自相矛盾之处，太史公如果泉下有知，一定会后悔当初为什么选择了接受宫刑而不直接去死。

如果从纯粹的历史学角度出发，三代的要义便在于考证，因为这些史料错漏百出，简直就是考证主义者的金矿。然而从某种公共管理学的角度出发，一些记载的真伪恰恰无关宏旨，重要的是后人对某种表述的认同方式。中国人选择性地保留了上古时代尧舜禹汤几位圣君的正面典型故事，再适当地加以夸大，将其作为后世帝王的标杆，既可鞭策在职的政治家，更可作为全社会共同憧憬的方向，这正是历史学的一个功能。

探索先秦历史，我们还是以《史记》为线索。原版《史记》第一卷是《五帝本纪》，唐代司马贞又加一卷《三皇本纪》，然后是《夏本纪》《殷本纪》和《周本纪》，其中殷指商。史记三皇五帝带领华夏民族走过了蛮荒时代，大禹之子夏启建立夏朝，规定"国王永定"。夏王是华夏民族永恒的王者，似乎可以视为第一个正统王朝。约在西元前1600年，国君传至桀。夏桀残暴无道，大约生活在今河南商丘、山东曹县一代的商族部落首领子履经过充分准备，率领商族以武力攻灭夏朝，建立商朝。子履即为商太祖，亦称商汤、成汤、武汤。商朝初定都亳（今山东曹县附近），后经常迁都，直到第二十世帝盘庚迁都至殷（今河南安阳）才稳定下来。后来周朝为了显示对商的轻蔑，不称商而以殷代称，所以后世常称殷商。

商汤灭夏建商具有极其重大的历史意义，这是中华民族历史上第一次改朝换代。改朝换代这个词在中国人看来并不突兀，但在大多数民族看来却是相当陌生且刺眼。因为绝大多数民族根本没有这个概念，一个国家（部落）一旦确定主人便永世相传，不能更改，可能被外族吞并，但不可能发生内部的所谓改朝换代。夏朝规定"国王永定"，但夏臣商汤攻灭夏朝，新建商朝，打破了这一规则，史称汤武革命。位列四书五经之首的《易经》赞其"顺乎天而应乎人"，说明这才是适合中国人思维方式的正确模式，正是这样的模式开启了多

姿多彩的中国历史。

从历史进步的意义上讲，改朝换代这种机制赋予了中华民族独具一格的生机与活力，每当历史进行到需要重大变革的节点处，总会有一场适时的革命来催生新王朝带领全民族革除积弊，走向新的文明阶段。正因如此，发端并不算特别早的华夏文明（比起巴比伦、苏美尔等文明而言，华夏文明其实不太好意思自称古文明）才能在三代逐步走到世界文明的前端，从秦朝开始引领世界两千年。

从现实的政治意义上讲，这种模式为统治者带来了更多的麻烦，他们需要花更多的精力和心思来保持本朝的统治地位，所以才有了本书所言太祖费力打天下，太宗更费心思坐天下的模式。

现在，全书第一位主角即将登场，他非常紧张，如何制定商朝的模式，塑造商朝的国风，使其国祚绵延？当我们看过商太宗太甲的故事，一定会明白太宗的工作比起太祖，虽然没有浴血厮杀，却又有多么不一样的惊险！

阴影下的主角

伊尹和太甲，这两个名头哪个更响，更能代表殷商初年的优秀政治？显然是伊尹。后人常用伊尹、霍光来形容大权独揽却又忠心为国的名臣贤相，甚至说伊尹是大成至圣先师孔夫子之前的元圣。本篇主角当然只能是商太宗，但任何人都会发现伊尹才是那个时代真正的主角。就算是强要写商太宗，也只能是伊尹阴影下的主角。

据《史记》记载，商太祖本立嫡长子太丁为太子，但太子没来得及继位就死了。太祖驾崩后由太丁的弟弟外丙继位，在位三年驾崩。帝外丙之弟中壬又继位，在位四年驾崩。没有确切史料显示帝中壬还有没有弟弟或儿子，那他的王位应由谁来继承？这个问题若处理不好，商王室内斗起来麻烦可就大了，别忘了商朝自己开启的革命模式，对自己也是有效的。

就在这时，太祖的托孤重臣伊尹站了出来。

伊尹,生卒年不详。《史记》称其名为阿衡,伊是他受封的地名,尹是商初最高官职,相当于首相。但《孙子兵书》称其姓伊名挚,阿衡才是官名,《吕氏春秋》也持相似的观点。

据说伊尹本生于伊水(河南洛水的支流),后流落到有莘国当自耕农。伊尹研究天下大势,认为夏朝必亡,他希望有莘氏能担当起灭夏建立新朝的重任。为此他不惜放弃自由民身份,到有莘氏宫中去当奴隶。伊尹通过高超的烹饪技术获得有莘氏首领的宠爱,却不幸发现有莘氏与夏王同为夏禹后人,很难担当革命领袖。经过继续搜索,伊尹发现商族领袖成汤非常适合作为灭夏的领袖,于是趁商汤迎娶有莘氏的一位贵族女子为妻之机,作为陪嫁到了商汤家。后来商汤发现这个陪嫁奴隶才能出众,遂免去奴隶身份,伊尹逐渐成为重臣。

这段来历极具传奇色彩,不过可信度不高。《史记》提供了另一种说法,说伊尹精于烹饪,并结合神农氏的中草药理论,发展出中医药汤剂工程,由此名声大震。伊尹又精研三皇五帝、尧舜禹汤的治国之道,被有莘国礼聘入宫,担任师仆,负责教育贵族子弟。这据说得到了甲骨文考据的验证,如果包括甲骨文记载的话,那么史上第一位有记载的教师便是伊尹而非孔子。商汤仰慕他的才名,五次前往力邀,才请得伊尹归为辅佐。这显然是三顾茅庐的故事原型,而且《吕氏春秋》《资治通鉴》都认可伊尹是中医药汤剂的发明人,此说可信度似乎更高。

根据零散史料判断,夏朝灭亡的一个重要原因是奴隶主将过多奴隶用于奢侈的家庭服务,承担生产任务的自由民劳动力不足。而伊尹将大量奴隶投入到物质生产中,改善了生产力结构,推动了商族强盛。商朝建立后全国都采用伊尹的治国理念,一时欣欣向荣,伊尹树立起崇高的威望,商汤驾崩后自然成为托孤重臣,大权在握。伊尹从有莘国当师仆起,就当惯了帝师,虽名为商臣,但商汤就把他当老师,到商汤的儿孙辈就更加尊崇。伊尹自称先知先觉,要使天下人民后知后觉。不过当时硬件实在有限,别说什么造纸印刷术,连成熟的文字都还没有,所以先知虽亲自兼任教育部部长,但商朝的文化科教事业似乎成就一般,大家依然是文盲,只是都知道了有伊尹这么一位先知的存

在。

当王位继承人出现疑问时,连续辅佐了几位商王的大先知伊尹的意见就非常重要,最终他的选择是太丁的嫡长子也就是商汤的嫡长孙——太甲。

这似乎很容易使人联想到游牧民族兄终弟及,最终又传回给长兄儿子的朴实模式,但联想一下就行了,千万别联系起来。商汤是立过儿子太丁作为太子,只是太丁自己不争气,死在了老爹前面,继位的仍是商汤的儿子而非弟弟。至于帝中壬没能将王位传给自己的儿子,这很可能是因为没有儿子,所以传给了最有资格的侄子,仍是传子的一种变通。可见太甲的继位,恰是在维护父子相继模式,而非游牧民族的兄终弟及。

当然,如果要帝中壬自己行使权力的话,未必就轮得到太甲,这还是伊尹拿的主意。所以太甲能够成为商太宗,着实应该好好地感谢一下这位元圣。

知错能改是好太宗

帝太甲登基后,深刻认识到肩上重担,全心全意做一个好首领。伊尹也尽心辅佐,连写《伊训》《肆命》《徂后》等几篇著名的公共管理学论文,论述商汤(在他辅佐下)的治国之道。帝太甲虚心接受,君臣上下都非常和谐。据说前三年经济增长,物价平稳,堪称盛世,人民齐声称颂太甲是个好国王,伊尹是个好宰相。这时帝太甲有点飘飘然了,觉得老子这么能干,从小博览群书,现在达到顶峰,往前三百年、往后三百年,没人比我更优秀,我看了那么多的人文社科书籍,为啥还要看你个糟老头子这些莫名其妙的论文!

夏商的历史记载实在不太清楚,我们也不能确定帝太甲的准确年龄,所以不能确诊是不是青春期逆反心理,但症状肯定是符合的——凡是伊尹作出的决策,太甲都坚持反对;凡是伊尹的指示,太甲都始终不渝地去破坏——这并非太甲真的觉得伊尹的政策不合理,而是为了通过反对伊尹来彰显自己的存在。对此伊尹非常头疼,又写了多篇政论来规劝帝太甲。诚然,历史上不乏被老夫子的微言大义感动得浪子回头的坏学生,但是当这个坏学生的爸爸、叔叔都死光了,自己还当了国君,就没那么容易被几句话劝得回心转意了。

帝太甲为了彰显自我,改变了伊尹的治国之道,成为一个标准的荒淫之君,据说还暴露出残暴的一面。伊尹屡谏不改,最后作出了一个非常艰难的决定——放逐太甲!是的,您没有看错,宰相伊尹放逐了国君太甲。

伊尹把太甲送到供奉商朝历代祖先的桐宫(故址在今河北临漳),勒令他闭室自省。太甲本以为当上国君就成了神,可以为所欲为,直到被放逐才顿悟一个基本道理——国君也是人不是神,这个世界上没有可以为所欲为的人。但是不是太晚了,国破家亡的惨剧还能逃脱吗?然而太甲,以及他的商王朝又是无比幸运的。大圣人并没有落井下石,他放逐太甲确实是在尽心教育不谙世事的年轻人,而非抢班夺权。

突然从王座上被赶下来,成为一个孤苦的守墓人,太甲感受到巨大的落差。由于没有看过他的自传,我们无法确认他当时的心态,更不知他到底是痛定思痛还是确实无聊,最终还是捧起了伊尹的著述,认真学习元圣理论。通过三年刻苦学习,再加上在桐宫的熏陶,太甲终于明白了很多道理,长大成人。

伊尹到桐宫来验收改造成果,太甲稽首道:"小子我不懂事,败坏我爷爷的基业,差点成为罪人,多亏老师您教育得当,使我明白了'天作孽,犹可违;自作孽,不可逭'的道理啊!"伊尹趁机继续教育:"天命无常,只有德才是常。如果你不修德,轻慢神灵,虐待人民,就是皇天也保不了你。只有始终保持'一德(非常纯一的德行)'才能保住你们家的王位啊!"

由于见太甲诚心悔过,伊尹将其领回国都,坐回王位。帝太甲也深刻汲取教训,在伊尹的辅佐下将国家经营得更好。伊尹对自己的教育成果非常满意,作《太甲训》三篇,褒扬帝太甲知错能改的好品质,顺便又提出了很多为政治国的理念,其核心思想是要尊重鬼神和以德治国,尤其是君主的个人品德。伊尹的很多思想都成为中华帝国最基本的治国理念,当然,由于中国始终没有进入宗教社会,所以伊尹有些关于神权统治的思想没能登堂入室,这也正是中华文明和其他文明的一个重要分野。

根据《夏商周断代年表》,帝太甲于西元前1570年驾崩,在位十二年。由于帝太甲知错能改,治理国家卓有成效,盖棺定论时被认为还算不错,符合

"祖有功而宗有德"的标准,获得了庙号,即为商太宗,同时还有谥号文帝——太宗文皇帝,二世主的标准配置。相比之下,他的前两任叔父德才平庸,主要是在位时间太短,没来得及表现,没有获得庙号,也就只能算过渡人物而称不上二世主。

历史记载 AB 剧

商太宗的故事就这么简单,然而上古时代的事一般都有好几个版本,而且这些版本有时可以相差到离谱的程度。这就像前段时间流行的一种电视剧形式:AB剧——为了满足不同嗜好的观众,拍摄A、B两种大相径庭的剧情,观众爱看哪种看哪种。

商太宗的故事其实也有多个版本,但大多不靠谱,不过其中一个版本还是有必要讲一下。

首先,太甲是继商汤、外丙、中壬后商朝第四任国君,此说取自《史记》,但据孔子为《尚书》所作的序,商汤驾崩后即为太甲元年,也就是说根本不存在什么帝外丙、帝中壬,帝太甲在位时间也有十二年和二十三年两说。然而根据夏商周断代工程的甲骨文考据和碳-14检测结果判定,帝外丙和帝中壬又是存在的,帝太甲在位时间确是十二年。不过这些都不算什么,真正令人惊叹的是《竹书纪年》中惊世骇俗的记载。

据《竹书纪年》记载,伊尹是个老奸巨猾的人渣,他在商朝前三位君主手下隐忍不发,一直装作忠心耿耿。年轻的太甲登基后,伊尹觉得时机成熟,于是发动政变,将太甲囚禁在桐宫,自立为王。太甲被囚七年后,抓住一个机会偷跑出来,杀死伊尹,夺回了王位。

这真是标准的B剧情!华夏民族有着极其强烈的正史情结,尽管可以出于不同动机对同一事件作出不同解读,但基本事实是不容混淆的。即便"历史是任人打扮的小姑娘",但小姑娘这个基本事实仍不容篡改。您绝不能说"历史是春哥,既是超级女生,又是纯爷们儿"。

以《史记》之说，儒家树立了伊尹这个和孔子比肩的伟大典型，而《竹书纪年》则彻底推翻了这个典型，揭露了元圣的人渣本来面目。那两者应该优先信谁？《史记》是汉朝的司马迁根据各种原始资料编撰而成的史书，而《竹书纪年》是一部刻在竹上的历史纪实，类似于后世的实录，本身也是《史记》的参考资料之一。按理说原始资料比编撰著述的信任度更优先，但历史研究必须根据各种资料来综合判断，更要符合基本逻辑，不能偏信任何一家之言。

根据甲骨文考据、儒家经典记载以及碳-14检测结果等，伊尹卒于帝太甲之子帝沃丁在位期间，商朝以天子规格将其葬于发源地亳都，直到六百年后的商末还在享受最高规格的祭祀，伊尹的儿子伊陟后来也当上国相，一个篡逆的叛臣又怎可能享受如此待遇？所以《竹书纪年》虽是一本珍贵的原始资料，但这段记载显然是错误的，后世包括那三位专挑《史记》漏洞的唐宋才子都没有采信。

那为何《竹书纪年》会写出伊尹篡位如此离谱之说？其实岂止是伊尹篡位，此书甚至还说尧舜之间根本没有禅位，而是舜帝囚禁尧帝后夺的位！

更恐怖的是西方人至今还在坚持——夏朝根本不存在。

最怀疑夏朝存在的是西方史学界的考古学派，此派认为真实的历史必须有考古遗址作证，尤其是文字记载之前的历史，必须要有那么几件金器、青铜器作证。比如他们也曾质疑商朝的存在，但殷墟一出土便立即打消质疑。夏朝的遗址确实到目前为止还未发现。不过这也只能说"不曾证明夏朝存在"，尚未转化为"证明夏朝不曾存在"。而且我国已经找到比夏朝时代更早的陶寺遗址（在今山西襄汾），尽管研究成果还不多，但至少证明夏朝以前中国文明就已存在，夏朝应该不是一个断代。更重要的是考古学派通过考证特洛伊、克里特、迈锡尼遗址，力证宙斯和雅典娜主演的《荷马史诗》是正史而非神话，据说现在还有人找到了诺亚方舟的遗迹，准备证明《圣经》的真实性。所以这帮人的思维方式，您说您能信吗？

其次是来自国内的质疑，主要以顾颉刚先生为主，他们发现商朝的甲骨文中从无夏朝的记载，甚至连"夏"字都没有（很不巧当时一年只分春秋两季）。所谓夏朝，只存在于商朝的再下一个王朝——周朝人的记忆中。不过周

人的记忆又是如此清晰且成体系,夏朝的故事并无明显破绽,比《竹书纪年》逻辑性还更缜密,孔夫子、太史公都毫不质疑地记载了夏朝的存在。顾颉刚并不断然否认夏朝的存在,只是提出自己的质疑,并给出一种猜测:夏朝并未存在过,五帝之一的帝喾开创的王朝就叫商朝,至纣王共传承一千三百余年。那么商汤也就并非开国之君,只不过到他这儿突然开了窍,大大地振兴了国家,并且创制了一套谥法系统,混了个太祖庙号,就被误认为是开国君主。而即便是顾颉刚本人,也没有否认有可能是商人羞于谈及自己曾臣服于夏朝的历史,所以避讳了夏朝的存在。

中国国君的公共管理属性

商太宗本是一个不懂事的小屁孩儿,太宗没有当好,幸有圣人伊尹辅佐,才延续了商朝六百年的社稷。而汉朝的大司马大将军霍光也废黜昌邑王(刘贺),情况与其类似,被儒家并称为伊霍,成为名臣贤相的典型。

从这个评价可以看出,儒家传统观念对君臣关系的一个重要定义——废黜不良国君的臣子是贤臣。

这正是中华民族在政治领域最大的一个特色。对所有民族,国君都是国家名义上的主人,但具体形式和实质还是各有不同。其他民族往往强调国家的私有属性,国土和人民都是国君的私有财产,那么国君自然享有为所欲为的绝对权威。但世界上没有真正的绝对权威,只是有些政体下国君的权威性更大而已。而中国从启蒙时代就确定了国家的公共属性,虽然口头上也强调国君的主人地位,但实质上一直将国君作为公共管理者来要求。而所谓臣子,作为辅助管理员,同样负有公共管理职责,这其中包括罢免不称职的管理员。这对西方人而言很难理解——国家既然是国君私财,想怎么挥霍是自己的事儿,臣子怎么会有废黜国君的权限?中国将国君的公共管理属性拔高,以此超越国君对国家所拥有的私有属性,以公权力压倒私权力,才能有顺理成章的伊霍之事。后世王朝还发生过国家领导层通过正式公开的会议作出罢免国君的

决议,这对于其他民族而言,是完全不可想象的事情。而我们如果不懂得这个道理,将中国皇帝简单地等同于西式封建领主,以"独裁专制"一言以蔽之,就很难看懂中华帝国的历史,亦无从真正了解中华民族。

商太宗遇到了伊尹这个大圣人,可谓大幸。那么圣人能否量产定期下线,每个朝代都配一个?对不起,亲,圣人不包邮的哦!正常情况下,一个不合格的太宗会立即挥霍太祖打下的大好河山,下一篇就是这样一个例子。上古三代的历史虽然玄幻又典雅,非常具有文学的发挥空间,但毕竟史料残缺且太多存疑。更重要的是夏商周显然不能称之为帝国,我们要讲的却是中华帝国两千年波澜壮阔的帝国时代。商太宗的这种撞大运在很大程度上掩盖了太宗朝的重要意义,或许一个失败的例子更能体现本书的主题,也正是这个失败的例子,开启了中华帝国的恢弘序章!

第二篇 二世而亡，帝国成型

——秦二世赵胡亥

第二篇　二世而亡,帝国成型——秦二世赵胡亥

失败的例子

　　事实上,秦二世并未取得太宗庙号,甚至其前任秦始皇也未取得太祖庙号,因为秦朝认为谥号是对政治人物的评头论足不符合秦朝的法家精神,于是废除了商周以来的谥法系统。但这并不影响我们将这对父子视为秦朝的太祖太宗,而且秦二世还堪称是太宗系列中最典型的失败范例。不过在分析这个失败范例前,需要树立一个观念:一个庞大帝国土崩瓦解最重要的原因必然是它未能设计出或者执行好一套合乎时宜的组织结构和行政运行体系,而非如某些人所说是葬送于某位花花公子的荒唐嬉戏。

　　如果我们每次都简单地把历史的重大转折归结于某一两个人的个人行为,那就很难探索到真相。每一位皇帝,他都不是一个人在战斗,他的身后站着庞大的中华帝国和亿万子民,他虽然是庞大国家机器的主要操控者,但要相信,操控者绝不会让机器产生设计功能以外的效果。如果有人拿着一把电吹风剔净了胡子,那只能说明他拿的就是一把做成电吹风外形的刮胡刀。如果史书记载有人用一把刮胡刀把发型吹成了大波浪,那肯定是史书记载有误或是作者被表面现象蒙蔽了。当然,历史上也不乏用稻草盖房,结果被外面的老狼一口气就吹垮,冲进来吃掉自己的蠢猪。但如果他把房子设计成砖混结构,他还会被吃掉吗?我们应该看到他为什么要用稻草盖房、怎么盖的、狼又是如何利用这个弱点吹垮房子,深入分析稻草屋和吹气老狼之间的历史背景和逻辑联系,而不是幸灾乐祸地取笑猪头被啃掉的悲惨瞬间。

秦二世赵胡亥,很多人将其定性为猪头。当然,我无意为这个猪头翻案,甚至在较大程度上赞同这种观点,他好像确实是个猪头。然而问题在于——始皇帝凭借手中无剑、心中有剑的盖世绝学打下一个大大的江山,就凭他一个猪头就可以摧垮吗?或者整个大秦帝国个个都是猪头?这显然是不现实的,秦二世只是一个被推出来象征性砍掉的猪头代表而已,这个结局是设计稻草房时就已经决定了的,只等老狼来吹那一口气罢了。

秦朝,人类历史上最重要的十五年,地球上最大民族最重要的一次大转型,几乎就在一瞬间完成。这种转型恰如地球磁极倒转所产生的巨大能量,在本位面宇宙中又有何人能轻松消化?后人批评小胡亥不能完全正确处理好这个并无经验可以借鉴的大变局,就好比有人揶揄春哥的舞美师不给力,似乎换个人就能设计出有女人味的猫步。

中国特色封建社会

周朝对中华民族的发展也起到过决定性作用,但由于周朝社会仍未能进入帝国时代,所以我们只简单带过。

周朝的第一代国君是武王发,开国仅四年便驾崩,十二岁的儿子诵继位,史称周成王,武王之弟周公旦摄政。这又是一个和伊尹类似的经典故事:年轻的国君不能秉政,几位叔叔心怀叵测,想篡夺他家王位,周公旦尽心辅佐,诛杀了怪叔叔,力保江山,史称周公辅成王,周公旦也被誉为上古贤臣。周朝分封天下,诸侯各自拥有独立主权,后来互相攻打,最终被秦国攻灭,一统华夏,建立秦朝。

一般来说,我们认为秦朝的建立标志着中国的奴隶制终结,封建制开始。但这种观点在近年受到不少质疑,认为秦朝恰是终结了封建制度,建立起新式的中央集权帝国制度,秦之前的商周才是封建制度。质疑者从政权组织形式、国家所有制、社会结构、人身依附关系、阶级划分等各个方面论证秦以后的历代王朝都不是封建社会。比如,秦以后整个帝国只属于一个皇帝,国土划分为郡县而不分封给各级王公；地方长官都只是中央派出的行政负责人，而非此地的主权拥有者；社会并无明确阶级划分，所谓阶层是自然形成的社会群体而非人为划分的政治集团；各阶层中的人可以相互转化，不同于西方封建社会每个阶级的人及其后代均不能脱离本阶级；更关键的是，中国社会人与人之间没有固定的人身依附关系，人人都是国家公民，而非领主的附庸。这些都严重违背了西方封建社会的本质定义，在许多方面并不符合马克思关于封建社会本质的论述，这似乎是对"五阶段论"的一种颠覆。

然而，我们完全没有必要对一个概念进行如此极端的理解，对秦以后中国社会中诸多不符合"封建"定义的特征，并不构成对"五阶段论"本身的否定，不妨将秦以后的中国历史称之为中国特色封建社会。

马克思将人类社会的形态分为五个阶段：原始社会—奴隶社会—封建社会—资本主义社会—共产主义社会（后细化为社会主义阶段和共产主义阶段），此即著名的"五阶段论"。马克思主义自然是放之四海而皆准的普遍真理，但具体到每个国家或民族总会体现出本民族的特色，如果我们忽视各自特色就犯了教条主义和形而上学的错误，无法正确认识本民族的历史特征。事实上从原始社会起，中华民族就走上了中国特色原始社会的道路。

按照原始部落的一般模式，部落间的战争会产生大量战俘，这些俘虏会被罚作奴隶，分得奴隶的本部落人则成为奴隶主。强大的部落经过持续扩张，奴隶的数量越来越多，以至于比本部落人口还多，便形成奴隶阶级，成为社会主要劳动生产力。奴隶主的后代仍是奴隶主，奴隶的后代仍是奴隶，奴隶是属于奴隶主的私有财产，所以每一代奴隶及其主人的人身隶属关系就会代代相传，保持阶级的稳定性。人类绝大多数民族都走了这条道路，其中古罗马帝国、古希腊共和国便是其中的杰出代表，西方民族认同他们为祖先，现代西方文明便从这个方向一路走来。

而反观中华民族的始祖——炎黄部落，很早就走出了本民族的特色。轩辕黄帝部落和神农炎帝部落本是不同部落，按惯例应该发展成两个民族，并且不断分裂成更多民族。而且经过战争，战败方会成为战胜方的奴隶，形成奴隶阶级。然而事实并未照此发展，炎黄部落经过激战，合并成了同一个部落，

而且战胜的黄帝部落并未将战败的炎帝部落的人罚作奴隶,而是给予了基本公平的国民待遇。

或许有人认为此段并无可靠的正史作证,只是一个传说,但这恰恰无关宏旨,关键在于该部族的后人确实认同了这个传说中的模式——部落合并而非征服,所以后来炎黄部落的后人——也就是所谓华夏民族逐渐成为世界上最庞大的民族,正是因为一开始便走了这条中国特色原始社会的发展道路。华夏社会虽然也有少量奴隶,但并不构成阶级,更没有成为主体生产力,很多人正是据此提出先秦并非奴隶社会。

而大致到夏商,华夏民族又转进到中国特色奴隶社会。夏商虽名为奴隶社会,但奴隶不在社会中充当主要劳动力,其后周天子作为名义上的天下共主,将国土和人口分封给诸侯国,自己也保留了一块直辖领土。这些诸侯国拥有完全独立的主权,有自己的国家组织和军队,人民是属于领主的私有财产而非国家公民。领主们还可以将国土和人口再继续封赐给下属,而这种财产一旦送出,就成为对方的私有财产,和原来的主人脱离干系。周武王建立周朝后,便将天下的国土分成许多块,一块直辖,作为嫡长子一系的财产,其余分封给诸子和功臣,这些诸侯国就成为名义上隶属于周朝但又实际独立的国家。

周朝的分封制是基于当时落后的通信技术和管理水平,过于庞大的国土无法直接有效管理,不得不块状分割,而当时强大的世袭制社会基础决定了这些诸侯国必须成为诸侯领主的私有财产并代代相传。每个人处于自己的阶级,不但终身而且永世相传。周王世代是周王,诸侯世代是诸侯,农民世代是农民,人与人之间相互隶属,但各个阶级永不相交。这套社会体系和政治模式像极了欧洲的封建社会,所以有些学者提出商周才是中国的封建时代。

不过时至东周,周天子的威望已经不足以维持这个庞大的分封体系,尤其是田氏取代吕氏成为齐国国君、赵魏韩三家分晋获得天下的认同,标志着这个在中国存在了上千年的社会体系开始出现松动。接下来便是著名的战国时代,各诸侯国已经基本解除了与周王室的隶属关系,相互攻伐,侵占了别国的土地也不再归还。于是经过长期的战争和兼并,最后只剩下七个较大的国

家：燕、赵、魏、齐、韩、秦、楚，即战国七雄。战国末期七国还进行过一次正式会盟，相互承认王位，名义上脱离周王藩属。中国特色奴隶社会道路已经走到了尽头，七大王国纷纷变法图强，寻求走向中国特色封建社会道路，以更先进的国家组织结构配合更高级的文明形态，迎接前所未有的挑战。所幸的是中国没有宗教羁绊，这种社会形态的转变并无思想障碍，各国都自由地走出了这一步。

千古一帝，死了吃鲍鱼

秦王扫六合，虎视何雄哉。挥剑决浮云，诸侯尽西来。
明断自天启，大略驾群才。收兵铸金人，函谷正东开。
铭功会稽岭，骋望琅琊台。刑徒七十万，起土骊山隈。
尚采不死药，茫然使心哀。连弩射海鱼，长鲸正崔嵬。
额鼻象五岳，扬波喷云雷。鬐鬣蔽青天，何由睹蓬莱？
徐市载秦女，楼船几时回？但见三泉下，金棺葬寒灰。

这是唐代诗人李白赞颂大秦始皇帝雄图霸业的一首《古风》。

秦始皇，嬴姓，赵氏，名政。顺便说一下，先秦汉族人名中的姓、氏是分开的，一般来说贵族才有姓，一般人只有氏。秦汉以来贵族逐渐式微，便从了众，只以原来的氏为姓氏，不再保留姓，称呼时将氏和名联用，比如秦始皇就应该称赵政而非嬴政。现代人将秦王宗室都称为嬴×，对此，秦王宗室尤其是秦武王赵荡对人们长期以来将其称呼为嬴荡的愚蠢行为表示极度愤慨！而与汉族相反，古代西方包括日本都只有贵族才有姓氏，比如什么爱德华兹·冈萨雷斯，再比如克里斯蒂安·格里内罗斯，一听就非常有气质，就知道是贵族，而一般人直接叫阿猫阿狗，一听就是屁民。后来民主人权了，西方大众才学贵族，都有了姓氏。姓氏的演化正是东西方社会发展方式的一个绝佳注脚——中国是贵族服从大众潮流，西方却是大众追随贵族引领。

秦始皇第一次从形式上完成统一，一个统一的中华帝国初具轮廓。秦国本是周朝诸侯国中相对较弱的一个，但经受住了春秋战国数百年血与火的锤炼，并通过商鞅变法、远交近攻等一系列战略措施，终于脱颖而出，攻灭二周诸侯，废除分封建国，代之以郡县制，确立单一制的中央集权，这无疑是人类历史上的一个重要节点。

事实上秦国的制度改革并非走在最前面，著名的商鞅变法其实就借鉴了魏国的李悝变法、楚国的吴起变法等先例。但秦国的变法图强贵在长期坚持，做到了不动摇、不懈怠、不折腾，终于使原本落后的秦国率先走入新的社会形态，从根本上甩开了落后一个时代的山东六国，最终以雷霆之势，完成华夏九州的首次统一。

秦国变法的核心思想便在于废除分封，构筑统一的中央集权帝国体制。这首先要设计一套中央集权的行政体制和国家组织结构，更重要的是要有一个与之相适应的社会背景，这在贵族门阀占主导地位的当时其实是很困难的。因为所谓中央集权，就要将贵族官僚的权力收归国有。以往贵族受封于一块土地，这片国土和国土上的人民便是这个贵族的私有财产，商鞅变法却要求全国土地和人口都成为国有，甚至要废除贵族世袭特权，这当然是旧贵族极力反对的。为此，商鞅采取了三个重要措施：

第一，通过"废井田，开阡陌"，重新规划国土。商鞅宣布土地可以私有，鼓励开垦荒地。这极大地激发了新兴地主的热情，大量的土地被开垦出来，占用了很多劳动力。而旧贵族的劳动力因此显得不足，不得不将世袭的土地租售，这样旧贵族的土地资源比例降低，其在经济上的影响力也大大下降，这是建立新社会的经济基础。

第二，通过"什伍法"重新组织社会人际关系。新兴地主需要雇佣劳动力，被雇佣者不得不解除原先隶属于某贵族的人身依附关系。商鞅设"什伍法"统一管理这些脱离了人身依附关系的零散人口，也就是政府管理国家公民。按西方的社会学理论，这就是封建时代的终结，所以很多人会认为秦朝结束了封建时代。

第三，取消卿大夫的世袭官爵。这是最重要也是最难的一步。商鞅的策略是先在军队中实施军功二十等爵制,规定任何人都可以凭军功晋升而非凭世袭身份继承军权,这在战火纷飞的战国时代可以被广大贵族接受。而随着这些凭军功新晋的平民军官日益增多,原来的旧贵族势力被排挤,逐渐失去了军权。

商鞅变法的核心实质上是废黜贵族制度,如果贸然实施,容易激化矛盾,这也就是很多人明知要改革,但改不下去的原因。商鞅的做法则相当巧妙,先在贵族可以接受的范围内培植平民势力,等到新势力在某个领域逐渐压倒贵族势力时,便在该领域取消贵族,最终全面取缔贵族社会,形成公民社会,建成了平行化中央集权式帝国体系。

商鞅能完成这些步骤,和秦国平民的配合是分不开的。平民本来是贵族的附庸,商鞅突然来请他们脱离原来的主人,即使口头承诺的前景再美好,也很难取得广泛信任。商鞅巧妙地通过"城门立木"这次表演博取了民众信任,跟随他脱离贵族社会,走进公民社会。当然,更深层次的原因还是在于中国社会缺乏宗教法权的约束,也没有形成契约社会。试想类似改革若发生在欧洲,毫无疑问,教廷会把商鞅先生绑在柱子上,像布鲁诺那样烧掉他。而全体人民也一定会谨遵教廷神谕并恪守人身契约,而不会去理会谁在城门口表演立木。这才是中国能率先走进中国特色封建社会而欧洲始终被禁锢于"黑暗中世纪"的内在因素。

商鞅变法对秦国社会的改变到底有多大,其实最佳注脚恰是他本人。商鞅变法严重触犯了旧贵族利益,秦孝公太子驷的两位老师太子傅公子虔、太子师公孙贾曾公开反对商鞅变法,被商鞅处以酷刑,把鼻子割掉,也就是所谓的没脸见人。后来太子驷继位,即为秦惠王。这两位老师趁机诬告商鞅谋反,秦惠王判处商鞅死刑。这时商鞅跑到自己的封地商,准备组织下属负隅顽抗。若在商鞅变法之前或者欧洲封建社会,这是可行的。因为按照封建人身依附关系,"我的附庸的附庸,不是我的附庸"。封地上的人不是国家公民,也不是最高领主的财产,而是这块封地领主的私有财产,领主若要反对自己的上一级领主,他们应该跟随。然而经过商鞅变法,秦人的思想已经转变,商地的人并不认同自己是商鞅的私有财产,也就不会跟随他,于是按国家法律把罪犯

商鞅抓起来,最后商鞅被车裂而死。

可见,秦国已经建成了公民社会,整个国家是高度统一的中央集权体系。国君通过科层制的官僚组织体系指挥国民,从最高元首到普通百姓或前线士卒,只是同一命令的层级传递,而不是多级主权的联合下达。

始皇帝二十六年(前221),秦国依次攻灭了六个诸侯国,也毫不客气地吞灭了周天子的直辖领地东周、西周,中华帝国的主体部分第一次从形式上统一到了单一制的中央集权帝国旗下。

统一华夏后,没有殖民意识,也不搞分封建国的秦王朝,当然会要求全国执行统一模式。然而,要求我们的祖先从上古时代直接进入公民社会亦不现实,部落制、奴隶制、封建领主制的残余力量还将以各种变通形式不断挣扎起复,有时候挣扎力量还会反噬新生进步力量。秦二世作为最失败的太宗典范,很多人归结于他本人的弱智,但这显然是片面的。他的失败是一次典型的社会大变革挫折,是中华民族由中国特色奴隶社会转向中国特色封建社会这一文明大转型中出现的曲折。

而对小胡亥而言,真正的不幸在于:他上位的时机恰恰只晚了一格。他的前任——秦始皇,无论后世毁誉如何,都享受着"千古一帝"的赫赫声威,而他却要在史书中扮演弱智败家公子的角色。然而,在大秦帝国这架青铜铸就的超级战车上,某一个零件真的有那么大的主观作用吗?或许他和他父亲都只不过是按照战车的轨迹,走到了不得不走的那一步而已。

被即位的小朋友

秦朝的行政组织结构严谨缜密,对每个环节上的操作者要求都很高,对顶点的皇帝尤其苛严,甚至超出了常人的体能范围。俗话说:"文死谏,武死战,皇帝累死在龙案"——别误会,不是指被后妃们累死在睡觉的龙案,而是被每天超过二百斤的奏章淹死在办公的文案上。

始皇帝三十七年(前210),四十九岁的秦始皇(在当时已经算是比较高寿)已被繁重的政务严重摧残。尽管非常怕死的秦始皇致力于研发长生不死的技术,但并未取得实质性成果,他的身体健康和所有到这个年龄的人一样,在一天天恶化。即便如此,始皇帝仍然坚持进行了第五次全国巡视,以彰显大秦帝国的统一属性。

七月,巡视团行至平原津(今山东平原以南张公渡),秦始皇病体沉疴,实在无法支撑。虽然秦始皇非常不愿提"死"字,但大限将至,亦非人力可以阻止,始皇帝也不得不接受现实,准备安排后事。

由于秦始皇一直寄希望于长生不死,所以始终没有立太子。但长子扶苏为人"刚毅而武勇,信人而奋士",被大多数人看好。内史蒙恬率军三十万北击匈奴,修筑万里长城,扶苏跟随军中,显然是外放锻炼,准备接班。蒙氏是秦朝战功最盛的望族,从蒙骜、蒙武起,为秦帝国一统华夏立下赫赫战功,现在除蒙恬率领秦军主力部队,其弟蒙毅也位至上卿,主管最高司法。蒙恬与扶苏在北方边境结下了深厚的战斗友谊,蒙氏家族应该非常支持扶苏。

本次出巡,秦始皇带有左丞相李斯、中车府令行符玺事赵高、上卿蒙毅、少子赵胡亥,右丞相冯去疾、将军冯劫留守咸阳,蒙恬和扶苏在北方打匈奴、修长城。史载秦始皇赐诏给扶苏,让他把军事托付给蒙恬,自回咸阳办理丧事。虽然没有明说让他继位,但这个召唤明显带有此意。不过那时候没有电话,不能直接通知,必须通过一套公文手续,经办手续的人就是赵高,问题也就出在他身上。

秦皇室嬴姓赵氏,这个赵高是皇室远亲,但其父曾犯罪,其母被罚为奴婢,出身相对卑贱。如果在秦朝之前,是没有什么政治前途的,但赵高生在了好时代,只要有才能,就有出头的机会。赵高文武兼修,练得一身好武艺,又精通刑狱律法,秦始皇任命他为中车府令,掌管皇帝的车舆,还让他兼任胡亥的老师。有一次赵高犯下重罪,上卿蒙毅判其死刑,但秦始皇不但赦免其罪,还官复原职,甚至兼行符玺事,也就是掌管皇帝符玺,相当于贴身文秘。这种工作在后来一般都是由宦官承担,而《史记》中一句有歧义的"宦籍",更使很多人都认定赵高是宦官。其实在先秦"宦"只是近臣之意,并非指阉人,赵高有女儿女婿,怎么可能是阉人?

扶苏师从蒙恬,胡亥师从赵高,显然双方是竞争关系。我们甚至可以进一步推测,蒙毅判赵高死刑,但罪名史书并无记载,且秦始皇不但赦罪还官复原职,可见这个判罚本身也未必公正,或是双方争权中的一次交锋。秦始皇在时还可以平衡一下这种争夺,而他一旦故去,形势就会完全倒向继位的一方。本来扶苏一方占有绝对优势,事实也正向这个方向发展,但赵高不会轻易就范,他要利用贴身文秘的职务之便奋力一搏。

赵高悄悄扣住秦始皇给扶苏的诏书不发,没过几天,车队行至沙丘平台(今河北广宗大平台村),秦始皇驾崩,赵高先不发丧,而是紧急召来左丞相李斯密谋。

赵高首先说明了皇帝死在外地容易引发动乱,李斯也表示赞同,同意将尸体送回咸阳再公布。然后就是拥立谁继位,李斯第一反应当然也是扶苏,而且作为丞相,他怎么可能容许伪传诏书这种事。但赵高向他分析了形势:"君侯才能、谋虑、功高、无怨(指没有怨恨,群众基础好)、长子信之(指扶苏的信任),此五者孰与蒙恬(比蒙恬如何)?"李斯还是一个很客观的人,老实回答:"不及也。"赵高说:"那就对了,扶苏当了皇帝,肯定用蒙恬做丞相,您最终不能位极人臣衣锦还乡。胡亥仁慈笃厚,可以为嗣,请您考虑!"

秦汉丞相制度有时是单独一个丞相,有时有左右两相。历史上一般以左为尊,但秦汉初碰巧是以右为尊,李斯这个左丞相其实是二把手,还差一步到顶。不过他只是资历差点,以他作为中国特色封建社会第一代设计师的才华和功勋,登顶毫无悬念,可赵高为他描述了一幅煮熟的鸭子展翅高飞的愿景。经过慎重考虑,李斯决定与其合谋,矫发诏书立胡亥为太子。另拟一道诏书给扶苏,痛斥他率军不能辟土立功,士卒多耗,还经常直言毁谤,令其不得归为太子,将军蒙恬辅佐不力,皆赐死。

扶苏接到这么一道诏书,伤心欲绝,立即准备自尽。蒙恬说:"皇上没有立太子,而且现在外地。朝廷让臣率领三十万大军,公子监军,这是身系天下的重责,现在一个使者来就自杀,怎知不是其中有诈?确认一下再死不迟!"

蒙恬这话其实很有道理,如果扶苏回个信确认一下,赵高的诡计很容易穿帮,那时就算撕破脸,且不说赵高矫诏之罪人人得而诛之,扶苏一方的实力明显也要强得多。但扶苏吃了老爸一顿痛斥,再加上使者几度言语挑唆,羞愤难当,当即自尽。蒙恬还不肯自尽,使者只好暂时留下李斯的舍人(秘书)监军,飞奔回李斯处报信。

尽管蒙恬还没死,但扶苏死了基本上也够了,赵高等人拘捕蒙毅,率巡视团回到咸阳。为了掩盖秦始皇已死的事实,赵高等人继续装出平时侍奉皇帝的动作,每天照常把食物送进车内,照常接受百官递送的奏章。赵高还把一种非常高档的食物——鲍鱼大量塞到车里。这当然不是孝敬皇上吃海鲜,而是因为当时天气很热,秦始皇的尸体很快开始腐烂,塞鲍鱼可以掩盖尸味。

呜呼!千古一帝,死后竟被臣子如此对待,不胜哀哉!

回到咸阳,李斯、赵高立即发丧,拥立胡亥,史称秦二世。胡亥就在这一帮人的导演下,稀里糊涂地被即位了。

传说中的暴政

提到秦朝,一般人第一印象是统一,其次恐怕就是暴政了。在后人贴给秦朝的标签中,有长平之战坑杀四十万赵军,还有孟姜女哭长城,连《史记》的"焚诗书,坑术士"也被硬说成"焚书坑儒",以起到把秦朝树为儒家社会公敌的作用。而秦始皇好歹还是一统华夏的千古一帝,功过两分,秦二世则完全成了纯粹的弱智二百五。

从现存史料看,秦二世确实没什么值得称道之处,史书上只记载了他当皇帝后的几个弱智故事。比如秦朝规定上朝时要把鞋子脱在大殿门口。有一天,秦二世见那么多鞋子整整齐齐地摆放在那儿,突然跑过去踢得乱七八糟,在众人的瞠目结舌中轻松地说了一句:"没什么,好玩儿,哈哈哈!"

这段描写使一副顽童形象跃然纸上。政治是最严肃的游戏,秦二世作为皇帝,这种玩法就太儿戏了。而作为二世主的通病,秦二世沉溺富贵的问题也很严重。秦二世非常有志于度过一个精彩的人生,他曾问赵高:"人活在世上,如骏马穿过缝隙一样飞快。我已君临天下,想穷尽耳目所好,心志所乐,一直

到死，可以吗？"赵高的回答很有水平，若按儒家传统，肯定说这是昏君的做法，贤主应该避免，他却说贤主应该这样做，昏君才必须禁止。原来他的考虑不是规劝君主，而是如何保障他达成这种心愿，只有他所谓的贤主才做得到，昏君这样做容易被人推翻啊！而赵高所提供的方法也令人发指，他说："沙丘之谋受到很多大臣和兄弟怀疑，只有把他们全杀了，才能高枕无忧！"秦二世非常赞同，于是大杀重臣和兄弟。

第一个遭殃的当然是蒙恬。秦二世登基后其实真相已经大白，但手握三十万主力部队的蒙恬并没有打起为扶苏报仇、清君侧之类的旗号反对秦二世（其实是赵高），反而说："我家三代为大将，我现在手握三十万重兵，论实力我完全可以发难，但是我遵守先人教诲，不敢忘了先帝。"于是服毒自尽，京城的蒙毅也被杀。对此，后世评价不一。比如司马光认为，蒙恬是秦始皇荼毒天下的急先锋，不仁不智，但谨守臣道，明知是无辜被杀，依然守死不贰，非常值得称道。也有不少人认为，不久后天下反秦，大多打的是为扶苏、蒙恬报仇的旗号。而蒙恬自己却不知道打这个旗号，主动就义，傻到了一定程度。不过从公共管理学的角度讲，蒙恬和商鞅的死存在着深刻的内在联系。商鞅无法煽动商地的人随他造反，是因为秦人都已经转化为国家公民而非他的私有财产。同理，蒙恬是三十万秦军主将，但这三十万秦军绝非他私有财产，正常情况下归他指挥，要造反可就不行。

蒙氏被除后，秦室十二位公子、十位公主均被诛杀。之后秦二世认为达到了高枕无忧的境界，营造穷奢极欲的阿房宫供自己享乐。再加上秦始皇的骊山陵、长城等重大工程，据说让秦朝百姓过得很苦。唐代诗人杜牧用"秦爱纷奢，人亦念其家。奈何取之尽锱铢，用之如泥沙"来形容秦朝统治者不断增长的剥削欲望与人民群众有限的生产力之间的深刻矛盾。很快陈胜、吴广起义爆发了，之后又引发了六国贵族大翻盘，英布、刘邦等各路英雄也烽烟并起，很快埋葬了大秦——第一个中国特色封建王朝。

后世很多人认为秦二世政治昏聩，导致强大的秦帝国二世而亡，在此，我们至少需要指出两点：

第一，秦二世算不上英主，但未必真是传说中的暴君，实际掌权的人是赵高。

第二，秦朝的灭亡未必真是出于所谓的政治昏聩，而是一次社会形态大转型中的波折，不是政治清明就能避免的。

先说第一点，赵高以阴谋拥立秦二世，目的就是为了控制他。史载赵高用了一个非常拙劣的伎俩，他对秦二世说："君王要保持威仪，就要让臣子们只闻其声，不见其形。陛下不要当暴露狂，应居于深宫，由微臣等辅佐，这样天下都会称颂您为圣主。"

这是赤裸裸的篡权，智力稍微正常的人都不会信这种鬼话。但秦二世确实照这样做了，把行政大权交给赵高，这显然不是他真的信了赵高，而是明白赵高要篡权，为避免正面冲突而做的政治妥协。

屏蔽了皇帝后，丞相李斯就成了赵高最大的政敌。李斯是法家韩非子的弟子，是郡县制、中央集权制的设计者，对秦国乃至整个人类历史的进程作过重大贡献，地位、威望不言而喻。赵高要想对付他，非常不易，李斯本人可能也这样认为。然而赵高是能让千古一帝死在臭鱼堆里，还假传圣旨，杀光他儿女的厉害角色。以赵高的道德底线，并没有丝毫对历史人物的敬畏，历史算个什么玩意儿？一个李斯又算狗屁！

赵高又一次运用贴身近侍的便利来对付李斯。当各地起义越来越猛烈时，李斯忧心忡忡，赵高趁机对他说："现在局势紧急，我想向皇上进谏，但地位卑微，这应是丞相的职责啊！"李斯说："我是想进谏，但皇上居于深宫，见都见不着，也不知何时有空，方便进谏。"赵高说："方便时我立即告诉你。"李斯非常高兴地答应了。

然而李斯就上了赵高的当，赵高专挑秦二世玩得高兴时通知李斯来进谏，几次打断秦二世玩乐，李斯给秦二世留下一个讨厌的怪叔叔形象。然后赵高适时提出李斯的长子李由担任三川郡守，地处陈胜、吴广起义范围，但他不主动进剿，似乎和义军有勾结。秦二世派人前去调查，李斯得知大吃一惊，才明白赵高要对付自己，连忙上书秦二世，说赵高是奸臣，并以当年田常作为齐简公相国，最后篡夺齐国的历史活剧警诫秦二世。结果赵高反咬一口，说自己是李斯唯一的忌惮，如果没了自己，李斯才要行田常之事。恰逢此时，李斯和

右丞相冯去疾、将军冯劫一起上书,要求暂停阿房宫工程,集中力量征剿盗匪（起义）。秦二世答复道："我父皇并吞天下,无人不服。我登基才两年,就盗贼四起。各位不但不能镇压,还停止先帝的阿房宫,这是上无以报先帝,下不为朕尽忠,再当这个官干嘛?"于是全部免官下狱。

先秦士大夫视名节重于生命,为避免下狱,冯去疾、冯劫都选择了自尽。但李斯还抱有一线希望,先行就狱,在狱中向秦二世上书,大意是说："我当了三十多年丞相,立下多少重要功劳,总结来说,新中国就是我建立的,希望您搞清楚。"如果秦二世看到这封上书,就算不被感动,也会考虑一下李斯的贡献,来个功罪相抵,轻罚了事。但赵高再次发挥近侍之便,扣住这封字字含泪、句句带血的狱中上书,又派了许多人装成御史、宦官去狱中问话。刚开始李斯都拼命辩解,以功高恳求秦二世饶恕自己,结果赵高反复这样弄了十几次,这些冒牌货只听不回声,弄得李斯莫名其妙。等到秦二世真的派人来问话时,李斯以为那些听筒又来了,不再浪费唇舌,使者只好回复李斯已无话可说。秦二世也只能认为李斯已经认罪,高兴地说："还好有赵高,不然差点就被丞相给卖了!"

于是李斯以谋反罪被诛族,这位中国特色封建社会的最初设计者,就这样稀里糊涂地被一个后人误认为是太监的佞臣给干掉了。

冯去疾、李斯死后,赵高独为中丞相,大权独揽。秦二世三年（前207）,赵高做了一个著名的心理学测试——指鹿为马。

赵高指着鹿对大家说："这是马。"秦二世虽然在权力上与赵高相比有着强烈的自卑感,那一刻智商上的优越感却油然而生,笑道："丞相错了,谓鹿为马。"然后问左右如何。左右有些不说话,有些顺着赵高说就是马,有些说那明明就是鹿。

其实智力正常的人都知道那是鹿,赵高就是通过这么一个明显的错误来测试大家——当他和皇帝的意见发生分歧时,而且他明显是错时,大家是否也会绝对服从他。测试后,赵高根据回答情况划分了阵营,回答是马的划入己党,不做声的居于中立,回答是鹿的就打压报复。秦二世也迅速从沉浸于只有自己智力正常的喜悦状态中回到残酷的现实里,但他确实没有办法,唯有老老实实躲进后宫,从此,致力于促进粮食消费,余事不问。

很显然,胡亥是名义上的秦二世,但实权在赵高手中。所谓的秦朝暴政,未必真该由秦二世负责,而秦帝国的整体崩溃,更未必是所谓暴政引起。

二世而亡不怨我

秦始皇在时,用严刑峻法将全国治理得服服帖帖,但这只是表面现象,秦始皇一死,叛乱(起义)便风起云涌,最先揭竿而起的是著名的陈胜、吴广。陈胜、吴广是普通公民,他们的口号是著名的"王侯将相宁有种乎"。这是一个反对人类社会划分阶级的政治诉求,这在中国先秦或西方封建社会都是绝不允许、事实上也不存在的一种思维方式。我们不妨将其视为秦朝,也就是中国特色封建社会模式开启后,国家公民的第一次政治宣言。

但陈胜、吴广很快就被镇压,并未撼动秦帝国的统治基础,更多的是起了一个导火索作用,唤醒了原六国势力,这其中包括六国贵族和六国民众。

秦国统一中国后,要求全国都套用原秦国的社会体系,取消一切贵族特权,用统一的郡县制直接管理全国人民。显然这操之过急了,当初商鞅用了各种技巧才在秦国达成变法,现在要用严刑峻法强迫全中国人跟随,这当然可以成为六国旧贵族号召全民反秦的好理由。而由于秦朝不搞殖民,原秦国民众付出极大艰辛征服六国,却并未获得任何实惠。原六国民众虽然战败,却同样是国家公民而无须沦为奴隶分给原秦国民众。既然这样,原秦国民众还拼命支持你秦国干啥?你的国号更好听么?

陈胜、吴广打响反秦第一枪后,原六国贵族纷纷站了出来,恢复旧秩序的号召得到大多数人道义上的响应,大家共同推举楚怀王熊心为义帝(义是假借的意思,在此用法相当于义足、义肢),带领大家共同反秦,目标是废除秦朝苛政,取回六国故土。

由于有了广泛的社会基础,叛军很快发展壮大,而秦军主力一部分还在北方打匈奴,还有五十万大军正在征讨岭南。面对国难,这些部队都采取观望的态

度,不回救咸阳。拱卫咸阳的只有王离、章邯等部,但人数较少,士气又低落。赵高又强征大量民夫,甚至组织刑徒充军,秦军士气和训练值被进一步拉低。

叛军中的原楚国旧将项羽最猛,直扑关中,王离、章邯率军迎战。项羽自称"力拔山兮气盖世",更被后人吹成一代战神。其实论战斗力,在自商鞅时代传承而来的大秦锐士面前,什么西楚霸王,吸杵靶王还差不多!无非是秦国内政出了问题,秦军不愿打而已。项羽也深谙其理,必须速战速决,不然匈奴或者岭南的主力随便回来一支,他就真的会被秦军弩阵杵成靶王。所以项羽玩了一出著名的"破釜沉舟":渡过漳河后砸烂自己的船和锅,不留后路,只用三天时间大败秦国刑徒和民夫大军,避免了真正的秦军赶来。

后人非常崇拜项王勇往直前不留后路的英雄气概,其实都被误导了。他不是不留后路,而是他本来就没有后路。要是他不能快速歼灭面前的王离部,稍微耽搁几天,秦国援军来了他一样是死。釜和舟本来就没用,所谓破釜沉舟只不过是用一种直观形象的方式,把他们所处的困境解释给他那些不太识字的士卒们而已。

项羽将民夫大军牵制于外围,另一位出身楚国平民的刘邦则趁机直捣关中,进逼咸阳。王离进退两难,干脆投降了项羽,咸阳方面更无力抵御刘邦大军,败局已定。

而赵高对秦二世采取隔离,不让外界给他通消息,但他似乎也嗅到风声,宣称做了个不吉祥的梦,到河边沉白马祭祀。赵高认为秦二世有脱离控制的倾向,决定把他除掉。赵高遣其女婿长安令阎乐去杀秦二世,又演了一出戏,谎称追捕盗贼,率兵冲入禁宫。

秦二世见阎乐带兵冲入,非常愤怒,连忙呼唤左右,谁知左右都不敢来保护他。秦二世表面上看是一个皇帝,其实,就是一个小屁孩儿。而阎乐表面上看是赵高的女婿,其实,他真的是赵高的女婿,随时可以取小屁孩儿的命。秦二世明白皇帝当到头了,只能向阎乐求情。阎乐说:"足下(不是陛下)这么无道,天下共讨,有今天是自作自受。"秦二世哀声道:"可以见见丞相吗?"阎乐非常干脆地回答:"不可!"秦二世又哀求:"愿得一郡为王。"阎乐还是说不可。秦二世又说:"愿为万户侯。"还是不行。秦二世只好说:"那就让我带着

老婆回去当普通百姓吧！就像各位公子一样('比诸公子'，《史记》一不小心又露一马脚，胡亥其实并未屠杀诸公子，而是让他们当了普通百姓)。"阎乐说："我受丞相之命，为天下诛足下，足下再多说，我也不敢汇报。"秦二世无奈，只好自杀，死后以平民规格葬于宜春苑(今西安曲江池南岸)，在位仅三年，享年二十三岁。

秦二世崩后，赵高宣布现在秦国已经非常小，不宜再称皇帝，让秦始皇之侄(有史料称是其弟)子婴重新即秦王位。子婴对这个祸害秦室的奸臣恨得咬牙切齿，虽然他无法用正当方式免去赵高的权柄，但他至少还是个人，可以刺杀。赵高没想到君王也搞刺杀，被子婴轻易得手。子婴诛杀赵高三族，重新振作，继续抵抗刘邦，然而大势已去。秦军再败后，子婴封存皇帝印玺，向刘邦投降，秦王朝正式灭亡，持续仅十五年。

前进道路上的曲折

秦二世此人，无论是政治还是人生都堪称悲剧，后人常批评他昏庸，贾谊甚至痛骂其"人头畜鸣"。但这些批评都是相当苛责的。我们现在回过头去看历史，又有谁能够漂亮地走过那一道历史难关呢？

秦二世从头到尾都是赵高的一枚棋子，他到底有多昏庸？能流传下来的说法无非两种：一是赵高的说法，二是汉朝人的说法，谁能为他说句好话？而秦国这种全新的社会形态，要直接推广到全国本身就不现实。虽然有些人强调楚怀王的联军是为了推翻秦朝暴政，但本质上他们是为了恢复六国旧秩序，这其实是开历史的倒车。但也必须承认，历史进行到这里就应该有一个回旋，一项全新的社会制度很难顺理成章地取代旧制度，前进道路上必有曲折。秦二世不过是一个小小的杯具，却遇到历史长河中这个回旋的巨浪，注定只能被彻底淹没。

秦朝二世而亡还有一个重要原因便是过于严格和程式化，不懂得变通。比如秦国规定前往边境的戍卒须在三天内赶到，迟到者杀头。这在统一全国

前的秦国范围内是可行的,但统一后仍要求为三天就不现实了。陈胜、吴广正是无法用三天跨越中华帝国广袤的国土,赶到遥远的边关,那就只好造反了。国家规模的突然变大还只是表象,更本质的是纳入了原来的六国,使秦廷治下的社会基础发生了深刻变化,而秦廷却没有作出相应调整,仍然坚持原来的管理方式,这必然产生悲剧。秦国本身是代表了社会前进的正确方向,也确实应该推广,但在具体执行时操之过急,推广失败。不得不说,这也是秦二世失败之处,他未能塑造出一个实事求是的国家风格来适应历史前进的现实需要。

而下一位太宗,他被誉为中国历史上的三大贤主之一,他的王朝国祚四百余年,他的国号成为一个伟大民族永远的名字。可以说,他不但塑造了一个王朝的风格,更塑造了整个汉民族的悠远气韵和民族性格。

第三篇 文景之治，大汉天威
——汉文帝刘恒

太祖建国，三足鼎立

没错，汉朝刚刚建立就三足鼎立了。但这不是指三个国家，而是三股势力。

反秦联军推翻统一的秦王朝，将中国拖回了分封社会。但中国特色封建社会这艘巨轮一旦起航，又有何人能够阻挡人类最大民族开往下一个社会形态那滚滚向前的历史车轮。

尽管贵族们想要分封，但人民还是认为统一帝国更好，最终汉王刘邦击败楚王项羽，击破了先秦旧贵族的军事力量。汉高帝五年（前202），刘邦以秦制建立了统一的汉帝国，在长安即皇帝位，即为汉高帝。刘邦庙号是太祖，谥号高皇帝，是标准的开国皇帝谥法。五代十国有一位英雄刘知远建立后汉，他的庙号才是汉高祖。后人偶尔会将汉高帝别称为汉高祖，认为这是刘邦的庙号，以讹传讹了。

在建国前，刘邦为了击败强大的敌人，必须调动一切积极因素为我所用，为了争取英布、彭越等几股势力的支持，刘邦承诺建国后可以分封他们，甚至在建国后还分封几位皇子为藩王，镇守外藩，但这绝不等同于先秦分封制。

首先，汉朝虽然分封了国土给藩王，并给予了组建军队、征税等权力，但并未明确其国民的隶属关系，民众也都已经认同自己是汉帝国公民，而非哪位藩王的私有财产。没有这个社会基础，所谓分封不过是华丽的空中楼阁。

其次，这种分封显然是权宜之计，局势稳定下来后，汉廷就开始削藩。汉高帝末年，汉廷铲除了除长沙王以外的全部七家异姓藩王，仅保留九位汉高帝的儿子为王。长沙王也一直与汉廷相安无事，传五世后无嗣而终。汉高帝召集群臣杀白马立誓："非刘氏而王者，天下共击之。"缩小分封的范围，尽管尚未彻底铲除分封，但方向非常明确。

可以说，汉代的政治特征是：门阀贵族仍在政治生活中占有重要地位，但已经失去了正式的形式和社会基础，虽然事实存在，但重要性已经开始下滑，社会快速走向公民社会。

汉高帝十二年（前195），汉高帝驾崩，在位八年，在他身后留下了皇帝、功臣、后族三股主要的政治势力。

理论上讲，皇帝占据了法理和道义的制高点，是帝国的主人。但皇帝脱离基层，所有政令必须通过多层传递，其实很容易被架空。而且相对于后两者，皇帝只是孤零零的一个人，个人的力量毕竟很难与团队抗衡，这一方理论上最强，实际最弱。在中国这样的超大规模平行化多向循环增量反馈系统集成式帝国下，想建立西方小国寡民的绝对君主权威，其实和直接民主一样是很不现实的设想。而功臣和皇帝相反，理论上不占据任何主权，但各位功臣总会培植起自己的一派势力，分别占据要害部门，掌握实权。功臣集团的弱点在于各位功臣没有固定联系，甚至在很大程度上还有竞争和牵制，是一种微妙的博弈关系。这一方政治势力若能成团队则最强，反之则最弱。而后族则介于两者之间，在法理和道义上都有一定支持，人数也较多，可以形成团队，实力强于皇帝，道义强于诸臣，但反过来也可以说道义不如皇帝，实力不如诸臣。

在这三方博弈态势下，扬长避短最为关键。皇帝是名义上的国家元首，最大的优势是道义。汉高帝提三尺剑，斩白蛇起义，推翻暴秦，翦灭诸侯，建立大汉，威震天下，无人能撼动他的地位。但他死后继位的皇帝显然没有这么强大的道义力量，年仅十七岁的皇太子刘盈继位，史称汉孝惠帝，高皇后吕雉为皇太后摄政。

吕后从实力上压制皇帝，从道义上压制诸臣，并大力提拔吕氏族人，形成强大的吕氏后族势力。吕后为控制皇帝，对亲儿子汉惠帝实施高压。关于这位悍母是如何从精神上虐待亲子，诸如请他观摩将戚夫人虐杀为人彘、强迫他娶自己的外甥女当老婆之类，要讲清楚可以另写一部专著，这里就不多讲了。

已是成年的汉惠帝本来颇有志气,很想将汉朝建设成一个伟大的帝国,然而在亲妈的包办下,终日以泪洗面,更无从过问政事,最后只能将自己放逐到声色享乐之中,在位仅七年便驾崩,享年二十四岁。之后吕后立皇太子刘恭为帝,史称西汉前少帝,吕雉晋为太皇太后。四年后,吕后废黜前少帝并处死,立惠帝另一子常山王刘弘为帝,史称西汉后少帝。四年后,吕后驾崩,她的十五年统治终结。客观地说,这十五年宫闱之事不足称道,但社会发展其实还不错,尤其是萧何、曹参为相,政治清明,经济发展,被视为贤相典范。这一段时间经历了三个皇帝,但太史公认为这三个都不是真皇帝,在《史记》中没有为他们撰写本纪,而撰写了《吕太后本纪》。应该说吕后的统治还是比较成功,各派势力表面上没有发生冲突,但这全赖于吕后这个兼掌道义与实权的人来维系,她死后各派必然失去平衡。

脆弱的权力真空

汉高帝驾崩前一年,身体极度虚弱,吕后其实已经开始摄政,铲除了汉初三大功臣:韩信、英布、彭越,震慑天下,剩下的功臣陈平、周勃等不得不臣服于这个强势的女人。

吕后虽然强势,但经过十五年苦心经营,吕氏后族仍没能做到扬长避短。皇帝虽然被压制,但名义上的帝位并未被篡夺;功臣们虽然暂时臣服于吕氏,但声威犹在,丞相、太尉等要职仍由王陵、陈平、周勃等把持,吕氏族人仍然处于不上不下的尴尬地位。

吕后曾打算让吕氏族人封王,右丞相王陵非常正直地说:"当年高帝杀白马盟誓,非刘氏不能王,我们现在不能违背。"但左丞相陈平、太尉周勃说:"当年高帝定天下,便让刘氏封王。现在太后称制,让吕氏封王,有何不可?"吕后听了很高兴,罢免王陵,重用陈平等人。散朝后王陵悲愤地说:"当年大家和高帝歃血为盟,现在高帝不在,你们就违背盟誓,死后有何面目见高帝于地下?"陈平回答了一句意味深长的话:"正直的当面争论,我们不如先生,但保全社稷,安刘氏之后,先生就不如我们了。"王陵沉默不语。陈平等通过这种办法保全了功臣集团暂时不被清理,吕产、吕禄等虽然获得王侯虚名,甚至掌握了驻京禁军,但仍未能染指丞相、太尉之职。

而陈平和周勃作为功臣集团的巨头也越走越近,曾互赠五百金为礼,明确为牢固的同盟。吕氏本来掌握实权,诸臣也不敢公开反对太后,但吕后为吕氏封王,突破了汉高帝定下的非刘氏不能封王这个底线,恰恰促使诸臣联合起来反对她。

大臣这个阶层自古便是中国政治生活中实力最强的一个集团,皇帝、人民或者其他势力都只能用道义来压制,使他们不能联合。只要他们掌握了道义或者联合起来,绝对没有任何势力能抗衡。吕后分封吕氏已经促使他们联合起来,现在他们要等的只有最后一件事:吕后驾崩。因为吕后毕竟是名正言顺的太后,相当于国君,暂时掌握着道义,但废除了分封世袭制,她不能再将太后身份移交给其他人,所以她一死,吕氏掌权的理论依据便消失了。

汉高后八年(前180),吕太皇太后驾崩,享年六十一岁。她临终前以赵王吕禄为上将军,掌握南军;梁王吕产为相国,掌握北军;以吕禄之女为皇后,并告诫他们:"大臣们都不服吕氏封王,一定要据兵卫宫,不能离开皇宫为我送葬,始终掌控好小皇帝,以免被人所制。"汉军的北军拱卫京师,南军卫戍禁宫,总兵力七万,掌握南北两军便是以武力控制了汉宫。

然而天下大势岂是一句遗言可以控制。吕后一死,刘氏皇族必然要设法铲除威胁到皇位的吕氏,功臣集团也要消灭侵占了他们政治利益的吕氏。更由于有了违背白马之盟这个重大理由,两派自然而然地联合到了一起。

打响革命第一枪的是朱虚侯刘章。刘章是汉高帝庶长子齐王刘肥次子,一直是皇族的鹰派代表。刘章二十岁时,曾有一次吕后宴请宗室和外戚,请他当酒吏。刘章说他是武将之后,请以军法监酒,吕后随口就答应了。席间刘章和吕后探讨耕田,刘章说:"深耕密种,留苗稀疏,不是同类,坚决铲锄。"吕后听出话外之音,沉默不语。席间吕氏有一人醉酒离席,刘章追出去把他宰了,回来禀报:"此人擅自离席,已按军法处斩。"由于事前吕后确实授权他以军法监酒,只好接受这个事实,从此吕氏明白刘氏仍有人值得忌惮。刘章之兄

刘襄继承齐王爵位，弟弟刘兴居封东牟侯，在禁宫值守。刘章妻子是吕禄之女，史载刘章通过妻子得知吕氏将作乱，于是率先发难。但吕氏族人都深知刘章是刘氏最强硬的鹰派人物，又怎会将阴谋提前告诉他家的人？这个所谓的阴谋显然和伊拉克的大规模杀伤性武器一样，是刘章为了挑起战端而捏造的，吕氏应该是遵照吕后遗诏，不会主动发难。

刘章派人偷偷出了长安，联系刘襄发兵西征，自己与刘兴居为内应，准备诛杀吕氏，拥立刘襄为帝。刘襄见有人要拥立他当皇帝，当然很高兴，但齐国相召平却是吕氏早就安排在齐国的人，他派兵把齐王宫包围起来，准备扼杀起义。齐国中尉（率领皇城禁卫军的将领，不是现在的排长）魏勃对召平说应由他率兵，有人劝召平说魏勃不是自己人，不能信，要赶紧没收他的兵权。但召平爱才如命，让主动投诚的魏勃行使职责。结果魏勃一集结部队立即就包围了召平的府邸。召平哀叹："当断不断，反受其乱！"然后自杀身亡。齐国迅速组织大军西征长安，刘氏诸王纷纷响应。

吕禄等人按吕后遗命固守皇宫，但此时必须应对齐楚等国，他们派出的是颍阴侯灌婴。灌婴在功臣集团内部地位不拔尖，所以后族认为他可以拉拢。灌婴奉命率军到了荥阳（今属郑州），他考虑以他的兵力，击破诸侯的乌合之众易如反掌，但这样对吕氏有利，危害刘氏。所谓功臣集团毕竟是刘氏而非吕氏的功臣，更何况他也不看好失去吕后的吕氏集团能最终获胜。于是灌婴在荥阳驻兵，与诸侯约和，但也不调头进攻吕氏，只说待吕氏内乱一并诛之，其实就是观望。诸侯也深知自己绝非中央军的对手，同意驻兵陪他一同观望。

灌婴临阵反水，但陈平、周勃仍未表态到底站在哪方。事实上他们的想法应该和灌婴差不多，内心倾向于支持刘氏，虽然他们高居丞相、太尉之职，其实没有任何实权（这就是他们反对吕氏的根本原因）。他们想出一计，劫持吕氏集团的智囊曲周侯郦商，强迫他儿子郦寄合作。郦寄与吕禄的关系很铁，向他献策："陈平、周勃当年支持吕氏封王，说明他们心向吕氏，现在他们首鼠两端，不如给予他们梦寐以求的实权，就能确保他们站在吕氏一方了。吕氏三王去自己的封地，这样所有人都能服气了。"

吕禄这人也不知道脑袋是怎么长的，居然信了这种鬼话，宣布将兵权交给周勃,准备自去赵国封地。这遭到吕氏族人强烈反对,吕禄的姑姑吕媭大怒:"将军放弃了自己的兵权,吕氏今天完了!"周勃得到兵柄,立即前往接收北军,但北军中的吕氏势力以周勃无将印为由不许他入营。这时周勃只好又派郦寄游说,郦寄对吕禄说:"现在天下大乱,足下要赶紧把将印交给太尉,自往封地,不然就有大祸!"吕禄被唬住了,交出将印。周勃一进入北军军门,就下令:"为吕氏右袒,为刘氏左袒!"周勃毕竟是威震天下的开国大将,虽然久不掌军,但在汉军中仍占有崇高的精神地位,现在又有将印在手,士卒们纷纷左袒表示愿随他为刘氏效忠。

现在功臣集团掌控了北军,但南军仍在吕产控制下,吕产控制着未央宫的皇帝。此时外地的刘氏诸侯已经向吕氏宣战,但京师的皇族尚未表态。陈平从中协调,请刘章前往协助周勃,表明了皇族愿与功臣集团一起绞杀吕氏的立场。刘章亲率北军攻打皇宫,击败吕产的南军,最后在郎中府的厕所里杀死了吕产,首战告捷。

而少帝直到南北两军火并都始终没有表态,刘章杀死吕产后才派使者持节劳军。刘章还想抢夺节仗,但使者坚决不肯,最后刘章把使者抬上车,载着他走,相当于抢到了节仗。正是看到皇帝节仗,北军士气大振,大破南军,阵斩长乐卫尉吕更始,攻入禁宫,彻底消灭吕氏势力。接下来捕杀赵王吕禄、燕王吕通,废黜吕后的外孙鲁王张偃,将吕氏门人,无论老幼一律诛杀。

主角出马摘桃子

现在,皇族和功臣共同的敌人——吕氏已经消灭,该分蛋糕了,这也相当微妙,搞不好会再来一次动乱。

核心问题是谁当皇帝。汉少帝这位吕氏拥立的小朋友不太可能保住皇位了。大家当然很容易找到他其实不是汉高帝子孙,实为吕后找来的冒牌货的证据,废黜了他。那么齐王刘襄便是最具资格继位的人,他是汉高帝长孙,而且打响了革命第一枪。但是,功臣集团另有打算。

功臣集团之所以反对吕氏，正是因为吕氏太多族人抢占了他们的权位。而齐王手下也有一大票能人，尤其是他的弟弟刘章、刘兴居铲除吕氏立下大功，齐王一旦即位，这两位难免要谋求丞相、太尉之职。这不但没有为功臣集团拓展势力，反而连陈平、周勃的老本都要赔进去，那不行！现在功臣集团必须全力阻止齐王登基。他们的做法是：首先，灌婴召见了齐国的大功臣魏勃，然后对外宣称此人盛名之下，其实难副，是个鼠胆英雄，罢免了他；然后，功臣集团大肆散布齐王的岳丈驷钧是个相当强悍的人，齐王一旦即位，驷钧必然成为又一个吕后的言论。

这两种说法都是莫名其妙，毫无依据，但言者愿信，信者愿听，很快成为共识。功臣集团自己也相信了自己的说法，阴谋召代王刘恒来即位。

刘恒，是不是一个很熟悉的名字？对了，就是标题里面汉太宗的名字。之前发生这么多惊天动地的大事，刘恒始终没有出现，那是因为他确实没有实力出现。刘恒和刘邦不同于一般父子，他们没有一起享过天伦之乐，刘恒最多只能算是汉高帝和薄姬共同研究人体美学的一个副产品，现在他镇守偏远的代国，属于被人遗忘的角色。然而，正是因为他现在的弱势，使得他成为功臣集团的最终选择。来当皇帝的人越弱势，留给功臣集团的空间就越大。功臣集团冒死诛杀吕氏，不是为你刘家做善事，而是为了争取自己的权力空间。

刘恒得到诸臣召他去即位的邀请，非常疑惧，召亲信商议。郎中令张武等认为："功臣集团都是一帮当年跟高帝打天下的大将，多诈谋，这些年表面安静，只不过是畏惧高帝、吕后的威势。这次诛杀诸吕，喋血京师，还说要拥立代王，太不可信了，最好称病不去，静观其变。"中尉宋昌则认为："汉朝的根基已经稳固，除掉吕氏，功臣集团自己也不可能当皇帝，他们中就算有人有此心，民众也不愿跟随，他们还是必须立一个刘氏的皇帝。高帝的儿子现在只剩下代王和淮南王（齐楚等王都是孙子辈，儿子辈大都被吕后铲除了），代王年长，更有资格，这是个很好的机会，应该把握。"

刘恒也确实动了心，又与母亲薄氏商议，后派薄氏之弟薄昭前往与陈平等人接洽。陈平等人大表忠心，最终刘恒决定前往长安即位。刘恒只带了张武、宋昌等六人，这当然不是他不提拔自己人，是因为带多了陈平他们不干。

虽然是要当皇帝了，但刘恒依然相当冷静，或者说是疑惧，到了长安以东的高陵县又停顿下来，派宋昌先去长安。陈平率全体臣僚出迎，以表诚意，刘恒终于比较放心地进了长安。周勃跪献天子符玺，率众恳请代王刘恒即位，刘兴居带兵将汉少帝驱逐出宫。当晚，刘恒便要入住未央宫，但是守卫说："天子还在，足下现在进来算什么？"刘恒没有办法，只好又去叫周勃。周勃下了一道军令，守卫才离开，刘恒终于入住未央宫。当夜，刘恒迫不及待地拜宋昌为卫将军，镇抚南北军；张武为郎中令，行殿中事；又分头派人贬黜汉少帝，诛杀梁王、淮南王等几位对皇位有威胁的刘氏近亲。

这下勉强可以放心了，刘恒连夜赦告天下，即位登基，即为汉太宗孝文皇帝，史称汉文帝。

如果从戏份上讲，汉文帝似乎比秦二世强不了多少，都是被即位的。仔细看还不如秦二世，人家好歹还亲自参与了沙丘之谋，而且确实是秦朝的二世。而汉文帝不但是汉朝第五位皇帝，而且刘氏、吕氏、功臣集团斗得你死我活时他一丁点儿发言权都没有，斗完了主角才出马——来摘桃子。说穿了，秦二世还是骗了个皇帝当，汉文帝则完全是捡了个皇帝当。

但是，汉文帝也有比秦二世强的地方，那就是秦朝二世而亡，昙花一现。大汉却国祚绵延，完成了中华帝国的第一次成功塑型，真正开启了人类文明史上最恢弘绚丽的篇章。

所以，刘恒才是太宗系列的佼佼者！胡亥，只不过是他的陪衬和铺垫罢了。

微妙博弈

汉文帝元年（前179），刘恒当上了皇帝，但是他也明白，这是宗室和功臣集团联手做掉吕氏后分蛋糕的一个妥协产物。汉文帝一方面要和他们小心相处，一方面要做个好皇帝，争取民众和舆论支持，才能保住这来之不易（其实也很容易）的皇位。而不管他如何小心，蛋糕就那么大，人人都想多分点，不说斗争，博弈总是难免的。

汉初三大政治势力中，首先，吕氏后族已被铲灭。

其次是宗室。齐王刘襄三兄弟吃了大亏，明明出力最多、实力最强，结果被老奸巨猾的老将们阴了，肯定咽不下这口气。事实上齐王真的没咽下这口气，当年就气死了。汉文帝二年（前178），刘章被封为城阳王，刘兴居封济北王。很快刘章便病薨，年仅二十一岁。如此生猛的一个猛男竟如此容易地死了，显然是城阳王这个最终报酬和他的期望值相距太远。汉文帝三年（前177），文帝亲征匈奴，刘兴居觉得有机可乘，起兵叛乱。汉廷以柴武为大将军，旋即讨平，刘兴居被俘后自尽。汉文帝六年（前174），除文帝外，高帝仅存的另一个儿子淮南王刘长也准备叛乱，但还没动手就被发觉，被削去王爵，在发配途中郁郁而终。

显然，刘兴居和刘长这两位小兄弟起兵叛乱，是犯了一个形而上学的错误。他们认为外镇藩王实力还是不错，有那么一星半点的机会和中央军对话，诸王围剿吕氏成功就是明证。然而当时铲除诸吕，诸王只不过是起了个导火索的作用，诱发功臣集团起义，真正起作用的还是周勃夺取北军军权。刘兴居撇开功臣，单独向现任皇帝挑战，无异于自寻死路。其实吕后执政十五年，刘汉宗室已被摧残得不轻，齐王三兄弟死后，宗室中更无强人，所以汉文帝面临宗室一方的威胁并不大。除了坚决镇压主动造反的两位，汉文帝尽量封赏其他幸存宗室，甚至包括齐王兄弟、淮南王的儿子都还袭爵，做到了恩威并施。最后，汉文帝预立长子刘启为皇太子，以绝其他宗室成员对帝位的念想。

著名公共管理学家贾太傅贾谊上《治安策》（又名《陈政事疏》），这可不是讲社会治安的文章，而是议论如何建设一个治理安定的中央集权帝国。贾谊敏锐地指出，不要认为诸侯和皇帝之间的血亲关系能保障忠诚，根本还在于实力，所以要削夺诸侯的实力，措施主要有两条：

第一，要让诸侯的王国分封给多名子孙。这样就会让诸侯国越分越小，实力便越来越弱。

第二，朝廷要掌握诸侯国丞相、太尉、太傅等要职的任免，而非由诸侯自己掌握。这种上级搭建下级领导班子的思想贯穿了整个中国历史。先秦诸侯国是诸侯的私有财产，诸侯一人由周天子分封，之下便由此人全权任免。而现在上级不仅要任免下级的一把手,还要搭建整个领导班子,有效保障了层级权力控制。

当然,贾谊还说漏了最重要的一点,那就是人身依附关系。秦朝留给汉朝的是一个中国特色封建社会,斩断了人身依附关系,诸侯无论怎么分封,都只能代管汉帝国公民,就算有一些死忠的将相,却始终没有真正属于自己的私民,无法与合法的中央政府对抗。

最后来看实力最强的功臣集团。功臣铲除吕氏,目的就是做大自己的权力蛋糕。吕后最亲信的左丞相审食其自然要倒台,按说原太尉周勃应该递补为左丞相,但陈平说周勃功劳比他大,于是让他当右丞相,自己当左丞相。原大将军灌婴升任太尉,中下层大量吕氏族人和亲信被清理,空出很多位置来给大家当,目的基本达到。

汉文帝很承周勃的恩情,对他非常恭敬,这个武夫也愈发得意。郎中袁盎劝谏汉文帝要注意君臣之礼,说周勃也只不过尽本分,现在就这么骄横,皇帝还那么纵容他,不可取。于是汉文帝改用正常的君臣之礼,让周勃感到很大压力。有次上朝,汉文帝突然问周勃:"今年全国有多少刑狱?"周丞相当众说不知道。汉文帝又问:"那今年的钱谷收支多少?"周丞相又不知道,惭愧得汗流浃背。汉文帝转问左丞相陈平,陈平从容道:"刑狱问廷尉,钱谷问治粟内史。"汉文帝说:"那你是干嘛的呀?"陈平更从容地说:"我是宰相,辅佐天子,总揽政务,使卿大夫各得任其职。"散朝后周勃惭愧地说:"你怎么不教我呀!"陈平笑道:"你当个丞相,却不知道丞相该干什么。就算你记住全国一年刑狱多少,如果又问你长安一年刑狱多少,你怎么回答?"

周勃终于明白自己根本不适合当丞相,又有人劝他功成身退,免招日后祸害,于是周勃挂印而去。汉廷并未升陈平为右丞相并另补左丞相,而是让陈平专为丞相。不过只过了一年多,陈平病卒,周勃继为丞相。但他当了不到一年,汉文帝说:"朕诏令列侯到封地上去,丞相应做表率(周勃有绛侯爵位)。"于是周勃再次免相,到了绛县。不久有人告发周勃谋反,廷尉将其逮至狱中审理,周勃四方打点,动用了他当年和薄昭的关系,才免于获罪。出狱时,在狱中受尽狱吏折磨的周勃感叹道:"我曾率领百万大军,今日才知狱吏的金贵啊!"

这一段在史书上记载的很简单，但其中隐藏了一些重要信息。首先，周勃第一次辞相未必是出于自愿，很可能是受到汉文帝和陈平的联合算计。汉文帝想罢免这个骄横的功臣，陈平也想独相，他明知这个武夫不适合当丞相，却故意推他为首相，然后在朝堂上与皇帝默契地让他汗流浃背，无地自容，最后顺理成章地罢免了他。这样汉文帝除掉了一个功臣，陈平也争取到了独相，可惜没活多久，否则很可能也要专权。其次，陈平死后周勃继任，既说明周勃本身还是很想当丞相，也说明实力毕竟很强。但不到一年，汉文帝又罢免了他，这十个月势必有许多精彩的明争暗斗，可惜史书已无详载。但结果是明确的：陈平、周勃均退出朝政，汉初功臣集团基本消停。

至此，汉初三大政治集团总算决出胜负，政权基本集中于皇帝，汉文帝终于可以放开手脚好好干一场了。

三大贤君，文景之治

明末大儒王夫之、朱国祯都曾纵论中华两千年帝国时代，分别提出了他们心目中最伟大的三位贤君，人选完全一致，可见这三位是众望所归，无可争议。

这三位中就是——"三代以下，称贤主者，汉文帝、宋仁宗与我明之孝宗皇帝"。汉文帝因为沾了文景之治，名气还稍微大点，后两位估计80%的中国人都没听说过。而即便是汉文帝，在绝大多数国人心中，恐怕也很难挤进前十，更遑论三大圣君了。这其实是现代人考量贤主的标准发生了嬗变，现代人看历史，只记得秦皇汉武并吞天下的卓越武功，只记得万卷战史中鲜血书就的胜利篇章，只记得苍茫荒原上白骨铸造的功勋铭台，却不知自古的人民（包括自己）要的不是这些，而是相对宽松的生活。更何况，要成就秦皇汉武的伟业，难道真是靠一两个皇帝的雄才大略？还是靠厚实的国力基础？而国力当然不会是雄主们自己雄出来的，大多是前代仁君给他们积累的。

从儒家传统审美观而言，汉文帝是一个相当标准的仁君——仁慈、节俭、勤政、爱好和平、轻徭薄赋;而从公共管理学的角度而言,也堪称治世能人。

首先,中国人最讲究自上而下的表率,皇帝身为国家元首,个人德行自然会成为全天下的表率,这方面汉文帝堪称无懈可击。

汉朝以孝治天下,认为孝道是人类最基本的伦常,只有孝行天下,才能使每个家庭太平,每个家庭太平了,天下才能太平。所以除太祖高皇帝和世祖光武皇帝(刘秀)外,汉朝每位皇帝的谥号都加了一个"孝"字,以视对孝道的高度重视。汉文帝不仅是汉朝皇帝孝道的典范,还是后世所有皇帝的楷模,是唯一一位被收录进《二十四孝》的皇帝。该书记载,有一次薄太后生病,汉文帝亲自服侍,目不交睫,衣不解带(眼睛不闭,衣服不脱,通宵服侍),所有汤药必须亲自尝过后才给老娘吃。久病床前无孝子,一般人服侍老人,短时间还行,时间长了就很难坚持,但汉文帝整整服侍了三年!更何况他还是一位工作非常繁忙的皇帝啊!

其实在孝道问题上,汉朝有一个重大的先天缺陷——刘邦在建国前曾与项羽鏖战,其父刘太公不幸被项羽所擒。项羽把刘太公绑在大锅上威胁刘邦,刘邦却从容道:"我们是结拜兄弟,我爸爸就是你爸爸,你要煮你爸爸,就最好给我分一杯羹。"且先不论刘邦这种言行是否为军情所迫,不代表真实情感,总之汉朝的高帝确实说过这样的话,这非常不利于推行以孝治天下的基本国策。但汉文帝以他真诚的孝心感动了天下,甚至感动了素以铁面无情著称的中国史官,感动了从此以后每一位读史的后人。他不但以身作则,成功塑造了汉朝仁孝的民风,更使孝道观念深刻融入中国社会的文化血脉,使这种美德成为中华民族传承万世的精神瑰宝。

既然说到孝道,就顺便提一下汉文帝的私人感情。汉文帝的姻缘可谓是上错花轿嫁对郎,吕后这个当妈的很开放,曾一口气给每个儿子辈的诸侯王送了五个姬妾!清河郡(今河北清河)一位佳人窦氏海选入围,关于具体送给哪位诸侯,她本人填的志愿是离家很近的赵国,结果不幸被工作人员错送给了代王刘恒。刚开始窦美人肯定很郁闷,所幸代王特别喜欢她,要真送给赵王还就未必。但她并不知道这仅仅是好运的开端,不久,原来的代王后病薨,窦姬幸运晋级为王后。按说这已经赚大了,但好运还没结束,代王后来幸运地当上

皇帝，窦王后又晋级为皇后。别急，更可怕的好运还在后头，众所周知，后妈和发妻的嫡子之间的关系相当难处，更涉及到皇位继承的难题。但幸运之神实在是太眷顾窦美人了，继用自然法则解决掉她的情敌后，又用同样方式打包解决了情敌的四个儿子！为了给未来的窦太后让路，四个健康活泼的皇子自动消失。窦姐，你是不是开了作弊器？

除了皇后，正史和野史都鲜有提及汉文帝的其余后妃，倒是提到他是一个双性恋。汉朝皇帝公开宠爱男人的很多。汉哀帝刘欣有一次与男宠董贤同眠，到了上朝时董贤还在酣睡，他倒是不用去上朝，但他压到了汉哀帝的袖子。汉哀帝又不忍叫醒熟睡中的美人，于是取刀割断袖子方才离去，演绎了一曲"断袖之恋"，成为同性恋千古绝唱。其实就连雄才大略的汉武大帝刘彻也是双性恋，他的男宠有的在后宫为他舒缓繁忙工作带来的疲劳和压力；有的还既爱红装又爱武装，披挂上阵痛杀匈奴；还有的孤胆万里出使西域，使大汉天威传布四海。啊！这是多么伟大的一个时代，真不愧为汉武雄风，连男人都这么……

汉文帝用良好的德行树立了仁君的形象，然后就整顿法制，使全国上下令行禁止。汉文帝启用张释之为廷尉，掌管最高司法。张释之是个相当正直的官员，曾任公车令。公车令不是管公交车的，而是掌管宫门警卫和礼仪。张释之上任不久，就遇到太子和楚王进宫，按礼仪该在司马门下车，但这哥俩图方便，坐着车就进去了。因为是太子，所以没人敢管，可张释之就要管。他立即冲上去把他们揪住，弹劾他们不守礼仪。太子大吃一惊，居然还有人敢管老子！但薄太后和汉文帝闻奏后，非常恭敬地免冠来见，承认教子不严，然后下特赦令才让太子进宫。汉文帝看到张释之正直，于是提拔他为廷尉。

不久汉文帝出行，路过渭桥。有个人从桥下飞驰而过，汉文帝的马受惊差点摔下来把贤主变成先主。警卫当然去把这人抓起来，扭送至廷尉处理。张释之按律判处那个人罚金。汉文帝勃然大怒："这家伙惊了我的马！所幸御马温和，不然摔都摔死了，你才判他罚金？"皇帝是真动怒了，如果是个奴才官，估计就顺着皇帝的意思改判重刑了。但张释之不为所动："法律是天下人共同遵守的，现在法律规定就该这么判，如要改判重刑，就是法律不能取信于民。如果当时您就派兵把那人杀了,也就算了,但既然发到廷尉这里,就必须按法律办!廷尉掌管着天下的公平,一旦出现偏差,人民还不手足无措?"汉文帝沉思良久,答道:"廷尉确应如此。"

惊马案还只算是张释之在司法界小试身手,接下来又遇到一桩更严重的案子——有人盗窃了汉高帝长陵中的玉环。这下好脾气的汉文帝也被气得跳脚了,立即列为挂牌大案,很快破获,把窃贼交至廷尉重处。张释之按律判死,汉文帝咬牙切齿:"连高帝的陵庙都敢偷,还有没有人道?你才判个死刑?这次我把他送到廷尉就是要诛他全族!张大人,你现在这么做咱们可对不起汉室宗庙啊!"张释之也知道严重性,免冠顿首,郑重道:"法律规定盗窃宗庙该判死刑,现在已经够了,不能以您的喜怒增加判罚。如果盗窃宗庙就要诛族,那要是有人取了长陵的一抔土,又怎么加刑呢?"两人争辩许久,直到汉文帝渐渐息了怒,才同意依法判处死刑。

显然,汉文帝这个仁君也不是没脾气,人在盛怒时很容易不理智,只是受制于法律,才避免了冲动。可皇帝没有上级权力制约,一旦盛怒,如果身边的人都顺从,就会照办,造成很多冤案。只有张释之这样正直的人身居高位,不盲目服从皇权,才能监督皇帝,度过暂时的盛怒,回归理智。当然,圣君与贤臣是相辅相成的,如果是个暴君,并且为所欲为,张释之自己都已经死了n次了,哪里还能主持司法公正。所以,汉文帝和张释之、宋仁宗和包拯、明孝宗和李东阳,他们总是在史书中联袂出演,并非偶然!

汉文帝又废除先秦以来的各种酷刑,如割鼻、挖膝、肉笞等,更重要的是废除了罪犯终身为奴和罪犯连坐全家没入官府为奴的法律,进一步扫清了先秦遗留的社会人身依附关系,有力地推动了中国特色封建社会的进步。

而在礼法方面,汉朝的先天缺陷也很大,这个号称与罗马帝国在东西方交相辉映的中华帝国,其实是刘邦这位亭长从乡下带出来的草台班子。刘亭长当了皇帝后还往大儒帽子里撒尿,出行坐的马车四匹马颜色都不一样。而直到汉文帝时,周勃这种斗大的字也只能勉强识一箩筐的大老粗还能当丞相,可见素质教育状况堪忧。

汉初大家都是粗人,还可以互相忍受一下,但到了大文豪贾谊,他就不太

好忍了。贾谊的《治安策》和另一篇更著名的《过秦论》都恳切地谈到礼法建设工作,提出汉朝最起码应该重新确定德性和主色调,不能一直跟着秦朝尚黑。"德性"这个概念大家千万别以为是口语里"瞧你那副德性"的"德性",而是阴阳家的"五德始终"说。所谓五德和阴阳五行相对应,每个王朝对应五行中的一种,还蕴藏了王朝兴替的神秘内在联系。虽然中国人也不是很信这类东西,但能装酷也是一种功能,聊胜于无。比如周属火德,色尚红;而水克火,所以秦就属水德,色尚黑;汉朝刚建立时没有立即确定德性,服色礼仪继承了秦朝的尚黑传统,上朝时黑压压的一片。贾谊则提出土克水,所以汉朝应属土,色尚黄。这个问题汉朝争论了很久,因为各种理由改过很多次,直到东汉才确定下来——我大汉属火(被秦朝克)。

而关于治国的基础思想,中国自古都不提倡一元论,也从未进入宗教社会,但官方总会有一个倾向。秦朝是明确的法家统治,但深受后世诟病。汉初儒家和道家都极力想站上政治舞台的中心,汉高帝虽然对叔孙通、陆贾等大儒不甚恭敬,但还是采纳了他们的建议,努力推广儒式思想体系。而汉文帝却似乎更倾向于道家,他认为春秋战国数百年,人民受尽苦难,秦朝虽结束战乱,实则对人民压榨更加严酷,现在人民要的是休养生息,于是决定以德治国,与民生息。与民生息其实不难,只要国家不要好大喜功,不要四处征战、进行重大工程,行政机构不要乱花钱——总之就是不要,国家不要做这些事情,人民自然就得到了休息,这便是道家"无为而自治"的思想。

汉初推崇"无为"思想的最佳注脚其实还不是出现在汉文帝身上,而是前代的汉惠帝。萧何是汉初第一名相,制定了汉朝的行政体系框架,将朝政打理得井井有条,社会欣欣向荣。汉惠帝根据萧何临终的推荐任命曹参为丞相,但曹参整天喝得大醉,基本不理朝政。汉惠帝刚开始认为是暂时现象,可曹参日复一日,汉惠帝实在忍不住了,前往请教曹丞相葫芦里卖的什么药。曹丞相醉醺醺地说:"皇帝小朋友,你没事干了怎么就来打搅曹叔叔喝酒?"汉惠帝压住火:"当初萧何推荐曹先生为相,我也任命了,但先生现在这样是不是有点辜负我们的信任?"曹参笑道:"那我问你,你觉得你当皇帝的水平比高帝如何?"汉惠帝连忙道:"那我是不如的!"曹参又道:"那你又觉得我当丞相的水平比

萧何如何？"汉惠帝小心道："据说也要差那么一点点。"曹参哈哈大笑："那不就对了！你不如高帝，我又不如萧何，那他们定下的规制我们又何必要去改动呢？"汉惠帝恍然大悟，不再过问，曹参也继续大醉。朝政根据萧何的设计继续良好运转，这就是著名的"萧规曹随"，被誉为管理学的一层极高境界，也是道家思想的一次绝佳范例。

当然，完全不改也不可能，不然就成了故步自封，皇帝、丞相什么都不管也略显夸张，"萧规曹随"只是一种形象的比喻，告诫后世的公共管理者不要像太甲反伊尹那样，为了彰显自己的存在而把国家折腾来折腾去。历史上汉惠帝、曹参、汉文帝的名气不如汉高帝、萧何，但他们没有为了超越前辈而故意折腾，而是甘于寂寞，默默继续执行既定国策，为经济社会的持续发展保驾护航。而汉武帝一改汉初"无为"思想，改用儒家"大有为"思想，成就一世伟业，以秦皇汉武、唐宗宋祖之称，功业之巨在太祖高皇帝之上。然武帝一朝使中国十室九空，人口减半，文景之治的百年积蓄一扫而空。所以，每当后人景仰汉武大帝的赫赫声威时，切莫忘记其背后还有亿万子民的艰难呻吟，更莫忘这种瞬间的厚积薄发离不开前代的默默积累。

确定了好的思想、文化和法律基础，汉文帝这才开始大力整顿财政经济，在这方面，文景之治是后世王朝一致称赞的标杆。在无为而治的指导思想下，汉文帝包括其子汉景帝坚持轻徭薄赋，与民生息，农税从十分之一降到十五分之一，后来又降到三十分之一。汉文帝十三年（前167），汉廷下诏全部免去田赋。汉朝和后来主要靠工商业收入的宋朝完全不同，田赋是财政收入的大头。汉文帝勇敢地免去田赋，带头节衣缩食，还亲自参与耕耘，正是他这种仁君气度，受到时人和后世的景仰。

贾谊的《论积贮疏》指出：粮仓充实就知道礼节，只有生产力发达，人民才能幸福安定。但汉代没有袁隆平，也买不到金坷垃，更不搞转基因食品，农业靠天吃饭，难免会有收成不好的年份，一旦打个仗，军粮的缺口就很大，所以国家必须要有积贮，这就必须以农为本。贾谊还着力强调农业才是社会的根本，从事农业的人是"自食其力"，从事工商业的人是"末技游食"，要让这些人力资源尽量回归到农业这条主线上来。

贾谊的观点无疑是当时把握国民经济命脉、支撑社会生产力基础的至理名言，农业当然是当时最根本的产业，也是支撑中国——这个当时世界上最庞大帝国的基石。不过最后一句略显偏激，而且太有勇气了。贾谊说只有农业是自食其力，其他人是吃闲饭的，他自己显然不是农民，那他算什么？不过，这里我们不是想用马克思主义政治经济学的劳动价值实现原理来批判两千多年前的贾谊，恰恰相反，是要批判那些批判古人的现代人。

有些现代人说贾谊以农为本的思想，体现了中国封建统治者的落后局限性，甚至上升到中华民族农耕意识的层面，而贾谊那句对工商业人士不那么推崇的评价，更成为许多人认定中国不能从农耕文明转型为工业文明的著名论据。

只能说这些人的思维方式堪称奇葩。

在汉代生产力非常不发达的背景下，农业劳动力严重不足，当然要鼓励人力资源向这个最根本的产业聚集。工商业自然有其重大意义，但至少在当时并不值得挪用发展农业的稀缺资源去发展它。这就好比一个人在读小学时就该集中精力，勤练四则混合运算，而不应该好高骛远地去学高次方程。当然，如果他到三十岁还不会解一元二次方程，那确实是他初中没学好。但初中没学好又岂能怪小学学得太好？汉初定下重视农业的指导思想是完全符合当时生产力发展背景的。何况也从来没人说过要永远保持下去不进步。事实上，到宋代，国家财政收入的主体已经不是农税而是工商贸易尤其是海外贸易，中国开始走出农业社会，渐渐进入工商业社会，国家治理的指导思想也作出许多适宜的调整和尝试。

即便是汉文帝本身，在狠抓农业中心工作的同时，也大力促进商业。汉文帝开山泽之禁，允许百姓到原来专属国家的山川河海开采矿产渔盐，促进了工商业发展。汉文帝还废除关传制度。传是由国家签发的一种过关凭证，凭传才能通过各种关卡。汉文帝废除此制，民间资本可以在全国市场自由流通，有效消除了地方保护和贸易壁垒，"富商大贾周流天下，交易之物莫不通"。

最后必须提到汉文帝的货币金融体系。我们现在经常在古装戏里看到男主角一出手就摸出几十两银子，或者皇帝大笑一阵，豪迈道："赏你黄金万

第三篇 文景之治，大汉天威——汉文帝刘恒

两！"然后，一个老太监笑眯眯地捧着满满一盘金元宝塞到主角手里。首先，这些编剧同志应该科普一下物理常识，好歹换算下一两折合多少克，再算算一万两是多少千克，老太监捧不捧得动；其次，中国自古是一个贵金属匮乏的地区，金银成为通货是明朝中后期的事了，在宋朝开始发行纸币前，中国一直铸造铜铁货币，从未将金银作为通货；最后，即便是明朝后期开始使用白银通货，一年的国库收入也才二百多万两银，几十两银子是多么恐怖的购买力，怎么会有人随手就摸得出来？

秦汉以来中国一直使用铜铁货币，汉文帝朝经济大发展，出现了严重的通货紧缩，而且自秦以来币制非常混乱，市场上半两、八铢、榆荚、五分等各种货币混杂使用。如要大刀阔斧整顿，势必伤害到许多既得利益，一不小心，政权就会从内部崩溃。其实，这从来都是一个大型帝国最严重的内患，远比边境上的游牧部族可怕，强势时如汉高帝、吕太后，都未能妥善解决这个问题。两千年后，蒋委员长派大公子蒋经国到上海滩整顿金融秩序，口号倒是很豪迈——"专打老虎，不拍苍蝇"，最后还是向黑白两道的金融巨鳄们服了软，拍点苍蝇了事，民国的金融秩序继续滑向深渊，最终全盘崩溃。那么以仁君著称，甚至不敢对匈奴说一句重话的汉文帝呢？

在这里，汉文帝要教育您——什么叫仁君。所谓仁，与软弱无关。

仁君不敢对匈奴说一句重话，那是因为他知道，以自己现在的实力，无法剿灭匈奴。如要以强硬对待，吃苦头的不是皇宫里的皇帝，而是被驱往战场的百姓，所以仁君能够放下天朝大国的架子，屈尊于未开化的部落面前。反观某些所谓强国，无故向其他国家的人民举起屠刀，目的只是为了降低石油巨头的原油成本。而金融寡头们翻云覆雨，制造金融黑洞，吞噬人民财产，强国不但不制止，他们捅了娄子还想方设法用纳税人的钱去"输血""救市"，不敢说一句重话。

仗势凌人，不是真正的强者。

顾全大局，不能称之为软弱。

仁君很清楚，什么是需要他个人委曲求全的，而什么是需要他拿刘汉江山来拼的。

汉文帝这位不以强大战功著称的仁君,在金融方面做出了一个后世绝少有人敢于效仿的勇敢举动——实施反格雷欣法则。

格雷欣法则亦称劣币驱逐良币,即指金属货币体系下,如果货币由政府统一铸造发行,政府规定的金属货币只要票面价值相同,不足两的(劣币)与足两的(良币)购买力相同(可自由兑换)。那么结果必然是劣币驱逐良币,流通货币会越来越不足两,发行者(政府或银行家)通过不断用劣币兑换良币,从民间搜刮财富。长此以往必然是国家信用丧失,货币体系崩溃,俗称亡国。但如果政策反过来,铸币权下放到民间,并且不硬性规定良币与劣币等值兑换,就会出现相反情况——铸币者为了在竞争性的市场上将自己铸造的货币发行出去,必须尽量改进铸币品质,形成良币驱逐劣币,即为反格雷欣法则。

秦汉以来,中国长期处于劣币驱逐良币的状态,尤其是强大的汉初功臣集团迫切希望能从这个大蛋糕中分得最大的一块,而他们与富商巨贾也结为利益共同体,他们相信,一个摘桃子的小皇帝是不敢,更没有必要来触碰他们这块利益的。

但是,他们错了。

汉文帝顶住了各方压力,坚决实施币制改革,规定汉朝的钱币以四铢钱为标准(一铢=0.651克),允许私人铸币。

金融杠杆的作用非常强大,汉朝的经济很快欣欣向荣。发行货币能够带来巨大利润,富商们纷纷投身此业,汉朝的货币金融体系快速发展起来,大量优良保值的货币流通于市。这样人们都可以充分发挥才能,创造财富,而不必担心什么次贷危机、金融风暴导致辛苦攒下的财富自动缩水。正是有了这样优良的经济血液,才能推动文景之治的大发展、大繁荣。

此事史称"汉文天铢之湮杀地盘",遗憾的是汉代史官经济学基础太差,没有充分意识到这场改革表面上看波澜不惊,实则是一场精彩的暗战,留下的史料和时评太少。这场没有硝烟的战争,各方利益博弈的游戏托盘中盛有四海之财,却系于一发之际。皇权、相权、民权都小心游走在最敏感的私处,却非要去挑动对方最根本的利益命脉。非常幸运的是,汉文帝是最后的胜者,他不但没有因此丢掉汉室江山,还开启了一个伟大的文景之治,造福了一世之

民,更将自己的名号永远铭刻在了万卷青史的最耀眼处!

岂止是汉文帝啊,中华帝国的三大仁君都有过战场上的难堪纪录,汉文帝不得不向匈奴送出女眷求和,宋仁宗对西夏遭受"陕西三大败",明孝宗更未能在瓦剌身上取得哪怕是一场值得吹嘘的大胜。

但是,汉文帝敢于改革汉初币制,剥夺官商们的经济特权,还富于民。宋仁宗只因不能为民解难,于一日之内将四名宰相全部罢免。明孝宗更是向强大的明朝文官集团宣战,彻底整顿盘根错节的明代官场。我可以负责任地告诉您:这些都是所谓的秦皇汉武、唐宗宋祖之流做不到,更没胆量去碰的事情!

北方的草原很危险

汉文帝用道家清静无为的治理思想,必然不会是一个开疆拓域的雄主。然而完全不打仗也是不现实的,尤其当蒙古草原上的匈奴(Hun)开始崛起时。

匈奴不是和秦汉一样的国家,它其实只是草原上诸多部落之一。后来通过战争,使其他部落臣服,也没有像炎黄那样合并成一个部落,而是形成了一个共同攻守进退的部落联盟。各领主继续领有自己的私有部落,但领主本人有义务听命于匈奴部的首领——大单于。后世经常为了渲染这种部落联盟的强大,将其称为匈奴帝国、突厥帝国,法国史学家格鲁塞还将他们的故事编著成一本《草原帝国》。其实这仅用于形容其强大,并非真正意义上的帝国。

虽然蒙古草原的生产力和社会形态都谈不上先进,但掌握了一个重要的战略资源——马。

马是冷兵器时代骑兵必备装备之一。作为一种生物,马适合生长在高寒地带,喜食干草,绝大多数汉区都不适合养马。蒙古草原是马匹主产地,蒙古马种的质量显然比不上中亚或更西方一点的阿哈尔捷金马(汉语称汗血宝马)和阿拉伯纯血马。但蒙古马吃苦耐劳,极易大量繁殖,草原游牧部族不需要掌握太高的畜牧技术就可以放养出大量马匹,用以组建至少在数量上很庞大的骑兵军团。所以,这些草原部族一旦联合起来,将是非常可怕的军事力

量。从汉代的匈奴起，鲜卑、突厥、契丹、女真、蒙古、满洲……北方草原的边患成为每个中原王朝国家战略最重要的一个方面。

可能有人会觉得奇怪，中原王朝形成统一之前，春秋五霸、战国七雄，汉人自己打得不亦乐乎，蒙古草原上的游牧民族却基本可以忽略不计。秦汉以后，汉民族形成统一汉式帝国，游牧部族反而成了严患。其实这正是因为汉人的文明在进步，游牧部族也在跨越式发展。

首先是技术方面，周代游牧部族逐渐掌握了大规模放牧的技术，才能组建较大的马队，而汉代匈奴从西域学习了初步的锻冶技术，开始使用金属武器。不过汉初匈奴主要以兽皮甲和兽骨箭镞为武器，相当落后。最重要的技术跨越则是马镫，马镫是骑兵史上划时代的发明，使骑士和战马融为一体。马镫发明前，骑士无法在马上坐稳，要想发挥马力的威力就必须配备工业化产品——战车，这显然超出了游牧民族的能力范围。而马镫发明后，一人一骑就取代了战车，骑兵从此驰骋战争舞台上千年。不过马镫发明的确切时间还有争议，大概是在汉代，也可能更晚。

除了科技，更重要的是组织管理。秦代以前汉人没有形成统一帝国，草原上更是一盘散沙，游牧部族成千上万，无数马匪比战国七雄打得还欢。正是匈奴部的头曼单于、冒顿单于等强势领主树起赫赫声威，才将这些部族整合到一起。虽然还只是部族联盟而非帝国，但号称"控弦之士三十万"，三十万马匪一旦组织起来还是很恐怖的。

那么汉初面临的匈奴到底有多强？

这样比方吧，汉初汉军大概相当于北京市公安局，匈奴帝国则大概相当于一个普通的地级市城市管理行政执法局。

有人就奇怪了，北京市公安局连个地级市城管局都搞不定？别忘了匈奴最大的优势，就是想打就打，打了随时跑。草原那么大，他随时出一支马队到一个边城来收摊——也不占领，收完摊立马就走，等你北京市局的步兵赶到，早就没影了。反过来组织大规模兵团深入草原讨伐匈奴却不太现实，一则草原太大，找不到敌人；二则过于深入容易被马匪切断补给线；三则中原王朝出动大军攻入草原，他反正没有城市，你要践踏草场请便，我自领军趁机攻入中原——放心,也只是抢一把,不会占领国土,但你也不可能不回救,你要是回救我又没影了。所以针对这三点,从战国的燕赵等国起,历代中原王朝大都要修建长城,以对抗游牧部族。

虽说组织大军讨伐草原性价比很低,但严打总是有用的。狠打他一次,很长时间内他都不敢再来。就算不能狠打人家一次,也不能让人家狠打自己一次,所以就需要嫁几个公主给人家……但就算嫁公主,前提也还是要打得赢,不然人家可以直接来抢,无需你嫁。

汉文帝还算幸运,秦始皇赔上基业,修好了长城留给他用现成的。汉高帝亲征匈奴,遭遇白登之围,靠给冒顿单于的老婆行贿才捡回一条命。后来冒顿单于又写情书挑逗寡妇吕后,大政治家吕后忍一时之气,低声求和,但将此列为国耻,遗命子孙定要雪耻。汉文帝登基时,汉朝已经册封了好几个宫女冒充公主嫁到匈奴去了,保持了一段时间的相对和平。汉文帝手持吕后雪耻的遗训,但并不急于进攻。这一方面是要执行与民生息的政策,不愿轻开战端;另一方面是时机确实还不成熟,要实力积累够了才能打。

为了积累实力,汉文帝、汉景帝一方面对匈奴委曲求全,送钱送女人,开放贸易。匈奴有了钱和女人,冒着生命危险来打劫的冲动就克制了很多。而且通过贸易,匈奴可以买到盐、铁、布等物资,一旦开战就买不到了。经济学原理告诉我们,贸易能够交换比较优势,使每个人的情况都更好(剥削式的不对等贸易除外),匈奴通过与汉人和平贸易,比打劫更能促进本民族的文明进程。

另一方面,汉文帝也绝非老好人,和平发展的同时,也在整军经武。汉朝采取全民兵役制,寓兵于民,每位成年男子都有服兵役的义务。不过汉文帝把秦朝十七岁开始服役,每年一番的政策,改为二十三岁开始服役,三年一番,已经极大地减轻了人民的负担。文帝朝兵役制度执行得很好,汉军的指挥、训练、后勤、装备体系建设卓有成效,为后来汉武大帝麾下那支所向披靡的铁血汉军奠定了良好基础。汉文帝还在西北边境开设了许多马场,并鼓励民间养马。据粗略统计,最多时官马便达四十万匹。汉武帝征讨匈奴的思路就是以骑制骑,不仅是冲锋在前的那一小部分战马,负责后勤保障和轮休所用的马匹更是多如牛毛,如果没有汉文帝的积累,这样的战争简直无法想象。

所以汉文帝包括后面的汉景帝朝，汉帝国始终没有和匈奴，也没有和其他任何人大动干戈，直到汉景帝朝后期的七国之乱，汉军才真正面临大战考验。如果非要挑汉文帝开疆拓土的功绩，勉强只能算上对南越的和平收服。

上一篇讲到天下反秦，项羽、刘邦直逼咸阳，但秦朝正规军都在外地不回救，这其中最大一支有五十万人，正在征讨南越。南越包括现在的岭南和越南北部，当时的广东环境气候非常恶劣，但秦朝君臣志在开疆，派出大军，建立桂林、南海、象三郡。项羽、刘邦逼近咸阳时，南越部队的主帅任嚣病卒，赵佗继为主帅，但是身为秦宗室的赵佗没有回救，而是采取了观望的态度。直到子婴出降，楚汉争霸，赵佗凭借手中的兵力在天南自立为帝，定都番禺（今广州），建立南越国，即为南越武帝。

南越国号称"东西万余里"，其实并不大，但易守难攻。为促进祖国的完全统一，汉高帝、吕后都曾对赵佗威逼利诱。赵佗高瞻远瞩，看清形势：所谓威逼，无非就是派兵来打，但南越以前秦锐兵守岭南地利，无惧汉军；所谓利诱，请问又有什么利能比当皇帝更诱人？汉高帝曾派大夫陆贾出使南越，赵佗一度接受册封，对汉称南越王，但对内仍称皇帝，保持着独立王国。吕后摄政时双方关系紧张，汉朝派大军征讨，可惜还没过岭南就病死一大半，就更不可能取胜了。有了胜仗做后盾，赵佗底气更足，不但重新称帝，而且周边很多归附汉朝的南蛮部族纷纷转投南越。文帝继位后积极改善关系，派人修葺赵佗在河北的祖坟，又派陆贾再度出使，反复交涉。最后穷鬼皇帝赵佗终于被诚意所感，再次撤去帝号，接受册封。从此双方相安无事，保障了汉帝国南方边境的安宁。直到汉武帝元鼎六年（前111），汉朝大举讨伐四边，才将南越国彻底攻灭，改制成郡县。

身后是——汉并天下

汉文帝后七年（前157）六月，汉文帝驾崩，享年四十七岁，在位二十五年。无疑，汉文帝是历史上最值得景仰的好皇帝之一，他的个人品行、治国方针几乎无懈可击,受到后世一致推崇。更重要的是,他身后这个帝国,是中华民族走进中国特色封建社会后,第一个长期稳定的王朝。秦朝虽然完成了第一次形式上的统一,但由于理论过于超前,脱离了时代,以致二世而亡。尤其可怕的是,由于秦朝的失败,天下人对皇帝制度(郡县制的汉式单一制中央集权帝国)产生了严重怀疑,回归商周诸侯封建制的呼声很高。而汉王朝在秦朝的基础上,认真总结经验教训,建设了一个既符合民族性格,又适应历史阶段的汉式帝国,有力地维护了历史车轮继续向前。

而正是凭借汉文帝、汉景帝时建立的强大国家组织以及积累的雄厚实力,汉武大帝才能厚积薄发,痛击匈奴。这可以说是人类历史上第一个汉式帝国和第一个游牧帝国的首次交锋,以汉军的大胜告终!匈奴人部分逃到欧洲,部分滞留在东亚,数百年都未能恢复元气,为中原王朝的继续发展留出了重要的时间和空间。不仅是北方草原,大汉天威广布寰球,全世界都诚服于东方的伟大文明。成功的汉帝国,其国家体制和社会结构无疑是后世最适用的范本,中国人在此基础上继续总结改进,有力地推动了人类社会高速向前。所以说,后世之有强盛的中华帝国,既蒙秦朝的理论设计,更承汉朝的实际运用。

可能很多人还没有认识到汉朝成功的重大意义。可以这样说,汉帝国是人类历史上第一次不用人身依附关系,而将上亿人直接置于一个统一帝国的治理下。不是上亿的附庸,而是上亿的国家公民!这上亿人除了一个名义上的国家元首皇帝外,所有人理论上都是互不隶属、互相平行的国家公民。如何直接管理这么大人口规模的公民,如何通过行政体制和组织结构的设计让人身平等的公民相互管理?西方人可是在学习了中国现成的经验后,也才在二百年前在千万人口数量级的国家真正做到啊!我真的很难描述,两千多年前在上亿人口数量级的国家第一次做到的人到底有多么伟大。

而真正做到这一点的,显然不是人称"粗人夫妇"的汉高帝和吕太后组合。太祖是打天下的,如果继续玩粗,汉朝不会比秦朝长几年。能让一个王朝国祚连绵,必须靠太宗塑造正确的国家形态。

当然,我们也无意把汉文帝吹成天上有地下无的神人,任何人都有历史局限性,甚至整个汉王朝在历史进步方面也还是有那么一些不尽如人意之

处。比如汉文帝为筹集资金,向民间出售爵位。而汉文帝的经济政策也非十全十美,超低的田赋让土地兼并变得更加容易,下放铸币权也造就了邓通、刘濞这样的金融寡头,在社会经济高速发展的同时,也扩大了社会贫富差距。当然,如果提高田赋,也会造成大量中小农田主破产,同样会促进土地兼并。后世颂扬文景之治的伟大成就,称粮食堆在仓库里面吃不完,不得不加盖新仓;库府里的钱币堆积如山,连串钱的绳子都腐烂了,多得无法统计。这在大多史学家看来是积贮丰厚的表现,但在某些经济学家看来是过于紧缩的财政和货币政策,并不利于拉动内需。当然,这也是凯恩斯主义和新古典主义至今未能解决的分歧,我们又岂能用以苛责两千多年前的古人?

不过最严重的还在于汉文帝包括整个汉王朝都没有彻底解决先秦贵族社会的残余影响——尽管我们并不认为某一两个人甚至某一两个朝代就可以解决。汉朝虽然终结了长期统治中国的先秦贵族,但又分封了一些新贵族,即便铲除这些异姓王侯,刘氏宗族仍实施分封。汉朝很大程度上缩小了分封的范围,但分封仍然存在,我们可以略览汉文帝身后的历史来评判这种影响。

文景之治积累了深厚的国力,汉武帝要做的是把积攒提取出来,他的两大方针对后世影响极大。首先是改"无为"的道家思想为"大有为"的儒家思想,以至于儒家思想成为中华民族此后一以贯之的主流治国理念。其次是任用有严重凯恩斯主义倾向的经济学家桑弘羊主政财经,收回铸币权,实施盐铁专卖、衡平均输。我们说是提用也好,搜刮也好,总之就是改用一套有利于敛财的经济政策。虽然儒家认为这是国家在与民争利,但现代国家无不使用,亦不足为奇。不过汉武帝倾尽国力,大战匈奴,毕竟对国内生产力造成了很大破坏。晚年,雄才大略的汉武帝在轮台宫颁罪己诏,他没有炫耀赫赫武功,而是为自己给百姓带来战争的苦难向天下谢罪。司马光认为汉武帝做了很多坏事,不亚于秦始皇,但是能够主动罪己,仍然体现了一位伟大君主的宽广胸襟。

汉武帝后汉朝再次与民生息,昭帝、宣帝朝又创造了后世称赞的昭宣中兴。不过再往后,积弊也终于达到临界位置,开始出错。首先是昭帝朝大司马大将军霍光专权,到了可以废立皇帝的地步。然后是元帝朝大司马王莽专权,甚至篡位为帝,改国号新,使汉朝的国祚中断了十五年。

但汉朝气数未尽,这时建立新朝显然是天庭的一次管理失误,至于为什么会出现这样的失误,《西游记》第十四回有详细解释:"这山旧名五行山,因我大唐王征西定国,改名两界山。先年间曾闻得老人家说:'王莽篡汉之时,天降此山,下压着一个神猴,不怕寒暑,不吃饮食……'"可见王莽篡位时孙猴子正在大闹天宫,由于这样的重大突发事件,天庭自顾尚且不暇,更遑论人间。王莽想必亦是趁乱走脱的妖仙,他在人间造成了一次令人瞠目结舌的社会大跃进。王兄比秦朝更奔放,秦朝过于急躁地废除了分封建国便导致亡国,王莽直接跃进至全民选举。当选为皇帝后王莽搞土地改革,又搞废奴运动、民权运动,这些行为无疑将埋葬他的政权。

汉室已经很有经验,光武帝依照当年大家推翻秦朝的格式推翻新朝,实现了光武中兴。但过得百年,外戚、宦官开始争权,外戚头子何皇后之兄大司马将军何进和司隶校尉袁绍密谋调并州刺史董卓带兵进京,诛杀宦官十常侍(十常侍指东汉灵帝时操纵政权的张让、赵忠、夏恽、郭胜、孙璋、毕岚、栗嵩、段珪、高望、张恭、韩悝、宋典等十二个宦官),结果被十常侍察觉,先行诛杀何进。但董卓还是带兵入京,诛尽宦官。再后来丞相董卓、曹操相继专权,曹操之子曹丕继为魏王、丞相,旋即篡位称帝。大汉王朝终于走完了他漫长的生命,自汉高帝元年(前206)至汉孝献帝延康元年(220),剔除其中新朝的十五年,共计四百零八年。不过,一般认为两汉不是一个朝代,不能合计,则西汉二百一十二年,东汉一百九十六年。

汉王朝的终结并非来自外敌,亦非天灾,而是两次亡于篡臣。这是不可避免的,是文明形态进化到秦汉一个自然的历史阶段。

秦汉行政体系的主要特征是三公九卿制,三公中的丞相总揽行政;太尉有时也称大司马或大将军,总揽军权;御史大夫一般视为丞相的副手,主管察举人才;九卿则分管九个具体业务部门。应该说这是一个非常合理的直线矩阵式组织结构,但丞相、太尉职权太重,很容易架空皇帝。汉代的社会基础也支持权臣篡政,虽然秦汉走出了严密的世袭贵族社会,但门阀仍在社会生活中扮演重要角色,汉初的重新分封便是对先秦分封建国制度的一种妥协。虽然法理规定所有国民都是属于国家(皇帝)的公民,但中国的人口规模也决定了皇

帝不可能直接管理每一个人。汉代门阀贵族可以以血缘为纽带，形成家族利益集团，通过大量占有正式组织——朝廷的官位，在其内部建立起强大的非正式组织——家族势力。当这个非正式组织的势力超过了正式组织势力时，便形成篡权；超过势力和道义总和时，便可以篡位。

而对地方的管理，自秦汉废除分封以来，中国的公共管理者便孜孜不倦地追求着一个目标——实现中央对地方的全权管理。秦朝郡县制是人类公共管理科学史上划时代的一步，汉袭秦制，并在中央和郡两级之间增设了州这一级，全国共分十三个州，更符合国土和人口规模的实际。州的长官称州牧，多数时候中央还会派出刺史，监督执行该州的行政权力。刺史不对辖区拥有任何独立主权，只是中央派驻在地方的管理者，体现了中央对地方的直接管辖。但由于交通和通信的落后，地方难免会形成相对独立，而身居刺史职务的人利用贵族门阀的非正式组织，趁机培植私人势力，形成地方上的事实独立。《三国演义》就是一部刺史们展现事实独立势力的大剧，最终导致汉帝国的事实分裂，直至终结。

正是由于中央和地方官制上都还存在着时代无法避免的根本缺陷，皇帝的权力一点一滴地流失到权臣手中，最终走到内有权相专权、外有刺史独立的地步，也就到一个朝代终结的时候了。不过客观地说，汉朝四百多年的决策运行并没有出现明显的人为失误，只是经历了历史发展的必然规律。汉朝的卓越贡献在于第一次奠定了稳定的中华帝国，从此一个从形式上和思想上都高度统一、形神兼备的汉民族登上了历史舞台。后人无论分分合合，都始终保持在这个相对固定的框架之内。所以，汉文帝不仅仅是汉朝的太宗，也是整个中华帝国的太宗。他手中握住的不仅是刘汉一家一姓之龙颈，他定下的方向更成为中华民族前进的总体指针。

此之谓——汉并天下！

第四篇 魏晋南北朝——一笔风花雪月的烂账

茶几上摆满了杯具

有人说,把秦二世和汉文帝放在一起比,不厚道。其实这是没办法的办法,他们确实没什么可比性,无非都摊上个二世主之名。但岂止是汉文帝,后面还有唐太宗呢——我是说连唐太宗都要被其他太宗比得自惭形秽、无地自容而连滚带爬跌回棺材,羞辱一下你胡亥小朋友又算多大回事儿呢?

所谓魏晋南北朝,有人说这个时代是真名士自风流,既有祖逖闻鸡起舞和中流击楫的豪迈长歌,又有王羲之的龙飞凤舞和陶渊明的淡泊明志;还有曹刘一起青梅煮酒论英雄,烫一壶杜康,听一曲《广陵散》,然后和竹林七贤一起……去干什么?去滥交么?这根本就是一帮烂人,文人无行的鼻祖,他们所谓的释放人性,其实就是西方的纵欲主义,烂到极端。秦二世是历史长河中一个小小的杯具,而这个时代哪里才只产生一个杯具?简直就是一个茶几——上面摆满了杯具!

古语有云,读史到凄凉处,不忍卒读。现在我就是这种状态,每次一提到魏晋南北朝这段茶几的历史,就不忍卒读了。

要不您自己去看《三国演义》吧,可以看新《三国》,唐诗宋词点缀的台词很优美。

可是《三国演义》也只讲到三国,也就是所谓的魏,后面的两晋南北朝怎么办呢?难道要推荐您去看《晋朝那些事儿》《南北朝那些事儿》的白话中国历史

山寨系列？唉！算了，还是我帮您卒读一下吧。

魏晋南北朝，好，我们就从魏开始。

头破血流得精彩纷呈的三国时代

中国历史上哪个时代故事最多，人气最旺？毫无疑问，是三国。

当然，这个阶段人气之高完全是因为有一部伟大的小说《三国演义》，那些令人热血澎湃甚至泪流满面的英雄故事让大多数民众忽略了这其实是一个悲惨时代。乱世出英雄，战争年代更具可读性，但如果就此忽略它悲惨的一面，则好比看了《还珠格格》便以为清宫是一个充满真情的浪漫温馨家园。除了《三国演义》中的浪漫豪情，我们还是应该带着一点悲天悯人的现实情怀来看待这段血腥乱世。

然而魏蜀吴三国的君主，没有任何一位获得标准的太宗文皇帝庙谥，我们只能选出其中最具代表性的三位二世主作为本篇主角。

一、重要的改革者——魏文帝曹丕

曹丕生于汉灵帝中平四年（187），是曹魏第一位皇帝，但众所误会的是——认为曹操是开国皇帝。事实上曹操只打下了曹家的势力基础，本人并未当过皇帝，曹丕继承曹操的魏王爵位和丞相职位，然后才篡汉称帝，但公认曹操作用更大，所以尊曹操庙号为太祖，谥武皇帝。后来曹丕的谥号是文皇帝，但由于是名义上的开国皇帝，所以庙号不是太宗而是世祖。

《三国演义》说曹氏本姓夏侯，因曹操的父亲曹嵩当了大宦官曹腾的干儿子，所以改姓曹，夏侯惇、夏侯渊都是曹操的堂弟。此说流传甚广，甚至有考古学家煞有介事地说要找夏侯氏族后裔来检测DNA，以验证安阳曹操墓的真假。然而正史并无此说，且明载曹操是汉初名相曹参之后，夏侯惇则是汉初名将夏侯婴之后，两家大量通婚，中国自古讲究同姓不婚，双方显然没有血亲关系。曹嵩的身世不可考，但曹腾有亲兄弟，曹嵩应该是他的亲侄儿过继而来，

《三国演义》说曹操家改过姓,应该是在抹黑这一家篡汉的反面人物,被很多人信以为真。不过这里不是为操贼平冤,而是要提醒读者——汉初功臣曹参、夏侯婴的后代隔了四百年,到汉末仍是政治巨族。

曹操封魏国公后便要确立世子,最初有资格的本来只有一位——曹昂。曹操的正室丁氏无子,庶妻刘氏生长子曹昂后亡故,于是曹昂便过继给丁氏,成为唯一嫡子。曹操和丁氏都非常喜欢他,按理说继承权就没悬念了,但曹操遭到宛城太守张绣的伏击,狼狈奔逃时曹昂率都尉典韦为父断后,壮烈战死。这段故事在《三国演义》上描写得很精彩,当然,诸如幽会张绣婶母之类的情节又是罗贯中在抹黑操贼。曹昂战死后丁氏哭得死去活来,据易中天说,丁氏因此和曹操离婚了。妾室卞氏升任正妻,卞氏有四子:曹丕、曹彰、曹植、曹熊,曹丕便递补成嫡长子。

四子中曹丕和曹植最有才华,文学史上将魏太祖曹操、高祖曹丕、烈祖曹叡(曹丕之子)、陈王曹植合称"三祖陈王",列于"建安七子"之上,被视为魏晋文坛的翘楚。不过很多人认为曹植才华最高,曹操次之,曹丕再差一点。晋朝文豪谢灵运评价:"天下文才共一石(合十斗),曹植独得八斗,我得一斗,剩下一斗天下共分。"这就是"才高八斗"的典故。曹植当然就成为曹丕最大的竞争对手。很多故事中,曹操其实更喜欢曹植,想传位于他,曹丕经历了许多惊心动魄的斗争才击败曹植。曹丕本来还想杀曹植,勒令他在七步之内吟得一首好诗,不然就削脑袋。值得庆幸的是,汉朝尚不流行白居易的长篇乐府,曹植吟了一首二十字的《七步诗》便交了差,还以诗中的兄弟之情感动了曹丕,捡回一条小命。还有故事称曹操的另两个庶子曹彰、曹冲也很有竞争力。曹彰是一位刚猛无俦的黄须战神,在与游牧民族的作战中立下赫赫战功,后世甚至形成以曹彰的封爵任城王作为宗室猛将专用封爵的传统。曹冲则是一位天才的工程物理学家,尤以精妙的超大规模测绘技术闻名于世,在两千年前便掌握了测量大象体重的高超技术。甚至传言曹冲夭折后曹操公开说这是他的不幸,却是曹丕的大幸(不然曹冲会嗣位)。

然而,这些都是明朝人编的小说。事实上曹丕的嗣子地位根本不需要经过斗争,只需要三个字——嫡长子,只要他还不是个弱智,就基本可以确保继

位。在当时的社会背景下,只要没有极其特殊的情况,嫡长子必可嗣位。

魏文帝篡汉称帝,终结了这个老大帝国,同时,对新建曹魏帝国的组织结构进行了认真调整,以适应历史发展的需要,影响最大的两项改革是设置中书省和实施九品中正制。

李斯设计的三公九卿制,到曹魏已历经赵高、霍光、梁冀、王莽、董卓、曹操等权臣,人们已经认识到这种设置的不合理。秦朝废除私臣,让所有人都成为国家公务员,但皇权也因此削弱。皇帝虽是名义上的国家元首,但没有了直接附庸,一个人的力量很难和政府长官丞相和军队长官太尉相抗衡。于是魏文帝设中书省,号称是皇帝的私人顾问团队,整整一个机构的人帮他理政,极大地扩展了掌控范围。本质上是在丞相率领的朝廷政府外,又设了一个政府,这样就制衡甚至架空了丞相。

中书省分化了重臣的权势,魏文帝又根据尚书令陈群的意见,推行九品中正制,在全社会选拔人才。国家在州郡设立中正职务,通过考评将人分为上上、上中、上下、中上、中中、中下、下上、下中、下下九品,获得品级的人则有机会获得相应级别的官职,开辟了一条普通人入仕的道路,是后世科举制度的前身。当然,开设九品中正制时曹魏朝廷已由门阀贵族把持,曹氏、夏侯氏都是由汉初功臣集团传承而来,其余崔氏、司马氏也都类似。这些大贵族担任中正,选拔时自然倾向于自家子弟,这项制度反而成了他们打造家族势力的工具,到最后形成了"上品无寒门,下品无世族"的局面。不过有这么一个标准和选拔体系总比没有好,总比明确的世袭制和无标准任意选拔要好。文明、规范的现代政府组织结构不是一蹴而就,魏文帝已经在他的时代作出了应有的贡献,下一次进步自然就要等下一个时代。

魏文帝的内政改革比较成功,篡汉而立的曹魏帝国很快走上正轨。军事上,匈奴早已式微,魏文帝又征服鲜卑、高句(gōu)丽(lí)等游牧部族,安定了北方边境。但真正的威胁不在北方,而在南方——三国中的另外两国:蜀汉、东吴。

二、扶不起的阿斗——蜀汉后主刘禅

三国鼎立,到底谁是正统,魏晋以来颇有争议。但自《三国演义》出版后,

中国人基本上认可了蜀汉正统。

刘禅(是 shàn,不是 chán)在民间名声比曹丕还要大一点,尤有"乐不思蜀""扶不起的阿斗"和"刘备摔阿斗——收买人心"等大量成语、歇后语广为流传。唯一遗憾的是这些成语普遍不是褒义,刘禅在民间就是不学无术、软弱可欺、不思进取的纨绔子弟形象代言人。其实他的身世非常惊险,历经磨难。刘备曾占据徐州,但又被曹操打得丢妻弃子,襁褓中的刘禅一度在乱军中走失,多亏亲卫队长赵云智勇过人,又找了回来。此段详情可参见《三国演义》第四十一回。这部小说一贯以牛不吹上天、嘴就不落地的文学精神著称,但这一段偏偏很符合史实。而《魏略》更称刘备曾穷困潦倒到了卖儿子的地步,后来在汉中称王,才由张鲁找到刘禅送还给他。不过此说漏洞颇多,但刘禅的童年是在颠沛流离和惊险曲折中度过却是不假,绝非《三国演义》刻画的那种纨绔子弟。

黄武二年(223),汉昭烈帝刘备驾崩,皇太子刘禅继位,史称汉孝怀帝、蜀后主。蜀汉的实际统治区域大概相当于今云南、贵州、四川以及陕西汉中,除成都平原和汉中平原外,大多是未开化的蛮夷之地,国力相当贫弱。然而这样一个小国却担负着光复汉室的重大责任。汉昭烈帝创业未半而中道崩殂,把重任交给了十六岁的小刘禅,不过同时也留下了一个和伊尹一样伟大的相父——诸葛亮。

诸葛亮在民间就完全是神级人物,后人甚至用"三个臭皮匠(裨将),顶个诸葛亮"来说明他的智力相当于常人三倍。汉昭烈帝从一织履小儿成为一方雄主,延续汉祚,离不开诸葛亮、关羽、张飞等豪杰的鼎力支持。但关张等大将先于昭烈帝而卒,蜀汉第一代领导人就只剩下诸葛亮一人,自然便大权在握。刘禅作为小皇帝,非常小心地处理着自己和诸葛大神的关系。

蜀汉政权具有非常明确的组织目标导向——光复汉室。从国号上来说已经做到了,但在版图上还有点差距。根据组织目标,丞相诸葛亮多次北伐,主动进攻曹魏。当时和后世都有很多人认为他这是在空耗国力。果然,建兴十二年(234),诸葛亮第六次出征,魏将司马懿在五丈原(今陕西岐山以南)据兵不出,诸葛亮病卒军中,耗尽国力还是未能完成光复汉室的夙愿。不过也有不少

人被他这种明知不可为而为之的悲剧英雄情怀所打动,不断歌颂乃至神化,渐渐将其塑造成了忠义和智慧的化身。面对这样一位大神级的相父,年轻的刘禅表示压力极大,但也处理得非常合理。诸葛亮举全国之力进行胜算很小的北伐,在当时就遭到普遍反对,但刘禅没有坚决反对,而是默许了诸葛亮的战略选择。

当然,也不要认为诸葛亮的主动北伐战略是以卵击石,军事上还是有其合理性。曹魏强于蜀汉,若来南侵,选择作战的时间、地点和方式,蜀汉将更加被动。曹魏反正要打来,蜀汉还不如主动出击,抢占相对有利的战机。主动出击一方面是为自保,一方面也是在等待机会,不停地骚扰,一旦出现了什么变故便可乘虚而入。只不过最后诸葛亮没有等到一件足以颠覆曹魏的大变故便"出师未捷身先死",但这已经是相对最不坏的一种选择了。有人还诟病诸葛亮过于谨慎,如果他不执著于稳妥的祁山进攻路线,而大胆一点采用魏延直出子午谷(一条汉中褒中县境内穿越秦岭的小道)的建议,或许早已攻克长安,尽复川陕了。其实这是《三国演义》讲的一个笑话,却被某些同志当了真。魏延虽然聪明过人,却有先天性生理缺陷——脑后长有反骨,从医学上讲就是颅顶骨内向增生,压迫大脑后侧皮质层神经元,临床表现为有较大概率随机产生非逻辑性惊人之语,这个建议就是典型。魏延建议诸葛亮别执著于祁山,由他率五千精兵出子午谷直插长安。长安守将夏侯楙一纨绔子弟,纯粹靠驸马地位才当上大将,必不敢守,望风而逃,魏延立刻入城据守。此时曹魏陇右驻军才赶来救援,却正遇诸葛亮自率十万主力大军赶到,内外夹击,可获全胜,一举夺取关中。魏延计算了行军、入城、构筑城防等各个程序的时间,恰好吻合,时间刚刚够用。

这个建议看似精彩,许多意识流军迷据此大肆讥讽诸葛村夫胆小如鼠,但其实他们都忽略了魏延建议的一个虚假性逻辑假设前提陷阱——夏侯楙必须在魏延奇兵到时立即望风而逃。对,立即——一天也不能停留——哪怕他停一天魏延就不能按时入驻长安。而且夏侯楙还得留下足够的补给品,才能让进驻长安的魏延坚守一段时间。那要是他没立即呢?且先不说城内的夏侯公子是否能吃掉这支翻山越岭兼程赶来的疲惫孤军,就算坐等陇右援军前来,也足以对反骨将军形成包饺之势。诸葛村夫确实胆小,不敢拿十万大军的性命押夏侯楙逃窜得是否及时,所以一直没有采纳魏延建议,让后世富有冒险精神的意识流军迷们失望了。

除了对魏作战,诸葛亮还对西南边陲民族地区的发展起到了重大作用,平定了数起叛乱。其实西南夷叛乱最初是由汉族豪强雍闿煽动,诸葛亮及其谋士马谡经过研究认为,西南夷部落尚未开化,是典型的部落政权形态,国家无法对部民进行直接管理,必须靠部落首领代管,制定了"攻心为上"的策略。虽然七次擒获部落领主孟获,但都将其放归,最后得到孟获的诚心归顺,西南大后方在孟获的管理下一直非常安稳,孟获也官至御史中丞。按理说直接管理比领主代管更符合中国人的习惯,但这种折中也很实事求是。

诸葛亮卒后,刘禅展现出超凡的政治手腕。诸葛亮临终前指定要由蒋琬、费祎、姜维接掌他的权力,诸葛武侯的遗命无法违背,但刘禅做了一点小处理。他没有人事任免权,但有核定编制的权力,于是设尚书令取代丞相,由蒋琬任尚书令、大将军,费祎任大司马,姜维任司马。三人的权限严重重叠,相互制衡。按诸葛亮的设想,他死后蒋琬取代他的地位,另几位像在他手下一样继续向蒋琬提供合力支持。结果刘禅这样处理,相父指定的接班人一个都没亏待,却使他们不但不能形成合力,反而成制衡,一个都没能像诸葛亮那样独揽大权,刘禅的皇权得以相对扩大,让人不得不叹服他高超的政治手腕。

不过接下来就该刘禅丢脸了,诸葛亮的继承人们多次伐魏不胜,景耀六年(263),曹魏大兴讨伐。魏军主力由镇西将军钟会率领,由汉中趋成都。蜀汉方面由大将军姜维率军抵抗,两军在剑阁险关形成僵持。此时魏征西将军邓艾"攻其无备,出其不意",偷渡阴平小道,在荒无人烟的高山深谷中连续行军七百余里,直抵成都北门锁阴绵竹。诸葛亮的儿子诸葛瞻、孙子诸葛尚与邓艾大战于绵竹,以身殉国。诸葛氏祖孙三代殉身沙场,无愧为满门忠烈。邓艾快速兵至成都,刘禅见大势已去,通知前线的姜维向钟会投降,自己绑了自己,抬着棺材去向邓艾投降。至此蜀汉灭亡,蜀汉后主刘禅共在位四十一年。

投降虽是迫于形势,但不战而降毕竟令人不齿,这也成为后世文学作品丑化刘禅的重要原因。刘禅第五子北地王刘谌强烈反对投降,被拒后哭告于

昭烈帝灵前,率妻儿自刎殉国。刘谌这种忠烈气概与其父的软弱形象形成鲜明对比,令人深为感动,后世还创作了《国破山河在》《北地王》等戏剧作品颂扬他的忠烈。

刘禅降后被封为安乐县公,居住洛阳。魏国的晋王、大将军司马昭宴请刘禅,特意表演蜀地乐舞。出席的蜀汉故吏看到故国歌舞都难免伤感,唯独刘禅一人不为所动,依然嬉笑自若。司马昭悄悄对身旁的散骑常侍贾充说:"人之无情,竟能到如此地步?就算诸葛亮还在,也不能辅佐他周全,更何况姜维?"贾充说:"他不是这样,殿下怎能吞并他?"有一天司马昭问刘禅:"颇思蜀否?"刘禅说:"此间乐,不思蜀。"随他来的蜀汉故吏郤正听了很伤心,下来告诉他:"如果晋王再问,你一定要哭着说'先人坟墓远在陇、蜀,乃心西悲,无日不思',然后闭上眼睛作悲伤状。"果然司马昭又问,刘禅照郤正教的说了,司马昭却说:"怎么有点像是郤正的话呢?"刘禅大惊:"诚如晋王所说呀!"左右听到都忍不住爆笑。这一段怎么看都像是小说场景,但确系正史所载,不得不信。《三国演义》更添油加醋地说刘禅是因为哭不出来,所以只好闭上眼睛。不过这并不是他真实的智力水平,而是一个弱者在险恶环境中保全自己的一个办法,他不是真傻而是在委曲求全。但这又确实不符合儒家宁折不弯、自强不息的传统审美观,所以后来刘禅惨遭历代文学作品丑化戏谑也不足为奇了。

晋武帝泰始七年(271),晋安乐公刘禅薨于洛阳,享年六十五岁。

三、生子当如孙仲谋——吴大帝孙权

三国中的第三国便是占据江南、湖广的东吴。东吴有一位非常著名的二世主成功典范——孙权。当时的曹操和宋朝的辛弃疾都有"生子当如孙仲谋"的名句,足见有一位优秀的二世主多么令人羡慕。

孙权之父孙坚、兄孙策都是三国著名猛将,不同于曹大太监的孙子和刘皇叔,孙氏完全是白手起家,虽自称是兵圣孙武之后,但在汉末没有任何政治基础。孙坚、孙策父子相继在军阀袁术帐下效力,袁术曾感叹:"要是我有孙策这样的儿子,死复何恨?"但他没有,有也用不上,因为他一世而亡,都不用等二世主来败家。袁术这人心胸狭隘,孙策为他攻占了不少地盘,却始终捞不到

一个太守当,很不高兴。袁术派孙策带兵攻打会稽(今浙江绍兴),孙策又圆满完成任务。按惯例,他又可以空手而回了,但这次袁术脑子发了毛病,居然称帝了!这下袁术遭到全天下唾弃,孙策趁机倒戈,曹操任命孙策为吴侯、讨逆将军,共讨袁贼。孙策趁机以会稽为起点,开创了独立的势力。

当时江南还很不发达,会稽周边的割据势力也都不强,孙策很快就拓展了势力,成为江南霸主。建安五年(200),曹操与袁绍在官渡形成僵持。孙策集结兵马,自称大司马,准备北伐许昌,抢夺汉献帝的监护权,不幸在临行前被仇人刺杀。由于孙策的儿子还很小,他很清楚不可能在乱世中自立,于是传位于十五岁的弟弟孙权,表请朝廷任命孙权为讨虏将军领会稽太守。

孙权虽然年幼,但很早熟,生下来就"方颐大口,目有精光"。有的资料还说孙权紫髯碧睛,相貌奇异,此说为《三国演义》所采纳。三十多岁时孙权生擒华南虎一只(不仅仅是拍摄),可见确实天赋异禀。在他的带领下,孙策旧部张昭、周瑜、程普等尽心辅佐,虽然没能实现孙策奇袭许昌这样宏大的目标,但毕竟在江南站稳了脚跟。

建安十三年(208),荆州牧刘表病卒,其子刘琮向曹操投降。当时曹操已经统一北方,现在占据荆州(今湖北、湖南)这个"四战之地",可以向南方任何一个地方用兵,一时人情震恐,许多人建议孙权赶紧向曹操投降,以求曹公宽大处理。不过部将周瑜、鲁肃坚决要求抵抗,而且找到了一个重要的盟军——刘备。刘皇叔也不愿束手就范,希望能和孙权一同抵抗曹操,并遣诸葛亮前来游说。最终孙权将妹妹嫁给刘备,表明孙刘同盟的坚定立场,东吴诸将也终于统一认识,紧密团结在以孙权为核心的孙吴政权周围,抵抗曹操。

大战展开后,孙权遣周瑜、程普各率水军万人,与刘备水军和曹军相遇于赤壁(今湖北省赤壁市附近),联军三路夹击,大破曹军。曹操为了不把战舰留给敌方做战利品,忍痛烧掉大量新建战舰。刘备、周瑜不依不饶,一直追杀至南郡(今湖北江陵),曹操狼狈逃回北方。这就是赤壁之战。《三国演义》吹得超级精彩,其实并不复杂,没有连环计,没有群英会,没有蒋干盗书,没有草船借箭,甚至连火烧赤壁都没有——船是操贼败退时自己烧的。事实上也不需要有这些妙计,孙刘联军的水战本来就比曹军强得多,只要下定决心抵抗,仗就

会打赢。

赤壁之战后,周瑜还经过非常艰苦的战斗才打败曹仁,攻占南郡。为防曹操再度南下,孙权建设了濡须口(今安徽无为县以北)战略基地。建安十八年(213),曹操又率大军攻打濡须城,首战不利后孙权一方坚守不出。孙权夜间乘船前往探视曹操水营,在船上放了许多草人虚张声势。黑暗中曹军不辨虚实,向孙船射箭。草人受了很多箭,箭的重量使得孙权座船严重倾斜。孙权毫不慌张,令调转船头,让船身另外一侧受箭,待船身再度平衡后从容驶回。这显然正是诸葛亮草船借箭的故事原型,曹操见孙权舟船器仗军伍整肃,感叹:"生子当如孙仲谋,刘景升儿子若豚犬耳(刘表的儿子像猪狗一样)!"当然,后世也有很多人质疑草船借箭时曹操为何不射火箭……这不太好解释。只能说,诸葛亮草船借箭是罗贯中吹的,但孙权这事儿确系正史所载。至于你信不信,我反正是信了。

尽管如此,孙吴却没能占领荆州,因为被刘备抢了先。赤壁之战前为了争取孙刘同盟,孙权允诺战胜后刘备暂借荆州。当然,领土这东西,承诺了要借不一定真给,但人家借去了自然也不会还,所以孙刘联盟的蜜月期就到头了。在处理与刘备势力的关系上,其实孙权非常大度,不但没强行索取,还非常客气地提出与刘备势力镇守荆州的大将关羽结为儿女亲家,表现出维持孙刘联盟的极大诚意。但关羽是著名的丹凤眼,眼光非常独特,人人都说"生子当如孙仲谋",盛赞孙氏遗传基因,唯独关羽要说"虎女岂能嫁犬子",竟然看不上孙家儿郎,让孙权大丢面子,造成孙刘联盟彻底破裂。关羽这人很奇怪,又要去进攻曹魏,又不跟东吴搞好关系,主动腹背受敌。关羽虽一度水淹七军,大败曹军,但孙权趁机从背后出兵,攻占了不少州郡,并派陆逊率军穿插到后方,把守住峡口,阻断刘备主力从四川来援,很快将关羽逼入绝境,最后在麦城(今湖北当阳两河镇)附近生擒这位后世的武圣,夺取荆州。

此时,曹魏占据北方,刘备占据四川,孙吴占据江南,基本形成三足鼎立。建安二十五年(220),曹丕篡汉称帝。两年后,刘备在四川称帝。那么孙权怎么办?有人劝孙权合情合理地跟着称帝,但孙权很冷静,他知道时候还没到,选择了向曹魏称臣,魏文帝加封孙权为吴王,以大将军使持节督交州,领荆州牧

事。孙权抢了刘备的荆州,又向汉贼称臣,汉昭烈帝刘备当然很气愤,点集大军来伐,可惜输得很惨,孤身一人逃回白帝城。孙权清楚孙刘两家势弱,必须联合才能抵抗曹魏,所以没有拿出胜利者的姿态,而是非常有礼貌地派人到白帝城去与汉昭烈帝讲和,两家又恢复联盟。

魏黄初七年(226),魏文帝驾崩,又有许多人催孙权当皇帝。魏明帝太和三年(229),经过多次推辞,四十七岁的孙权终于登上帝位,国号吴,定都武昌(今湖北鄂州)。孙权庙号太祖,谥号大皇帝。话说西方有许多凯撒大帝、彼得大帝、腓特烈大帝之类,听起来非常拉风,于是国人不甘落后,"册封"了汉武大帝、洪武大帝、李毅大帝等,以示我天朝上国不输西洋蛮夷。这些国人显然没有领会西方"大帝"称号的本质,而是执著于其"伟大(The Great)"的字面意义,但这些大帝称呼在正史中都是找不到依据的,只能算后人送的诨名,要说名副其实的大帝还真的只有孙权一位。诸位不管再伟大,文帝、武帝的谥号总改不了吧,就只有吴大帝是唯一一位板上钉钉、绝无争议的大帝啊!

当然,这只是一个名称上的巧合,唯一大帝本身还是很有功绩的。东吴除了开发江南,对交州(岭南)、南洋的拓殖都颇有成效,尤其是率先派人占领当时还是荒岛的夷洲(今台湾省),最早确定了中国对台湾岛的主权。东吴舰队还对南洋进行了早期探索,促进了东南亚海上交流,但他也做了一件糊涂事——接受公孙渊的投降。

公孙氏在汉末担任辽东太守,曹丕篡汉后归附曹魏,但保持事实独立。吴大帝即位后公孙渊打起了歪主意,偷偷向吴大帝称臣,邀吴大帝夹攻曹魏。说实话这种策略毫无建设性可言,不过吴大帝立功心切,力排众议,册封公孙渊为燕王,而且派使者带着大量珍宝不远万里去辽东册封。

但公孙渊这种人本质上就是一土匪头子,别说行为逻辑,要死要活都不一定有什么理由。他见有这么多珍宝,居然又另起歹意,杀了使者,抢夺珍宝,重新投降曹魏。孙权勃然大怒,准备起兵跨海征伐辽东。这当然更不现实,在百官的一致反对中被否决。吴大帝遇到公孙渊这种人,也只好认栽吃瘪。公孙渊这位轻度精神病患者后来又在魏吴之间反复叛降,把别人当傻子糊弄,到后来纠结北方鲜卑部族袭扰魏境。曹魏实在受不了这个疯子,派太尉司马懿率军

去把他灭了。虽然这一次大家都被疯子耍了，沦为笑柄，但孙权派船从江南航海至辽东，是最早的北中国海航道开拓者，也还不无现实意义。

以公孙渊事件为标志，步入老年的孙权略显昏聩，尤其是太子孙登夭折后，孙权的子女表现都很不好，不但儿子们抢位置，连女儿们都以淫乱著称。

太元二年（252），吴大帝驾崩，享年七十一岁，在位二十四年。不同于魏蜀两国每天都跳着喊着要统一天下，东吴的组织目标导向更倾向于安守江南。孙权执掌江南后，在魏蜀之争中始终保持相对中立。诸葛亮北伐和曹魏攻蜀每次都力邀东吴加盟，东吴分别只响应了一次，而且都是出工不出力。或许这看起来很没志气，但大陆均势其实是很现实的选择。

曹魏灭蜀汉后，晋王司马昭病薨，其子司马炎袭爵，很快篡魏建立晋朝，即为晋世祖武皇帝。晋武帝咸宁六年（280），晋军大举讨伐，孙权之孙孙皓出降。至此三国归晋，中国暂时回到一个统一王朝的状态，但很难说乱世就此终结，很多人认为晋朝比汉朝不但没什么进步，甚至还有退步。

被当了坏太宗的好丞相——晋太宗司马昱

晋太宗简文皇帝司马昱，生于晋元帝大兴三年（320），崩于咸安二年（372），于咸安元年（371）至咸安二年（372）在位——在位只有两年（其实是跨年，累计不足十二个月）——是晋朝第十三任皇帝。第十三任为什么还能叫太宗？其实原因很简单，必须要建功立德的人才能有庙号，太宗这个顶级庙号岂能轻易授人？晋武帝身后的几位继任者都是轻度智障，根本没有庙号，直到第十四任皇帝上台，觉得再不把太宗庙号派送出去恐怕就没机会了，于是硬塞给了老爹。这种行为让我们有理由怀疑，他的真实目的其实是为了向后人证明：他能选出比弱智青年太甲更可笑的太宗。

须知，本书中多位主角从小受汉文帝、吴大帝熏陶，立定志向，不畏艰辛甚至冒着全家死绝的风险才登上帝位，再经过数十年苦心经营，建立不朽功勋，光耀青史，最终才能获得一个太宗庙号。但他们都不得不面对一个残酷的

现实——这个庙号是司马昱用过的。这种感觉就好比您在海明威、萧伯纳等前辈的激励下，闭门谢客，杜绝一切娱乐，增删五次、批阅十载，终于完成一部旷世奇书并借此获得诺贝尔文学奖，而当您站在奖台上接受上届得主为您颁奖时，您纯洁地四十五度俯视对方，却发现他是——郭敬明。是的，李二哥、赵三哥和朱四哥翻到《晋书》第九卷时差不多就是这种感觉。

或许已经有正义感爆发的读者忍不住要扇作者几个耳光了——就因为这个老糊涂的儿子不负责任地给他上了个太宗庙号，你就要以他为主角立一篇传记？你以为中国人民还停留在撕书擦鼻涕或者包烧饼的年代？原谅我在遣词造句方面把鼻涕和烧饼这么不协调的两件东西相提并论，不过我想作者不一定介意，就像他并不介意将司马昱这种货色和伟大的汉文帝、唐太宗相提并论一样。不过，尽管司马昱侮辱了太宗称号，但如果把他从本书剔出去就又会侮辱历史。不管他本人多么令人作呕，他儿子给他上这个庙号多么不合适，总归他已经获得这个庙号，那我们就必须承认他是中华帝国历届太宗之一这个事实。任何人无论史学造诣多高，也不能将自身好恶凌驾于史实之上，这是对历史最基本的尊重。

晋武帝觉得汉朝灭亡的教训是权臣太强，朝廷又缺乏藩镇拱卫，王莽、曹丕才会篡汉。他的解决方案是恢复分封，以同姓藩王拱卫政权，而不是通过先进的组织结构来构筑规范的公共管理体系。这当然是历史的倒退，而且藩王只要有了私兵，自然就会斗，这和同姓异姓并无必然联系。晋武帝驾崩不久，八位司马氏的藩王和中央政权便展开竞技，史称八王之乱。有些贵族为加强军力，从草原招募游牧部族来助战，于是大量部族军队进驻中原。当时进入中原的胡族主要是刘氏匈奴、慕容氏鲜卑、石氏羯、苻氏氐、姚氏羌，泛称五胡。也有一说认为姚氏羌族只是苻氏氐族的分支，不在五胡之列，第五胡是拓跋氏鲜卑。

这些部族首领大多头顶晋朝职衔，但绝不是国家公务员，他们的部族都是世袭财产，有利益时他可以听听你的，一旦有机会就会利用私有部族军队作乱。果然，氐族的李雄、匈奴的刘渊相继割据称帝。由于长期割据混战，晋朝中央政权已经非常虚弱，无力镇抚进入中原这些多如牛毛的部族，只能眼看他们在中原大地上任意驰骋。永嘉五年(311),刘渊的匈奴军攻入洛阳,俘虏了晋怀帝司马炽,史称永嘉之乱。晋武帝之孙司马邺在长安即位,史称晋愍帝。但不久匈奴军又攻破长安,残杀了晋愍帝。

永嘉之乱造成晋王朝突然崩溃,这应该是中国进入中央集权式的中国特色封建社会后,第一次中央政权被外族所灭。不过此时分封建国的优势又显现出来,中国并未因为一个中央政权的倒塌而全盘崩溃。平东将军、监徐州诸军事司马睿在当地士族王导、王敦的辅佐下,南下建邺(今南京),主持稳定了江南的局势。晋愍帝被弑后司马睿即晋王位,后即皇帝位,即为晋元帝。晋元帝只占有江南,中原已经完全留给五胡乱搞,所以永嘉之乱前的五十年史称西晋,后一百零五年史称东晋。按说晋元帝复辟晋室,保得半壁河山,有资格获得庙号,但由于是典型的中兴之君,所以获得中宗庙号,太宗依然空缺。之后又有几位晋帝获得庙号,诸如肃宗、显宗,但都还不够格当太宗,直到司马昱才终于捞到太宗庙号。

晋太宗司马昱是晋元帝少子,从小见识不凡,著名学者郭璞一见他,便断定"兴晋祚者,必此人也"。但郭先生之意是他适合作为一名良相而非皇帝。晋穆帝永和元年(345),二十五岁的司马昱官至抚军大将军、录尚书六条事。此时执掌朝政的人是大司马桓温。桓温这人非常复杂,他既是一个擅权用事的野心家,但又有青史留名的高尚情怀。从心理学角度讲,他就是马斯洛需求层次理论中的第五层次自我实现需要的需求者,而且还是相当偏执的那一类。这是位非常有趣的文化人,有许多成语和典故,比如"我见犹怜""神州陆沉""木犹如此,人何以堪"等都是他在某些场景下灵感偶至说出来的。

文化人虽多次大举北伐都没能收复中原,但分别重创了氐族的前秦、羌族的姚襄和慕容鲜卑的前燕,攻灭了氐族的成汉,在关键时刻斩断了这几个游牧部族走向文明帝国的道路,避免了他们将传统汉区建设成稳固的非汉族国家,为未来汉民族重掌中原留下了重要的空间,也算是他对历史作出的重大贡献。以桓温的威望和实力,取代极度衰弱的司马晋室似乎不难,但到底是在史书上留下王莽、曹丕那样的篡臣名声,还是成为诸葛亮那样的千古名相,桓温本人却犹豫不决。但不管要当王莽还是诸葛亮,把权力抓够都是基本前提,不然两头都免谈。

司马昱虽非皇帝,但作为宗室中最有头脑的一人,始终顽强地为司马氏积聚力量,等待"兴晋祚"的机会。司马昱礼贤下士,笼络了谢安、谢尚、王坦之、王彪之、周抚等大批名士。其中,王谢两家的势力非常大,"王谢"在后世甚至成为豪门巨族的代称,刘禹锡就用"旧时王谢堂前燕,飞入寻常百姓家"来形容汉晋门阀贵族在唐代逐渐式微的社会发展趋势。同时司马昱扶植另一位大将殷浩来牵制桓温,通过不断分化稀释各家望族的权势,渐渐提高宗室权威,渐有让司马氏从东晋诸豪族中脱颖而出的趋势(皇族还要脱颖而出?悲剧呀)。站在当时的历史角度而言,司马昱不愧为一代良相。然而就在这时,一个非常尴尬的选择摆在了他面前——桓温废黜了晋废帝司马奕,要让他当皇帝。

这实在是非常厉害的一招。第一,废立君主能进一步提高权臣的声威,王莽、董卓都行过废立之事;第二,司马昱集团最反对桓温行废立之事,那就拥立你司马昱本人,造成司马昱集团中很多人转而支持桓温的动议;第三,桓温打着拥立司马昱的旗号,打击其他司马氏亲王,其实是在削弱宗室的总实力。最后这招还有一个很隐蔽的好处,将司马昱从丞相提到皇帝位上,表面上是对他好,然而俗话说"君权高而虚,相权低而实"。皇帝的位置虽好,但掌政的深入程度其实不如丞相。和平年代皇帝好做,但在争权时代,就了虚位的皇帝反而不便于捞实权了。当然也有人认为这是因为桓温没有放弃当诸葛亮的想法,不然他也可以立一个三岁以下的小皇帝捏在手中,而不是宗室中相对强势的司马昱。

司马昱本人极不愿意废掉现任皇帝自己来当,但桓温要你当你就得当,即为晋太宗简文皇帝。桓温来请司马昱即位,司马昱既不想当,又知道推不掉,只好对他痛哭流涕,弄得桓温自己都很不好意思。

即位后双方很快就进行了一次交锋。桓温逼新蔡王司马晃"自首",称与太宰、武陵王司马晞谋反,想把这几个宗室核心一网打尽。桓温将他们收监下狱,来找晋太宗商议定罪,要诛杀武陵王。晋太宗又只好痛哭流涕,桓温固执再三,最后晋太宗下了一道手诏:"若晋祚灵长,公便宜奉行前诏。如其大运去矣,请避贤路。"字面意思是说:"如果晋朝的国祚还很长,先生就应该奉行之

前的诏令。如果大势去矣,就请让贤吧。"实际意思是说如果你桓温认为晋朝还不至于就此灭亡,就要听我的。如果晋朝亡了,我就不当皇帝(但你也当不成辅臣了)。话说得这么严重,桓温也有点心软,最终没有杀武陵王,只是废黜了他的官爵。

年过五旬的晋太宗当上皇帝后长期以泪洗面,自然就活不长了,他集权于司马氏的革命理想基本上失败了,现在他的纲领性目标就是能让自己的儿子司马曜顺利继位。为此,晋太宗所用妙计也堪与桓温一时瑜亮。

当时桓温在姑孰(今安徽当涂)领军,晋太宗宣布册立司马曜为皇太子,并一日四诏宣桓温入朝辅政。桓温为表谦虚,暂未接受。也有人认为他不想辅政,他就等着晋太宗驾崩便篡位。于是晋太宗写下遗诏,要求大司马桓温以周公辅成王的旧例辅政,国家大事都由大司马决定,若太子不贤,大司马可以自行取代。

晋太宗的心胸突然开阔,愿意让位给桓温了?非也,这其实是他故意把桓温推上风口浪尖。桓温有篡位的形迹,大家对他心里有气,但人家从来没说过要篡,你们又凭什么发作?有气也只能窝在肚子里。那好,现在大家可以释放愤怒了。果然,负责颁诏的郎中王坦之见后怒不可遏,当着晋太宗的面就把诏书撕得粉碎。晋太宗笑嘻嘻地说:"这天下本来就是取来之物,何必太在意?"说实话这倒是很辩证的历史唯物主义思想,但封建士大夫肯定达不到这层境界。王坦之怒道:"取也是宣帝(司马懿)、元帝(司马睿)取来的,您又凭什么授予他人?"好了,激怒王谢的目的差不多达到了,晋太宗修改诏书,要求桓温以诸葛亮、王导的形式辅佐新君,并要求新君敬重大司马,国家大事要禀报(而非取决于)大司马。

明朝大儒王夫之痛斥晋太宗昏聩卖国,其实也没有顾及别人的苦衷。晋太宗人之将死,只有对桓温这样谦卑,才能争取到他同意自己的儿子继位,也只有这样过度捧高桓温,才能激起王谢等族对桓温的敌意,保持他们之间的制衡而不是合流来压制宗室。当然,从道义和人格的角度讲,晋太宗这种做法虽然现实,但确也和刘禅的乐不思蜀异曲同工,有失气节。关键是刘禅并未获得后世好评,司马昱却领受了一个太宗庙号,不得不说是对这个庙号的一种侮辱。

桓温依诏入朝辅政,但朝政已被王谢把持。桓温带兵入朝,请谢安、王坦之到官邸会见。两人知道厅内埋伏有士兵,但谢安冷静地说:"自古以来明道义的大将都是把兵将放在边境御敌,您为何要放在客厅?"桓温确实是个明道义的大将,红着脸把兵撤了。这是他最后一次篡位的机会,错过就再没有了。后来桓温回想起这最好的一次机会,越想越气不过,第二年便气死了。再后来桓温之子桓玄在荆州称帝,追赠他为太祖宣武皇帝。但桓玄的时机显然不对,很快就被剿灭,桓氏族人隐姓埋名,湮没在了历史的大潮中。桓温这位充满浪漫武士情怀、以青史留名为人生终极目标的东晋名士,却成为了一部个人奋斗的反面教材——明明不是坏人,却总想去干坏事,找不准自己的定位,最后恰如他自己所说:"既不能流芳百世,亦不复遗臭万年。"

晋太宗在位实际不足一年,虽然没能实现"兴晋祚"的目标,但拉拢了王谢两家;虽没有集权于皇帝,但也没有集权于某位怀有异心的权臣,王谢两家还在后面关乎命运的淝水之战中发挥了重大作用,也算是延续了晋祚。不过晋朝恢复分封,显然选错了历史前进的方向,这样一个朝代终归不能兴旺,也不值得拥戴。晋恭帝元熙二年(420),宋王刘裕篡位,晋朝终于灭亡。

被当了坏丞相的好太宗——屠龙大王宇文护

南北朝分南朝和北朝两条主线。南朝的第一朝即为篡夺了东晋的刘宋,其后是萧氏的齐、另一家萧氏的梁和陈氏的陈三朝。北朝开始得比南朝稍晚。晋室南渡后中原陷入各族混战,史称五胡十六国,不算一朝,一般从拓跋鲜卑建立北魏开始算北朝。

当时草原上叫某某鲜卑的部族很多,只是因为它们都在汉代加入了鲜卑檀石槐部落联盟,血缘上未必很近,甚至有人种差异,比如慕容鲜卑是白种人,而拓跋鲜卑却是黄种人。鲜卑各部中慕容鲜卑实力最强,最先被西晋军阀作为外援引进中原,虽然开头很嚣张,结果却死得最难看,很快在大乱世中败下阵来。之后,慕容鲜卑就只能任凭金庸虚构出慕容复这种丢脸角色来尽情揶揄他们。拓跋鲜卑实力较弱,所以没能参与第一批次的五胡乱华。但来得早不如来得巧,等五胡耗尽了力量,他正好来摘桃子。拓跋鲜卑的文明进程比前五胡更落后,或许正因如此他们有了更强烈的汉化倾向。著名的魏孝文帝(元宏)从平城(今山西大同)迁都洛阳,推行全盘汉化,甚至改国姓拓跋为汉姓元,禁止胡服胡语,推行汉服汉语。魏孝文帝改革极大地拉动了北魏社会跨越式前进,使长期混乱的中原第一次有了企稳的迹象。但带领整个民族直接变成汉族也很难得到鲜卑贵族的赞同,北魏内部分裂成汉化和胡化两个阵营。迁都次年,太子元恂便意图北返平城,被赐死,甚至还有不少人起兵反对。

鲜卑人不愿汉化是有道理的。根据民族划分,拓跋鲜卑作为统治者享有很多特权,汉族和其他民族则作为统治对象。如果大家都变成汉族,就没有了民族划分,特权自然就消失了。自古进入中原的游牧部族都带着同一个目的——来统治其他民族(主要是汉族),如果来了都变成一样的汉族,那还有什么意义?所以要这些提着脑袋打天下的鲜卑骑士们兴高采烈地主动放弃民族特权,那是相当不现实。

魏孝文帝驾崩后,北魏的两个阵营对立更加严重。梁武帝普通四年(523)是很不普通的一年,留守北方六镇的鲜卑将领煽动叛乱,史称六镇民变,重创北魏社会。北魏当时正大力建设中央集权军制,但此时又不得不动用大量部族领主调集私有部落军队去镇压,北魏的部族领主反而变得更加强大。

梁武帝大通二年(528),北魏发生了一件奇事,胡太后毒杀了魏孝明帝元诩。别误会,那年头杀个把皇帝不算奇,奇的是胡太后杀完后才发现魏孝明帝没有儿子,只有一个襁褓中的女儿。此时情况紧急,胡太后宣称这不是公主,是皇子,把皇位坐了再说。各位大臣莫名惊诧,但也没人站出来公开要求:"皇上,能否借裆部一看?"于是北魏便诞生了一位女帝。女帝登基不到一天,胡太后突然又找到近支皇室可以继位,于是又立三岁的元钊为帝。

南北朝不是不可以乱搞,但你这样乱搞就有些过了。通过镇压六镇民变起家的大军阀契胡部酋长尔朱荣趁机率契胡部军杀向洛阳,在河阴(今河南孟津)将胡太后等宗室和朝臣两千余人诛杀殆尽,掌控了朝政,史称河阴之变。混乱中北海王元颢逃到南朝,请求梁武帝萧衍出兵助他平叛。

梁武帝当然不会放过这个收复中原的大好时机,册封元颢为魏王,遣大将陈庆之率七千兵护送元颢回洛阳去当皇帝。

七千兵去收复中原?梁武帝这个蠢老头子在开天大的玩笑吗?不过意外的是陈庆之又开了一个更大的玩笑——他居然做到了!他真的把元颢送回洛阳当了皇帝!

不过这段历史不同的人有不同的解读,有人把陈庆之吹上了天:七千对百万,兵行三千里,连胜四十七场,克城三十二座,杀得北军落花流水。自古以来为避免鲜血刺眼,军服都是深色,唯独陈庆之这支军是白袍,一时间中原"千军万马避白袍"。这种英雄气概流传千年,连毛主席都不禁要一读再读,感叹:"再读此传,为之神往。"但又据考证,陈庆之不过是浑水摸鱼,当时中原被尔朱荣搞得一片稀烂,所有人都顾头不顾腚。陈庆之看见人家的头就避开,碰到一个腚就猛踢,造成了战无不胜的视觉效果。最后尔朱荣抛开一切事务,集结百万大军,全部用头对着陈庆之。但白袍神军以少胜多已成习惯,这次陈庆之头碰头,用七千士兵把尔朱荣的百万大军又打败了。客观地说,这并不是陈庆之真的比尔朱荣厉害一百四十三倍,而是和淝水之战苻天王的九十万大军溃败类似——兵太多,无法有效指挥。这些少数民族同胞刚识字不久,不懂管理科学,以为兵越多越好,结果自己上了自己的当。尔朱荣还算天分好,虽然百万大军指挥不过来,但也没溃散,而且他脑子很清醒,我打不过你老陈我还打不过元颢吗?带着百万大军两三下就把正在洛阳当皇帝的元颢踩扁了,失去后勤来源的陈庆之也就很自觉地跑路了。

在杀光前朝君臣、扑灭元颢反攻后,尔朱荣连续废立了几个小皇帝,掌稳了朝政,估计正在筹划着篡位称帝,重大意外却发生了。梁武帝中大通二年(530),尔朱荣立的小皇帝轮到了二十三岁的魏敬宗孝庄皇帝(元子攸)。估计尔朱荣都不一定认识那个"攸"字,不过他也没兴趣认识,魏帝只是他的橡皮图章,用得着把条纹都看那么仔细吗?魏孝庄帝却不这样想,他恨死了尔朱荣这个凶残暴戾的权臣,一心想杀了他。但尔朱荣大权在握,怎么杀?历史上只有董卓杀少帝,还没听说少帝能杀董卓。然而魏孝庄帝无法通过正当游戏规则铲除权臣,压抑日久,终于产生变态心理,他决定通过一次技术犯规来

达到目的。

除了外镇主力部队，禁宫戍卫也都是尔朱荣的人，起兵杀他自然没门儿。而百官都不能携带武器上殿，谁想夹带武器在和尔朱荣见面时暴起刺杀之也不太可能，但大家都忽略了一个人——皇帝自己。

对，皇帝自己是可以佩剑的。尔朱荣和他的部下也都没想到皇帝自己会来搞刺杀。其实这招秦王子婴用过一次来刺杀赵高，但尔朱荣这些人估计连子婴是谁都不一定听说过，于是放心大胆来上朝，被魏孝庄帝一剑劈个正着。这一剑下去不管权力大小，横竖是个死。

这当然是一次严重的技术犯规，政治斗争就应该用政治方式来进行，搞刺杀本来就不对，还皇帝亲自来刺杀，还是个没有任何根基的傀儡皇帝。你那一剑不顾政治，好比球场上技术防不住人家，就不顾技术把对方踹倒在地，这就犯规了。大家当然不能承认魏孝庄帝这次得分，作为犯规的惩罚就把他杀了，但尔朱荣这个人也活不转来了。尔朱荣的侄子尔朱兆盖不住场面，原亲信冀州刺史高欢在北方起兵，灭绝了尔朱氏，杀入洛阳又废立了一大堆元某皇帝，成为新的权臣。但是到二十三岁的魏孝武帝（元脩）时，这人又搞犯规动作，这次不是皇帝搞刺杀，而是很有新意地逃出了洛阳！所以，魏孝武帝还有个谥号叫出皇帝，大概就是这意思。出皇帝和长安守将宇文泰联系好，他逃出高欢的魔爪，他们君臣在长安重建中央，他就成了真皇帝了。这位年轻人不但和魏孝庄帝一样暴躁，一样不守游戏规则，而且智力更低——逃出了高欢的魔爪，但凭什么认定宇文泰就不是尔朱荣而是诸葛亮？他逃到长安，理所当然地就被宇文泰控制起来。

高欢见皇帝撒腿跑了，肯定很生气，但也没办法，只好另立宗室元善见为帝，迁都邺城（今河北临漳）。这边宇文泰也很快弑杀魏孝武帝，另立宗室元宝炬为帝，定都长安，从此北魏分裂为东魏和西魏。

东西两魏都推行大鲜卑主义，高欢从血统上讲是汉族，但文化上已经完全鲜卑化，甚至根本不会说汉语，所以也从来没人认为东魏包括后来高氏建立的北齐是汉族政权。而宇文泰更是一个强烈的大鲜卑主义者，而且是一位鲜卑古典主义者，他不但不准鲜卑人汉化，还想把汉族鲜卑化。宇文泰要求西

魏宗室将元氏又改回拓跋氏,并给汉族将领赐鲜卑姓氏。隋唐两朝分别为西魏汉将杨忠、李虎的后裔建立,他们在当时都被赐了鲜卑姓氏普六茹、大野。然而两魏的鲜卑化在本质上又有差别,高欢的统治建立在鲜卑各部的支持上,除了他本人的血统,东魏是一个很纯正的鲜卑政权。而西魏相反,尽管宇文泰做了大量胡化的表面功夫,但这个政权的实质在汉化。尤其是宇文泰重用汉相苏绰,用汉式公共管理体系建设国家和军队,他觉得汉魏官制太复杂,让苏绰改定一套周代官制。一个要鲜卑化的国家重拾周礼,按孔子的标准来看,比南朝更汉化。宇文泰还将任免地方官吏的权力收归中央(他自己),经济上劝课农桑,恢复均田,这分明是在建立一个汉式的社会基础。

需要说明的是,鲜卑化是指把非鲜卑民族转化为一个具体的鲜卑习俗的民族。但所谓汉化则并不一定是转化为具体的汉族,只要建立单一制中央集权、汉式帝国的组织结构体系,构筑平行化的公民社会,无论在狭义的民族风俗上幻化成什么族,本质上都是在汉化。这个道理后人作为事后诸葛亮可以了解,但在当时,即便英雄盖世如宇文泰也难免要上当。宇文泰推行府兵制,打造汉式帝国,不经意间已将西魏引向了汉化方向。

宇文泰让苏绰设计了一套府兵制,规定鲜卑人当兵,驻扎在某地(府),当地汉人务农,供给这支军队。这本意是隔离鲜汉民族,并防止汉人建军。但随着战争的深入,兵源将源都越来越紧,不得不大量收编关陇地区豪强自发组织的民兵。这些关陇豪强和他们组织的民兵当然都是汉人。在军队指挥体系上,宇文泰建立起一套八柱国、十二大将军、二十四开府的军队体系。柱国大将军是最高一级,八柱国分别是宇文泰、元欣、独孤信、侯莫陈崇、李虎、李弼、赵贵和于谨。其中宇文泰是总司令,元欣作为宗室代表,不直接领兵,另外六位分领六镇主力。后世评论八柱国体系的特点是"融冶胡汉民族之有武力才智者""入则为相,出则为将,自无文武分途之事"。八个家族的子弟大量参与政治,和晋朝门阀政治很类似。

八柱国中本来有四位是汉族,宇文泰将他们改为鲜卑族,各取了一个已经消亡了的鲜卑部族姓氏,并宣布他们就是这个部族的领主,恢复拓跋鲜卑八部联盟的形式。宇文泰企图借此恢复鲜卑古典时代军事贵族统治形式,然

而事态并未向他预料的方向发展,原因主要有三:

第一,这些柱国、将军中有很多汉人,中下层军官更是充斥着关陇汉人,北朝原本坚持的鲜卑族主导的军事体系已经破坏。

第二,宇文泰人为宣布这几位汉族柱国是鲜卑部族领主,然而这并非事实,他们更没拥有私有部族,柱国、大将军都是国家职务而非爵位。

第三,最重要的,宇文泰本意是建立一套古典鲜卑军事贵族体系,但这恰恰是一套与私有部落兵制相违背的汉式公共军队指挥体系。宇文泰规定左右十二军皆归相府节制,这是标准的军队公有化而非私有化。这种方法若要用于揽权,只能在他生前有效,本人一死,权力和威望很难传给后代,自动收归国有。而只要大权回到国家政府体系而不掌于某人或某部族私有,这个国家就必将走到中国特色封建社会的大路上来,远离部族政治。

那么宇文泰赶紧当皇帝,进一步推行部族化还有没有得救? 太晚了,人生有限,宇文泰英雄迟暮,这个避免最后一个强大鲜卑部族被彻底汉化的重任只能留给他的继任者了。

梁敬帝太平元年(556),西魏太师、大冢宰宇文泰病薨,享年四十九岁。临终前,宇文泰交代后事,他的儿子还小,不敢于乱世中自立,托孤于四十三岁的侄子宇文护,由他接掌权力,并要求他扶助自己的儿子篡位。显然,宇文泰没有孙策的心胸宽广。孙策知道幼子无力自立,干脆传位给弟弟,也没有要求弟弟以后再传回给儿子。而宇文泰将权力交给侄子,又要侄子扶植自己的儿子当皇帝,这种又要马儿跑又舍不得让马儿吃草的行为酿成了重大悲剧。

宇文护掌权次年便迫使魏恭帝(拓跋廓)禅位于宇文泰嗣子宇文觉,国号周,史称北周。宇文觉即为周孝闵帝,追赠宇文泰为太祖文皇帝,宇文护以晋国公、大冢宰摄政。

然而宇文护本人又岂无野心,就算他本人不称帝,至少也要想法让自己的儿子当上皇帝。但宇文护这种托孤而来的权力毕竟不够稳固,他准备通过传统方法,也就是废立皇帝来提高权威。柱国赵贵、独孤信忠于宇文泰,反对他这种倾向,准备做掉他。但宇文护先发制人,以谋反罪诛赵贵,又逼死独孤信,震慑朝野。然后宇文护如大家所预料的废黜周孝闵帝,改立宇文泰庶长子宇文毓,即为周明帝。根据每废立一次增加一级威望的原理,次年宇文护又废黜周明帝,改立宇文泰第四子宇文邕,即为周武帝。短短两年间,宇文护已废黜并毒杀了魏恭帝、周孝闵帝、周明帝三位皇帝,堪称史上杀皇帝第一人,当真是倚天屠龙,谁与争锋!当然,我们这里说的"皇帝"必须是史家公认的皇帝,僭越称帝的不算。

那么周武帝怕不怕成为第四个?他当然怕,但他智商很高,也很识大体,尽量谦卑地侍奉宇文护。宇文护认为自己已经掌稳大权,渐渐放松了警惕,将精力转向国外。要做权臣,废立只是其中一方面,另外还得建功立业。当时东魏也已被高欢之子齐文宣帝高洋篡位,建立北齐。宇文护多次进攻北齐,但北周的国力不如北齐,宇文护的才干更不如北齐名将高长恭、斛律光,总是大败而回。最惨的一次亲征,几十万兵马全军覆没,自己都差点回不来。接连战败使宇文护的威望严重下降,一直忍气吞声的周武帝渐渐地看到了曙光。

周武帝不是魏孝庄帝那种莽夫,就算搞刺杀也要等政治时机成熟,确保杀了宇文护能平稳接回政权。这样就保持在了政治斗争的游戏规则内,而不是不顾后果,一剑下去了事,杀了别人也不算你得分。

陈宣帝太建四年(572),周武帝请宇文护一起去向太后请安,路上说:"太后年龄大了,又爱饮酒,我屡谏不止,皇兄能不能帮我说说。"说完拿出一篇《酒诰》给他。宇文护见有人赏识他除了杀皇帝以外的其他才能,非常高兴,就答应下来。见了太后,宇文护就开始专心朗诵《酒诰》,周武帝在背后用一块玉珽猛击他的后脑,宇文护翻倒在地。周武帝让宦官何泉用刀杀死地上的宇文护,何泉吓得手哆嗦,几刀都没杀死。周武帝自己为什么不下手,难道也被吓哆嗦了?可见让皇帝去杀这位杀皇帝专业户,心理压力还是很大。不过周武帝早已安排弟弟卫国公宇文直躲在幕后,他不是皇帝,不怕宇文护,见老哥搞不定克星,跳出来一刀秒杀。之后周武帝宣布宇文护已伏诛,通过正当法律程序调兵捕杀宇文护的家属和亲信,一举铲除宇文护势力。

周武帝杀宇文护虽然也是刺杀,但显然经过了精心策划,而且刺死宇文护本人后,他可以从容地调兵捕杀宇文护的家属和亲信,而不是像魏孝庄帝那样等着尔朱荣的部将来杀自己,可见做好了充分准备。一个傀儡皇帝如何

能调动司法和军队？这不是靠一时之勇，而是花费十年之久暗中精心培植，笼络了大批心腹才能做到。

周武帝固然厉害，但宇文护已经杀了三个皇帝，制造了一连串悲剧，不得不说这一切的根源都在于宇文泰传权却不传位给宇文护。试想如果宇文泰名正言顺地传位给宇文护，宇文护自然就不会去杀皇帝了。退一万步讲，就算他当了皇帝还要自杀，也只杀得了一次，不会成就三年杀三帝、杀皇帝专业户这样的恶名。或许宇文护能够成为一个孙权那样的守成之君，甚至成为太宗系列的一个不错范例，但这些都没有发生，只因为这个本应成为太宗的人，太祖硬要他去当伊尹。

南北朝的烂账有人收

这一大串你刺杀我、我虐杀你，你胡化我、我汉化你的故事就是所谓南北朝的历史了。然而不论动机如何，北朝各国做出了许多行政管理体系变革的尝试，最终奠定了隋朝的框架。当然，北朝在很多方面都学自南朝，隋唐的很多重要改革也都源自南朝。但隋唐终究是脱胎于北朝，所以南朝在历史上难免沦为支流，相对而言影响就小多了。

虽说这些朝代在自然科学和经济建设上成就较少，但在文艺方面却独树一帜。正如前文所言，魏晋南北朝是一个典型的门阀士族时代，这些世族大家产生了大量贵族文豪，诸如书圣王羲之、画绝顾恺之、李白的偶像谢灵运等。除了士族文艺，还有田园诗人陶渊明等平民化的文艺大家。这些魏晋名士风流倜傥、行为不羁，个个都极富个性，所以能够创造出一些唐宋盛世的正常人士无法企及的奇特灵感，人称"魏晋名士风流"。

南北朝还是一个盛产俊男美女的时代，翻翻纪传体史书，每卷开篇都是"美姿容""美容仪""美姿仪"几个词换着来的。早期慕容家族出品的俊男美女数快要赶上他们杀的人数了，尤以清河公主和慕容冲姐弟"双飞入紫宫"最为传奇，后期更有兰陵王高长恭的俊男神话。这么多俊男美女浴血拼杀在残酷

的政治军事舞台上,用"华丽血时代"都不足以形容,恐怕只有一句"但使龙城飞将在,六宫粉黛无颜色"才能肤浅地表达出这么壮丽的历史景观。

为何这个烂账年代会突然出现这么多丽人呢?有些人提出了白种说、混血说等观点,但显然都是缺乏生理学常识的想当然。南北朝俊男满天飞无外乎一个原因——社会风气糜烂,更缺乏一个靠谱的人才选拔体系,贵族们直接以相貌为选拔标准,长而优则仕。尽管这些人都应该算是作者在英俊界的前辈同仁,但南北朝这种豪门世族风流倜傥,广大人民受苦受难的社会形态显然是不可持续发展的。

造成南北朝大混乱的原因表面上看是由于北方游牧部族的内迁,但其根源还在晋朝恢复分封建国。不过晋武帝的最初动机似乎也不无道理,他的错误只在于方法不对。要解决藩镇割据问题的正确办法有且仅有一个——运用组织行为学和公共管理学的科学知识构筑更加合理、规范的行政管理体系,既将行政事务终端分解委任给许多人来承担,又能将权力的根源保持在中央而不流于藩镇。这是一个庞大的系统工程,需要长期摸索和不断改进,魏晋南北朝虽不值得称道,但毕竟是一个摸索的过程,也不该一笔抹杀。

南北朝虽然极具风花雪月的文学魅力,但毕竟是一笔烂账,这账要是一直这么烂下去,中华帝国的文明进程也就该结账了。所幸的是悲剧结束是喜剧,现在即将登场来收拾这笔烂账的是一位人类历史上罕见的伟大君主,他将带领世界上最大的民族走出乱世,走向一个全新的文明阶段,他设计的行政组织结构深刻影响着人类历史发展的进程。

第五篇 一破瓶颈千年路
——隋文帝杨坚

得来最容易的江山

隋高祖文皇帝杨坚,生于梁武帝大同七年(541),隋文帝开皇元年(581)登基,仁寿四年驾崩(604),享年六十三岁,在位二十三年。

有人要问了,隋文帝是隋朝开国皇帝,怎能做本篇主角?事实上,他父亲杨忠才是隋朝的实际创始人,所以为杨忠上太祖庙号,杨坚庙号高祖,谥号仍是第二代皇帝的标配文皇帝,情况和魏文帝一样。

杨忠出自中原望族弘农杨氏,渊源可溯至东汉名臣杨震。杨忠十八岁时据说是到泰山去旅游,恰遇南朝梁军来袭,就做了俘虏。后来梁武帝派陈庆之护送元颢回洛阳当皇帝,杨忠也跟着去了。杨忠虽然当了南朝的俘虏,不太光彩,但南朝又让他当史上最强的白袍神军,想给他挽回点颜面。这本来是很幸运的,然而不幸的是陈庆之最终丢下元颢跑了,杨忠却正陪着元颢在洛阳当皇帝,被尔朱荣逮了个正着,又当了一次北朝的俘虏。不过还好杨忠自身素质高,被尔朱荣的族弟卫将军尔朱度律看上,招至帐下当了一名统军,之后跟随了大将独孤信,从此命运发生了转折。

独孤信是西魏八柱国之一,人称独孤郎,甚至能在南北朝的美男大潮中脱颖而出。据说有一次独孤郎出城娱乐回来晚了,城门马上就要关了,独孤信策马飞驰,连帽子歪了都顾不上扶。于是一幕美景出现了:夕阳斜照下,一名美少年鲜衣怒马,在醉人的晚风中轻灵地穿过秦州城外昏黄的古道,任一袭余晖飘洒在身后,尤其是那顶斜戴的锦帽更衬托出少年的不羁与潇洒。这种格调很快风靡一时,时尚男女纷纷效仿,至今美国牛仔仍在模仿独孤信的品味。

英俊有什么用？如果早几年可以亲自进宫去和皇帝喜结连理,现在不行了,但至少还可以生出很多漂亮的女儿。独孤信有七个女儿,其中大女儿嫁宇文泰长子周明帝,史称北周明敬皇后;四女儿嫁八柱国之一李虎之子李昞,李昞之子李渊就是后来的唐高祖,所以唐朝追赠她为元贞皇后;五女儿嫁上柱国宇文述,其子宇文化及一度僭越称帝,追赠其母为皇后;七女儿独孤伽罗则嫁杨忠之子杨坚(隋文帝),史称隋文献皇后。57%的女儿都获得皇后称号,无愧为史上国丈第一人,可见他在北周豪门中的人脉,杨忠傍上了他,就开创了大好前途。

尽管宇文护掌权后将独孤信逼死,但杨忠羽翼已丰,自成一派,到六十一岁寿终正寝时已位至随国公、上柱国、大司空,二十七岁的杨坚继承了爵位。

史载杨坚从小体貌非常,"为人龙颔,额上有五柱入顶,目光外射,有文在手曰'王'"。而且他身材上长下短,坐姿威严,很小到太学读书,再亲近的人也不敢亲狎。不过据考证,其实是他当时成绩差,没人愿意理他。然而,门阀贵族时代成绩好坏是次要的,十四岁时杨坚便被京兆尹薛善辟为功曹,开启了仕途。十六岁官至开府、骠骑大将军。宇文泰看到杨坚,惊叹:"此儿风骨,不似代间人！"周明帝曾派了一位善于相面的赵昭去看杨坚,赵昭答复:"这人最多当到柱国。"但他又私下对杨坚本人说:"杨公日后为天下君,必定要大诛杀然后安定,请好好记住。"宇文护专权后很忌惮杨坚,有点想除掉他,但一直没下手。

杨坚的长女杨丽华深得独孤氏相貌基因,被周武帝聘为皇太子妃,这成为杨坚从普通门阀进位至权力核心的关键。进位后告诫周武帝尽早除掉杨坚的人更是源源不断。齐王宇文宪说:"普六茹坚相貌非常,臣每次见到他都自惭形秽,恐非人下,请早除之。"周武帝答:"他也就只能当个将军罢了。"内史王轨有一天突然对周武帝说:"太子的才干不是社稷之主,到时普六茹坚可能会反！"周武帝反复听到这些有点不高兴,说:"若天命如此,又能如何？"周武帝的开阔胸襟给杨坚留了一条活路,但这些话难免传到杨坚耳朵里,他自己也很害怕,从此更加低调做人。

其实周武帝是个英雄神略的帝王,他铲除宇文护后北周气象一新,又结

好北方的突厥和南方的陈朝,积蓄力量,于六年后攻灭最大的战略竞争对手北齐,统一北方,之后又筹备大举讨伐突厥。如果照此持续发展,杨坚也就只能持续低调下去,混到死再把随国公爵位传给儿子。然而天不假年,三十五岁的周武帝因病驾崩,把国家留给了年仅十九岁的太子宇文赟,即北周宣帝。杨丽华成为皇后,杨坚也就成为最重要的外戚。

周武帝从小对儿子管教很严,但显然教育失败,而且周宣帝对父母的严格管教怀恨在心。周武帝出殡时,周宣帝敲着棺木骂道:"死得太晚了!"然后迫不及待地让周武帝的嫔妃站成一排,从中挑选合意的纳为己用。请不要以游牧民族的风俗来为他辩护,他们已经汉化了,这就是不折不扣的荒淫无耻。

杨坚以上柱国、大司马辅政,威望越来越高。周宣帝虽然荒淫,还是知道忌惮权臣。然而他第一个下手除掉的权臣竟是齐王宇文宪。宇文宪是宇文泰第五子,能征善战,深得宇文护和周武帝重用,在攻灭北齐的战争中立下大功,之后又懂得急流勇退,不问政事。但周宣帝偏偏觉得这位亲叔叔是最大威胁,先行诛灭。周宣帝杀宇文宪动机不明,从后来他大力提拔平辈的几个兄弟为王来看,可能是想铲除父辈老臣,以新人构筑新一代权力网。但这样做实际上是宇文氏自相残杀,削弱了宗室。

可能是鲜卑婚俗,周宣帝有四个皇后,后来又扩编至五个,杨皇后只是其中的一个。这么多皇后争风吃醋在所难免,但因为杨坚,周宣帝对杨后特别不爽。有一次杨后惹怒了周宣帝,周宣帝便要赐死。独孤伽罗(杨坚的夫人)立即到皇帝面前谢罪,甚至叩头流血,才保得女儿一命。而且周宣帝动不动生杨后的气后便会咬牙切齿道:"信不信老子杀你全家!"有一次周宣帝说着说着就真的想杀她全家了,就叫人去召杨坚,并对左右说:"待会儿他来了,如果神色一动,就杀了。"但杨坚来了后一如既往地保持着从小的威仪,神色丝毫不动,周宣帝居然就一直没下手。还有一次赵王宇文招请杨坚到家里做客,暗藏甲士准备刺杀,所幸随行的亲信元胄发现了阴谋,力劝杨坚离席并舍命相护,才免一死。北周宗室其实早就意识到了杨坚的威胁,但一方面杨坚夫妇韬光养晦,宗室杀他的意图不够坚决;另一方面他的实力已经很强,宗室也不敢贸然下手。

周宣帝这人确实不是当皇帝的料,既不会用人,也不会做事。把内政搞得一团糟,身体也越来越差。一怒之下,这皇帝老子不当了!于是禅位于七岁的皇太子宇文阐,即为周静帝,自为太上皇帝摄政。

次年,周宣帝驾崩,权力斗争进入白热化。周宣帝生前最信任的两个近臣是内史上大夫郑译、御正大夫刘昉。这两位本来都是小官,但为周宣帝当上太子出谋划策不少,所以周宣帝即位后立即重用。然而这两位当上大官后又什么事都不做,任由周宣帝乱搞,搞到现在他们却要做一件大事了——假传圣旨,由杨坚摄政。说实话,我很怀疑这两个汉人是杨坚早就安插在宣帝身边的卧底。

杨坚领政后没有着急,首先他要控制住周宣帝扶植的赵、陈、纯、代、腾五位年轻亲王,其中主要是赵王宇文招。当时北周与突厥和亲,杨坚选定赵王之女千金公主嫁给突厥沙钵略可汗(阿史那摄图),以此为由召宇文招来京城嫁女。这种事宇文招也没什么好怀疑的,当然就来了,来了就被控制住了。这时杨坚才宣布周宣帝死讯,并以假黄钺、左大丞相摄政,并宣其余四王进京控制起来。假黄钺是皇帝把黄金装饰的御用仪仗借给出征的重臣用,可代行君权,后来演化成权臣篡权的标志。周宣帝已经把国政搞得一团糟,杨坚拨乱反正,很快使国家重回正轨,而且带头履行勤俭节约的传统美德,于是"天下悦之"。

不过,老百姓悦了忠于宇文氏的贵族就不悦了,相州总管尉迟迥率先起兵,很快反响强烈,其中包括杨忠的结义兄弟、周静帝岳父郧州总管司马消难。尉迟迥以儿子作人质,请南朝陈助兵,杨坚遣上柱国、陨国公韦孝宽率兵讨平,将尉迟迥传首阙下,司马消难逃往陈朝。毕王、雍州牧宇文贤联络京城五王,准备做掉杨坚,还没动手就被发现了。这种情况无需出兵,直接把毕王抓起来杀掉就行。但接下来对赵、陈等五王的处理体现出杨坚成熟的政治手腕,他没有简单粗暴地诛杀五王,反而给予他们剑履上殿,入朝不趋(上朝时可佩剑穿鞋,而且不用小步快跑)的特权,让他们安心。这五王逃出生天还受到此等优待,斯德哥尔摩综合症大爆发,对杨坚感激涕零,早忘了当初是为什么要反他。现在所有对杨坚还略有不满的人都已抚平,重要的是杨坚废除部族制,令所有赐鲜卑姓氏的汉人还汉姓,君臣穿汉服上朝。北周虽然有一些翻来覆去的汉化运动,但终究是鲜卑政权,杨坚本人是汉族,又力推汉化,得到汉族官民(重点是关陇汉族门阀)的热烈拥戴,威望日隆,篡位已成定局。

陈宣帝太建十三年(周静帝大定元年,581),周静帝禅位于随王杨坚,即为隋文帝。按理新王朝应该叫随朝,但杨坚认为"随"字有个"辶"不吉利,新朝遂称"隋",改元开皇。

很多人认为隋文帝是所有开国皇帝中最轻松的一位,清人赵翼甚至说:"古来得天下之易,未有如隋文帝者,以妇翁之亲,安坐而登帝位。"其实未必中肯,隋文帝确实没有遵循大多数开国皇帝马上打江山的惯例,但并不能说就很轻松。隋文帝祖上几代为将,在南北朝这个血腥乱世中打拼得相当艰苦,经过数代积累,才将一个公爵传给杨坚。杨坚袭爵后经受了各方猜忌、打压。他坚持走低调路线,表面上波澜不惊,实则暗藏汹涌,很多时候甚至需要忍辱偷生,战战兢兢、如履薄冰地走过多年,才等到合适的时机上位。这不是明刀明枪的战争,但其实更加凶险!战场上的战争有时可以毕其功于一役,而杨坚的这场战争却历时数十年,容不得他犯下哪怕一次错误。

当然,杨氏能走到最后也有很多幸运因素,比如杨忠攀上独孤信、周武帝英年早逝、周宣帝下不了决心和他翻脸等,不过最重要的还是宇文氏自相残杀太烈,削弱了宗室,而且杨坚作为汉人,得到了广大汉族官民的支持,才能重建汉族王朝。

不过仅仅重建隋朝还不够,现在还有两个重大任务必须去做好:

第一,重新完成中华帝国的统一,将太平盛世还给饱受乱世摧残的各族人民。

第二,构建一套适时的行政组织结构和公共管理体系,突破中华文明发展至汉晋的瓶颈,引领人类走向新的文明阶段。

杨先生,整个中华民族都在翘首以待。

三省六部科举制

隋文帝的两大任务其实一个是目的,一个是手段,改革组织结构是实现太平盛世这个目的的一个手段。但"工欲善其事，必先利其器"，历史推进至隋朝，必须有一次大刀阔斧的改革才能突破瓶颈，走向新的文明阶段。

秦朝的三公九卿制和郡县制是中华帝国进入中国特色封建社会后的第一套成熟的组织结构体系，历经秦、汉、魏、晋近六百年历史，有力地推动了中国社会走过了这一文明阶段。但也暴露出很多问题，其中核心问题有三：

第一，宰相权限太大，容易专权。三公九卿中，三公(丞相、太尉、御史大夫)形成国家领导层，九卿(奉常、郎中令、卫尉、太仆、廷尉、典容、宗正、治粟内史、少府)形成部门领导层，再加上皇帝本人，形成1:3:9的架构，在李斯看来很合理。但丞相(大司徒)和太尉(大司马、大将军)一个全权掌控政府，一个全权掌控军队，很容易形成专权。历代权臣都利用这两个职位掌权，可见职位设置本身就不合理。

第二，地方长官容易形成事实独立。中国特色封建社会不再分封拥有主权的封建领主，但行政上仍需条块分割，委政于吏。秦分郡县两级，事实证明层级太少，不利于有效管理。汉朝在郡县之上增设州一级，将全国分为十三个州。这更符合人口和国土规模的实际，沿用很长时间。但州刺史权限太大，很容易形成割据，最后中央成了空壳。晋朝汲取教训，但恢复分封的办法却是南辕北辙。如何把握地方长官权限设置，是历史上的一个重大课题。

第三，公民不分阶级，但门阀依然强大。汉式帝国废除分封，理论上除皇帝一人外，不应有所谓贵族存在。但事实上直到隋朝贵族还没有完全消失，只是在逐渐式微。而南北朝大量游牧部族把他们的贵族阶级思想带入中原，更是严重倒退。隋文帝本人也是袭爵而来的世家，他的朝廷中有不少鲜卑贵族，他的统治基础更来自于汉族关陇门阀的支持。大秦帝国横扫六合，所向无敌，却因六国贵族的反噬，二世而亡，隋朝又该如何处理魏晋南北朝以来形成的这些门阀世族？

其实这三个问题前人很早就认识到了，但隋文帝作出了开创性的贡献，所以被视为人类文明史上的一个里程碑。

第一是中央官制问题。汉朝坚持三公九卿，但从三国起，新建国家都试图有所创新，比如魏文帝设中书省、蜀后主以尚书令取代丞相等。北朝的官制很

可爱，他们从游牧部族突然变成正式国家，急需照抄一套官制，大多抄自《周礼》《周官》。因为照抄，所以很多国家的元首不是皇帝，而是天王（周天子的爵位），国家领导层是周代六官中的大冢宰、大司徒等，并间有丞相、太尉、尚书令、大将军等职。隋朝当然不会用这套官制，也不会回到秦汉官制。隋文帝篡位前在北周恢复丞相职务，但很显然他也不会让这个王莽、董卓、曹操、司马炎还有他自己依次当过的职务继续存在下去了。

其实历代君主都为废除丞相这个篡权专用职位做出了很多努力，但都不太成功，直到隋文帝推出三省六部制，丞相这个伴随了中华帝国汉晋阶段的经典职务才正式退出历史舞台。

隋文帝在隋初名臣高颎、李德林的协助下，设计了一套全新的官制。新制并不直接废除前代的三公、三师职衔，而是将它们保留为正一品虚衔，实际行政则移交至新设立的三省六部。三省严格地说是六省，即尚书省、门下省、内史省、秘书省、殿中省、内侍省。其中秘书省主管典章图籍，殿中省主管皇帝个人饮食起居，内侍省则是宦官家政服务中心，都不是行政权力中枢，渐渐人们便习惯了只称三省。

内史省就是以前的中书省，后来唐朝又改回中书省名称，相当于皇帝本人的办公厅，负责草拟诏书，长官为内史令（中书令），副官为内史侍郎（中书侍郎）。门下省曾称禁中省，负责审核中书省发出的草诏，如果审核通过则发给尚书省执行，不通过则封还给中书省。长官旧称侍中，隋称纳言，唐后又改回侍中，副官为门下侍郎。尚书省则是具体的执行机构，长官为尚书令，副官为尚书左仆射和右仆射。由于尚书省掌有实权，事务较多，所以分设六个部门：吏部、礼部、兵部、度支、都官、工部。度支后改称民部、户部，都官后改称刑部。六部的长官为尚书，副官为侍郎，隋初每部内设四个司，共二十四司。

这套官制似乎可以找到前代官制的影子，比如三省似乎对应三公，六部似乎对应周代六官或六曹。表面上看，吏部尚书主管官吏任免，相当于周官中的天官大冢宰；度支（户部）尚书主管财政户籍，相当于地官大司徒；礼部尚书主管礼仪科教，相当于春官大宗伯；兵部尚书主管兵马军仗，相当于夏官大司马；都官（刑部）尚书主管审讼刑狱，相当于秋官大司寇；工部尚书主管基建工程,相当于冬官大司空(《周官》中司空一篇已散佚,但据判断应是此职能)。但周代六官是国家最高领导,大冢宰本身就是首相,同时又直接掌管人事。而六部尚书只是政府的中层部门领导,上面还有一层领导限制他们的权力,但这一层最高领导本身又不直接掌管部门,这就形成了一种制衡。

那隋唐官制中的最高领导层呢?按理说就应该是尚书令、中书令和侍中三职,似乎又和汉晋的三公一样了,但三公分管行政、军事和人事,在各自领域拥有很完整的权限,而三省并无特定权力领域,只各自掌管行政程序中的某个环节,这显然是有本质区别的两种行政权限划分方式,是公共管理科学的一个飞跃。至于六部和周代六官的职能相似,我想一个国家主要就是吏、民、礼、兵、刑、工六事,所以六部难逃六官的格式,甚至现代我们也可以找到组织部、发改委、宣传部、国防部、政法委和规划委来对应这六方面的工作,但很显然本质又早已飞跃。

三省六部的划分方式部门分工更明确,既提高了行政效率,又降低了权臣专权的概率,是科层制管理体系的一次伟大创举。旧制整个政府由丞相一个人说了算,军队由太尉一个人说了算,皇帝很容易被架空。而三省六部制划分了行政决定的环节,规范了权限衔接,使程序中每个环节的权限都缩小,自然每个人专权的概率就降低了。相对而言,尚书省实权最大,总揽六部基本上也就总揽了朝政实务,尚书令很接近丞相。对此,隋文帝规定尚书令不实授,左右仆射共同主持尚书省实际工作。后来,中书令、侍中也都成为虚衔,中书侍郎、门下侍郎主持两省实际工作。核心权力部门长官名不副实,相对分散了权威,从此形成了重要职务不设正职,而由左右副职共同主持工作的惯例。当然,久而久之,左副职自然就成为一把手,比如到宋朝已经公开将尚书左仆射称为首相,但这种名不副实的一把手终归比名正言顺的丞相弱势一些。

当然,宰相不容易专权了,皇帝本人也不容易了,新制皇帝的权限也受到了极大限制。隋文帝时形成了报批制和常务委员会制的雏形,这种模式比三省六部的外在形式影响更为深远,真正传承至今。

以往只要三公九卿忠于皇帝本人,皇帝可以通过他们比较自由地接受报告和下达命令,而从隋文帝起报批制渐成主流。三省六部制要求行政事务均由六部出台初步方案,依次上报给尚书省、门下省、中书省和皇帝。现在递送奏章的就不是个人,而是部门,报送的意见代表了一个部门的正式决议,权威性大大提高,就算是上级也不太好意思否决。而且在这种机制下上级一般只能被动接受报上来的方案,批示权仅在同意和不同意之间。比如皇帝或宰相想要任命某人为某职,这必须由吏部报上这样的任免方案,再由宰相报给皇帝批示同意,如果吏部不这样报,或者宰相不予转报,那就无法正式任命。

常务委员会制度的雏形也在隋文帝时发轫,由于三省六部制要求以部门而非个人名义上报和批复文件,便形成了部门常委会议决的形式。各部门的常务委员会一般由本部门的主要领导组成,比如六部由本部尚书、侍郎、郎中组成;尚书省由左右仆射和六部尚书组成,俗称八座。国家最高领导层则由三省长官作为宰相,加上副官一般有七八个人,一起在门下省的政事堂议事,组成最高一级常务委员会。常委会上每位常委都可以发表自己的意见,但最终必须形成统一意见上报或下发,这种极具中国特色的行政决定机制从此也成为中国公共管理者最常规的一种思维方式。这种以部门而不是以个人名义形成的集体决议权威极高,包括皇帝也难以对抗,极大地降低了个人(权臣)专权的概率。据传,上帝曾说:"要有光!"政事堂经研究决定"不批准",于是就有了黑夜。

隋文帝草创了报批制和常务委员会制,但还算不上完善,在此后还会继续发展完善,不过这种行政决定的思维方式从此便深刻地融入了中国的公共管理科学之中。

为避免独裁专制和草率错误,隋文帝还设置了新的监督机制。门下省本身就带有一定的监察作用,方式也极具中国特色。门下省居于皇帝—中书省—门下省—尚书省—部门这个行政审批链条的中间,如果认为下游上报的奏章不对,可以驳回,那如果认为上峰下发的草诏不对呢?当然也是驳回,还有个专门术语叫封还。一道合法的诏书不但要由皇帝发出,还必须由中书门下副署才有效,各部门才能依法执行,所以门下省堪称掌握了行政审批的咽喉。门下省内设四名中层干部称给事中,可以无条件封还圣旨,到明朝发展为六科给事中,派驻到六部实施更深入的行政监察,这个品级并不太高的官职日后会经常在历史舞台上扮演明星角色。隋文帝设门下省本意是限制各部门权力,但客观上也限制了皇权。中国皇帝宁愿自己牺牲一部分权力,以形成和士大夫之间的相对均势,这是通过让渡部分皇权来增强皇位稳固的一种权谋,但客观上也促进了行政体制的规范发展。

除门下省外,中国的行政体系一直有一个相对独立的监察机构——御史台。汉晋的御史台主管察举人才,兼有监察职能,实际相当于现代的组织部。三省六部制察举人才的职能转移到了尚书吏部,御史台开始成为一个纯粹的监察机构。隋唐御史台的分量还不算特别重,后来宋明御史系统的作用在某种意义上将不亚于宰相甚至皇帝本人。

除了行政运行机制面目一新,这套官制还有一个隐藏的政治意义——军队公有化。以前太尉是可以和丞相分庭抗礼的重臣,现在兵权归于兵部,兵部尚书只是一个部门领导而非国家领导。军队的具体指挥仍依靠职业军人,但军队的人事、编制、后勤、装备等的大权则掌握在了兵部的文官手中,极大地加强了军队公有化。一支完全公有的正规军,比领主将军们拼凑在一起的私兵要强大、规范得多。

第二是地方官制问题。秦分为郡县两级,管理力度不够,汉朝增设州一级,但州一级的权力又太大,这个矛盾隋文帝如何去解决?

隋文帝首先尝试缩小州的范围。汉朝一州可辖上百个县,相当于周代一个诸侯国,隋朝一州只辖十余个县,便难以自立。但这样中央直管的州就太多了,于是设行台尚书省,管辖一大片地区。行省和中央的尚书省结构基本相同,长官为行台尚书令。这些行省都是中央暂时派驻在地方的执行机构,比一般的州郡更容易撤并,强调了中央对地方的直接管理。为巩固宗室势力,第一批行台尚书令都是隋文帝自己的儿子。其中在并州(今山西太原)设河北道行台,晋王杨广为尚书令;在成都设西南道行台,蜀王杨秀为尚书令;在洛阳设河南道行台,秦王杨俊为尚书令。

开皇二年(582),宗室大将杨尚希出任河南道行台尚书省兵部尚书。经过一段时间的地方工作,杨尚希认为天下州郡过多,"民少官多,十羊九牧",建议撤并州郡。隋文帝采纳意见,取消了郡一级,撤并了许多州,形成中央—行

省—州—县的区划方式。但事实上,现在的州就相当于以前的郡,现在的行省又相当于以前的州。这一次地方行政改革其实没有太大实质性改变,唯一的效果就是相对降低了一级地方政府的独立权限。因为隋朝确实太短,所以未能在此问题上做出太大突破,唐宋两朝并未继承行省制度,元朝却重拾这个并不太成功的尝试,清朝至今又使用省,很容易给人一种传承千年的错觉,事实上隋文帝的地方官制变革算不上很成功。

第三是门阀世族问题。这个问题其实更本质,隋和秦很相似,又一次走到了人类社会文明形态飞跃的节点。六百年前那个用青铜铸就,如铁山般刚强的大秦帝国没能承受住社会大变革的巨大冲击,二世而亡,那么隋文帝呢?

应该说隋朝北方已经形成比较成功的公民社会,而隋朝建立的政治基础却是关陇门阀。杨忠本人算是关陇门阀的一员,但他并非西魏首批八柱国,只能算独孤信势力的一个分支,远远不够格当关陇门阀的总代表。只不过后来杨坚当了国丈,协调好了鲜卑贵族和汉族关陇门阀的关系,才得到共同认可,由他带领关陇门阀推翻了鲜卑贵族。但现在他们拥立的隋朝反而要来削减他们的世袭特权?这可不是一个轻松的话题。

隋文帝一大著名历史功绩便是开创了科举制。其实关于第一次科举到底发生在隋文帝还是炀帝朝这个细节,史学界还有争论,但隋朝的基本国策是大力打造平民社会,抑制贵族特权则基本没有争议。科举制的原型是九品中正制,但九品中正制尚未形成平民入仕的良好机制,反而成为门阀打造家族势力的工具,历经多年曲折发展,至隋终于发展成比较成熟的科举制。

开皇三年(583),隋文帝下诏民间推举人才,称为举人。隋文帝刻意强调举人来自民间,不分门第,选拔标准是要有真才实干。举人是国家察举人才的盛事,人人都要尽忠负责,当选的直接授官。隋文帝规定每州每年"贡举"三人,入京再考试,根据成绩录用为官。后来隋文帝将"贡举"分为十科:"孝悌有闻""德行敦厚""结义可称""操履清洁""强毅正直""执宪不饶""学业优敏""文才秀美""才堪将略""膂力骄壮"。这在精熟于应试教育的现代学子看来,似乎不那么规范。尤其那个"膂力骄壮",怎么看都不像正规国家考试,后来隋炀帝设"明经""进士"等科,进一步规范了这项国家考试,而"贡举"和"分科取

士"便合称科举。

科举制开辟了一条平民入仕的道路,按隋文帝的设想,数量上占绝对优势的平民源源不断地进入官僚队伍,逐步排挤门阀贵族,形成一个完全平民构成的职业文官政府。这种想法当然很好,但能实现吗?至少当时还不行。因为读书的成本很高,平民连买书都困难,脱产读书的机会成本更消耗不起,所以读书基本上还是贵族的专利,当权贵族更不会允许大量平民来抢位置。隋唐的科举基本上还是贵族内部的选拔竞赛,但至少明确了一种以才干而不以门第选士的公平竞争机制,终会发展成更公平的社会体制。

隋文帝大刀阔斧改革官制和人才选拔机制,尽管问题还很多,但在当时已经取得不错效果,国运日隆,现在就该去完成下一个目标——中华帝国的再次统一。

再造华夏的不世奇雄

从汉末算起,中国人民已经在浴血乱世中浸泡了近四百年,人们多么渴望有一个国家能重新统一华夏神州。

江南六朝一般不能指望,南方多丘陵,气候潮热,交通不便,人口稀疏,而且缺少马匹和铁矿,史上少有从南方统一北方的例子。而北方的鲜卑王朝摇摆于汉化和胡化之间,最终还是要胡化,实施民族差别管理,大家也不太愿意接受。这时隋朝出现了——一个北方的汉族王朝,大家再没理由拒绝了。

当时南方还有两个国家:陈朝和西梁。西梁是当初南梁被陈霸先篡位后,萧氏皇族建立的一个小国,后依次为西魏、北周和隋的附庸,首都在江陵(今湖北江陵)。北朝一直将这个小国作为与南朝的战略缓冲,让它保持独立政权。现在隋文帝要统一天下,就不再需要这种国中国了。解决的办法也很简单:隋廷直接宣梁后主萧琮入朝,封为莒国公,当做闲人养起来,原梁国地区改制为州县。

而陈朝的实力就要强得多,须调大兵讨伐。隋文帝即位初,隋陈双方就沿

江淮布防,形成战略对峙。首先进攻的竟然是陈。开皇元年(581)九月,陈朝右卫将军萧摩诃出兵淮南,将军周罗睺攻取战略要地胡墅(今江苏六合)。隋以尚书左仆射高颎节度诸军,上柱国长孙览、元景山为行军元帅南征。隋军水陆两路皆占优势,陈宣帝又在这个关键时刻驾崩,陈朝连忙归还攻占的土地,低声求和。隋文帝以"不伐丧"为由允和。有些人认为隋文帝很无聊,其实他在下一盘很大的棋。隋文帝早已决心一统,重建正规的中华帝国,所以要遵守中国社会的传统道德观念,给天下人做表率。当然,另一方面是时机还不够成熟,北方的突厥还不稳定。

接下来几年,隋军每到江南农忙时就大举集结,做出南征姿态。陈朝人口少,只好让精壮男丁荒废农时应征入伍,这时隋军又不来了。几年下来,陈朝经济大受影响。隋廷则在襄州(即襄阳,今湖北襄樊市襄城区)设山南行省,秦王杨俊任尚书令;在寿春(今安徽寿县)设淮南行省,晋王杨广任尚书令;蜀王杨秀继续任西南道行台尚书令,对江南形成战略合围。

开皇八年(588),隋文帝下诏南征。诏书表达了隋王朝统一祖国的决心与信心,并痛斥陈后主陈叔宝荒淫无道,抄送了三十万份发到江南各地,一时人情震恐。

隋军以晋王杨广、秦王杨俊、清河郡公杨素并为行军元帅,名义上以晋王为总指挥,实际上尚书左仆射高颎任晋王元帅长史,行台右仆射王韶任司马,为实际总指挥。隋军分八路进击,杨广出六合(今江苏六合),主攻陈都建康(今南京);杨俊出襄阳,攻湖广;杨素率水军自巴峡出永安(今重庆奉节),顺江而下;荆州刺史刘仁恩出江陵;蕲州刺史王世积出蕲春(今湖北黄冈蕲春县);庐州总管韩擒虎出庐江(今安徽庐江),攻长江要塞采石矶;吴州总管贺若弼出广陵(今江苏苏州),攻建康门户京口(今江苏镇江)、瓜洲(今江苏扬州市邗江区,与京口隔江相望,即王安石诗中"京口瓜洲一水间");韩擒虎、贺若弼两路军都是杨广攻建康的辅助;青州总管燕荣率海军出海州(今江苏连云港市海州区),泛东海进击。隋军共出动总管九十人,兵五十一万八千人,西起巴蜀,东至沧海,旌旗舟楫,横亘数千里。

这么大排场陈朝君臣是不是应该吓得尿裤子?恰恰相反,陈后主和他最宠信的都官尚书孔范淡定得让人淡疼。这位孔范是位文艺青年,所以和陈后主性情相投,尤其喜好军事文艺。陈朝边将向朝廷告急并上报应急方案。陈后主却淡定地说:"王气在此,北齐来了三次,北周来了两次,无不摧败,他来又有何用?"孔范说:"长江天堑,自古隔断南北,今日敌人还想飞渡?都是这些边将想领功,夸大其词。哎!我常嫌自己官小,又没有立功的机会。敌人真要渡了江,我定能混个太尉当!"

孔范是标准的军事文艺青年,并不真懂军事,他和很多人一样有一个认识上的误区——认为长江是隔断南北的战略屏障。殊不知自古隔断南北的并非长江而是1000毫米等降雨量线,相当于秦岭—淮河一线。此线在长江以北一点,线南气候潮热,北方来的人马都很难适应,而密布的水网也不允许军队快速机动,所以北方很难突破;而南方缺少马匹和铁矿,地形又不便于大规模集结,贸然进入辽阔的中原基本上也是送死,所以前机械化时代就成为了南北分界的战略均衡线。而长江,不但不是天堑,反而有利于大规模运输,难以防守,只是因为和秦岭—淮河一线很接近,所以常被误认为是一条战略均衡线。所谓守江必守淮,淮河才是守住江南的前线,长江只能作为守淮的靠山,本身并不可守。而陈朝无视专业武将的建议,很文艺地守住了长江,未战先败。

果然,隋军推进过淮南,一些来自高寒地带的军马就热死了。孔范听说,惋惜道:"这是我的马,怎么死了呀?"陈后主也被他这种高度乐观的革命精神所感染,哈哈大笑。

隋军开动后,杨素率先大胜,控制了长江上游,各路军进展都很顺利,但重点还在于主攻建康的杨广、韩擒虎和贺若弼三路。杨广率隋军主力进驻六合,牵制住陈军主力,韩擒虎、贺若弼两军则各显神通。隋军常年在边境恫吓陈军,本意是荒废陈朝的农时,但还有个附加作用就是麻痹陈军,让他们失去敏感。于是贺若弼买了许多江南民船,陈军不知道,一直以为隋军没船。趁陈军麻痹,贺若弼用买来的民船突然渡江,快速攻克京口。而韩擒虎更是率五百精兵,夜袭采石矶,攻占了建康上游最重要的战略渡口。这时陈后主终于知道事态严重,下诏亲征。都被围起来了,请问还要征往何处?骠骑将军萧摩诃两次请求趁贺若弼的前锋立足未稳将其打退,陈后主都没有批准。结果杨广、韩

擒虎、贺若弼三路会师建康,陈后主吓得日夜哭泣,却拿不出一点办法。

孤城内陈后主召开军事会议,左卫将军任忠提议:"进攻的客军贵在神速,防守的主军贵在持重。建康的积蓄足够支持许久,现在应该避敌锋芒,切断各路隋军的联系,时间一长,不战自退。"这确实是很科学的建议,但陈后主觉得这种仗打一天都够他受得了,还拖那么久怎么受得了?而热血尚武的文艺青年孔范更不可能接受这种屡弱退守的战略。陈后主说:"不如让萧郎(摩诃)一击制胜。"孔范说:"请决一死战,当为官家燕然勒石!"

"燕然勒石"是一个不错的典故,东汉车骑将军窦宪曾穷追匈奴,出塞三千里,兵至燕然山(今蒙古国杭爱山),令中护军班固铭石以纪。从此,"燕然勒石"便成为中华武将豪迈情怀的一个代称。文艺青年孔范连黄河都没见过,现在更身陷重围,马上就要倒灶还能把豪情迸发至传说中的燕然山,真是令人佩服。关键他自己不是武将,他的豪情是让人家萧郎出去送死。

不过武将要现实一些,任忠叩头苦请不要冲动。从来忠心耿耿的萧摩诃更说:"从来上阵,都是为国为身,今天也得为为妻儿。"萧摩诃说这话据说是因为察觉了陈后主和他老婆私通,但主要还是因为知道不能出去送死。陈后主好说歹说,还出了很多钱,终于让大家勉强出战。但这种状态哪还想赢,尤其是孔范一触即溃,当场逃窜,陈军被贺若弼轻松击败,萧摩诃被擒。

任忠赶紧跑回去对陈后主说:"官家可以消停了,臣已无能为力。"陈后主拿出两麻袋金子,让他募人死战。任忠虽然刚说要降,但钱太多了,没办法,只好先不降,用这笔钱募来一员勇将为陈后主死战,而这员勇将当然就是他自己了。另一方面韩擒虎则趁贺若弼正在痛殴陈军,率轻军直入。面对韩擒虎的突袭,任忠经过激烈的思想斗争,也算是精神层面的死战,值回了陈后主给他的钱,可以投降了。任忠引韩擒虎入陈宫,众将见任忠都已投降,一哄而散。

陈朝马上就要倒闭了,尚书仆射袁宪要求陈后主正衣冠、御正殿,以当年梁武帝见叛臣侯景的格式接见韩擒虎,虽败却莫失了皇帝的尊严。但陈后主从来就没有过皇帝的尊严,又何来失尊?他从御座上疾驰而下,飞出殿门,抛下一句话:"不能跟敌人硬拼,我自有办法!"他的办法就是找口井躲起来,这真是又丢脸又没用,后阁舍人夏侯公韵挡住井口不让进,陈后主争了好久才如愿以偿。后来隋军来了,叫井里的人滚出来。陈后主镇定自若,丝毫不惧,屏气凝息,假装没人。隋军又喊:"不出来就丢石头了。"陈后主赶紧出来,随行的居然还有张丽华、孔贵嫔两位宠妃。逃命不忘带红颜知己,文艺青年就是讲情义!

随后杨广、高颎入建康,收图籍,封府库,资财一无所取,受到天下称赞。上游还有许多陈军在抵抗,陈后主手诏投降。至此,自永嘉之乱以来,二百七十八年的南北朝终于结束,隋朝完成了祖国的再次统一。

不过事情还没那么简单,可能是灭陈太容易,偌大的江南一口消化不了,产生了不少后遗症。隋文帝平陈不久,江南就爆发了大规模叛乱,隋军剿灭这些叛乱比攻灭文艺青年还要辛苦十倍。

不过隋文帝没有盲目用兵,而是静下心来思考:隋朝作为一个汉族正统政权,富裕发达,江南人有什么理由不买账?

这其中原因当然不止一个,但最本质的一个还是和六国反秦相似——反秦的主要是六国贵族,人民是被煽动的。现在反隋的也不是渴望太平盛世的江南百姓,而是南朝世族。

这些门阀世族历经汉晋数百年,大浪淘沙,能留下来的都非常强势。而经过三百年乱世,法制礼仪都已疏乱,世族大家更无拘束,过得何其滋润。现在隋朝重振礼法,更要推行新的社会形态,加强中央集权,削夺世族特权。比如任免地方官吏的权力收归中央、漠视门第的取士法则、导孝为忠、拔高国家观念而降低家族观念、均田制、输籍定样等,这些都是江南门阀不愿接受的。

不同于生硬死板的秦朝,隋文帝采取了温和措施,以晋王杨广任扬州总管,取代越国公杨素主政江南。杨素是隋初第一名将,但其凶残嗜杀常为人诟病,他虽能快速镇压武装叛乱,却无法根治江南的社会问题。而杨广之妻是原西梁宗室,杨广长期担任淮南道行台尚书令并主持了平陈战役,与江南渊源颇深,更深谙怀柔治民之术。杨广上任后根据江南实际,采取了很多折中办法,安抚江南豪族,渐渐使局面趋于平稳。有研究认为,隋朝以均田制为基本国策,这正是江南世族最反对的,所以终隋一代(其实时间也不长)似乎都没有在江南强制推行。正是这种治国理念缓和了江南世族的抵触情绪,使广大

的江南地区重新融入祖国大家庭。

而平陈之后,隋军缴获了陈朝宫廷内从晋宋遗留下来的乐器和乐师,隋文帝视察后感叹:"这才是华夏正音啊!"组织南北两岸的乐师共同研究礼仪器乐,恢复华夏正音。隋文帝又组织浩大工程,把南朝库府中束之高阁的礼乐典章全部拿出来重新研究,并广泛推行。隋文帝令右仆射苏威著《五教》教谕人民,并设专职人员考核学习成果,"自是天下州县皆置博士习礼焉"。又令礼部尚书牛弘主编《五礼》,促进了儒家礼教的一次腾飞。并出巨资向民间求书,大量散失在民间的经典著述又重见天日,使几乎断绝的儒家文明得以延续。隋文帝的一系列措施使儒家礼教在迷失数百年后重光于世,在华夏正统观念的引领下,大江南北才终于开始走向真正的融合。

很多人只看到隋朝五十万大军踏平江南,只看到国土重新归于一个政权。殊不知,奥斯曼苏丹用巨炮轰开君士坦丁堡的城墙,再将脱离罗马帝国的领土全部占了回来,但这并不是罗马的复兴,恰恰是终结。同样道理,仅仅统一版图绝非中华帝国的真正复兴,华夏正统的浴火重生才是真的再造神州。

超级大国的草原攻略

历代中原王朝最重要的地缘战略方向是北方草原,隋朝也不例外。南北朝无数游牧部族南下淘金,去了的没一个能回来,但草原生生不息,总会有新的部族填补前人留下的空隙。

南下大潮中最后一个离开草原的部族是拓跋鲜卑,走后草原上崛起了一个强大的部族——柔然(Roen,亦译蠕蠕、茹茹、芮芮等)。柔然的起源很复杂,汉文史料称其是匈奴、东胡、鲜卑和塞外杂胡后裔的说法均有。西方有人称其是太阳神阿波罗的后裔,也有人认为柔然即是后来与贵霜遗部共同依附于东罗马的阿瓦尔人(Avars),起源于北回归线内太平洋西岸,因不堪极地海洋气候,迁徙至内陆。

柔然的部族首领称作可汗(Khan),以后大陆中部游牧民族大多都认同可

汗是最高领袖的意思,纷纷效仿,成为一个经典的领主名号。柔然可汗以柔然本部为核心建立起一个强大的汗国,统治了蒙古草原,经常袭扰拓跋鲜卑的北魏。5世纪初,魏太武帝(拓跋焘)猛攻柔然,大军横扫漠北,许多小部族也遭到无差别攻击。受到灭顶之灾的各部族只好纷纷逃附柔然,这其中就包括生活在今甘肃平凉一带的阿史那部落。传说阿史那氏的祖先曾被敌人追杀,只剩一人为母狼所救,并与母狼生下许多小孩,繁衍出一个民族,所以该族以狼为图腾。阿史那酋长投奔柔然时带了五百户人家,由于精于锻造,被安置在阿尔泰山南麓做铁匠,被柔然人称作锻奴。由于阿尔泰山形似兜鍪,于是这个部落被称作突厥(Göktürks)。

经过百余年惨淡经营,阿史那土门成为首领时,突厥已然不弱。土门志向远大,先是向西魏进贡,得到认可,然后趁西方的铁勒部进攻柔然本部时伏击,将铁勒五万余户并入帐下,实力暴涨。土门宣布脱离柔然,自称伊利可汗。伊利可汗向柔然可汗阿那瓌求婚被拒,于是发兵击败柔然,威震草原。伊利可汗卒后其弟阿逸可汗继位(《周书》称是其子乙息记可汗阿史那科罗,应该有误),又大破柔然。阿逸可汗卒后其弟木杆可汗(阿史那俟斤)继位,并于梁孝元帝承圣元年(552)彻底攻灭曾经的草原霸主柔然。之后,突厥西逐嚈哒,东伏契丹,横绝大漠天山,无人敢撄其锋,大小部族纷纷臣服,并得到中原西魏和波斯帝国萨珊王朝的正式认可。从此,突厥汗国成为这片草原新的主人。

木杆可汗在位二十年而卒,其弟佗钵可汗继位。佗钵可汗号称"控弦数十万,中国惮之"。北周、北齐为取得突厥支持,争相讨好,不断送钱、送公主。佗钵可汗得意地说:"我南边的两个儿子很孝顺,不担心受穷了。"

佗钵可汗在位十年而卒。根据游牧部族兄终弟及的习惯,突厥第一代领导人都是舍子传弟,第一代死光了再传回最早那个可汗的儿子。佗钵可汗准备传给木杆可汗之子阿史那大逻便,但领主们觉得大逻便的母亲太低贱,不服气,更愿拥立佗钵可汗之子阿史那菴罗。当初伊利可汗东征柔然,其弟室点密(Istami)则率军西征,参与到萨珊波斯和东罗马的欧亚争霸,后被封为西面可汗,较少干涉突厥本部事务。而阿逸可汗之子阿史那摄图分封在东边,称尔伏可汗,实力强大。此时摄图站出来支持菴罗,菴罗成为最高可汗。但菴罗势

力单薄,不能服众,不久让位于摄图,即为伊利俱卢设莫何始波罗可汗,亦称沙钵略可汗,设汗庭于都斤山(今蒙古国杭爱山北峰)。为了平衡,沙钵略可汗又封菴罗为第二可汗、大逻便为阿波可汗。

突厥这种模式是典型的部族领主制,第一代黏合在一起可以非常强大,但各个领主都具有独立主权,久之必然分裂。室点密可汗之子达头可汗(阿史那玷厥)嗣位后对突厥本部的沙钵略可汗不服,东西日渐疏远,在汉人看来分裂成了东西突厥。事实上东西突厥下面还可以分为很多独立政权,他们的合作和分裂都是因时因势,并不具有稳定的国家形态。

隋文帝篡周建隋,沙钵略可汗认为有机可乘,集五大可汗之兵,勾结营州刺史高宝宁南侵,隋文帝只好派兵抵御并修建长城。而当年宇文招之女千金公主被送往突厥和亲,初嫁佗钵可汗,后由沙钵略可汗继承。千金公主天天哭诉隋文帝篡夺了她家北周,所以突厥天天南下袭扰。

面对这个对手,隋文帝陷入深思。突厥比匈奴强大得多,匈奴只相当于普通地级市城管局,突厥起码相当于副省级城市。匈奴基本上是纯粹的马匪,既没手艺又没文化。而突厥出身铁匠,除了骑马还有手艺。冷兵器时代的草原上铁匠就太实用了,须知战争史上最经典的冷兵器之一——土耳其新月弯刀最早就是突厥人发明的。而且突厥还有点文化,是草原上第一个有文字的民族,所以对后世影响极大。现在,还有不少人认同突厥。这个对手显然比匈奴高出一个档次。

汉朝痛击匈奴,虽成效卓著,但也耗费国力。关键是匈奴衰落了又有鲜卑,鲜卑过了又有柔然,柔然过了现在还有突厥。如果隋文帝要学汉武帝硬踩突厥,且莫说打不打得赢,就算倾尽国力大胜一场,倒是能让隋文帝本人扬名立万,但于国于民又有何益?无非是腾个位置让下一个部族粉墨登场罢了。或许是突厥当年利用北周和北齐的对峙从中渔利给了隋文帝一些启示,他也决定利用突厥的领主制大做文章。这个问题上,名将达奚长孺和名臣长孙晟分别作出了不同贡献。

达奚长孺(据胡三省注《资治通鉴》考据,大多史料称为长儒)出自将门,以勇猛善战著称,北周时曾在对北齐、陈朝的作战中立下赫赫战功,隋朝建立

第五篇 一破瓶颈千年路——隋文帝杨坚

时晋为蕲春郡公、上大将军。隋初沙钵略可汗经常南下袭扰,游牧民族的战争成本极低,甚至可以以战养战,隋朝没有大举反击,沙钵略可汗便益发骄狂。开皇二年(582),沙钵略可汗集五大可汗四十万大军分道大举南侵,"武威、天水、安定、金城、上郡、弘化、延安六畜咸尽"。隋廷遣高颎、虞庆则等重臣分八路迎击。其中,沙钵略可汗亲率主力精锐十余万出石门关(今宁夏固原西北),直取京畿。内史监虞庆则为行军元帅,达奚长孺为行军长史,率万余军迎击该路。

当时天降酷寒,虞庆则军中手指冻掉的人就上千,但他认为必须果断出击,自率主力出战,达奚长孺率两千人包抄。不巧的是,达奚长孺的偏师却遭遇沙钵略可汗的主力。两千对十万,众寡悬殊,隋军大慑。按理说小股隋军可以选择避让,但达奚长孺知道身后已经没有隋军,只有手无寸铁的百姓在等着他用生命去捍卫,他不能让!面对十万敌军,达奚长孺丝毫不惧,神色慷慨愈烈。士卒们见主将如此英勇,也都抱定必死之心,在他的指挥下且战且走,途中多次被突厥军冲开,又都散而复聚。史载隋军苦战三天,昼夜十四战,达奚长孺"身被五创,通中者二(穿透身体的伤口有两个)",仍奋勇搏击。隋军士卒被主将的英雄气概所感,无不奋勇——兵器全都打烂了,无一人退缩,用拳头砸!到后来手又打烂了,骨头都露出来,仍无一人退缩,用牙齿咬!隋军战殁者十之八九,但杀伤敌军上万,且无一人有一丝惧色。沙钵略可汗本意是大掠秦陇而回,谁知一入塞就遇到这样的骇人血战,更慑于隋军将士的万千豪气,不由得士气大坠。游牧部族的传统是打得赢就把别人往死里打,打不赢跑得比狼都快,何曾见过这等以弱敌强的勇者?最后,绝望的突厥人收尸焚烧,痛哭流涕而去。

此役史称"龙血长孺之可汗禁妄",这不是一场特别重要的局势之战,更算不上一场酣畅淋漓的胜仗,却是汉民族经过数百年沉沦后,在勃兴的游牧部族面前一次完美的民族形象重塑。这支看起来本应绝望的孤军用满腔热血在皑皑雪原上书写出一曲豪迈长歌,让凶悍的游牧部族重识了一个真理——哪怕秦汉的铁甲长戈早已化作齑粉,湮没入历史的红尘;哪怕魏晋的青丝软语早已化作香风,蚀穿了汉人的筋骨。但再漫长的沉沦也不能阻挡这个铁血龙族的重新觉醒,再残暴的敌人也只能作为这种尚武精神的反面配角!

是矣!匈奴以侵掠之利,激将卒贪欲,一旦遇沮,痛哭而逃。岂知我汉家儿郎,舍身卫国,宁身糜而不退。尔有狼牙锋锐,可以欺柔顺;吾有龙骧虎卫,可以捍黎民。

英雄的隋军将士打退了突厥可汗的狼子野心,但其仍不罢休,以后还常年袭扰。要解决突厥边患,既要靠达奚长孺的热血忠勇,也要靠长孙晟的战略奇谋。

长孙晟是北魏宗室后裔,文武全才,深得隋文帝器重。北周时长孙晟曾作为和亲副使,送千金公主远嫁。摄图(沙钵略可汗)当时还是王子,此人心高气傲,从来看不起南国使者,唯独对长孙晟钦敬有加,常与其游猎,甚至留其在北方居住一年之久。有一次两人出游,遇到两只大雕飞而争肉,摄图给长孙晟两支箭,请他射取。长孙晟引弓射去,一发而双贯。摄图大喜,令贵族子弟都跟他学习武艺。这很容易让人想起金庸名著《射雕英雄传》中郭靖大侠的射雕英姿,而《隋书》记载此事却是暗喻长孙晟制服突厥的一箭双雕之计。

蒙古草原天生适合游牧部族生长,虽是中原王朝的严患,但以当时的生产力水平,无法将草原改造成郡县,所以大举铲除其实没用,正确的策略只能是抑制。如果草原上不是统一势力,而有两股势均力敌的力量,让他们自相残杀,则不但都无力南侵,反而还有求于南国支援,这便是长孙晟的一箭双雕之计。

此计的前提是突厥不能铁板一块,要分裂。所幸领主制政权最擅长分裂,而隋朝需要做的是保持他们的分裂并相对均势。

长孙晟长期居于突厥,熟悉诸领主之间的关系,向隋文帝提出突厥"难以力征,易可离间"。他的战略思想第一步是利用西面可汗室点密系的相对独立性,首先将突厥分化为东西两大汗国。然后鼓励沙钵略可汗的兄弟们争取独立自主,进一步分化东突厥。还可以扶植突厥东部的库莫奚、霫、契丹等族,对东突厥形成战略牵制,并随时挑拨突厥诸部互相残杀。隋军不轻易出兵援助,但见有一部危险时再救,将其救活后,若一旦变得强大则再助其他部落打击。如此,使草原上始终没有一个足够强大的力量形成统一。

隋文帝遣太仆元晖为使,远赴西突厥,赐狼头纛于达头可汗,礼制之高在沙钵略可汗之上。达头可汗遣使回礼，隋文帝又故意让他的使者位居沙钵略可汗之上。西突厥名义上是东方突厥本部的分支，隋廷这样颠倒主次让沙钵略可汗很不爽。隋文帝又以长孙晟为车骑将军，送钱给东北的奚、契丹等族，在他们的向导下找到沙钵略可汗的弟弟处罗侯。处罗侯时任突利设（相当于突厥的远东道行台尚书令），长孙晟鼓励他独立自主，发展他当了内线，并悄悄收买了大量突厥贵族。

开皇二年（582），沙钵略可汗大肆南侵，达奚长孺正面忘死血战，长孙晟则在背后运作，挑唆达头可汗率先背盟离去，又通过处罗侯之子阿史那染干谎称下属部族铁勒造反，突厥大军才全线退却。

开皇三年（583），隋廷以卫王杨爽为行军元帅，分八道出塞。杨爽率李充等四总管出朔州，在长城以北的白道川与沙钵略可汗相遇。李充出其不意，率五千精骑突袭，沙钵略可汗狼狈奔逃，丢盔弃甲躲在草丛中才勉强逃脱。沙钵略可汗逃遁时军中无粮，又感染瘟疫，死伤甚众，窝了一肚子火。另一方面，上柱国窦荣定率九总管步骑三万出凉州，击阿波可汗。两军先派将领阵前单挑，隋军悍将史万岁驰斩突厥猛将，阿波可汗军士气大坠，只好败退。这时长孙晟派人告诉阿波可汗："人家摄图每次来都大胜，你每次来都大败，简直是突厥之耻。你们两家本来势均力敌，但现在摄图就要超过你了，这次他肯定要归罪于你，趁机灭了你。"阿波可汗吓出一身冷汗，连忙求教于长孙晟。长孙晟告诉他："你看达头可汗与我大隋合作，摄图就不敢碰他。你何不也依附大隋，联结达头可汗，这样才能万全。岂能败仗而回，受摄图戮辱？"阿波可汗觉得投靠汉人不是个好办法，还有很多其他办法可想，可惜他一个都没想到，只好遣使随长孙晟入朝。

沙钵略可汗向来忌惮阿波可汗，这次打了败仗，又听说他和隋朝勾结，勃然大怒，杀他老母！于是沙钵略可汗疾速回军，抢先袭击阿波可汗牙帐，真的杀了他老母。阿波可汗这下成了没妈的孩子，只好西奔达头可汗。达头可汗也大怒，两家合兵十余万，东击沙钵略可汗。阿波可汗连战连胜，不但抢回老地盘，还使诸多部落纷纷归附，势力越来越大。战斗中双方都多次向隋廷请援，并州总管杨广跃跃欲试，多次请示该援助哪方。但长孙晟这么做就是为了让

他们自相残杀,所以一概不援。直到眼看沙钵略可汗快被打得不行了,隋廷才接受他的依附,遣虞庆则、长孙晟前往颁诏。沙钵略可汗这次相当恭顺,跪接诏书,而成天叫嚣着要反隋复周的千金公主也请求当隋文帝干女儿。隋文帝批准,赐姓杨,封大义公主,这样沙钵略可汗则成为隋文帝干女婿,也算是和了亲。

此后数年,草原相对安宁,隋朝得以全力准备平陈。开皇七年(587),沙钵略可汗老当益壮,一日猎鹿十八只,打靶归来却发现牙帐被人烧了,又兴奋又劳累又气愤,死了。隋文帝辍朝三日,遣太常前往吊祭。

沙钵略可汗卒后,按理应传位给弟弟处罗侯。但处罗侯认为突厥的这种制度不对,想让沙钵略可汗之子阿史那雍虞闾嗣位。再三推让,处罗侯继位为莫何可汗,雍虞闾为叶护(比可汗低一级的领主)。长孙晟持节前往册封,并赐以鼓吹旗幡。莫何可汗打起隋廷所赐旗幡,大破阿波可汗,将其生擒,并上表请示如何处理。隋廷金议此事,很多人认为该杀了他,只有深谋远虑的长孙晟提出不能杀,两边都留着才有用。

开皇八年(588),莫何可汗卒,雍虞闾叶护继为都蓝可汗,长孙晟再次持节前往册封。由于西突厥的注意力在西方,阿波可汗被灭,莫何可汗卒后都蓝可汗势力渐大,麻烦就又来了。

开皇十三年(593),内地一个唯恐天下不乱的流民杨钦偷渡到突厥,找到大义公主,谎称宇文氏正在策划反隋。按突厥风俗,可汗卒后其可贺敦(可汗的正妻,相当于汉族的皇后)由继任可汗继承。大义公主已由佗钵可汗、沙钵略可汗、莫何可汗转嫁给都蓝可汗了,老公换了很多,但反隋复周之志从未稍减。接到杨钦的情报突厥又停止朝贡,虽未动兵,但再次出现外交危机。

长孙晟临危受命,再次出使突厥。都蓝可汗拒绝承认杨钦的存在,但长孙晟早就在突厥上层建立了强大的情报网,很快搜获杨钦,扭送至都蓝可汗面前质问。大义公主阴谋败露,后来被隋文帝要求处死。都蓝可汗处死大义公主后要求再嫁一个公主给他,隋廷金议同意。但长孙晟坚持不可,奏曰:"都蓝可汗现在已经很强,但与达头可汗为敌。如果再嫁公主给他,达头可汗、突利可汗都会归附于他,突厥将再归一统。处罗侯之子染干今为突利可汗,也想和亲,不如允了他,招他南徙。他兵少势弱,容易招抚,就让他北捍都蓝可汗。"于是隋文帝封宗室女为安义公主,由长孙晟率使团嫁给突利可汗。长孙晟游说突利可汗南徙,居于都蓝可汗和隋朝之间。都蓝可汗非常忌恨,经常袭扰突利可汗。突利可汗每次都及时告知隋军来援,次次使都蓝可汗无功而返。

开皇十九年(599),都蓝可汗制造攻具,准备攻打大同,又被突利可汗告密。隋廷以汉王杨谅为行军元帅,左仆射高颎出朔州,右仆射杨素出灵州(今宁夏灵武),上柱国燕荣出幽州,大破都蓝可汗。都蓝可汗大怒,重新与达头可汗合盟,合兵猛攻突利可汗,尽灭其族。突利可汗与长孙晟共五骑仓惶夜奔关内,奔至蔚州(今山西灵丘)城下,突利可汗见眼前是汉家城池,身后是茫茫草原,难免百感交集。再看着长孙晟这个狡猾的汉人(汉化鲜卑裔),越想越不对劲。想我突厥汗国本来雄霸草原,蒸蒸日上,而今怎么就落得如此光景,不正是因为听了这家伙的一连串馊主意吗?于是说:"我今日兵败来投,无非是个降人,天子岂能礼遇我。达头可汗与我本无仇隙,不如投他。"

长孙晟知他怀有贰心,于是设计通知城内大举烽烟,突利可汗见了问怎么回事。长孙晟骗他说:"我国城池建于高处,遥见敌军就举烽火。贼少则举两烽,贼多则举三烽,大逼则举四烽。"突利可汗见是四烽并举,以为都蓝可汗大举追杀而来,来不及细想,连滚带爬抢入关内。

突利可汗来投,隋文帝大喜,册封其为意利珍豆启民可汗,在朔州筑大利城安置,后迁至夏胜二州(今内蒙河套地区)。不久安义公主卒,隋廷又嫁义成公主,礼遇甚厚。启民可汗招揽草原诸部来归,极大削弱了都蓝、达头二汗。二汗咬牙切齿,集兵来攻。隋军大举出塞,结果都蓝可汗被部下所杀,其众大乱。达头可汗自立为步伽可汗,准备扛起突厥复兴的大旗。隋廷遣晋王杨广为帅,长孙晟率归降诸部往伐。长孙晟熟知地形,在上游下毒,步伽可汗的人畜饮后纷纷中毒,以为是天降亡兆,惧而夜遁。长孙晟趁机掩杀,斩获无数。战后杨广和长孙晟在帐内欢饮,突厥遣使来降,说:"突厥之内,大畏长孙总管,闻其弓声,谓为霹雳,见其走马,称为闪电。"杨广也赞叹:"将军震怒,威行域外,遂与雷霆为比,一何壮哉!"

之后草原上剩下的几个可汗势小而均衡,仰隋廷鼻息而活,也不敢联合

起来反抗,草原秩序一时大好。隋炀帝大业五年(609),右骁卫将军长孙晟卒,享年五十八岁。长孙晟卒后突厥又起贰心,大业十一年(615),启民可汗之子始毕可汗(阿史那咄吉)趁隋炀帝(即以前的晋王杨广)无备,突然起兵将其围于雁门关。隋炀帝感叹:"要是长孙晟还在,匈奴(指代突厥)岂敢如此大胆!"

隋朝面对勃兴的突厥汗国,一方面有达奚长孺这样的忠烈将士舍生忘死地保家卫国,一方面隋文帝也没有盲目硬拼,而是用长孙晟的战略奇谋分化瓦解,使其内相损耗,达到草原均势。这种策略后世常用于地缘战略,成为大国控制落后国家,达成区域均衡最通行的法则。

开皇之治开启隋唐盛世

隋唐盛世一直被后人称道,中华民族的博大胸襟和自信包容令无数人梦回隋唐,而这个盛世正是由隋文帝的开皇之治所开启。

严格地说,杨坚为北周相国时,他的改革就已经起航。北朝大多实施民族隔离,人口占大多数的汉族民众处于被压迫的底层,而鲜卑贵族又过着压榨剥削的生活,都缺乏生产积极性。杨坚执政后力推汉化,消除民族隔阂,不劳而获的贵族数量骤减,有劳力的公民又暴增,社会生产力得到空前解放。

不过生产力解放了,还得要有适宜的政策和正确的组织才能使其发挥作用。开皇之治有三大措施影响深远——均田及租庸调制、输籍定样、设置义仓。

隋朝最根本的经济措施是恢复均田,秦国的商鞅变法废除均田制,促进了秦国生产力的飞跃,那恢复均田是不是大倒退呢?此一时彼一时,在春秋战国近千年的领主社会下,生产力和生产关系都已步入僵化,废井田、开阡陌唤醒了被压抑的活力,带领秦国率先走进中国特色封建社会。但现在的情况是数百年战乱,田园荒芜,就应该赶紧把尽量多的生产工具分配给尽量多的生产者。

租庸调制则是一种建立在均田制基础上的税法,规定国民不论授田多少,只按丁口交纳赋税和服役。租是指每丁每年交纳一定量的谷物,调则指纺织品。而男丁还有为国服役的义务,如果应服役时不能去,可以用一定量的租调代替,此即为庸,合称租庸调。这种赋役制度清晰灵活,能让农户自由选择纳税形式,有利于保障生产时间,也有利于促进社会生产专业化,极大地促进了生产力。而在钱穆先生看来,租庸调制的背后还带着一种为民制产的精神,无愧为划时代的创举。不过租庸调制必须建立在均田制的基础上,唐朝中叶均田制破坏,租庸调制也就失去了基础,被杨炎的两税法取代。

输籍定样则在经济和社会方面都具有里程碑意义。开皇五年(585),尚书左仆射高颎指出:每户承担赋役的程度和户口等级有关,大户承担多些,小户少些。但地方官在确定户等时并不认真,造成情况不实,建议由中央大举检查户籍、核定户等,作为纳税的依据。隋文帝下令各州县"貌阅"辖区内的人口,并由中央派员抽查,如果发现地方官吏查阅不实的,要处以流刑。当年就搜得壮丁四十四万三千人,人口一百六十四万余,之后隋唐政府还多次进行类似工作。这不仅体现了中国公共管理学中严谨的数据化意识,更对社会结构产生了深远影响。乱世中许多人户依附于豪强,形成了事实上的人身依附,这并不符合中国特色封建社会的前进方向。隋文帝大举输籍定样,经济作用尚在其次,更重要的是从根本上阻止了这种倒退趋势。而隋王朝对近亿人口进行如此超大规模的统一户籍管理,更体现出许多现代国家也望尘莫及的公共管理水平。唯一遗憾的是史学界对此研究颇少,更鲜有和政治学、经济学、公共管理学结合起来,殊为可叹!

义仓也是极具中国特色的一项措施。开皇三年(583),度支尚书长孙平提出水旱天灾无常,百姓收成不稳,建议根据每户贫富差等,每年秋季每家出一定量的粟米,由国家统一储备,遇到收成不好再取出来赈济。中国的公共管理学家一直都很注重储备和应急,但之前都只强调政府储备,直到隋朝才首次提出义仓的理念。这种理念用道家的话说就是"损有余而补不足",用现代金融学的话说就是保险。对这样一个极其庞大的帝国而言,非常需要这种平衡可持续发展的具体方法。但比较讽刺的是,隋文帝在时并未遇到过义仓发挥作用,倒是隋末烽烟并起,各路反贼只要占领一个大城市,就能打开义仓当粮仓,相当于抢了保险公司的金库,加快了隋朝的覆灭。义仓和隋文帝父子许多

伟大的改革措施一样，并未达成隋朝的长治久安，只以其创造性的思维方式遗泽后世。

此外，隋文帝还进行了长城、驰道、大运河、大兴府等重大基础设施工程建设，都对国计民生有着极其长远的影响。但这些工程工期极长，见效又慢，大多未在隋文帝任内甚至隋朝灭亡前竣工，都和义仓一样，为他人做了嫁衣。

隋文帝、高颎的诸多改革措施顺应了时代，不但迅速恢复了社会生产力，还创造了一个新高。据研究，隋文帝登基时全国仅四百万户左右，输籍定样后已达到八百九十万户，略计在籍人口五千万以上。而唐朝在阿拉伯旅行家的宣传下传遍地球的贞观之治呢？到唐太宗驾崩时也才三百八十万户而已，直到唐玄宗时才又达到七百六十万户。隋文帝开皇九年（589）统一全国，垦地一千九百四十四万顷，隋炀帝大业中期达到五千五百八十五万顷。还是拿唐朝比，爆发安史之乱前大概是唐朝的巅峰，垦田数一千四百三十万顷！这不免让人觉得这个差距是不是大得有点过分。

其实有一个事实是大多数人都不太愿意面对的——那就是唐朝"推翻隋朝残暴统治"，但终唐一代也没能恢复隋朝的繁荣富强（宣传工作除外）。

当然，当时的统计学理论和手段都还非常落后，这些数字不能完全概括隋唐两朝的社会经济发展水平，更多的是体现出户籍制度实施的严格程度和统计的全面性，不过也从一个侧面反映了隋唐两代公共管理水平的差距。

除了在国家治理上取得的伟大成就，隋文帝的个人行为也符合帝范。首先，他很勤俭节约。正史和野史上都有不少关于他勤俭的故事，格式大概和汉文帝差不多，就不赘述了。其次，他非常勤奋。隋文帝刚登基不久就有一位名叫高德的半民上书请他禅位于太子，自己去做太上皇享清福。不要误会这是什么政治阴谋，那时真的比较流行当太上皇，北齐、北周都有人厌烦朝政，退位为太上皇，专享富贵。但隋文帝明确表态自己要为国为民，鞠躬尽瘁，不会去学那些乱世昏君，拒绝并严厉批评了高德。杨尚希也曾劝隋文帝："周文王以忧勤损寿，武王以安乐延年。"希望他不要凡事亲力亲为，保重龙体，延年益寿。隋文帝感谢了他的一片好意，但没有采纳，依旧在岗位上勤奋地工作。

这样一位皇帝，既有治理国家的优良实绩，又有儒家要求的良好品行，那是不是也应该和汉文帝一样，被列入三大贤君的行列？不是，他还差了一点——仁厚。

隋文帝其实是一个刻薄不好相处的人，史书上说他从小就没人敢亲近，不管是因为相貌威严还是成绩太差，终归难免造成他孤僻刻薄的性格。但高尚宏大的志向又要求他必须做一个富有亲和力的仁君，这样的矛盾在他身上体现得相当明显。

从隋文帝对待前朝遗老的风格来看，隋朝收养了齐、梁、陈等朝的大量遗老而没有进行迫害，隋文帝甚至下诏允许他们祭祀自家宗室，胸怀之宽广令人赞叹。然而他对北周宗室又极其残酷，有些和他作过政治斗争的人杀了还可以理解，那些卑躬屈膝跪在他面前，双手捧上宇文氏社稷的人也被他杀个干净。有人说必须杀尽前朝宗室才能保障政权稳定，此说看似有理，实则牵强。如果这样，那么梁、陈的宗室同样该杀干净（事实上他们的后裔后来确实造了反）。还有人说隋文帝作为汉人，所以要大杀鲜卑贵族。这更没道理，隋朝的鲜卑贵族还多得很，隋朝从未针对民族属性进行过清理。可以猜想隋文帝大杀宇文氏可能还是和他常年在宇文氏的压力下如履薄冰的压抑经历有关。而与隋文帝关系微妙的干女儿大义公主（千金公主）多次策划反隋复周，甚至挑唆突厥可汗入侵都得到他的忍让，却只因写了一首哀怨命运的诗引得他勃然大怒，必杀之而后快。

而从隋文帝一朝的法治建设也体现出这个人物内心深处蕴藏着的复杂矛盾。隋文帝令高颎、苏威、牛弘、郑译、杨素等大批重臣主持编撰新律，后来形成《开皇律》，在人类法律史上占有重要地位。隋文帝立律的基调是要宽仁，这自然符合儒家基本审美观，然而他的具体执法又实难令人苟同。

《开皇律》本身比北齐、北周的法律确实要宽仁许多，废除宫刑、车裂、枭首等酷刑，规定一人犯罪不再诛族。《开皇律》减去死罪八十一条，流罪一百五十四条，徒、杖等罪千余条，只保留律令五百条。刑罚分死、流、徒、杖、笞五种，也就是所谓的五刑，并规定谋反、谋大逆、谋叛、忤逆、不道、大不敬、不孝、不睦、不义、内乱这十条罪状为十恶。《开皇律》构建了世界三大法系之一的中华法系的基本框架。

《开皇律》最重要的创举可能还得属死刑三奏制,也就是现代的死刑复议制。《开皇律》认为判决死刑必须非常严格,规定州县无权判死罪,只能上报给大理寺,大理寺审核后再通过中书省上报给皇帝终审,皇帝还要通过中书省、门下省的审核才能发还到执行机构。我们现在看到包青天审完案立即判刑,判完刑立即虎头铡侍候,罪大恶极之徒立即血溅公堂,电视机前的观众朋友无不拍手称快。然而痛快归痛快,这不是法律而是演戏。法律是为公平正义,而不是为让任何人一时痛快。审刑的过程既复杂且漫长,而且还一直处于御史的监督下,让人极不痛快,但也极大地避免了草菅人命,保障了公民的基本权利。这个制度一直被后世效仿,成为中华法系最基础的立法思想。世界上最庞大的帝国最先实行了这样的审决制度,难道不正是人类法律史和人权史上最光辉灿烂的一页吗?

不过隋文帝本人恐怕就很难得到法学界的溢美了。隋文帝下诏编撰《开皇律》时说前朝法律苛刻,甚至让百姓恐惧,新律的基本思想就是简明宽仁。新律的编撰确实依照了这个原则,而隋文帝本人的行为却与其完全背道而驰。隋文帝曾要求在新律中加入盗一升军粮处死、盗一钱弃市,知情不报也处死的规定。后来又提出四人共盗一榱桷(椽子),三人同窃一瓜都要处死。这哪里是他自己要求的宽仁呢?分明就是罕见的酷刑!虽然这些变态的要求都没有被立法机构所接受,但他这种矛盾变态的思维方式确实很难让人理解。

隋文帝对待官吏也堪称严苛,曾故意让亲信向官吏行贿,一旦接受立即进入死刑程序。这……这不是钓鱼执法吗?这当然是要不得的。隋文帝还在殿廷上设置廷杖,动不动就打人,一天可以打好几次。有时他向官员询问业务,一旦说不清楚马上就斩。不少重臣进谏说朝堂不是杀人之地,劝他不要在朝堂上随意治罪,隋文帝不听。后来高颎率满朝文武苦谏,隋文帝终于同意撤去廷杖,并不再在朝堂上治罪。但没过多久,有人向他进谏,触了逆鳞,他又想打人,找不到廷杖,就拿马鞭打,打完又恢复设置廷杖。又没多久,隋文帝又生了气,又要在朝堂上杀人,兵部侍郎冯基固谏。隋文帝一怒之下把冯基也杀了,但没过多久又非常后悔,责怪大家为什么不劝阻他。

那隋文帝这样随意治罪,是不是因为没有张释之那样的良臣?应该说不是,甚至还更多。除了舍身卫法的冯基,还有大理少卿赵绰、亲卫大都督屈突通都曾在他暴怒时死谏,隋文帝冷静下来都会夸奖他们的忠直,但他们的意见并未被采纳。最悲愤的还是御史于元旦不,有一次他弹劾有些武将衣着不整。隋文帝说:"你自己是御史,还穿得这么随便,管人家武夫?杀了!"且先不论于元旦不弹劾得对不对,御史的本职工作就是弹劾,对了就处理,不对就不理,断无弹劾得不好就处罚御史的道理,何况还是要杀?谏议大夫毛思祖忙为部下请命,未料一起被杀!这确实太令人寒心了,晚年的隋文帝喜怒无常,严刑峻法与自己的立法精神相去甚远,甚至出现过在朝堂之上亲自拔剑砍人的不理智行为。这也正是隋文帝立下不朽功勋,却很难得到史家一致赞誉的重要原因。

  隋文帝待人的态度更令人捉摸不透。他听说百姓饥荒,就流涕自责,自己也不吃饭。他还非常关心民间疾苦,对待上访群众态度极其和蔼,而且要是走在路上遇到有人负重前行,都要上去帮一把。但他对待身边人的态度又耐人寻味。高颎是隋朝第一功臣,与文帝亲如袍襟。当初高颎率大军平陈,有小人进谗言说他有异志,隋文帝毫不犹豫就把这人斩了,足见他对高颎是推心置腹。但后来隋文帝因为一些家长里短的小事疏远了高颎,在他连任十九年左仆射马上就可以光荣退休时将其耻辱地削职为民。类似的还有苏威、郑译等重臣,尽管这些人到隋炀帝朝又多起复,但隋文帝晚年已是孤苦伶仃,好友皆形同陌路。这些老臣自身自然也有一些不对之处,但都不至于割席断义。隋文帝一方面对他们肝胆相照,一方面又翻脸如翻书,最后都不给人家台阶下,他这到底是一种什么心态,我们从现存史料中已经很难找到答案。

  对此,我们试从管理心理学角度解读:隋文帝本身的个性相当差,但作为国君的规范管理意识和历史责任意识又相当强,长期逼迫他在一个规范的体系下用理性强行压制感性。

  隋文帝所处的时代非常特殊,是决定汉民族能否走出长期低谷,重回盛世的关键。显然他已经意识到了肩上这份特殊的责任,同时也很清楚自己确实是个才能平庸、性情怪异之人,所以他以一个先进规范的公共管理体系来

替代个人英雄主义。体系所产生的细节其实大多不能遂他的情意,但清醒的头脑又告诉自己:这才是对的。所以,除了有时实在忍不住,他都强忍着感性的痛苦,理性容忍科学的体系。也正因如此,我们从史书上简略的记载,看到这个人物身上净是用理性压制感性时激烈的矛盾冲突。

当然,除了个性瑕疵,隋文帝还有一个重大缺陷,就是他的子嗣问题。这个问题常为后人所诟病,更涉及到隋朝二世而亡的许多现实因素。

可怜一片父母心

隋文帝有一件引以为豪的事,那就是他和独孤伽罗忠贞不渝的爱情故事。说实话他俩这段爱情故事是现代人很难理解的,完全达到琼瑶小说的级别。然而众所周知,琼瑶阿姨是打好了草稿吹的牛,所以当这种爱情故事出现在正史中就很难理解。

隋文帝娶独孤伽罗后再不纳妾,即便后来当了皇帝也绝不纳妃。相传两人曾发下海誓山盟,永不变心。虽说这种誓言在某些现代人看来并不怎么值钱,很多情圣每日必说,每说听众必不同,但在可以纳妾的当时,尤其对于皇帝来说,实在是弥足珍贵。须知他这样的大人物,在家里养一百个美女比我们宅男在硬盘里装一千个G都容易。

隋文帝称帝前深受宇文氏猜忌,独孤皇后忠心耿耿地伴随着他走过了战战兢兢的十余年,最终修成正果。或许正是这样特殊的残酷斗争中两人结下了深厚的情谊,远非普通的男欢女爱可以比拟。称帝后,独孤皇后更是深明大义,堪称母仪天下的典范。隋文帝每天上朝,独孤皇后都跟着他一起,到阁门才回去。并反复叮嘱宦官要照顾好夫君,夫君做得不对要进谏,做得好要表扬。每天退朝时,隋文帝的老婆也已经守候在阁门。不可否认,在某些现代人看来,上下班由老婆全程接送,还委托人盯着您上班,还给工作打分,这简直是男人的地狱。

独孤皇后不但对夫君情真意切,也堪称贤内助,非常符合儒家对皇后的审美标准。史载幽州总管阴寿曾看到有突厥人在卖一箧明珠,价值八百万钱,想买来孝敬独孤皇后。女人最爱珠宝,这种档次的明珠寻常女人见了轻则大呼小叫精神失常,重则血脉贲张七窍流血,独孤皇后却淡定地说:"明珠不是我必需的,如今夷狄频繁寇边,将士们非常辛苦,不如拿八百万犒劳他们。"百官听说了都向隋文帝称贺有如此贤良的皇后。而独孤皇后也用真情回馈百官,她父母死得早,就以百官公卿的父母为父母,让大家都非常感动。有人感动得援引《周礼》,要让独孤皇后总管百官的妻子。不过独孤皇后却说:"如果让妇人参与政治,就会形成习惯,不可开了这个源头。"主动拒绝干预政治的机会。

独孤皇后名叫伽罗,隋文帝也有个小名叫那罗延,这是一对很信佛的夫妇,据说非常仁爱。独孤皇后每听到大理寺判处死刑,都要泪流满面,但她又重视维护法律尊严,从不徇私枉法。她的堂兄弟崔长仁官至大都督,有一次犯罪当斩,隋文帝见是她的兄弟想免罪,但独孤皇后认为不可因私废公,最后崔长仁还是被斩。而独孤皇后有一位异母弟独孤陀,史书没有详载犯了什么毛病,偷偷搞巫术,想诅咒这么好的一个姐姐,被姐夫发现后勃然大怒,应该处死。这时独孤皇后却又三日不食,坚决请命,说:"如果独孤陀是蠹政害民,妾不敢说什么。但现在是妾身的原因,希望能饶他一命。"最终独孤陀减罪一等免死。可见独孤皇后很明事理,既有一颗悲天悯人的菩萨心肠,又分得清法理人情,着实是位法学奇才。

不过世事总是物极必反,爱得太深也有深的问题。隋文帝虽一心所属,但偶尔开开荤也可以理解。尉迟炯的孙女长得非常漂亮,在仁寿宫当见习生,有一次就被隋文帝看见了。杨叔叔见小罗莉长得这么可爱,就请她吃了一次棒棒糖。但独孤皇后知道就不得了了,居然派人去把尉迟姑娘暗杀了!隋文帝知道是她干的,但又不敢对老婆发火,骑上马就往山上冲,企图用速度和激情来释放心中的压抑。高颎、杨素追了二十多里才追上,好生一番劝导,隋文帝才最终冷静下来,长叹一声:"吾贵为天子,而不得自由!"又在外面磨蹭了很久,半夜才溜回宫。

岂止是对自己的丈夫,独孤皇后还要为全天下的女人出头。她只要一听说哪家的妾室生了孩子,都要挑唆隋文帝去骂那个人。结果她自己的儿子最好色,养了一堆姬妾,还把正妻气死了,于是她对太子杨勇非常不满,对新好男人次子杨广则非常满意。后来杨广夺嫡成功,独孤皇后的妇人之见也起了很大作用。

或许有人还会怀疑隋文帝的感情真实性,要从政治角度来解读,还会牵涉到独孤信和杨忠的关系。事实上独孤信很早就被宇文护逼死,独孤氏在政治上处于极度弱势,隋文帝没必要一直害怕独孤家族。还有人要说隋文帝是个怕老婆的软蛋,这里借用叶问大师的一句名言:"世界上没有怕老婆的男人,只有尊重老婆的男人。"隋文帝与独孤皇后这段忠贞不渝的爱情故事来自于同甘共苦的共同心路和始终不渝的忠贞信念,这种鲜血凝成的深情绝非尔等在QQ上钓妹妹的宅男可以理解。

隋文帝的爱情很成功,但他的儿子呢?这不仅是他个人的家庭问题,更涉及到王朝的前途气运。很遗憾,这方面隋文帝可谓史上罕见的失败者。

隋文帝和独孤皇后育有五子:长子房陵郡王杨勇、次子晋王杨广(隋炀帝)、三子秦孝王杨俊、四子废蜀王杨秀、五子废汉王杨谅,此外再无庶出。隋文帝曾得意地对人说,古代许多王朝宗室兄弟相残,都因他们同父异母,而那些同父同母的就互相扶助。所以他不纳妃,只和独孤皇后生儿子,生下来全是同父同母的兄弟,就不会骨肉相残了。其实,从统计学角度讲,隋文帝夫妇还是有一定道理,在他们之前,同父同母的宗室兄弟确实极少相残,多相扶助。不过究其心理学原因,那正是因为同母兄弟面对异母兄弟时自然能结成一派,同气连枝。但如果没了异母兄弟,当然就只有互相争了,所以说同母兄弟相残的历史恰恰是由隋文帝夫妇开启的。

长子杨勇在北周后期就已崭露头角,周灭北齐后出任洛州总管、东京小冢宰,总统北齐旧地,后回朝任上柱国、大司马领内史御正,即为禁卫军司令。隋文帝登基后,册封杨勇为皇太子,参与朝政。杨勇参政初期表现不俗,似乎在未来可以成为一位还不错的皇帝。事实上,隋文帝夫妇极其重视教育,五个儿子都有经天纬地之才。杨广、杨俊、杨秀都长期担任行台尚书令,主政一方,身经百战,为隋朝的统一和治理立下了不朽功勋。幼子杨谅出道较晚,成年后

也出任并州总管,奋击突厥,表现也不错。

那既然这样传位给长子,几个弟弟齐心辅佐的圆满安排是不是就没悬念了呢?恐非如此。皇帝谁都想当,虽不是长子,机会渺茫,但亦非绝无可能。几个儿子都很能干,这是同质,如果要竞争,就必须突出特质。次子杨广抓住了父母的心理,极大地突出了自己的良好特质。首先,隋文帝最尚简朴,痛恨奢靡,杨广就一直注重简朴。其次,独孤皇后最恨男人花心,认定每个男人都只能有一个女人,杨广也坚持只有正妻萧氏一人,绝不纳妾。后来的事实证明,为了当皇帝,什么都可以忍。

当然,无论杨广怎么突出这两个美德,如果另外几个儿子尤其是太子也拥有同样的美德,就仍只能算同质而算不上特质。可惜杨勇是个特别率性任情的人,毫不懂得修饰,令父母异常不满。隋文帝不满杨勇奢侈,但杨勇屡诫不听,甚至违背礼制让群臣向自己朝贺,引起隋文帝震怒。由于高颎的儿子娶了杨勇的女儿,甚至使隋文帝迁怒于高颎。独孤皇后这边就更严重了,本来独孤皇后给杨勇选了北魏宗室元孝炬之女为妻,但杨勇对元美女没多大兴趣,纳了一堆姬妾,尤其宠爱昭训云氏,这让独孤皇后恨得直咬牙。杨勇还说老娘没给他好女人,指着她身后的侍女说:"这些以后都是我的啦!"而元氏虽贵为皇太子正妃,但在杨家孤苦伶仃,受尽冷落,娘家又早已失势,年纪轻轻就在无人关怀的角落里郁郁而终。独孤皇后非常伤心,并且认定阿云是害死好媳妇的狐狸精,到后来甚至幻化成阿云下毒杀死了好媳妇。

当然,这只是老太婆的幻觉,作不得数,但杨广巧妙地抓住了这个心理,跑去向独孤皇后哭诉:"老娘啊!我要到扬州去做官了,不知下次要何时才能再见到娘。"皇后本来就喜欢勤俭节约对老婆又专一的新好男人杨广,听了也很悲伤。杨广趁机说:"我一直好好做弟弟,不知怎么得罪了太子,他竟下毒害我。"独孤皇后一听,娘的!果然是下毒的货色!愤然道:"当初我给他选了那么好的媳妇,他不懂得珍惜,莫名其妙死了,我就怀疑是下了毒,现在看来果然如此,现在他又用这招对付你(这老太婆的逻辑……唉,骗子也狡猾)!现在东宫无正嫡,如果他继了位,你们兄弟不是要拜阿云这个皇后了吗?此是几许的大苦痛啊!"说话间杨广早已拜倒在地,呜咽不止,独孤皇后也是悲不自胜。

自此，杨广下定了夺嫡的决心，开始广纳贤才，招揽了张衡、宇文述、杨约等一批智囊，最后商定还必须拉拢高颎失势后政坛上最炙手可热的越国公杨素。杨广透露了独孤皇后想废太子的意思，杨素还专门跑去试探了皇后，得到确认后加入了杨广团队，夺嫡大戏拉开序幕。

杨勇本人不可能一点都察觉不到，但计无可出，他身边都是些文人雅士，搞政治斗争不在行。最后找来一位名士王辅贤，王辅贤故弄玄虚了半天，说了一句："白虹贯东宫门，太白袭月，皇太子废退之象也。"差点把杨勇气死。之后杨广团队不断揭发杨勇的罪过，杨勇基本上处于束手就擒的境地，到后来杨广甚至让隋文帝觉得杨勇要提前篡位了。开皇二十年（600），隋文帝下诏废黜皇太子杨勇，另立晋王杨广为皇太子。

杨勇被废后觉得非常冤屈，但杨广通过内史、门下的心腹阻止他向隋文帝上书申冤。最后杨勇没办法，爬到树上去大喊大叫，希望父皇听见了问问是怎么回事。但这种方式除了向人表达"我是疯子"以外再无益处。隋文帝驾崩后杨广继位，当然要通过暗箱操作把杨勇弄死，死后追封房陵郡王。

第三子秦孝王杨俊，初期南征北战非常威风，但也因为奢靡好色为父母不喜。秦王妃崔氏可能是受婆婆的启发，也想垄断一个男人，但杨俊不是他老子，一点不给她面子。崔氏越想越气，也想到下毒这个法子，把老公毒死了。这种思维方式很难理解，也不符合逻辑，但正史所载，不得不信。杨俊刚中毒还没死时，隋文帝就已震怒，免除他一切官职。杨素为杨俊求情，隋文帝说："我是五个儿子的父亲还是天下百姓的皇帝？如果我袒护他，是不是在法律之外再立一部《天子儿律》？周公尚诛管蔡（周公旦诛杀叛乱的弟弟的典故），我虽不及周公，但就能亏待法律吗？"不久杨俊病薨，谥孝王，隋文帝干哭了两声表示下意思。秦王府请示为秦孝王立碑，隋文帝说："要求名，一卷史书足矣，何须用碑？如果子孙不能保家，只能拿给人家做镇石。"这真是高尚的历史唯物主义史观，但作为父亲对待儿子就刻薄了点。

第四子废蜀王杨秀是位美髯公，气量宏大，武艺高强，用兵如神，简单地说就是关公再世。这位王爷毫不内敛，强悍完全写在脸上，从小就让所有人忌惮。隋文帝曾对皇后说杨秀在他生前没事，到兄弟这一辈必然要反。杨秀长期担任西南道行台尚书令,隐隐有割据一方的态势,后来杨广当上太子,杨秀非常不服。杨广也很害怕强悍的四弟,与杨素勾结,诬陷了他许多罪名,废黜职爵,禁锢起来。这一关,就关到杨广自己都死了以后,才由杀杨广的人来杀他。

第五子废汉王杨谅,年龄比几位哥哥小很多,出道较晚,但接替杨广出任并州总管与突厥作战,也还算表现不俗。杨谅以突厥日益强大为由,要求增强并州军力,隋文帝一概批准。杨谅又重用早已闲置的梁陈旧将王頍、萧摩诃等人,显然也并非没有野心。杨广当上太子,又废黜杨秀,杨谅无法自安。隋文帝驾崩时,杨谅忍不住起了兵。杨谅对付突厥人绰绰有余,但又岂是战魔杨素的对手,两三下就被打趴下了。隋炀帝号称念兄弟之情不杀他,但削籍为民,全家幽禁至死。

最后就是最有出息的第二子杨广,也就是后来的隋炀帝了。杨广阴谋夺取皇储之位后,史载他很快就暴露了嘴脸。仁寿四年(604),隋文帝病重。当时独孤皇后已崩,他终于可以沾沾其他女人了。宣华夫人陈氏、荣华夫人蔡氏受宠,在仁寿宫侍病,同侍的还有尚书左仆射杨素、兵部尚书柳述、黄门侍郎元岩。杨广前来探病,恰遇陈夫人出来上洗手间,杨广非常猥亵地进行了尾行。隋文帝知道后非常生气,怒道:"畜生何以托付大事!独孤皇后误我!"令柳述、元岩传达:"召我儿!"两人以为是召杨广来训斥,结果隋文帝补充说明:"杨勇!"这显然是要召杨勇来重新立为太子,杨素是杨广同伙,立即告知杨广,采取紧急行动,伪诏将柳述、元岩收监,调亲信占领仁寿宫,隔绝消息。不多时隋文帝驾崩,皇太子杨广继位为帝。当晚,新任的隋炀帝笑纳了陈蔡二位夫人。

这一段细节疑点颇多,以上此段采自综合性通史《资治通鉴》,与其他史料确实出入太大,甚至到了离谱的地步。首先,二十四史中《隋书》的《高祖本纪》《炀帝本纪》以及杨素、柳述、元岩等人的列传都没有提及这么惊悚的剧情,只有陈夫人的列传一笔带过。《高祖本纪》称隋文帝自知大限将至,在病榻上与百官诀别,一一握手歔欷,然后溘然长逝。而《大业略记》称杨广当时调戏的是蔡夫人,并称杨广的亲信张衡给隋文帝喂了毒药。《通历》更称"张衡入拉帝,血溅屏风,冤痛之声闻于外,崩"。这种说法深受明朝小说家的欢迎,无一例外地被引用,如按现代英美学界以论文引用率为标准的判别,此说最为权威。

除了古代史料，现代史学界也有不少关于隋文帝死因的论证。这些论证主要分正常死亡和被炀帝弑杀两派观点，公说公有理，婆说婆有理。我认为，隋炀帝弑父的可能性不大，调戏陈夫人或蔡夫人的可能性都很小，一个装了几十年的人难道还憋不住这两天？当然这远非定论，我只是觉得如果我们承认这是真的，那就太容易让学龄前的小朋友觉得既然史有前例，那每天早上7点59分尿床是可以接受的事情。

　　在现存史料上，隋炀帝是个罕见的昏君，昏到不符合逻辑。但隋朝，这个开创人类社会新纪元的伟大王朝，在他手上二世而亡的事实倒断无捏造之理。只是传统史家对隋炀帝以及隋朝灭亡的原因评价也过于简单粗暴，这个问题其实相当复杂，我们结合下篇再说。

第六篇 贞观长歌传四海

——唐太宗李世民

少年英雄,挟父出世

唐太宗在史书上的出场异常精彩,注定即便在这个群英荟萃的系列中也绝非常人。

话说隋炀帝大业十一年(615),长孙晟已经死了五六年,但隋炀帝还傻乎乎地只带很少卫队到雁门关巡视。始毕可汗觉得有机可乘,突起大军包围。隋炀帝在绝境中哀叹道:"要是长孙晟还在,岂能让匈奴嚣张至此!"

就在这时,一位少年英雄飞驰而来,大喊:"皇上,我救您来啦!"

突厥兵喊话:"来者何人?"

答曰:"长孙晟!"

此言一出,十几万大军都差点栽下马来。年轻人,喊这种话是要负责任的!长孙晟死好几年了,难道你今天要表演白日见鬼?

年轻人当然是很负责任的,因为"长孙晟"三个字后面还有三个字——"的女婿"。

没错,这位孤胆小英雄正是长孙晟的女婿,也就是本篇主角李世民。

李世民救兵一来,突厥人没有接招,马上撤兵离去。因为突厥人见来的既然是长孙晟的女婿,所以连滚带爬地就跑了——当然,牛皮这样吹就破了。事实上始毕可汗本就是趁人不备,他深知隋朝军队调动的程序,通过重重围困切断皇帝的通信,隋军一时不便来援,就可以吓唬吓唬隋炀帝,敲他一笔。谁知这么快就有援军,计谋失效,于是撤围退去。而当时李世民之父唐国公李渊镇守晋阳（今山西太原），是离雁门关最近的大将，但他也并没有紧急调集大军的权限。李世民洞悉始毕可汗的心理，于是将计就计，只带很少部队，但虚布旌旗数十里，让突厥人以为大军来援，自动放弃心理防线，巧妙地救了一次急场，这就是李世民的精彩初演。

李世民祖上是陇西一带豪族，永嘉之乱晋室南渡，北方一片混乱，胡汉各族有实力的纷纷自立为王，陇西李氏便自立为凉国王，但毕竟势力弱小，很快被鲜卑政权收编。宇文泰立西魏八柱国，陇西李氏的李虎便是其中之一。李虎之子李昞娶独孤信之女，也就是隋文献皇后的姐姐，生李渊。

西魏、北周的政治斗争非常激烈，八柱国目标太大，下场普遍不好。杨坚当北周相国时，斗争已趋于白热化，人人都怕站错队而不能自保，这时李氏要了一个两全的手段：李虎第四子李璋参与了宇文招等五王谋刺杨坚的行动，但第七子李蔚之子李安又主动告发四叔。这样无论宇文招赢还是杨坚赢，李氏都会牺牲一房子嗣，但整个李氏就能够保全了。正是靠着这些手段，李氏才如履薄冰地把一个唐国公爵位传到了李渊。

史载李渊体有三乳，七岁袭爵，性格非常好，又是隋文帝外甥、隋炀帝表哥，深受重用。但隋炀帝猜忌严重，有一次李渊生病，隋炀帝不问病好没有却问能不能病死。李渊知道隋炀帝已经在盼他死，非常害怕，只好学当年的隋文帝，低调做人并假装沉湎酒色，以避猜忌。

隋炀帝明争暗斗登上帝位，继续隋文帝的事业，大举建设义仓、长城、大运河、大兴府等基础设施。这些工程从长远来看都有利于国计民生，但在当时确实过多地占用了国力。大业八年（612），隋炀帝亲征高句丽（今东北地区的渤海族政权），史载出动大军共一百一十三万三千八百人，号称二百万，后勤人员更不计其数。这次远征虽然谈不上大败，但空耗国力无数收效甚微。就在隋炀帝回师途中，杨素之子时任礼部尚书杨玄感在黎阳（今河南浚县）叛乱。尽管杨玄感很快被镇压，但点燃了导火索，一个繁荣富强的隋王朝突然间烽烟遍地，其状之烈，甚至不亚于五胡乱华。

突然出现这么多叛乱，充分说明大家造反之心已经忍了很久。传统史家和小说家看法差不多，认为是隋炀帝昏庸暴虐使民不聊生。这似乎和胡亥无

道以至于秦亡有点类似,但我并不支持某一两个人的昏庸就能造成一个庞大帝国整体崩溃的观点,我们还是要从更高的角度来探讨。

秦亡是因为走到了社会形态巨大变革的时代节点,飞跃后遭到旧势力反噬,隋朝也是同理。隋文帝出身关陇汉族门阀,但杨忠并不是八柱国家之一,杨氏顶多算关陇门阀中的第二集团,只是因为一些机缘巧合才当上皇帝。隋文帝压制贵族,力推平行化公民社会,这首先遭到南朝世族的反对,其次关陇门阀贵族集团内部也极为不满。那就是说全中国的门阀贵族都很不满,不满积蓄到一定程度再遇到大征高句丽这个导火索就会爆发出来。造反的人当然都要打着吊民伐罪的旗帜而不会自称是为争权夺利,唐人也会极尽丑化隋炀帝之能事,久之人们就会真以为隋朝是被人民起义推翻的。事实上,隋末战争进行到深入,社会生产力遭到极大破坏,确实有大量破产农民参加造反。但很显然,他们不是一开始就想反隋,也不是隋炀帝造成了民不聊生,恰是这些趁势作乱的贵族门阀点燃乱世,民众才陷入逼上梁山的境地。

隋末第一个起兵的是杨玄感,弑杀隋炀帝的是宇文化及,而最后获胜的是李渊,其他造反的基本都是地方官,显然都不属于民不聊生的范畴。连现代历史书都说隋末乱世是农民起义,其中规模最大的当属李密、翟让的瓦岗军。李密也绝不是农民,而是西魏八柱国之一李弼的后代,论成分跟李渊好像没什么区别。李密本人更是杨玄感的刎颈之交,参与了黎阳叛乱,杨玄感败后才被迫去当了农民军首领。翟让也不是什么农民领袖,而是隋东都法曹(政法委书记),因犯罪当斩,才起兵叛乱。至于梁朝宗室萧铣、马邑富豪刘武周、兰州富豪薛举,真没谁是吃不起饭被逼反的。

所以,无论怎么夸大隋炀帝的昏庸残暴,怎么强调隋末战争是农民起义,我们都不能将隋末乱世视为一场真正的人民战争。

人民,只有人民才是推动历史前进的唯一动力!

——但动力是可以被某些人掌握利用的。

杨玄感就是第一个跳出来想利用这股动力的人,只不过失败了。《说唐》上说隋末起兵的有十八路反王、六十四路烟尘。那李渊是否也加入了这个如火如荼的队伍?恰恰相反,他是隋炀帝派出镇压叛乱的主力。杨玄感首叛时李渊便出任弘化留守,抵御杨玄感。大业十一年(615),李渊之子李世民智解隋炀帝雁门之围,李渊官拜山西河东慰抚大使,后任太原留守,全面负责山西、河东一带军事,既要征剿叛乱,又要抵御突厥。李渊表现不错,李世民也崭露头角。有一次李渊讨伐叛军历山飞,率轻骑冒进,陷入重围。历山飞不是突厥,不怕长孙晟的女婿,李世民再无取巧之途,唯有奋力血战,力保父亲不死,终于支撑到步兵主力赶到,反败为胜。有勇有谋,李世民确是智勇双全。

不仅在战术层面,李世民在战略层面也堪称高瞻远瞩。李渊忠于隋朝,不愿造反。但李世民觉得隋炀帝必亡,跟着他混是死路一条,必须抓紧时机造反。史称李世民多年来一直推财养士,结纳豪杰,聚集了刘弘基、长孙顺德和刘文静等一大批死士。李世民和刘文静经常去劝李渊起兵,都未得许可。后来李世民与李渊的心腹死党裴寂密谋,想了一个办法。

当时隋炀帝在太原有一座行宫叫晋阳宫,李渊兼任晋阳宫监,副监裴寂主持工作。裴寂让李渊检查验收晋阳宫的公款吃喝接待能力,李渊验收得酒酣耳热,非常满意。裴寂又请他验收宫女侍寝的能力,李渊验收得颠鸾倒凤,也非常满意。这时裴寂突然又提起兵。李渊脸一沉,说这怎么可以。裴寂也把脸一沉:"唐公玩了皇上的宫女,必死无疑。"这时李世民也走进来说明情况,李渊勃然大怒,号称要抓他们送官,号称了半天还是算了,但也没答应起兵。不过叛贼越来越多,突厥也经常来打,李渊多次出兵无功,隋炀帝遣使责难,准备抓他到江都(今江苏扬州)问罪。李渊这次被吓住了,李世民趁机说:"事急矣,可举事!"李渊思来想去,实在没办法了,不愿接受惩罚,那只好造反了。虽然口号要喊,其实和吊民伐罪真的没有一毛钱关系。

天策上将,再统天下

李世民,这个名字不仅意味着唐朝的太宗,更是一位震古烁今的旷世战神。李渊的唐国公虽是世袭,但隋末英雄并起,拼的就是战斗力,如果没有他那位勇猛绝伦又用兵如神的二公子,过把皇帝瘾估计也没问题,但能否一统天

下就很有点问题了。

李渊几乎是隋末群雄起兵最晚的一个，晋阳起兵时天下早已烽烟四起。有些小说称隋炀帝昏庸，天下大乱时还巡幸江都，跑到江南去玩儿。这已不是昏庸，简直是弱智！但事实上隋炀帝到江都绝不是去玩儿，而是一种战略布局。他对江南非常熟悉，所以亲自到江南主持工作，留孙子代王杨侑留守长安，另一孙越王杨侗留守洛阳。长安杨侑主要面对太原李渊、武威李轨、金城（今甘肃兰州）薛举等势力，有骁卫大将军屈突通、虎牙郎将宋老生等名将辅佐。洛阳杨侗主要面对河北刘武周、窦建德，河南瓦岗军李密等，有左武卫大将军王世充、齐郡丞张须陀等辅佐。江都的隋炀帝则要面对萧铣、辅公祏、杜伏威、刘元进等南方势力。

面对风起云涌的叛乱，隋朝反而成了防守方，站定了长安、洛阳和扬州三个孤岛等你们来攻。攻得最积极的可能就数李密的瓦岗军了，由于形势复杂，其他势力大多比较谨慎，一般不轻易消耗实力，唯有李密和王世充恶战连连，相互消耗极大。相比之下，主攻西路的李渊就狡猾多了，他先安抚身后的李轨、薛举、刘武周等，与突厥结盟，再一鼓作气冲向长安。李渊集团策划了一个宏大的战略目标：先劫持长安的代王，立为皇帝，遥尊江都的隋炀帝为太上皇，挟天子以令诸侯。在这个过程中，李渊的三个嫡子李建成、李世民、李元吉都发挥了重要作用。

李渊建大将军府，以李建成、李世民分领左右军，李元吉镇守太原老巢，挥兵南下。从李渊辖区到长安很近，刚开始没遇到什么实质性抵抗。但隋军大将宋老生率精兵屯霍邑（今山西霍州），屈突通在河东（今山西永济）成犄角之势，又逢大雨，一时难以攻克。李渊派刘文静回太原运粮并联络突厥援助，始终没有消息，李渊心里有点打鼓。后来又传言刘武周准备勾结突厥袭击太原，李渊忙召集部属商议。裴寂认为屈突通、宋老生都是当世名将，据险稳守，难以攻克，而突厥、刘武周、李密都是些见利忘义的人，随时背后捅一刀，我军家属都在太原，还是该还救根本，再图后举。李世民则认为突厥、刘武周和李密都暂时构不成威胁，粮草马上可以运来，宋老生名为老生，其实轻佻暴躁，必不能久守，可一战成擒。我们现在打着起义的旗号，那就必须攻入长安，挟天子以令诸侯。如果遇到小战就坚持不下去,退保一城一地,那就成了刘武周他们一样的蟊贼了。

李建成也附和此意见,但李渊以稳妥起见,还是下令撤返太原。李世民又去进谏,李渊已经睡了,李世民就在帐外号哭。李渊听到了问你到底想怎样,李世民说:"我们现在以义兴兵,进战则克,退还则散。我们这边散了,敌人在后面追,我们马上就死定了呀!"李渊突然省悟了,但很不好意思地说:"军队已经开走了,怎么办?"李世民愿意去追回来,李渊笑道:"吾之成败皆在尔,知复何言,唯尔所为(我的成败都在于你,没什么好说的啦,就看你的表现了)。"李世民和李建成一起,星夜追回已经出发的左军,恰好太原的粮草也运抵前线,李渊集团度过了一场重大危机。

之后李渊军每天在城下挑逗,李建成、李世民只带数十骑在城下指指点点,宋老生憋不住气,率军杀出。李渊军伏兵四起。隋军蓄锐多日,李渊军早已疲惫,渐渐处于劣势。但李世民豪气大发,挥双刀入阵,手杀数十人,史载杀得"两刃皆缺,盈血满袖!"那就换上刀,洒掉血,继续杀!见二公子如此神勇,李渊军重振士气,终于杀败宋老生。李渊已趁宋老生出战时阻断城门,宋老生败无可逃,被李世民部将刘弘基斩为两段。当时天色已黑,李渊军又没有带攻具,但此刻士气高涨,岂容霍邑城墙可阻!"将士肉薄而登",将这座坚城踩在了脚下!

攻克霍邑后,李渊军指向河东。屈突通老练得多,李渊军围城许久,实在无法攻克,还多次遭到隋军袭击。李渊想放弃河东,直接进攻长安。裴寂认为河东是隋军关内防区的重要战略支点,又扼守住退路,必先攻克,才能望长安。李世民则认为应乘胜进击,不能留在这儿空耗时日。最后李渊留一部分人围河东,自率主力进击长安。屈突通和宋老生已经带走了关内隋军主力,屈突通对年轻的代王没有信心,留鹰扬郎将尧君素守城,自带数万精兵救援长安。李渊当然早有准备,派刘文静阻住屈突通,自领大军轻松攻入长安。

攻入长安后,李渊立即尊代王为帝,史称隋恭帝,遥尊江都的隋炀帝为太上皇。屈突通打算逃往洛阳,但被刘文静追及。李渊赞赏屈突通的忠义,封蒋国公,任命为李世民行军长史。不久,随隋炀帝巡幸江都的许国公宇文化及弑

杀隋炀帝,立秦王杨浩为帝。洛阳的王世充也尊越王为帝,一时杨氏三帝并立,不知隋文帝在天之灵是该哭还是该笑。

当然,这只是过渡情况。很快,李渊、王世充、宇文化及各自履行篡位手续,隋朝正式灭亡,天下进入新的混战阶段。李渊篡位后国号大唐,改元武德,李渊即为唐高祖,册李建成为皇太子,李世民为秦王,任尚书令、右翊卫大将军。

武德元年(618)唐朝建立了,但千万不要误会中国人引以为豪的大唐盛世就此开始,还差得远。现在的中国正处于一个比三国更严重的乱世,但这一次乱世比三国收拾得快得多,李世民只用了几年。

唐朝统一全国,共进行了六场重大战役,其中四场都由李世民指挥,无愧为隋唐之季的盖世战神。在这些战役中,李世民多次展示出他超凡的军事才华和神武雄略,很多战略战术都成为载入史册的经典教案。其中,最具决定性意义并在军事史上占有重要地位的是洛阳围城打援战役。

隋亡后,各路叛匪正式升级为群雄,打得不亦乐乎,其中压力最大的当属洛阳的郑国皇帝王世充。大郑皇帝不但要常年和实力强大的瓦岗军纠缠,还要应付宇文化及。宇文化及弑隋炀帝后北上称帝,他本人虽是废物一个,但手下带的毕竟是隋朝正规军精锐,王世充消化这股冲量也消耗了不少体力。北方的夏国王窦建德在突厥的支持下也日益强大,但王世充不愧是乱世英豪,硬生生地把这些压力都给扛住了。相比之下李渊就轻松多了,关中是当初秦国故地,易守难攻,从此地出发统一全国自有其必然优势。到后期形势逐渐明朗,天下必将归于李唐或王郑其中一家,两者的碰撞很大程度上就能决定谁能终结隋末乱世。

双方对这场战役都进行了充分准备,除了战场厮杀,更重要的是外交战略,这方面王世充似乎还更成功一点,因为他争取到了一个强大的外援——窦建德。窦建德当时占据河北一带,得到突厥支持,军力强大,他判断唐强于郑,自己与王世充是唇亡齿寒,所以必须联合王世充共同抗击李唐。

武德三年(620)七月,李唐遣秦王李世民为帅,东征洛阳。王世充先是硬扛,有一次李世民亲率五百轻骑掠阵,王世充骁将单雄信认为是好机会,率军突袭。本来众寡悬殊，唐军皆面有惧色，眼看就要溃败。独李世民毫无惧色，"左右射之"，郑军无人敢近，最终全身而退。后两军对垒，单雄信可能又嗅到什么机会，直奔李世民，却不防被李世民身旁的猛将尉迟敬德冲出刺死。李世民趁机挥军掩杀，郑军大败。之后，唐军杀败出城的郑军。王世充认识到野战硬拼李世民是不明智的，打定主意坚守洛阳，并派人向窦建德求援。

洛阳是一座著名的坚城，硬攻非常困难。不过历史上很多坚城不是被攻克的，而是被切断补给困死的。但洛阳城内储备丰富，足以支持数年，而且有窦建德这个强援，只要坚守一段时间，待其援军一到，内外夹击，赢的机会很大。所以，以悍勇著称的王世充这一次选择了缩进洛阳城当乌龟。唐军诸将包括重臣萧瑀、封德彝、屈突通等巨头大多认为不可能赶在窦建德援军到前快速攻克洛阳，也不具备长期围困的条件，应及时撤走。但李世民坚持认为此前已挫了郑军锐气，赢得了唐郑对决的起手，如果主动放弃大好局面，王窦联军不但可以翻身，甚至可以直接打到潼关，威胁长安，所以必须借此机会一鼓作气，把王窦两家同时消灭！此话一出，把老将们吓了一跳，这年轻人真是太狂妄了！

年轻人确实有点狂妄，但绝不无知。王世充固守洛阳的战略本身很稳妥，但他留下了破绽——他过于专注坚守洛阳主城，忽略了可以倚仗的外围据点。对此，李世民制定了军事教材中著名的"围城打援"战法。李世民留齐王李元吉、陕东道行台仆射屈突通率主力围困洛阳，诫令只围不战，自率三千五百精锐去虎牢关打击援军。

而这虎牢关便是《三国演义》中十八路诸侯讨董卓的战场。当年——是书中说董卓悍将华雄占据虎牢险关，任你十八般诸侯联合也无法攻破。这时多亏公孙瓒麾下马弓手关羽挺身而出，温酒斩了华雄，才攻破此关。即便如此，联军也早已损兵折将，再无后劲，依旧败于董贼。所以，李世民以三千五百精锐把守此关，窦建德率十万大军来援，看似众寡悬殊，实则根本挤都挤不进来。这虎牢雄关又是何等坚壁，岂容你轻易攻破？窦建德急于解救洛阳，急切想强攻占据虎牢关有利地形的精锐唐军，可惜他又没看过明朝罗贯中写的《三国演义》，哪知打虎牢关还需要带一名关公这样的马弓手，李世民手下也没有人出去充华雄，所以猛攻多次均无功而返。

137

不知不觉过了两年，洛阳城内的人口已经由三万户下降到了三千户，物价涨了几十倍。关键是城里的人每天望穿秋水，期盼着遥远的天边出现哪怕一面窦建德的旗帜，这一点小小的愿望却始终被李世民挡在三百里外的虎牢关外，城内士气日渐衰颓。而虎牢关下的窦建德不但寸步难移，粮道也频遭唐军袭击，不少人劝窦建德放弃这次徒劳无功的救援，回去再等新的机会。妻子曹氏提出不要执著于攻破虎牢关，联合突厥直攻长安，便可围魏救赵。这时窦建德却体现出英雄豪侠的一面，他说："这岂是妇女儿童能懂的道理！人家王世充请我来救，现在他亡在旦夕，我却弃他而去，是畏敌而弃信，不可！"窦建德这种气概颇受小说家推崇，尽管他曾与主角为敌，但大家还是不吝将其描写成一个真英雄、好汉子。甚至有的小说因为他姓窦，就干脆说他是李世民母亲窦皇后的兄长。这倒是抬高了他的身份，却不小心侮辱了人家的智商——如果窦建德真是窦皇后的哥哥，他还不理所当然投靠妹夫皇帝，会傻到去帮又无亲无故、说话又啰嗦，据说还有匈奴血统的王世充？

窦建德集中兵力与李世民对阵，李世民也觉得一战成擒的机会到了，遂率精兵出阵，与窦军隔河对垒。李世民是一位划时代的军事家，他首创的许多战略战术都成为后世经典教材，随便拿几套出来都可以让冒牌娘舅吃不了兜着走。

首先李世民展示了以步制骑的功底，令王君廓率二百长槊兵把守河中，进退得法，使窦建德的骑兵无法通过。窦建德骑兵冲击无效，只好困守河岸，士卒逐渐饥渴。这时李世民又使出轻骑掠阵战法，令宇文士及率三百轻骑从窦军阵前快速掠过，若敌军不动便回来，若牵动了敌军阵形，则趁机出击。窦军果然被轻骑所扰，阵形松动，李世民立即亲率"玄甲天兵"猛攻。这是一支军事史上可与陈庆之的白袍神军相比肩的经典战队，由猛将秦叔宝、程知节、尉迟敬德、瞿长孙率领，虽然只有一千骑左右，但装备精良，训练有素，配备甲骑具装，冲杀无敌。唐军中十七岁的淮阳王李道玄是一位宗室猛将，他在阵中杀进杀出，"飞矢著身如猬（身上的箭插得像刺猬一样）"。激战中李道玄座马战毙，李世民将自己的换给他用，小道玄骑上二哥的马，一个刺猬翻身又杀入血海之中！但窦军毕竟数量占优，两军陷入胶着。这时李世民又使出更狠的一招——卷旗入阵。此招由李世民亲率史大奈、程知节、秦叔宝、宇文歆等数骑卷着军旗直接贯穿敌阵,在敌阵后方突然展开大旗。窦军苦战良久,见敌军旗号突然出现在后方,终于士气崩溃。唐军追奔三十里,斩首三千余,俘获五万人,生擒窦建德。

仗打赢了,战前力主撤兵的人都不太好意思,只有封德彝脸皮最厚,跑来向李世民称贺。李世民得意地说:"您看,没听先生的话,才有今日。您真是智者千虑,必有一失啊!"弄得这个脸皮比《资治通鉴》还厚的老油条难得地惭愧了一次。不过评论普遍认为李世民虽然打赢,但还是年少轻狂了点。当年曹操北征乌丸,形势险恶,许多人劝其退兵。曹操力排众议,坚持进军,最终获胜。但胜后曹操没有得意洋洋,而是感谢大家提出稳妥的策略,连称胜得侥幸。李世民此战的形势比当时曹操更险恶,大家提出暂时撤军是很稳妥的策略,李世民最终能胜自是他天纵奇才,但这种态度也实不足取。

洛阳城内的人终于见到了日夜期盼的大救星窦建德,不过是被绑在李世民马前的。那这仗就没什么好打了,不用饿死士气已经崩溃,开城降了吧。王世充俯伏在李世民面前汗流浃背,李世民打趣道:"你一直说我是童子军,现在对童子军怎么这么恭敬啊?"

一战便歼灭了王世充、窦建德这两个最大的敌手,李世民异常风光地凯旋回朝。李世民身披金甲,李元吉、李世勣等二十五员大将跟随其后,再后是铁骑万名,前后部鼓吹。李世民向太庙献上王世充、窦建德以及俘获的洛阳隋宫御器,行饮至礼。唐高祖大喜过望,认为李世民的功勋冠绝古今,古往今来的官号都不足以表旌其功业,于是新创一个"天策上将"头衔,另加司徒、陕东道大行台尚书令职衔。

战神,皇帝。满卷青书,唯有天策上将——这个前无古人,后无来者的傲人名号,专属李世民一人所有!那壮烈铿锵的《秦王破阵乐》,更是我秦王李世民在万卷史书中的一曲独唱!

正是:

> 三千帝号不足道,唯有天策论功高。
> 秦王破阵入青书,一曲惊煞霍嫖姚。

玄武夺嫡,历史重演

李唐打翻了王窦,天下大势基本明朗,不久便再次一统华夏,煌煌大唐挺立于世。这过程不太复杂,就从略了。而子嗣夺嫡问题,唐朝则基本重演了隋朝历史。

隋高祖和独孤皇后有一段羡煞旁人的爱情故事,唐高祖又何尝不是。遗憾的是在唐朝建立前,唐高祖元配窦氏就已过世,后追赠太穆顺圣皇后。说到他们的姻缘,比隋文帝来得更加传奇。窦氏出身非常了得,父亲窦毅在北周官至上柱国,祖上便是前文所讲"燕然勒石"典故中的东汉名将窦宪,父系血统秉汉家之硕望;母亲则是周武帝亲姐襄阳长公主,母系血缘更融鲜卑之殊祟。这种血缘构成从胡汉两族看来都是金枝玉叶,谁娶到她当可在胡汉两族之间左右逢源。而此女发育之早更令人惊叹,史载初生便长发过颈,三岁齐腰,更博览群书,很小就可以和周武帝纵论天下大事,见识卓越,被视为奇才,堪称正史有载的御姐之王。后来隋文帝篡位,皇亲贵戚个个噤若寒蝉,大多明哲保身,小心站队,窦御姐的未来夫家甚至连两边下注这种招式都使了出来。唯独她一个小小女子,哭倒在床边,咬牙切齿道:"恨我生不为男儿,不能为舅舅家解难!"把个燕然勒石窦骠骑的后人窦大将军夫妇吓得连忙捂住女儿的嘴:"别乱说,杀我全家!"

窦毅觉得好不容易生了这样一个奇女子,常对老婆说:"咱女儿才貌双绝,世所罕见,不能轻易嫁人。"于是在门屏上画两个孔雀,谁来求亲就请射两箭,暗示射中雀眼的才有可能娶走窦御姐。史书没有记载射距多少,只说来了几十百把个无一人成功。最后李渊凭借一身好武艺,两箭射中雀眼,抱得美人归。李窦两家都是关陇汉族门阀中的佼佼者,强强联合,为后来开拓势力起到了不少积极作用。

窦氏留下四位嫡子:李建成、李世民、李玄霸、李元吉。这里有必要说一下第三子李玄霸,这位兄弟名字最霸气,可能就是因为名字太霸气了,所以不好带,年纪轻轻夭折了。但也可能就是因为夭折了所以给了小说家们发挥的空间,各路演义纷纷把他写成怪物。很多小说都说他叫李元霸,使一对800斤大锤,还轮转如飞。我们就按"如飞"是每秒20米计算,李元霸空舞的功率也要达到80千瓦,相当于108.8马力,基本达到新一代国产豪车吉利帝豪的输出功率。还有的版本写他一下午杀了108万人,相当于12.27颗广岛原子弹的杀伤。就算他锤锤不落空,每锤打死一个人,6小时他要打108万锤,频率高达50赫兹。李窦氏的!这岂止是帝豪,简直就是沃尔沃的缸内直喷涡轮增压发动机!其实我有点怀疑是他挥臂频率太高,在空气中形成风洞,吹死了很多人——没错,吹死的。另外有一点,李玄霸明明是第三子,但小说都喜欢把李元霸写成第四子,把李元吉写成第三子。最初我以为是作者暗含深意,过了很久才明白——这些吹神史学家功底太差,写错了。后来李元霸这个牛皮越吹越大,吹上了天,眼看收不了场了,最后作者就只好说他把大锤往天上一丢,然后掉下来把自己砸死了事。

不过历史上李玄霸夭折了,唐高祖另三位嫡子才是真正驰骋历史舞台的主角,而且基本可以在隋高祖那边找到对应角色。

唐高祖长子李建成——隋高祖长子杨勇。李建成和杨勇一样,很小就在官场上崭露头角,表现中规中矩,长期准备以嫡长子身份继承大统。总体感觉李建成的表现比杨勇还更好一点。

唐高祖次子李世民——隋高祖次子杨广。都是不世出的奇才,在建立王朝的过程中战功赫赫,军功章上有高祖的一半,也有他们的一半。因此这一对都很有想法,准备以功劳最高、势力最大嫡次子身份夺取继承权。关键是最后他们还都成功了。

唐高祖其余嫡子李元吉——隋高祖其余嫡子杨俊、杨秀、杨谅。作为不太有希望继位但实力也不弱的其余嫡子,他们都有很多很奇怪的想法,最后也都死得很奇怪,关于他们的史料也是奇奇怪怪,以糊涂账居多。总体感觉隋朝那三位比唐朝这一位更千奇百怪一点,这可能是人数多造成的视觉效果。

唐高祖晋阳举兵时,让李建成、李世民分领左右军,李元吉留守太原,几个儿子精诚协作,为建立大唐立下赫赫功勋。前期三个儿子关系不错,约在武

德六七年(623或624)，天下平定后，就开始争夺起来了。

李建成作为嫡长子，建国就册封为太子，他本人看起来也不差，按理说继位问题不大。但李世民戴着天策上将的战神光环，任何人都不可能不忌惮。更何况隋炀帝夺嫡成功的例子就摆在眼前，岂能视而不见。史载唐高祖觉得这天下主要是李世民打下来的，自己都是次要角色，不止一次向他许诺，要改立他为太子。尽管承诺始终不兑现，但都对大家造成了极大的心理压力。

既然老爸的许诺只停留在空气中，那李世民就得靠自己去夺。当年隋炀帝夺位成功，很大程度上靠了独孤皇后的妇人之见，但窦皇后似乎很有男儿气概，没那么好蒙，关键是已经死了，想靠也靠不上。而从后宫关系来看，后妃们都更倾向于支持李建成，因为太子毕竟名正言顺，李世民主要还得靠他自己秦王府的势力。关键是，隋文帝其实有点傻乎乎的，经常被儿子坑爹，唐高祖就完全是个人精，隋炀帝用的那些小把戏休想再用来坑他。不过你精我更精，为了当皇帝，精一点有什么舍不得的。

当初晋阳起兵，主要是李世民、裴寂、刘文静的策划，所以这三位便是大唐的定策元勋。裴寂是唐高祖死党，两人在晋阳宫当差时就一起玩隋炀帝的宫妃，而刘文静则更像是李世民的人。显然唐高祖会对裴寂更亲近些，这让才能更高的刘文静很不满。到后来刘文静经常在朝议时故意顶撞裴寂，私下则出言不逊。有一次刘文静和弟弟散骑常侍刘文起喝酒，拔出刀来砍在柱子上怒道："好想把裴寂一刀砍了！"这话传到唐高祖耳朵里，唐高祖决定以谋反罪论死。宰相们都异常惊愕，争权夺利当然不对，但骂骂裴寂也不至于死罪吧？连裴寂自己都觉得量刑过重。显然这并非就事论事，而是在打压李世民的势力，老人精已经感觉到了来自小人精的压力。

李建成的压力就更大了，尽管他是合法继承人，但唐高祖不是隋高祖那样的耿直汉子，态度一直模棱两可，萧瑀、陈叔达、封德彝这帮老狐狸也都不会轻易站队，所幸幼弟李元吉比较支持自己。从刘文静事件开始，两兄弟就基本抛开了兄弟战友的旧情，开始干了起来。

首先是杨文干事件。武德七年(624)，唐高祖收到密报，说庆州都督杨文干调集大量军器，有谋反迹象。杨文干是李建成的亲信，而李建成确实采购了一批盔甲送给他,所以这个密报实际上是针对李建成而发。唐高祖非常老练,没有直接捅翻此事,而是以其他理由召李建成和杨文干觐见。不料又有人把唐高祖已获悉密谋的情况通报给了两人,结果李建成跑到唐高祖面前叩头流血,杨文干则被迫起兵造反。很快杨文干被部下所杀,造反不成。而唐高祖对此事的处理更令人惊异:他没有处理太子,而是流放了太子东宫的王珪、韦挺和秦王府的杜淹等几员大将。太子谋反,不杀也就算了,为什么要处理秦王府的人? 显然,这件事从头到尾就是秦王府策划的一起阴谋:诬陷杨文干谋反,密报给唐高祖,再将这个情况密报给太子和杨文干,吓得他们起兵。老人精完全洞悉这起阴谋,所以没有粗暴处罚太子,而是适当处罚了小人精。杨文干事件,正是秦王向太子的正式宣战。

其次是血酒事件。有一晚李建成邀李世民喝酒,结果才喝一点李世民就呕血数升,最后被淮安王李神通搀扶着勉强回家,这显然是中了毒。这可以视为太子正式宣布接受秦王的宣战。

唐高祖探望病情,见爱子相残,非常心痛,也明白两人的矛盾已不可调和,便对李世民说:"你首建大谋,削平海内,我本来说立你为嗣,你一直不接受。建成年长,当了这么多年太子,也不好废人家。但现在看你们兄弟不能相容,干脆你就回你的陕东道行台,我把陕州以东分封与你,依汉朝梁孝王(刘武)之例,你在洛阳自建天子旌旗。"

当年汉文帝皇后(碰巧也姓窦)宠爱幼子梁王,强要汉文帝分封了一块国土给他。梁王虽没能当上皇帝,但在封国当了几年土皇帝,也算过了把瘾。现在唐高祖也准备依例处理,李世民当然高兴得不得了,嘴上谦虚了几句,勉强答应下来。秦王府属僚听说这个消息,也都非常高兴。但李建成和李元吉一商量觉得不行,李世民在京都还好控制,如果去了洛阳,有了自己的封国就更难对付了,于是拼命请唐高祖不要这样。

不仅他们认为不可,有识之士都认为不可,因为搞分封分明是开历史的倒车。在世界上大多数民族看来,一个领主把自己的国家分成几块,几个儿子分别继承是非常正当的行为。但是,当中华帝国的文明进程推进至唐,还要搞裂土分封就无法被接受,大臣们纷纷反对。像裴寂这样的死党,他可以劝李渊

造反,甚至可以和李渊一起玩皇上的宫妃,但就连他都不能让李渊重搞分封。最后,唐高祖自己也冷静下来,撤销了这个不符合历史前进大方向的决定。

李世民没有走成,双方在京城继续明争暗斗。秦王府智士良将云集,李建成准备削除他的羽翼。李建成先拉拢李世民心腹大将尉迟敬德,送了一车珠宝给他,但被忠直的尉迟敬德拒收了。李世民知道了不但没有猜忌尉迟敬德,反而说:"你应该收下,这样你就成了他们的人,可以做我的内应啊!不然你还会有麻烦。"太子见收买不到尉迟敬德,又派人刺杀。尉迟敬德是名满天下的猛将,晚上放着长矛睡觉,刺客始终不敢下手。李建成诬告尉迟敬德,将其下狱,几乎治死。之后又连续诬告秦王府大将程知节、杜如晦、房玄龄等人,纷纷贬出京去。程知节临走前对李世民说:"大王的羽翼都被铲除得差不多了,要早作决定啊!"李世民养有这么多这样的死士,可见自身势力着实要强出太子不少。

留在秦王府的长孙无忌、高士廉、侯君集天天苦劝李世民杀了李建成和李元吉。但这事毕竟不好作决断,李世民就像晋阳起兵前的李渊一样,扭扭捏捏起来。直到武德九年(626),突厥进犯,李建成保荐李元吉率军御敌,所带兵将就是要把秦王府的精锐都划给他。李建成的主意是把秦王的精兵良将带走,然后找个机会刺杀了李世民,就说暴毙了,唐高祖没理由不信。然后李元吉在前线想办法把他的属僚都坑杀了,大事可成。关于史书上这个近乎弱智的计谋暂不评价,且说李建成身边的近臣太子率更丞王晊把这个密谋通报给了李世民,李世民终于下定决心——杀!

李世民偷偷召回被贬出京的房玄龄、杜如晦等,策划了一套完整的方案。

第一步,李世民密令陕东道大行台尚书仆射屈突通做好准备,一旦计谋失败,他们就立即逃到洛阳举兵。未胜先料败,确是老成谋国。李建成虽也不笨,但摊上这样一个弟弟做对手,真怀疑他是杨广转世,他弟弟是杨勇转世来报应他的。第二步,唐高祖接到"太白经天"的天象报告,这预示着要更换太子。第三步,由于太白星经过秦地,所以唐高祖会通报秦王,李世民则趁机状告李建成、李元吉淫乱宫廷。唐高祖大惊,召三人明日当面对质。第四步,李世民在太极宫的北门玄武门内外预设埋伏,等李建成、李元吉入宫对质时刺杀。

第六篇 贞观长歌传四海——唐太宗李世民

李元吉似乎察觉到迹象,劝李建成不要去。李建成觉得自己不理亏,应该去戳穿李世民的诬告。更何况当日值守玄武门的常何是自己人,何惧之有?然而,正如太子率更丞王晊都已经投靠了秦王一样,常何也早已被秦王收买。

第二天,也就是武德九年(626)七月二日,李建成、李元吉从玄武门入。他们走到临湖殿时便察觉到了危险,立即拨马回走。李世民岂敢放过,连忙带兵猛追。李建成、李元吉见李世民在禁宫中带着这么多全副武装的兵将,确定李世民已经拼命了,便没命地狂奔。一向以武艺高强著称的李元吉想射向李世民,却三次都没拉开弓,难道是被天策上将吓软了手?但天策上将本人的心理素质显然高于其弟,即便杀亲兄弟也毫不手软。李世民一箭射去,精确命中李建成,比他老爹当年射孔雀眼都准。不过杀了亲哥后李世民似乎也有点失衡,驾不住马,座马跑到树丛中把自己给挂住了。这时李元吉趁机冲上来,企图用弓弦勒死他。危急时刻,尉迟敬德从背后一箭射死李元吉,救了李世民一命。

李建成的死讯很快传到太子东宫,翊卫车骑将军冯立叹道:"岂能生前受其恩惠,死了就逃难?"于是率副护军薛万彻等将前往玄武门报仇。李世民潜入禁宫的部队毕竟不多,此刻只能关上玄武门死守。双方久战不下,冯立号称要去攻打秦王府。这可把李世民吓得不轻,所幸尉迟敬德再度挺身而出,出示李建成、李元吉首级,东宫兵顿时作鸟兽散。李世民还不敢怠慢,斩草除根,立即派人去把李建成、李元吉的儿子各十个、一众亲属家眷全部诛杀!当然,也不要以为他就是暴血杀人狂魔,比如李元吉有一位小妾,号称当世第一美女,深得李元吉宠爱。李世民杀了弟弟本已非常心痛,不忍再杀他的红颜知己,于是收入秦王府中,亲自扶养,好让弟弟可以了无牵挂地上路,可见亦非丧心病狂,还是很有爱心的。

不过接下来才是最重要的——怎么去向唐高祖交代?

唐高祖已经准备好让李建成和李世民对质,交代淫乱宫廷之事,裴寂、萧瑀、陈叔达等重臣都和他一起在湖上泛舟,等着他们来问对,突然见尉迟敬德擐甲持矛出现在面前,非常惊愕,问道:"你来干什么?是谁想造反吗?"尉迟敬德答道:"太子和齐王意图谋反,秦王已举兵诛杀,怕惊动陛下,遣臣宿卫。"唐高祖更加惊愕,对裴寂等人说:"没想到会有今天,怎么办?"裴寂默不做声,萧

瑀、陈叔达虽然什么也没看见,但早已判断清楚形势,连忙说:"建成、元吉本来就没什么功劳,还忌妒秦王功高。秦王功盖宇宙,天下归心,若立他为太子,委之以国事,就没事了。"当时禁宫宿卫已经被秦王府兵控制,唐高祖没办法,只好答应,宣布由秦王摄政。

这时李世民才敢来见唐高祖。唐高祖抚着他说:"近日来谣言太多,我都感到很迷惑了。"李世民想了半天,没想到该怎么回答,其实他也无话可说,只好趴在老爹怀里痛哭,而且做了一个很恶心的动作——跪在地上吸吮父亲的乳头。这是古代孩童(一般指五岁以下)向父亲撒娇的一种动作,二十八岁的李世民不说话而做这个动作表达了一个意思——您的另两个儿子以及他们的儿子都被我杀光了,现在您只剩下我一个嫡子,您看着办吧。

唐高祖是一个何其现实的人,尽管李世民的血腥行为不可饶恕,但他所"说"的又确是实情,且莫说翻脸让自己有生命危险,就算把李世民绳之于法,岂不是让自己绝后吗?现在也只有听凭他继位才是最现实的选择。

旋即,李世民以皇太子摄政。两个月后唐高祖禅位,自为太上皇。李世民即为唐太宗,改元贞观。

唐太宗夺位的形势其实和隋炀帝非常类似,都是功高盖世的次子夺了长子的继承权。不过唐人已有前车之鉴,唐高祖、李建成等人都对他有所防备,所以难度更大。但李世民没有被困难吓倒,最终还是抢上了宝座。这既是他自身心狠,也和他拿捏老头子的心态之准分不开。李世民深知其父是一个超级现实,为了家业传承可以将道义甚至亲情暂放一边的人精,所以才大胆用出刺杀太子的狠招。如果李渊稍微冲动一丁点儿,要和他撕破脸,那么李渊、李世民,甚至整个李唐王朝基本上就可以交待了。李世民断定他老爸只能打掉牙往肚里吞,接受既成事实,这是他夺位成功的关键内在因素。

不过唐高祖也因为他的超级现实,做成了历史上最幸福的开国皇帝(只说事业方面,暂不考虑几十个儿孙被杀了这种私事)。禅位之后,虽不再掌实权,但唐太宗仍将他这个太上皇置于至高无上的地位,唐高祖也非常默契地配合了这种很有面子的妥协安排。很多史料都记载了贞观八年(634),有一次许多国家和部族来朝贡,唐太宗大摆宴席,仍请太上皇上坐,并率长孙皇后和各国

君主、使节一起向他朝贺。唐高祖非常高兴,让突厥可汗起舞,南越酋长咏诗,都得到了非常恭敬的满足。

这就是所谓的万邦来朝,这就是一个政治人物所能得到的极限。那一刻,这位当初因办事不力要遭惩罚而被迫造反的晋阳留守,终于享受到了这种至尊快感。而这一切,很大程度上不是他自己争取到的,而是他那不忠不孝不仁不义的"戾子"带来的。哎!那就这样吧!那就这样吧!

华夏天威,广布全球

当上皇帝后,李世民压力很大,这一次的太宗要做什么?仅仅是做大做强一个李唐王朝吗?没那么简单。

首先,从现实角度讲,隋炀帝以次子夺位,隋朝二世而亡的例子就摆在眼前。其次,从青史留名角度讲,李世民本是一位震古烁今的战神,堪与卫青、霍去病比肩。一个玄武门之变,瞬间就把不忠不孝不仁不义的几大品质占齐了,以后他会在史书上以什么形象出现?

现在,留给唐太宗的只有一条路可走——做一位千古圣君!

用远超秦皇汉武、唐宗宋祖(含自我超越一次)的盖世功勋堵住天下悠悠之口,让人们只记得唐太宗的千秋伟业,忘记玄武门前那射向亲兄弟却没有丝毫犹豫的一箭。中国史官自古以铁面无情著称,但他们也是人,唐太宗这个名号,就是要让刘昫、欧阳修乃至司马光这样的大师都失去理智!

是的,这很难,但这确实就是唐太宗必须要做的。

有压力才有动力,正是在这样强大的压力下,唐太宗才以非常之人,立下非常之功,成就了彪炳史册的盖世伟业。

首先,唐太宗要处理突厥方面的压力。突厥虽然被隋文帝玩得很惨,但毕竟没有散伙。隋末中原大战,突厥一点点重新凝聚了力量。北方的割据军阀纷纷投附突厥,刘武周、窦建德包括李渊都曾接受过突厥可汗的封号,突厥也想学隋文帝分化瓦解的技巧,分头支持几个汉人势力,可惜没操作好,不知怎么

回事,一转眼就统一成大唐王朝了。等突厥人反应过来,已经发现这是一个和隋朝一样庞大的中原帝国。当然,庞大不等于强大,要不要试探一下其实力?

事实上,晋阳起兵时李渊便借助了突厥的力量。因为李渊是隋炀帝派在太原打突厥的主将,所以他不太敢相信突厥会帮自己。但刘文静出使突厥,不但让突厥朋友鼎力支持,还借来良马精兵,让李渊大喜过望。所以刘文静也一直认为自己很厉害,如果让裴寂那个笨蛋去办,估计就成不了。但突厥人帮你造反不是义务劳动,是要有报酬的,当时刘文静就跟突厥订立了唐朝建立后"土地城池归李家,子女金帛归可汗"的期权合约。突厥人正是受这样的期权激励才铆足了劲支持李家,赢得天下。按突厥人的理解,应该是全天下的子女金帛都给他,只留空的土地城池给老李。但中原还从没出过这样的皇帝,李渊当上皇帝就想把这笔账赖掉,先给了一点钱,再送个假公主去和亲,这就是传说中的子女金帛。如果说还不够,那就让突厥先等等,等他有空了再给。这一等就是七年。

武德七年(624),突厥实在等不下去了,颉利、突利二可汗(阿史那咄苾、阿史那什钵苾)率军南下要账。唐高祖一度想迁都躲债,但在李世民的坚持下没有成行。唐军奋勇抗击,互有胜败。最后,李世民只带百骑到豳州(今陕西彬县)前线的突厥军中去赖账。颉利可汗估计李世民会先低三下四求债主大爷宽限几日,再讨价还价。但他显然不了解天策上将的风格,李世民直接而非间接地痛斥了突厥人的背信弃义,我们已经跟你们和了亲,就是一家人了,还谈什么钱不钱?颉利可汗见他这么大胆,想必是汉人已经有了必赖的把握,知道这笔账要不回来了,只好徒叹奈何。

武德九年(626),玄武门之变,颉利可汗感到黑暗中又燃起了一星火光,又点兵南下,看看刚上台的唐二世皇帝有没有一点还账的余地。然而,唐高祖是老赖,他的二公子更赖。

这一次颉利可汗来势更猛,打过了咸阳,一直打到了长安西北不远的渭水便桥。别误会,他的战略目标一点没变,绝对没想过要把大唐帝国一口吞下,这次还是来要钱的。颉利可汗大军号称四十万,屯于渭水北岸,派心腹执失思力去见唐太宗要钱。本来执失思力是债主,应该气头更盛,一进门就大

嚷:"两位可汗率百万大军,现在来了!"唐太宗当头棒喝:"我和你们可汗当面盟约,缔结和亲,赠给他的金帛不计其数。你们可汗自负盟约,领兵深入,我有何所愧?你们虽是夷狄,但也有人心,为何能忘恩负义的自夸强盛!我今天先斩了你小子!"执失思力这类人是典型的欺软怕硬,一见大唐皇帝龙颜大怒,脚都吓软了,连忙求饶,被囚禁起来。

唐太宗只带高士廉、房玄龄等六骑就来到便桥,隔着渭水斥责颉利可汗背盟。颉利可汗见他这次只带六骑,比上次的百骑更夸张,大惊失色,甚至有许多兵将忍不住下马罗拜。一会儿,唐军铺天盖地而来,突厥人被彻底吓破胆。这时唐太宗让大军驻扎,自己孤身一人走上便桥,深情呼唤:"咄苾老弟,哥请你过来谈话。"咄苾老弟其实不太敢一个人走上便桥,但既然李世民哥都这样做了,你不敢会被小弟们看不起,没办法,上去陪他扯几句。上了桥,唐太宗就开始长篇大论,就是不放颉利可汗走。最后颉利可汗实在没办法,只好主动求和,唐太宗也不为难,恩准了。第二天,两人又来到便桥上,斩白马为誓,颉利可汗带兵退去。

这就是历史上如传奇般的唐太宗便桥会盟,您可以理解成是唐太宗孤身一人吓退了四十万突厥大军,至于身后的唐军,他们确实都没动手,完全可以是路过打酱油的。

玄武门之变是突厥杀入中原的最后一次良机,错过了就再没有了,而汉人连续挺过了隋唐更替和玄武门之变两次重大公共危机,在唐太宗执政后开始走上正轨。按正常的实力对比,突厥人很快就可以学匈奴人,到欧洲去找新工作了。事实也正如大家所预料,突厥越分越小,实力越来越弱。唐朝册封突厥下属的薛延陀部酋长—利咥夷男为真珠毗伽可汗,夹击突厥,一如当年突厥从背后轰杀柔然的故事。唐将李靖、李世勣也一如当年卫青、霍去病故事,率汉家精骑杀上草原。但这一次二李取得了一个令人震撼的突破性成果——俘虏了颉利可汗!这应该是中原汉族王朝第一次生擒蒙古草原游牧部族的最高领主,唐高祖甚至感叹,此役雪洗了当年汉高帝在白登道被匈奴围困的千年国耻。后来宋朝的郭药师、孟珙虽也攻克了辽、金都城,但不知是他们攻城太慢,还是对方国君故意不留机会,都在破城前一刻死了,未能生擒。而明朝

的徐达、蓝玉更无可能在茫茫大漠中抓一个会骑马的活人,他们的成果就比李靖、李世勣差了一个档次。所以,在中华帝国的将星长河中,再难有人可及这两位唐朝的划时代名将。

几乎在整个冷兵器时代,中原汉族王朝最头疼的边患便来自于北方草原。汉朝虽痛打匈奴,但杀敌三千,自损八百,也大伤元气。而唐朝剿灭突厥却显得异常轻松,对国内经济社会发展几乎没有直接影响,这无疑是所有朝代中解决这个边患最成功的一个。所以,很多人将唐朝视为最强大的一个朝代。

突厥败亡后蒙古草原陷入低潮,大唐帝国开疆拓域的目光投向了更加辽远的西域。西域这些小国当然就更不是对手,只要是唐军后勤所能供给的地方,纷纷易帜姓了李。

贞观四年(630),西北各部君长齐集长安,上表请称唐太宗为天可汗。唐太宗笑道:"我做了各部族的可汗,难道就不做汉家的天子了么?"但此后唐太宗还是经常在发给这些部族的文书上使用天可汗的署名。其实这本来也不算多大个事,隋唐常有部族尊汉族皇帝为圣人可汗、天可汗之类的名号,但一般都没当回事儿,后世也鲜有人再提及,只是近几年民族风盛行,有人老爱拿此来说事儿。

其实只要突厥逃窜了,西北成百上千的小部族基本不足为道,真正需要费劲的是东北。当年隋炀帝倾力讨伐高句丽,结果间接导致大隋全盘崩溃,唐太宗该怎么办?其实唐太宗也有点怕,所以即位近二十年一直没有对高句丽动手,这个小国就越来越嚣张。

高句丽是我国东北的一个割据政权,人口以汉、渤海、靺鞨等族为主,汉化程度极高。现代很多人容易将该国和后来朝鲜族的高丽王国混淆,其实二者除了名字有点像,并无直接联系。高句丽从汉代起便雄踞东北,名义上向中原王朝称臣,其实始终保持着独立。隋炀帝曾大征高句丽,无功而返。之后数十年,趁着唐朝经略西北、突厥衰落,高句丽向东发展,准备吞并朝鲜半岛上的新罗、百济,形势一片大好。唐太宗认为高句丽是块难啃的硬骨头,但正因如此,所以他要抓紧解决,以免遗祸后世。

当时高句丽由权臣渊盖苏文摄政,此人也是王霸雄图的豪杰之士,一心想和唐太宗这样的盖世战神一较高下，所以经常挑衅唐朝。贞观十八年（644），唐太宗下诏亲征高句丽，以刑部尚书、参预朝政张亮为平壤道行军大总管，率海军四万、战舰五百艘从莱州出航，取平壤；以太子詹事李世勣为辽东道行军大总管，率步骑六万出辽东；唐太宗亲率主力随后。渊盖苏文首先想请薛延陀从后方牵制唐朝，唐太宗哪会怕你这种把戏，直接放话给真珠可汗："我现在去打高句丽，长安、洛阳空虚，你正好乘虚而入，要不要试试？"真珠可汗本来是有这个想法，但唐太宗这样一说，反而怕了，想了很久，最后还是算了。

贞观十九年（645），唐帝国大军开进高句丽，李世勣、李道宗所部陆军先锋攻克牟盖城（今辽宁抚顺），俘获无数。张亮所部海军攻克海防重镇卑沙城（今大连市金州区），打通了渤海湾的海上通道，又遣总管邱孝忠率军进驻鸭绿江，高句丽一时人情震恐。此时唐太宗御驾开进，所过之处，撤去身后桥梁，以示皇帝陛下有进无退之必克决心！唐军士气大振，连克辽东、白严、乌骨（均在今辽宁境内）等重镇。

但渊盖苏文也绝非孬种，率高句丽军民力抗天威。唐军在安市城（今辽宁海城）遇到顽强抵抗，高句丽各路援军虽损失惨重，很多部族首领被擒，但依然源源不断地赶来拼死救援。战事拖入冬季，唐军后勤补给不继，只好撤返。之后唐太宗和他的儿子唐高宗（李治）又多次大举进攻，苏定方、薛仁贵等名将大显神通，尽管未能攻灭，但都重创其国力，为后来唐高宗则天顺圣皇后（武曌）彻底攻灭高句丽打下了坚实基础。

唐太宗一朝，中华帝国天威浩荡，四夷咸服，甚至有一位孤胆英雄，手无寸铁，却仅凭一支使节，便能在世界屋脊之南，调集各国军队，攻灭世界四大文明古国中的一个！虽然此事其实跟唐太宗本人关系不大，但毕竟发生在贞观年间，都说到这儿了，就必须讲一讲。

故事主角叫王玄策，其实他在名将史上实在排不上号，甚至不能算一名货真价实的将军——他只是朝廷派往印度的一名使节而已。据说《西游记》中的玄奘法师到了天竺（今印度），开启了两国友好交往的源头。当时天竺分裂成五个国家，分别向大唐朝贡。贞观二十一年（647），唐廷派右卫率府长史（七

品文职)王玄策为使,回访天竺。王玄策去前四国都很顺利,但在第五国,也是最强大的中天竺遇到了麻烦。王玄策起身后该国发生政变,大臣那伏帝·阿罗那顺叛乱,杀死国主尸罗逸多。王玄策不是陈玄奘,没有孙行者那样的徒弟可以驾筋斗云到天竺去打前站,他带着数十骑傻乎乎地就进了国境。阿罗那顺也是鼠目寸光到了极点,他弑主篡位,按说应该讨好大唐争取支持才对,谁知他贪图王玄策带在身边的各国贡品,就把大唐天使给抓了。但这些人水平低得吓人,中途又被王玄策给跑了。

跑出来的王玄策窝了一肚子火,本来是风风光光的大唐天使,各国君主无不好生款待,结果到你这儿当了阶下囚。看我不弄死你!

至于怎么弄,恐怕很多人另一反应都是连滚带爬逃回长安,吮着唐太宗的乳头求皇上出头。但王玄策岂是此等孬种,他压根儿没想过回长安,虽离国万里,没有唐军可以调动,但他手里不是有大唐皇帝的使节吗?够了!

王玄策孤身一人来到喜马拉雅山南麓的吐蕃国境内,出示天子使节,向中天竺叛贼阿罗那顺宣战,传檄周边各国派兵参战。很快,尼婆罗国(今尼泊尔)派出七千兵参战,吐蕃也派出一千二百精兵。王玄策自命为总管,率领借来的不到万名的军队,向世界四大文明古国之一的印度帝国进军!

双方在中天竺国都茶镈和罗城(今印度比哈尔邦蒂鲁特市)城外展开激战。阿罗那顺自以为他的象兵驰骋南亚,所向无敌,但这些大肉坨在唐军步骑弓弩战法面前完全是送菜级别,被打得大败。阿罗那顺大惊,连忙缩进城里当乌龟,但这又哪里难得住最善于城墙攻防的唐将呢?联合国军三天攻破其国都,斩首三千余级,弃城逃窜时又有万余天竺兵将被逼入河中溺死。阿罗那顺逃出国都,整军复战。这次他就更不是对手,再次溃不成军,心比天高的阿罗那顺大帝被擒。其妻率余众继续据守乾陀卫江(今恒河),但很快战败,中天竺国彻底完蛋。周边几个国家纷纷遣使犒劳王师,王玄策这才带着阿罗那顺等大批俘虏,无限风光地回到长安。

王玄策以一介文官使节,孤身一人落难异域天南,手无寸铁,不惊惧,不张皇,仅凭天子使节,传檄四方而诸国响应,率八千军三日而定天竺,扬我华夏国威于万里之外!

尽管这场战绩本身并不值得大肆吹嘘,但这种英雄气概完美展现了大唐一朝的华夏风骨。王玄策的壮举,向世界,更向他的后人展示了一个充满自信的超级帝国,一个铁血气概的英雄民族!千年之后,日本作家田中芳树激动地写下《天竺热风录》,热情讴歌王玄策这名在战争史上其实并不著名的"将军"的传奇故事。

正是:

> 君不见高原万里覆霜雪,珠峰千屻挑明月。
> 君不见异域天南风景奇,恒河百丈波浪绝。
> 天竺长空风行热,大唐将军挥烈血。
> 十万长路阻归期,八千借兵安世界。
> 汉有班定远,投笔千里觅封爵。
> 唐生王玄策,闪耀万国天子节。
> 男儿何须画凌烟,名入青书刻玉阶。
> 汉唐天威传万世,寰球人类朝天阙。

贞观长歌,盛唐气象

李世民以盖世武功打下了大唐江山,但他常提醒自己:可以马上打天下,不能马上治天下。唐太宗的人生可以分为战神和圣君两个阶段,坐稳了皇位后,他还必须缔造一个和谐盛世,才配得上圣君称号。

事实上,唐太宗接手的摊子比较烂。隋朝虽是一个盛世,但隋末战乱也是一个不亚于南北朝的乱世。不过隋朝完成了人类社会的一次飞跃,它的组织结构体系也适宜于新的文明阶段,唐朝可以继承发扬,从这个角度讲,唐太宗相当幸运。唐朝基本上继承了隋朝的组织结构体系和社会制度,只是做了一些完善并继续发展。唐太宗的压力特别大,所以也干得特别出色,由于年号贞观,所以他在位这二十二年被后世赞为贞观之治。

隋朝是中国历史上一个巅峰级的盛世,隋末乱世又把它打烂了,现在唐太宗要做的并非重新去创造一个新盛世,而是恢复性治疗这个满目疮痍的帝国。如果从数据来看,总户数、总人口、人均国民生产总值,所谓的贞观之治远未恢复到隋朝的巅峰。约在开元八年(720)左右的开元盛世,各项统计数据才基本恢复隋朝水平,但问题不能这样看。隋文帝带领中华民族走向了一个全新的社会形态,可惜操之过急,二世而亡。但这无疑是一个正确的前进方向,如果因为一次失败便阻断了前路岂不更令人扼腕叹息?唐太宗在第一次失败后,率领中华民族重拾成功之路,可以说,在隋朝灭亡后的这个时点上,没有贞观之治,中华民族或许会走向其他方向,这也是唐朝的伟大历史功绩。贞观之治是一个不能以经济数据衡量的盛世,后世史评和政论多从务虚角度盛赞这个具有关键意义的盛世,而无论国家组织结构和社会形态发展,唐朝也正处于中华帝国的一个关键转型期,急需一个圣君带好这段路。

后世最欣赏唐太宗的便是他善于纳谏的态度,尤以他和魏征的故事传为佳话。魏征本是瓦岗军人士,后李密战败投唐,任太子洗马,在太子东宫掌管图籍,应该算是建成集团的核心人物。玄武门之变后,建成集团有些人拼死殉忠,也有些投降了,唯独魏征大义凛然。李世民问他:"你为建成出主意弄我,现在我赢了,你觉得怎么样?"魏征毫无惧色:"如果他早听我的主意,你就不会赢了。"李世民早听说此人才华出众,又见如此铁骨铮铮,知道是个人才,于是收至帐下,登基后重用为谏议大夫,专职忠言直谏,不久升任侍中,掌管门下省。

魏征不仅是唐代,也是历史上最著名的诤臣。他对唐太宗进谏,从不婉转曲折,也从不察言观色,多次犯言直谏,即便唐太宗已勃然大怒,也毫不退让,到后来唐太宗都对他产生了畏惧心理。有一次唐太宗想在上班时间偷懒到山中去打猎玩儿,行装都已经准备好,但不知怎么就被魏征知道了。结果等了很久也没见唐太宗动身,魏征忍不住去问:"你怎么还不去打猎?"唐太宗笑嘻嘻地说:"不小心被你知道了,一出发就要挨你骂,只好算了。"还有一次唐太宗得到一只番邦进贡来的鹞鹰,非常喜爱,上班时也经常把玩。但玩物丧志,如果被魏征看见肯定又要挨骂,所以只能偷偷玩。不料有一次魏征到办公室来进谏,唐太宗慌忙将鹞鹰藏到怀里。其实魏征已经看见了,就学唐太宗当年便桥之盟,故意长篇大论拖延时间,活活把小鸡儿憋死在怀里。唐太宗虽然很心痛,但也没办法,只好忍气吞声。

魏征是《隋书》的主编,但这并非他的代表作,最具代表性的应数《谏太宗十思疏》《十渐不克终疏》等。这些谏言不仅仅切中时弊,直接向唐太宗提出中肯意见,更成为后世明君忠臣一致看齐的标杆。在明代小说《西游记》中,魏征忠于职守,执意要将违背天条的泾河龙王处斩,唐太宗利用皇帝身份拼命求情,还是没用。民间一致认为这种性格非常辟邪,效果不亚于秦叔宝、尉迟敬德的相貌,于是就将他和这两位莽夫一起供成门神。

当然,仅仅纳谏并不能完全体现魏征的治国理念,只是说明他在皇帝面前多么忠直不加掩饰。这种对皇帝行为的约束力,远比几条具体的治国措施更具宏观效益,魏征这样的诤臣从来都不仅仅意味着他本人的个性,而是从一个侧面体现出皇帝有着一种虚怀若谷的治世仁君风范。有了这样的好皇帝带头,才能广开言路,使君臣上下各施其能,建设和谐盛世。

除了虚心纳谏,唐太宗还非常善于招贤纳士,这可能是他们李家在太原养成的习惯。但习惯只能保持一两代,一个合格的太宗还必须形成机制,以供后世沿用,这便是著名的科举制度。隋朝初步形成了规范的科举,但时间太短,这项影响了人类历史走向的重大制度,应该说还是在唐朝,尤其是在唐太宗手上走向成熟的。

唐太宗曾多次下诏求贤,扩大考试的科目、范围和人数。当然,唐朝仍是一个门阀世族社会。隋朝过于急切地想摆脱这种贵族社会,二世而亡,唐朝正是人类经历了这样一次重大挫折后的重新调整,再次上路。尽管仍被认为是一个典型的贵族门阀社会,但唐朝发生了一件极具历史意义的事件——牛李党争。此事在历史书上并未以正面新闻出现,但这恰恰是公共管理学史上最重要的一个里程碑,其意义不亚于微积分的创立在数学史上的地位。

所谓牛李党争,是指以牛僧孺为代表的牛党和以李德裕为代表的李党之间的政治斗争。牛僧孺是一位学术界极负盛名的儒士,通过科举入仕,在当时代表了平民出身的知识分子;李德裕则是名相李吉甫之子,通过荫举(荫父祖

的地位直接获得官职)入仕,在当时代表了门阀贵族子弟。牛李两党就科举取士还是荫举取士的基本国策进行了激烈争论,形成了连绵半个世纪的牛李党争。最后李党艰难胜出,唐王朝再次确认了以荫举为主的贵族政治体系,很多人就此为由,再一次强调了古代中国是一个贵族而非平行社会。但是汉晋的贵族可以完全掌控政治,平民毫无任何发言权。到唐朝,至少——平民可以和贵族搞牛李党争,这已经是当时的西方人难以想象的一种巨大进步!

那么照此趋势,唐朝的下一个时代应是何种社会形态?

可以说,无论哪种您都会明白,牛李党争是人类历史上多么伟大的一个足迹!

事实上,如果我们仅着眼于唐太宗的个人能力,并认为这就是缔造盛世的原因就稍微浅薄点。隋朝带领中华民族跃向下一个文明形态,但是路不熟,栽了。唐朝拾起隋朝的摊子,总结经验,适当调整,走完了这一步。由于社会形态的整体成功跃进,极大地释放了社会活力,才绽放出贞观、开元这样的大唐盛世。

若论军事战绩和经济数据,其实唐朝不一定比汉朝强,但论起文化发展,唐朝就进了一大步。汉朝尽管也有不少光耀史册的文化成就,有贾谊、司马相如这样的文学大家,但毕竟是一个古代贵族社会,识字率相当低。所谓文学艺术,还只是上层贵族的玩物,与广大人民无关。唐朝虽也是贵族社会,但由于开创科举,以及造纸术的推广,吸引了不少人试着挤向上层,识字率提高了不少,全社会的文化层次也有了显著提高。以唐诗为代表的唐代文学在文学史上占有重要地位,充分体现了一个时代、一个民族的傲然自信和恢弘气象。唐诗大多收录在《全唐诗》中,共六万多首,是人类文化宝库中的瑰宝。尤以诗仙李白和诗史(诗圣)杜甫两位最为杰出,他们的成就至今无人超越。除唐诗外,唐代的书法、绘画等文艺形式也蓬勃发展,是一个绚丽夺目的文化盛世。

唐太宗本人武艺高强,但绝非赳赳武夫,他在文艺史上也有一席之地。唐太宗的书法以飞白体著称,遒劲有力,首开行书入碑,堪称一代宗师。更重要的是唐太宗提出了新的诗词创作理论,在一定程度上影响了中国文学的发展方向。

南北朝以来，北朝粗鄙少文，不做中华文明的传承干流，而南朝又经数百年浮华堕落，文章充塞虚靡之气。如隋炀帝这般志气高远之辈，诗作中也难逃南朝士子的浮华、昳丽。在这股逆流中，唐太宗挺身而出，提出要以儒家圣训作为诗文的思想基础，不能为写景而写景，为抒情而抒情，须在诗文中加入对国家兴亡、社会进退的思考，增加厚重感和思想性，即所谓"以诗言志，借景传情"。他的理论得到了积极响应，华语文坛一扫南北朝的颓靡，涌现出大量豪情四射的边塞诗和叙事诗，可以说重新诠释了中华民族的核心文化理念，再造了中华民族崇文尚武的文化风骨。唯一稍嫌遗憾的是唐太宗本人的基本功和创作灵感似乎差了一点，尽管他的诗作都还不错，但也没有特别杰出的能达到脍炙人口的程度。当然，我们也可以理解成唐朝的优秀诗人实在太多了，导致他自己没排上号。

唐朝是魏晋南北朝士族文化的集大成者，既洗去了乱世浮华，又保留了贵族气质，塑造出中华民族一种雍容华贵的文化形象。这种形象受到无数后人神往，现代中国人回忆祖先伟大的帝国时代，最爱梦回唐朝，而不是汉朝、宋朝或明朝。大唐帝国散发出的这种魅力也吸引了世界，中华民族迎来了一个比铁山般强硬的汉朝更加开放包容的繁荣时代，第一次让环球人类都深沐中华帝国的恢弘气概和卓越魅力。著名的丝绸之路在唐代开启，东西方的大规模交流正式展开。中国人一向以四夷宾服作为强盛的象征，但在汉代，所谓的藩属国们，也就是签个盟约，隔上三五年派个使者，象征性纳点贡品，而且主要集中在中国周边。到了唐朝，中国人的视野投向了更加广阔的世界，也有更多外国人来到中国。

唐朝不仅在南北朝乱世后重新确立了中华帝国的前进方向，更确立了东亚文明圈的形成态势。唐太宗采取开明外交，并在整个唐朝得到延续。东亚诸多小国曾在汉被中国人粗暴地打得趴下，到唐朝终于可以投入中华文明温暖的怀抱，尽管并不能直接纳入中华帝国的版图，但从文化上确定了追随大中华儒家文明圈的方向。

事实上，唐代人类的交通运输工程技术比之汉代并没有出现质的飞跃，东西方交流的突然扩大很大程度上是因为居于大陆中部的阿拉伯崛起。阿拉

伯人连通了欧亚大陆桥,开拓了东方人和西方人的视野,但同时其自身的彪悍扩张对大唐、罗马和波斯也是一柄双刃剑。唐朝在今中亚地区设置了北庭和安西都护府,控制力度和范围都比汉代的西域都护府更强。但遗憾的是,唐玄宗天宝十年(751),安西都护府都知兵马使高仙芝在著名的怛罗斯战役(Battle of Talas,地点在今哈萨克斯坦江布尔城附近)惨败于新兴的阿拉伯帝国阿拔斯王朝(Abbsid Dynasty of Arab Empire,即黑衣大食、东萨拉森帝国),意味着中国人的西向扩张在这一带已经触碰到了极限。尽管西域在宋代又一度出现过强烈汉化趋势,但经过强势的伊斯兰化,中华帝国再也没能突破这个极限。也就是说,唐军的足迹所到之处,基本上已是当时中国人所能到达的极限。

夸大其词,急功近利

毫无疑问,唐太宗堪称一代名将雄主,他的人气更罕有人及,但也需要指出,后世对他的评价有意无意走入了一个极端。但正所谓人无完人,相比较他的丰功伟绩,我们也有必要扒一扒他的一丁点儿缺点。

一、绝不能抹去的道德污点

玄武门之变杀兄篡父,严重违背人类基本道德,毫无疑问,这是唐太宗抹不去的污点。有些人为偶像辩护,说唐太宗虽得国不正,但治国有方,若由李建成继位,未必能如此出色。且先不论这个"如果"能否成立,就算能,这种说法也是极端的马基雅维利主义。不仅是唐太宗,唐高祖也是先侍奉突厥,借力造反,统一天下后再去剿灭突厥。父子俩都是标准的先做汉奸,再当国父,以卑劣手段坐上皇位,再在皇位上通过丰功伟绩来掩饰之前的劣迹。而真正可怕的是父子俩干得都很成功,他们真的坐稳了皇位,并通过后来的功绩在历史上留下了相当不错的名声。

这无疑是极其恶劣的榜样,或许在唐太宗之前还有人慑于道德约束以及成功概率的低下而不敢轻易冒天下之大不韪,但是当唐高祖和唐太宗的成功典范摆在面前,又给了更多人铤而走险的勇气。唐太宗尽管立即开启了一个贞观盛世,但很多人忽视了恶劣的道德示范也将中华民族引入了一个道德下降通道。从长远一点看,这个道德负效应恐怕比贞观盛世的经济正效应绝对值更大吧!

这个恶劣效应在唐太宗晚年就已经显露出来。唐太宗之妻即为长孙晟之女、著名的文德顺圣皇后。唐太宗深爱他的妻子,和隋文帝独孤皇后、唐高祖窦皇后一样,又是一桩令人称羡的帝王婚姻。长孙皇后的情况大致和独孤皇后差不多,史书上吹捧她们的桥段也大同小异。且说文德皇后崩于贞观十年(636),留下三个嫡子:长子皇太子李承乾、次子魏王李泰、三子晋王李治。不用说您也该知道接下来是什么——次子要夺长子的位了。事实上,唐太宗最宠爱的儿子还真是李泰。果然,经过多年斗争,贞观十七年(643),李承乾谋反事泄(太子为什么要谋反)被废黜,唐太宗承诺改立李泰为太子。但这遭到激烈反对,嫡长子继位是《周礼》定下的传统,唐太宗和他表叔已经连续破坏规矩,若再不正常传位给嫡长子,这秩序就彻底乱了。唐太宗还是不太敢负这个责任,但也不可能让李承乾继续储位,最后他采取了一个让人笑掉大牙的折中办法——由晋王李治建储。不过想想也有道理,争得头破血流的全部落空,围观打酱油的捡到馅饼,其实这就是想告诉后人三个字而已:别争了。

李治其实生性柔弱,本不想参与两位哥哥的政治斗争,谁知无心插柳,捡了个皇帝当,即为唐高宗。但这小子柔弱的外表下其实隐藏着一颗勇敢的心,他虽然不学表叔公的政治斗争,却把人家趁探病勾引老爸妃子的本事学了过来,在唐太宗病榻前把其爱妃武媚勾到了手,后来还公开册为皇后,即为更加著名的则天顺圣皇后。没错,又是一对恩爱夫妻——又!

隋唐的皇帝,全都是深爱妻子的好男人,每一对都令人称羡,但又都有着各种各样的出轨方式,到最后自己也会戴绿帽子:隋文帝的陈蔡夫人被隋炀帝笑纳;隋炀帝的萧皇后最初被窦建德笑纳,后落入突厥之手,几经辗转终于被唐太宗(她表侄)笑纳;而此前,晋阳宫全体宫妃均已被唐高祖和裴寂笑纳;而李建成、李世民都揭发过对方淫乱宫廷,这是谁给谁戴了绿帽子?哥,你懂

得!唐太宗的爱妃武媚被唐高宗笑纳;至于唐高宗这个老婆后来自己当了皇帝,笑纳她的男人正史无详载,总之就是数不清;到后来唐玄宗突破了后辈给前辈戴绿帽的常规,给儿子戴上一顶绿帽……这是一部比《天策上将征战史》更加波澜壮阔的战史,"唐乌龟"绝非浪得虚名。而唐太宗,这个万人景仰的偶像,其实也是这个庞大队伍中不光彩的一员。

所以,尽管唐太宗立下了贞观之治这个大功,但并不能掩盖他不光彩的一面。他本人却急于掩盖,为此又做了更不光彩的一件事。

二、篡改史料,文过饰非

中国人有着极其强烈的正史情结。无论当权者对史官以生命相威胁,还是巧妙地逃避罪责,也都无法阻止正直的史官连续写下"崔杼弑庄公""赵盾弑其君"等。这个不以宗教立国的庞大帝国之所以世代传承,很大程度上正有赖于这种相对独立的治史精神。唐太宗尽管在皇帝位置上干得很出色,或能得到政论家好评,但始终无法完全冲抵道德上的巨大缺陷。有些突破底线的当权者通过篡改史料来抹去许多劣迹,唐太宗很可能也干过此事。事实上,他不一定要去篡改已经成书的史料,只需要从两方面做一些细节处理,就能文过饰非。

首先是垄断第一手资料。从永嘉之乱到玄武门之变,这三百年总体而言是大混乱,无数零散史料大多在唐初才编撰成史,唐太宗本人也是许多重大事件的第一手资料提供者,有时还是唯一知情人,他只需在这个环节上做点手脚,就能改变很多史实的传世印象。当然,有些事已被他胡说得无迹可寻,我们也不能乱猜,但有些事显然牛皮吹破了。比如,唐太宗为了彰显他对唐朝建立的重要作用,将唐高祖刻画成一个柔弱、犹豫、缺乏主见的肉人,完全是在他的挟持下被迫起兵反隋的,事先并不知情。他才是唐朝的真正创始人,所以唐高祖也多次表示要传位于他,最后他当上皇帝也算合理。但稍加思考,晋阳起兵时李世民才十八岁,而史书号称他背着李渊"筹画多年",策划了一整套反隋建唐的庞大计划。这个"多年"是多少年?就算三年吧,那李世民小朋友也是从十五岁开始,在隋朝还很富强时就背着父亲筹划这么大一套计划。而据唐初宰相温大雅所著《大唐创业起居注》，在唐朝创立过程中，李世民的战功和李建成相当，而李建成还充当李渊副手，做了大量组织管理工作，功绩远在李世民之上，他的皇储地位应该相当稳固（如果不考虑被刺杀）。如此看来，唐太宗一把鼻涕一把泪地向史官哭诉是他哥哥先对付他，他才被迫反击的说法也是恶人先告状。总之，李建成的人都被杀光了，我们可以想象垄断了第一手资料的唐太宗及其同党向史官提供的资料水分有多重。

其次是通过大力宣传丑化他人，美化自己。除了唐高祖被刻画成庸碌无为的废物，唐太宗的敌人包括隋炀帝、李建成、李元吉等也都遭到极大丑化。唐太宗就算不能掌控史官，但他可以开动强大的国家宣传机器，对史实极尽刻画渲染之能事，让后人接受先入为主的印象。中国人一方面有着强烈的正史情结，一方面又热衷于野史演义，官方有一套严格的正史系统，民间也有一套非常自由的野史系统，只要好玩儿，连孔子私通南后这种事也编得出来。唐太宗巧妙地绕开正史的春秋之笔，在野史上下大力气，先为自己立起一座千古圣君的丰碑，让大家在主观感情上先入为主，喜欢上他这个人，就会下意识地对他产生美化倾向，刻意回避甚至为他的诸多劣迹强行辩护。当然，要做到这一步不仅要力气下得大，还得要有条件。唐太宗真的运气很好，太宗系列势力非常强大。宋明两朝的太宗在很多方面与唐太宗颇有共通之处，需要通过吹捧他来达到一些现实政治目的。唐太宗的宣传攻势在他们手中接力千余年，终于在中国人心中深深地烙下了"唐太宗是圣君"的烙印。

三、夸大其词的大唐盛世

贞观、开元是不是盛世？大唐帝国的文治武功是不是很伟大？当然是！但这也在唐太宗以及宋明两朝的过分吹嘘中变了味儿。

首先说文治。前文说评价唐朝盛世不能看数据，那正是因为这组数据实在惨不忍睹，三百年都没能恢复隋朝鼎盛时期的水平。不过这本身是可以理解的，甚至在一定程度上是历史的必然，但唐太宗对隋朝进行了严重的丑化，对唐朝的恢复性增长进行了严重的夸大。

唐太宗其实没有做出什么创造性工作，贞观时期经济增长是乱世终结后

的自然恢复过程,并非他的治国之道真有多么过人之处。

唐朝的文化不可谓不繁荣,但一个真正具有文化软实力强大的时代不仅仅有文学家就够了,还必须要有伟大的思想家才能升华。历史上文化发达的主流王朝都有"节点级"的大哲鸿儒镇世,先秦诸子百家自不必说,汉有董仲舒、王充,宋有程颐、程颢、朱熹、周敦颐,明有李贽、王阳明,连晋朝都有鲍敬言这种"无君论"的先行者,唐朝有谁?韩愈?柳宗元?不是我不尊重两位前辈,客观地说,两位在跟宋朝第二级别的几位思想家共同组成的唐宋八大家中也不敢说顶尖吧,更遑论程朱了。所以,唐朝的文化虽然发达,其实缺乏升华,严格地说也只能算是一种浅层次的浮华。在当时文化层次还很低的外国人看来,唐朝是和汉晋宋明一样伟大的文化大国,其实就像蚂蚁看篮球和地球一样大一个道理。

至于著名的魏征,实际上他和唐太宗也是相互利用。魏征本是李建成的人,唐太宗故意重用,并要求他故意做出一副诤臣的姿态,以显得自己胸怀博大。这样,唐太宗利用魏征打造善于纳谏的明君形象,魏征则利用唐太宗成就一代诤臣的美名。唐高祖手下有一位大臣苏世长非常喜欢直言进谏,但唐高祖对他说:"你并非真心进谏,无非是以直谏博取美名罢了。"此事正史有载,可见当时已有这种风气露头,魏征不过是一个成功的发扬者罢了。而唐太宗的虚情假意终究也要露馅,他晚年皇位稳固,无须再假装纳谏之态,遂冷落了魏征。魏征死后,唐太宗还撕毁与他的儿女婚约,甚至推翻了魏征的墓碑,显然是忍了这老家伙很多年,死了终于忍不住,爆发了。

而要体现太平盛世,最俗套的方式就是罪犯少,几乎所有史书都不忘记载贞观四年(630),全国只判了二十九个死刑犯,由此引发了一桩令人陷入深思的哲学故事。据《资治通鉴》讲,贞观六年(632),全国共有三百九十(有史料称二百九十或二百九十九)个死刑犯在押等候明年秋后问斩。唐太宗说秋后还有大半年呢,你们先回家过年,待秋后自己回来受刑。果然第二年秋后这三百九十人全部自觉回来受刑,无一逃亡!唐太宗治下的中国,社会秩序竟然达到如此境界,白居易写下"怨女三千出后宫,死囚四百来归狱"的诗句,不知让多少唐太宗的拥趸感动得泪流满面。不过想想又觉得有点不对劲,我不是怀疑白居易乐府诗的真实性,只是觉得才区区两年,死刑犯就从二十九人暴涨至三百九十人,这好像也不是很光彩。何况这三百九十人全都是重大义、轻生死、一诺千金的豪侠,金庸小说里怕也只有乔峰、郭靖等寥寥数人能达到如此境界。而唐太宗一年就判了这样级别的大侠多达三百九十人,会不会反而让人觉得心寒啊!

到了现代,唐太宗的崇拜者更是泥沙俱下,甚至到了张冠李戴、罔顾事实的地步。有人说唐太宗首创三省六部分权体制,主动用门下省、御史台来限制皇权,体现了博大的胸怀;有人说"中国史上出八百五十三个帝王,只有李世民一人拥有如此杰出的智慧和胸襟",还有人喊出了"贞观王朝是历史上唯一没有贪污的王朝"。甚至有人著书称李世民是历史上继孔子之后的第二大伟人……

厉害!

其次说武功。吹嘘者总爱拿唐朝轻松剿灭突厥来说事儿,然而,我们仔细研究下唐代的地缘政治环境,却不得不发出一个疑问——仅仅踩扁突厥就够了吗?

突厥强不强?当然强,不强的话,现代不会有那么多八竿子打不着的民族硬要认他当祖先。但问题在于突厥不可能一直强,必然有一个强弱起伏的过程。刚刚攻灭柔然,让北齐、北周争相纳贡的突厥就很强。后来打着突厥旗号,其实跟突厥没啥关系的奥斯曼土耳其帝国更强,把挺立千年的东罗马帝国都灭了。那它什么时候弱过?不就是被长孙晟玩残这段时间最弱吗?我们看看唐太宗是怎么对付突厥的。天策上将其实一次都没有将他的战神绝技用到突厥身上,每次都是把人家吓跑的。且先不论吓跑的背后有多少复杂的背景,但一个每次都能被吓跑的部族,您总不太好意思把他说得太强吧。

事实上,隋末中原大战乱,突厥恰恰处于极度虚弱,不然早就杀进中原来了。唐朝建立后,走上正轨的中华帝国碾死这么一个垂死的部族联盟很值得吹嘘吗?中原王朝历来以蒙古草原为最主要的边患,唐朝很轻松地剿灭了当时蒙古草原的霸主突厥,这确实极具迷惑性。其实,中原政权对蒙古草原战绩最好的既不是汉武大帝,也不是什么大唐王朝,而是北洋军阀。那北洋军政府是

不是史上最强中原王朝？

什么叫强？强就是你在小班把全班打趴下,转头到大班被打得尿裤子？除了轻松捏死突厥,唐朝其他方面的战绩可以说一塌糊涂,其创造的诸多纪录堪令其他王朝叹为观止,比如大败于高句丽；被尚未开化的契丹部落斩首数万；被吐蕃攻占长安；请回纥助战,条件是回纥大爷可以在洛阳自由劫掠十天。最令人难以接受的是：尽管中原汉族王朝经常陷入与北方游牧部族的苦战,但从未在南方面前丢过脸,唐朝是唯一一个——南诏国（今云南省一带）曾攻占成都,迫使唐王朝签下城下之盟……

唐朝,这个天策战神李世民构筑的贵族王朝,尽管也取得过一些不错战绩,但总体而言战绩较差,吹嘘成分过于严重。

再次是贻害后世的过度开放政策。这个问题争议很大,有人认为唐朝开放的民族和外交政策是中华帝国强盛开放的象征,造就了一个繁荣的大时代。但也有人指出正是唐太宗开启了这种国界不设防的模式,导致大量部族进入中原,最终酿成安史之乱,巅峰盛世极速坠入乱世深渊,二百年不得解脱。

适当开放可以增加交流,促进发展,海纳百川也是一个超级大国应有的胸襟气魄,然而唐太宗采用过度开放的政策却是有严重的私心作祟。唐太宗得国不正,急欲创建不世之功以掩其罪,但国力有限,不容过度征伐,于是他利用政策杠杆,驱使大量游牧部族去为他立功。这当然不是没有代价的,他必然对这些部族的领主施以厚赏,并允许他们的部族进驻中原。唐太宗之后的几届朝廷延续了这个国策,尤以其曾孙唐玄宗（李隆基）为甚。唐玄宗朝的开元之治表面上看更胜贞观,其实埋藏了更大隐患,最终以安史之乱的形式爆发出来。

文明帝国雇佣游牧部族作战在全世界范围都引起过激烈争论。许多大帝国都雇佣蛮族作战,靠杠杆效应在短时间内建立了辉煌战功,但最终都因为无法控制进入国土的诸多蛮族而自取灭亡。罗马之亡于哥特,波斯之亡于阿拉伯,阿拉伯又亡于塞尔柱,其实都不是从外部攻破,而是淹没在一大片自己请来的蛮族大潮中。

中国人历来讲华夷之辨,非常提防游牧部族渗入中原。但晋朝开了不好的例子,大量部族被引进中原,终有五胡乱华。这在当时就已经引发过激烈争论,以名士江统为代表的一派反对中原王朝借助夷狄的力量作战,并要对他们进行分化瓦解,后来长孙晟将这个理论运用于实践,取得极大成功。不过西晋时无人采纳江统的正确意见倒是有当时的实际困难,西晋恢复分封,各个封建领主竞争激烈,必须引入外援助战,不然会在内战中败下阵来,这是体制决定,并非某一两个人的高瞻远瞩所能改变。可唐朝是一个统一的汉式帝国,没有内战压力,却因为唐太宗开疆拓域、建立个人功业的私欲,将国家民族带上一条明知是错的道路,不得不说是极大的罪孽!

最后是可怕的藩镇节度使。行省制度在隋末已经被证实不利于维护汉式中央集权帝国的统一。唐太宗在登基前曾任陕东道大行台尚书令,但他也深知行省这个制度绝非正确的前进方向,正如他深知不能任由次子争权一样。不过他确实也没拿出什么解决办法,唐朝的节度使比汉朝的州刺史有过之而无不及,堪称中国地方割据史上的一朵奇葩。

所谓节度使,应该是源于魏晋的持节都督,即皇帝赐予元帅使节,可以节制调度一方兵马,本身是一个临时军职。唐朝最初继承隋朝府兵制,中央对军权的控制很强,但随着均田制的瓦解,府兵制也名存实亡。对此,唐王朝的对策是设立藩镇,招募士兵。从后来的历史看,募兵制确是历史前进方向,但唐朝的具体措施相当失策。招募士兵并非不可,但朝廷应牢牢掌握募兵权,不能让募兵成为节度使的私兵,更不能让节度区域成为他的私有王国。本来唐朝设置了采访处置使掌控地区行政财税权力,作为节度使的牵制,但唐朝历届政府都秉承唐太宗急功近利的私欲心态,为了让节度使更方便地调用资源用于招兵,唐玄宗允许节度使兼任采访使,兼掌地区的行政、税收权力。这样,节度使终于成为总揽军政大权的一方诸侯,和汉朝的州刺史并无二致。更由于唐朝过度开放的国境政策,许多部族领主渗入中原,以节度使之名发展出一方势力,但绝不直属于唐廷,为安史之乱以及之后的大割据场面奠定了制度基础。

一个看似强大的唐帝国,其实在很大程度上是靠藩镇的力量在支撑,但朝廷又缺乏对藩镇的约束,一旦捅破这层纸,等待中国人民的,就是一个比三国更加血腥恐怖的乱世。甚至可以不夸张地说,唐季藩镇节度之祸,是终宋一代三百余年,中国人挥之不去的梦魇。

亦正亦邪,谜样风采

如果要问最伟大、最优秀的太宗是谁?或许没有一个公认的答案。但如果要问人气最高的太宗是谁,毫无疑问,只能是唐太宗。甚至跳出太宗范畴,在所有历史人物中,唐太宗也是顶尖人气角色。

然而,唐太宗除了有彪炳史册的文治武功,同时也是个劣迹斑斑的恶徒,他的成就更带有极大的吹嘘成分,他给历史进程带来的恶劣影响甚至比正面影响还要大得多。但是,他就是拥有历朝历代数不清的拥趸,连最会损人、最不顾忌历史真相的明代小说家群体,也非常默契地选择了为他隐恶扬善,文过饰非,把他塑造成一个聪明仁惠、忠厚善良的完美男人形象。最恐怖的是连岳飞、文天祥都要试着去打倒的现代网络文化,却唯独坚持着对唐太宗的高度赞誉,揭批、污蔑、中伤甚至连调侃统统与他绝缘。这种程度的人气到底是为什么?不仅是被李老二冤掉的隋炀帝,还有长期任由野史污蔑调侃的曹操、魏延、潘仁美、陈世美一起发出了内心深处的怒吼!

有人将这种现象归结于唐太宗强大的宣传攻势,尤其是他篡改史料的行径。但篡改史料的也并非他一人,而且他那点篡改,漏洞百出,真可以一叶障目,骗过所有宋明学者吗?还有人说是宋太宗和明太宗的狂热吹捧,由于他们垄断着话语权,所以很容易将唐太宗打造成一个完美偶像。且先不论他们是否真的能垄断话语权,只说这两位自己都还是野史演义中被调侃的喜剧角色,就凭他们能打造出唐太宗这尊完美的神像?或许我们必须暂时超出历史学和公共管理学的范畴,用一个文艺学上的原理来解释——如果主角太正义、太完美、太高大全,观众就会觉得脸谱化,就算理性认可,也无法加大感性投入,那种亦正亦邪的复杂个性才有可能调动起观众内心深处的澎湃感情。

举个比较浅显的例子,金庸小说创造了一系列经典人物,我们可以从十四部小说的主角形象看出他创作思路的一条清晰脉络——主角渐渐由完美型向缺陷型转变。处女作《书剑恩仇录》中的陈家洛各方面都非常完美,但并不受欢迎。我甚至相信,如果您不是一个较高级别的武侠迷,那么应该没听说过这位完美主角的大名。之后的袁承志,尽管武艺和陈家洛一样完美,但身世坎坷,稍许博得了一点同情,但他的人气显然不如同书中一位配角——金蛇郎君夏雪宜——一位邪道出身,但又极具魅力的反派人物。再后的主角郭靖甚至有智力上的缺陷,而且刚出场时武艺也很低微,但他的人气就远远高于前几位。最后,《神雕侠侣》推出了金庸小说的终极主角——神雕侠杨过。这位身世坎坷,品性顽劣,行为乖张,与邪魔外道过从甚密,断了一条手臂甚至对基本人伦做出挑战的怪人,无疑是所有金庸人物中的人气之王。更重要的是乔峰、郭靖的拥趸们都还算理智,而杨过的亲迷们对他却有着一种近乎偏执的非理性热爱——杨过的优点会被无限放大,他的缺点也会被视为缺陷美,一些恶劣行径也会被找到各种理由来辩护。事实上,杨过的拥趸们从未表示过杨过比郭大侠、乔帮主更伟大,甚至可以承认杨过有着诸多缺陷。但是,我们就是更喜欢过儿。

没错,就是喜欢,您有什么办法?这就是文艺创作的巨大魅力。完美的呆板的陈家洛并不讨喜,亦正亦邪、优点与缺陷共存的杨过才是一个血肉丰满的佳作。同样的道理,低调稳重,完全符合儒家传统审美观的汉文帝、宋仁宗、明孝宗能在史书上得到儒家的无数赞誉,却难以得到民间的狂热追捧。只有唐太宗这位特殊主角,他既可以通过篡改史料来塑造正史上的圣君名号,又因为复杂而充满矛盾的丰满形象吸引着后世的读者;他既有宋太宗和明太宗在官方媒体上为他摇旗呐喊,又有无数偏执的拥趸抓住一切机会用或真或假或已吹破的牛皮继续完善他的形象。所以千年之后,这样一个太宗,他必将成为政治史上最大的偶像,没有之一。

不过话又说回来,比起杨过,段延庆、游坦之的身世更坎坷,性情更乖张,为什么没有人像杨过一样狂热地喜欢他们呢?原因再简单不过——他们实在是太丑了!喜欢这种鬼脸还不如亲自去做鬼。杨过的各种缺点被视为个性的前提是英俊的相貌,如果离了这个前提那就请自觉归入段延庆一党。同样的事帅哥做了就是好有个性,您做了就是丑人多作怪。是的,现实就是这样。

而唐太宗能被归入杨过一党自然也是有其合理前提的,尽管他受到过分吹嘘,但他那大杀四方的战神气概却当属实,大唐帝国的恢弘气象亦非捏造。操贼,你不服气吗?你那宛城征张绣、濮阳攻吕布、割须断袍、火烧赤壁的战绩要拿出来和天策上将比比?你那只占据半个中国最后还被人篡了位的所谓魏朝还要拿出来和大唐王朝比比?再不服气比比你的长相?你接见匈奴使节时因为自己貌丑而找崔琰代替,自己站在旁边冒充侍卫。丑到不敢见人,不说你是段延庆,没人敢认自己是游坦之。

　　一个唐太宗级的偶像,必须要同时具备正邪两方面的高度魅力,缺一不可。缺了邪的一面只能当教科书上呆板的绣像,而如果正的一面实力欠缺,那就只能与曹操、魏延、潘仁美、陈世美为伍,以稗官野史笑话主角的身份长期作为中国人民欢乐的源泉。而唐太宗,他非常凑巧地同时具备了两个极端,所以才能成就这个完美的艺术形象,绝非偶然。汉文帝、曹丞相,你们两边可都不要不服气啊!

第七篇 五代十国
——被害妄想症的夜宴

最严重的一次乱世

一个伟大的民族总在灾难中前行,在遭受了春秋战国、三国演义、五胡乱华后,中华帝国又不得不面对——五代十国。

唐朝迎来了贞观、开元盛世,但也隐藏着不少危机,随着时间的推移,这些危机都会逐渐显露。更何况,唐太宗的个人问题更人为加重了某些危险因素。安史之乱捅破了这层窗户纸,自秦汉以来,历代王朝为建设单一制中央集权帝国的多年努力,再度付诸东流。

最重要的是,汉族这个不以宗教为纽带维系的庞大民族,当其道德观发生严重危机时,就会面临肉体和精神彻底毁灭的危险。所以,五胡乱华,乃至后来宋亡于元、明亡于清,即便丢掉全部国土,都还保留着光复的希望。而大唐,这个充满道德缺陷的王朝,当他挥霍光祖宗留下的道德遗产后,他带来的这个乱世,才是中华民族到了最危险的时刻。

安史之乱后,建国不足百年的唐王朝其实便已四分五裂,外有藩镇为祸,内有宦官专权,乃至"号令不出国门(这里的国门是指宫廷之门)"。农民起义也是风起云涌,其中黄巢起义声势浩大,几乎要取代唐朝正统。对此,衰弱的唐王朝毫无对策,只好饮鸩止渴,不停加封新的节度使,让他们组织私兵去镇压起义,又进一步壮大了割据势力。

唐昭宗天祐四年(907),魏王、宣武军节度使朱温废黜了唐朝最后一位皇帝唐昭宣帝(李柷),在汴京开封府即皇帝位,国号梁,史称后梁。曾经带来无数

第七篇 五代十国——被害妄想症的夜宴

荣耀的大唐王朝正式终结。当然,继任的后梁远远没有统一的实力,实际控制区域大约也只有唐亡前控制的中原一带(河南)。之后还有四个王朝占据中原,依次为后唐、后晋、后汉、后周。由于这些国号都是之前用过的,所以这五个朝代的史称都要在前面加一个"后"字,史称五代。在五代实际控制范围外,前后还有前蜀、后蜀、吴、南唐、吴越、闽、楚、南汉、南平(也称荆南)和北汉等十个割据政权,统称十国。这个时代便被称作五代十国。

这一次的乱世比前次的春秋战国、南北朝都要严重得多,不仅改朝换代的速度更快,更重要的是几乎人人都靠叛变和篡逆登上帝位,几乎冲垮了中华帝国赖以维系的道德体系。我们可以看一组数据:

五代共计 53 年,平均每代 10.6 年,仅中央政权就有 15 人过了一把皇帝瘾,平均每人享国 3.55 年。这其中有 7 人篡位称帝,占 46.67%,篡位者中又有 5 人是杀掉自己的父兄篡位,占 71.40%,另有一些欲行篡位却又失败的,以及非中央政权的尚未纳入统计。

这简直比《夜宴》的收视率还高。这是一个非常混乱的时代,一切成体系的东西都在这个时代崩坏,甚至我们想从史书中寻找一些东西串成篇章时,都会有一种头绪纷繁的感觉。著名导演冯小刚先生甚至提出了一个大胆的理论:古装戏就要拍五代十国,因为如果把时代背景放在汉唐这样很清晰的时代,很容易被观众挑出历史硬伤。而放在五代十国,反正是一笔糊涂账,观众也就难得糊涂地看过去了,这样就能让主创人员更好地发挥创作才思。换言之,拍其他时代要顾忌基本史实,五代十国就可以乱拍。

不过五代十国虽然荒诞混乱,但其实也并没有脱离历史发展的主线,这段大混乱也是文明发展的一种自我调节。这个看似有些无厘头的乱世,其实也是中国特色封建社会走过牛李党争之后的又一个瓶颈,一个血腥的乱世摧毁了大唐帝国,但无数人无数次的努力也正在带领着中华民族艰难地挤过这个最痛苦的瓶颈。

这个太宗没本纪

太史公在《史记》里定下规制,纪传体史书中帝王的传记叫本纪,王侯的叫世家,其他重要人物的叫列传。但后来世家越来越少,中国人也不喜欢为皇帝以外的人再划分阶级,所以后来就没有世家了。显然,太宗是一个皇帝庙号,皇帝就应该在正史上有一卷本纪,最差也要像晋太宗那样有半卷(《晋书·本纪第九》为太宗简文帝和孝武帝共用)。然而,到五代十国,特殊情况出现了,本篇主角在二十四史中没有属于自己的本纪。最过分的是,作者还专门提醒读者不是他忘了写,而是有意把此人剔了出来。

此人就是后梁太宗……我是说朱友珪先生——很抱歉他没有庙号,我们只能直呼其名了。他确实是后梁第二世君主,而且非常代表后梁,甚至是整个五代的风格,但他确实没本纪。

梁太祖(朱温)本是唐末黄巢起义军的一个将领,但由于作战不力,怕黄巢责罚,就投靠了唐朝。一个军人,因为被害妄想症发作,就会轻易背叛自己的政权。朱温开了这个头,犹如打开了潘多拉的魔盒,开启了这场被害妄想症患者集体冲击道德底线的盛宴。

朱温投靠唐朝后赐名朱全忠,濒死的唐王朝寄望于手握重兵的朱全忠能中兴大唐。朱全忠显然是一个完全不忠的人,但此时所谓的唐军已经和糖菌没多大区别了,朱全忠带来的这支叛军基本上也就是唐朝中央仅存的战斗力了,他自然也就成了唐廷权力最大的人。接下来的程序就和唐高祖篡隋差不多,其实当年唐高祖的形势也跟梁太祖差不多,篡得的所谓隋朝也只有关中那么一点点地盘,区别就在于唐高祖有个很能打的二公子,就凭关中那么一点点,接着就把全国都打下来了。那梁太祖的二公子呢?就是这位没本纪的太宗了。

朱友珪的身世非常传奇,当年朱温还在唐朝当将军时,行军路过亳州,请了一位营妓来陪陪。一个月后朱温准备开拔,按理说两人的公务都完成了,签

单后就不一定再联系了,营妓却发现自己已经怀孕,公务牵扯出了私事。但朱温很惧内,不敢让夫人张氏知道,就在当地安置好这位营妓,自己走了。又过了一段时间,营妓告知朱温生了个男孩儿,朱温非常高兴,但又不敢去探视,就给他取了个小名遥喜,就算父亲表达下遥远的喜悦吧。后来朱温权势渐大,将履九五之尊,才将遥喜母子接回身边,取了个正名朱友珪。朱温篡位后,封朱友珪为郢王。

梁太祖有八子,朱友珪排行第二,另外长子郴王朱友裕、三子均王朱友贞、幼子康王朱友孜、养子博王朱友文(原名康勤)都很能干,作为梁太祖手下大将,屡立战功。其中朱友裕既是长子,又是当世名将,本来很有希望继位,可惜他在朱温篡位前病卒,又给后梁的传位问题带来了极大困扰。其实,《周礼》定下的嫡长子嗣位制度历经千年,多次遭到破坏,到朱温这个农民军的叛徒当皇帝时,早已形同虚设,就算朱友裕不早死,他的长子身份也很难说是继承权的可靠保证。

当初隋唐几子夺嫡,一方面皇子们要靠自身的势力,另一方面还要拉拢有势力的巨头。但在朱温这里没有巨头可言,唐朝以门阀贵族社会为基础的节度使割据造成了严重乱世,出身平民的朱温可谓深恶痛绝,他自己当了皇帝,坚决不允许谁拉帮结派形成门阀。当年秦国在一个较小范围内做到了这一点,现在后梁实际控制的范围也不比秦国大,所以又一次铲除了贵族,做到了比较纯粹的平行社会。这可是公共管理学的一层极高境界,朱温做到了,是不是应该为他喝彩?先别慌,他这个水分比较大。且先不论他的国土实在太小,能不能真的代表中国,就说他铲除门阀的这个方式实在不具备可持续性——他只要发现哪个大臣势力比较大了,有发展成门阀的倾向,就把他杀了。这倒是很直接的方法,朱温准备以一个人的蛮力来对抗一个社会阶层,方法毫不可取,就剩精神可嘉了。这种杀戮残杀了许多无罪的功臣,既拆毁国家栋梁,又弄得人心惶惶,这样的王朝还能持久吗?

而对争位的儿子们来说,现在不能拉帮结派比势力,那又比什么呢?梁太祖很快给出了考题——比谁的老婆漂亮。

隋唐三百年淫乱史极大地冲击了道德体系,还造就了很多人恶俗的怪

癖,比如梁太祖。这天下的美女何其之多,他偏偏就喜欢扒自己的儿媳,这绝对是心理重症。诸多儿媳中,他最喜欢朱友珪的妻子张氏和朱友文的妻子王氏。梁太祖晚年抱病,就让这两位专房侍疾。两位媳妇为了自己的老公能继位,颇是卖力地服侍公公。不过据说王氏更美艳一点,更得梁太祖喜爱,于是梁太祖临终让王氏去召朱友文来诀别,又对知崇政院敬翔说:"朱友珪可以给他一个郡。"并商定任命朱友珪为莱州刺史。

显然梁太祖准备传位给朱友文了,不过这肯定瞒不过他的枕边人张氏,张氏赶紧把消息透露给老公。朱友文一上台肯定会打击报复和他争位的二哥,最坏估计全家死绝。朱友珪夫妇相对而泣,左右都力劝:"事已紧急,要早作打算啊!"

传说隋炀帝当年是杀死隋文帝篡位的,不过正史一般不这样认为,但传说当有人需要信时就可以先信一下,朱友珪现在就很需要。既然有了榜样的力量,朱友珪胆气壮了一点,他快速集结麾下左龙虎军和曾经带过的控鹤军,攻入寝中。由于梁太祖并无防备,被轻松攻入。梁太祖惊慌地坐起大呼:"我早就怀疑此贼,只恨没早杀,逆贼忍心弑父吗?"朱友珪还真有点不忍心,派亲吏冯廷谔代杀。弑父后朱友珪秘不发丧,以梁太祖之名派人去东都开封杀死朱友文,宣称朱友文谋逆。然后朱友珪才公开发丧,在梁太祖灵柩前即皇帝位。

登基后,朱友珪赶紧拉拢兄弟们,封梁太祖第三子均王朱友贞为汴州留后、开封尹,养子朱友谦为中书令。但弑父篡位的行径毕竟令人不齿,大家在心里都很恨他。不多久,朱友谦就溜出京城,在怀州(今河南沁阳)以三千龙骧军自立,号称讨贼。原唐朝的藩镇诸侯都趁机加大了对后梁的攻势。其实也不能说是朱友珪弑父造成了这种四面楚歌的困境,因为残唐五代随时都会发生这种情况,倒未必有外人真因为这个原因来教训你。但外敌可以堂堂正正地在战场上决胜负,要为梁太祖报仇的内部敌人才最难提防。

朱友贞任汴州留后,主政京城,最有条件诛杀朱友珪。他联络任左龙虎统军的梁太祖外甥袁象先、驸马都尉赵岩等禁军将领,发动政变。禁卫杀皇帝,毫无悬念。朱友珪还想弃城而逃,但被禁军围堵在城墙内。朱友珪无奈,让冯廷谔杀死自己和妻子,然后冯廷谔也自杀,这个太宗只当了半年就草草收场。

朱友珪死后,朱友贞即位,史称后梁末帝,追复了朱友文的官爵,并且没有给予朱友珪庙谥,降其为庶人。不过从"末帝"这个称呼我们很容易判断出,朱友贞也当了亡国之君。不过还好,梁末帝不是被内部篡位,而是被外敌所灭。后梁一朝国祚仅十七年。

梁太祖想靠简单的杀戮来摧毁贵族门阀,这显然是不现实的,而他无故诛杀功臣反而造成人心不稳,迫使很多人叛变,朱友珪弑父篡位也有一定被迫的成分。后面君父要杀臣子,是担心臣子叛乱;臣子要叛乱,是担心君父要解决自己,形成了一种恶性循环。很多叛臣并不是因为有当皇帝的野心就要弑君,而确实是不叛变就很可能要被做掉。朱温、朱友珪这一对篡贼父子不仅葬送了自家的一个王朝,更开启了一种君臣猜忌的模式,将恶劣影响传承下去,造成了长达半个世纪的血腥乱世。

欧阳修在《新五代史》中将当过皇帝的朱友珪归于《梁家人传》,而不给他撰本纪,并作了专门说明:"呜呼,史家的春秋笔法,最难的就是定夺是非!有人问我:'梁太祖以臣弑君,朱友珪以子弑父,都是一样。而且他们都是弑君后即位,第二年改元,按史家传统,都应该纪为国君,而朱友珪却不得列于本纪,为什么?而且父子都一样坏,却夺了儿子的君名,保留了父亲的,这符合史家的春秋大义吗?'我这样回答:'后梁的事太典型了!父之恶,不需要通过夺他儿子的君名来彰显,然而末帝的宏志,不可以不伸张。春秋大义,君弑而贼不讨,是臣子的责任。我这样对待朱友珪,正是为了伸张末帝的讨贼之志!'"

梁太祖和朱友珪其实都算是当世名将,以一身硬功从唐末乱世中脱颖而出。但他们弑君篡父,道德极其败坏,难逃史家的春秋之笔。梁末帝懦弱无能,葬送江山,但好歹做了一点人事,得到了史家的赞扬。

朱友珪没有获得任何庙谥,甚至不被承认为皇帝,但他极具代表性和开创意义。他代表了晚唐五代以来严重的道德危机,连父子都失去了信任,他因为害怕而以子弑父更开启了五代十国的弑君模式,中国政治不幸进入了一个可怕的恶性循环。这不是因为国力衰退,而是因为道德体系的崩溃,这对一个靠道德而非宗教长久传承的帝国而言,更加可怕。

最后,我还想向欧阳文忠公补充一个问题:唐高祖和唐太宗父子也是和

梁太祖父子差不多的人,您为何不选其中一位从《新唐书》的本纪部分中剔出来呢?

好吧,我承认这个笑话过于冷了一点。

这个太宗没文化

当年唐太宗为了快速扩充军力,引进了不少游牧部族助战,其中有西突厥的一个分支沙陀部,首领姓朱邪。沙陀部本居于西域准噶尔盆地,唐朝利用它来和吐蕃、回鹘作战。后来唐势力在西北方向不断萎缩,沙陀部顶不住各族围攻,要求内迁。唐朝也需要收缩战线,于是将沙陀部一路内迁。唐懿宗咸通十年(869),神策大将军康承训统十八路军共讨桂州庞勋起义,沙陀部酋长朱邪赤心率本部参战,战后因功赐名李国昌,拜振武军节度使、单于大都护,驻云州(今山西大同),主防东北契丹、奚等部族,建立藩镇。

但正如前文所说,这种部族首领是不会真正融入国家的。李国昌卒后,其子李克用刺杀云州防御使段文楚,要求唐廷任命自己为云州防御使。唐廷没有允许,发兵征讨,李克用兵败逃入鞑靼部。但后来黄巢起义,攻入长安,唐廷又不得不召逃犯李克用率沙陀、鞑靼军助战。李克用率军攻破长安,因功授河东节度使驻太原,成为北方一霸,与开封的朱温分庭抗礼。朱温篡唐称帝后,唐朝的晋王李克用一直以光复唐朝为号,与后梁斗争。同时,位居山西、河北一带的李克用家族还要面临北方幽州节度使刘仁恭家族和强大的契丹帝国压力。

后梁建立次年,李克用病卒,其子李存勖嗣位。野史称李克用有十三个儿子,号称十三太保,都非常厉害,其中最猛的是义子李存孝,大概和李元霸差不多厉害。不过,事实上最善战的当属亲长子李存勖(三太保),其次是义长子李嗣源(大太保)。李克用临终前,深恨未能向三大仇人复仇,一是后梁朱氏,二是幽州刘氏,三是契丹耶律氏。李克用要求李存勖一定要剪灭这三大仇敌,告于灵前。其实就和陆游的"王师北定中原日,家祭无忘告乃翁"一个意思,但李克用没那么好的文才,说不出这种话,就给了儿子三支箭作指代。

第七篇　五代十国——被害妄想症的夜宴

李存勖将三支箭供于宗祠,每次出征都带着,打了胜仗就还于李克用灵前。李存勖战阵无敌,当时之世,何人敢撄其锋!即便后梁名将王彦章王铁枪也不是对手,大有李世民再世之风。数年间,李存勖大破梁太祖,生擒刘守光(刘仁恭之子),甚至将勃兴的契丹帝国打回北方。唐庄宗同光元年(923),李存勖攻灭后梁,在洛阳即皇帝位,号称光复唐朝,国号仍为唐,史称后唐庄宗。唐庄宗举行盛大的祭祀仪式,手持三支箭向李克用灵前复命,完成了三大遗愿。在那个人人都惶惶不可终日的时代,这样的风光场面着实罕见。

可惜唐庄宗是个强人,却不是一个智者,短暂的风光就冲昏了他的头脑,一个名义上的皇帝就让他满足了,全然无视还有那么多地区没有纳入统一。更可笑的是这位猛将同时还是位狂热的票友,痴迷于戏剧艺术,尤其宠爱优伶,甚至让优伶们做官掌权,称之为伶官。史上宠信宦官、女官、僧官的都有,宠信伶官的印象中还真只有三太保一位。别以为古代的戏子是现代德艺双馨的表演艺术家,古人说婊子尚有情,戏子最无义,这些伶官既非世袭贵族,又非饱读诗书的士子,一旦权柄在手,大多都胡作非为。有些伶官以权敛财,有些还强抢民女,唐庄宗一概放任。伶官们愈发嚣张,开始构陷重臣,企图谋夺更高的权位。

伶官们先是诬陷开国元勋郭崇韬、朱友谦,唐庄宗不分好歹将他们冤杀,引起恐慌。这时有一支戍守契丹边境的军队守期已满,换防归乡,即将抵达邺都(今河北大名)时唐庄宗突然下令原地驻扎,但又不说明缘由,一时猜测纷呈。这时又有人看见伶官史彦琼无故夜半奔出邺都,彻底引爆大家的恐惧,戍卒皇甫晖劫持主将赵在礼,强迫他率领这支军队叛乱。叛军很快攻克邺都,唐庄宗派出大将元行钦镇压,却一触即溃,不得已只好派出本已深深见疑的大太保李嗣源率军出战。

李嗣源原名邈佶烈,无姓氏,被李克用收为义子,排行老大。李嗣源勇猛作战数十年,浑身上下体无完肤,外号李横冲,是仅次于唐庄宗的猛将。唐庄宗登基后对大将们猜忌较重,李嗣源甚至也差点被冤杀。李嗣源或许也很想利用这个机会重新取回三弟的信任,但时代没有给他当忠臣的机会,刚抵达邺都前线,他的部下也发生哗变。赵在礼是被部下逼反,底气不足,他将两股

哗变的叛军合为一处，要求李嗣源在河北称帝。这些叛军其实并不是多有野心，也是怕被唐庄宗杀才叛变，无数人围着李嗣源，哭声震野，求他一定要拯救大家。李嗣源很不愿意背叛三弟，也哭着对叛军说："我理解你们的处境，但我不会带你们造反，我自回京师去了。"最后叛军亮出兵刃，逼李嗣源就范。李嗣源无奈，只好率这支叛军南下，路上他还有思想斗争，想回到洛阳就向三弟请罪，以保清白。女婿石敬瑭向他做了很多工作，阐明道理，如果不推翻唐庄宗的残暴统治，还会有更多这样的悲剧。最终李嗣源下定决心，率军攻向开封。

估计唐庄宗对李嗣源的叛变并非没有思想准备，但他的战将杀的杀，叛的叛，现在他只好重操旧业，提枪上阵，那些宠爱的伶官竟成为他最后的倚靠。唐庄宗集结部队，出援开封，将财物赏赐给部队。但士卒拿到钱骂道："我们的妻儿都已经饿死了，你现在才给钱有个屁用！"唐庄宗只好一边赔好话，一边带着他们往开封拖。拖到半路接到消息，开封已被李嗣源攻占，唐庄宗的部队立即逃亡了一大半。唐庄宗连忙带剩下的人逃回洛阳，到了城下却发现留守洛阳的卫戍部队从马直都指挥使郭从谦叛变了。

唐庄宗本来特别宠爱伶官郭从谦，尽管他是皇弟李存义的养子，并拜郭崇韬为叔父，这两位都被唐庄宗无故冤杀，但唐庄宗依然用他率领京城卫戍。说不清楚这到底是心胸太宽广还是智力太低，他怎么就对影星痴迷到这种程度，就算现在这个娱乐时代，玉米对春哥的痴迷也不过如此吧？

其实郭从谦也不是一开始就想叛变，他应该还是对唐庄宗的信任心存感激，但唐庄宗随口说了一句话，吓得他小心肝儿差点跳出来。唐庄宗临走前，从马直一位军士王温谋刺唐庄宗被捕，唐庄宗就对郭从谦笑嘻嘻地说："你跟李存义、郭崇韬一党，他们都背叛了我，现在又教王温来杀我，然后还想怎样？"从后来的事实看，这确实是句玩笑话。但药可以乱吃，话不可以乱说呀！五代十国是什么年代，容你开这种玩笑？郭从谦认定唐庄宗也开始猜疑他了，那就没办法了，反吧！

郭从谦趁唐庄宗出征，给从马直做好思想工作，等唐庄宗狼狈归来，就在京城伏击他，唐庄宗忙率侍卫亲军黄甲军迎战。五代第一战神岂是浪得虚名，唐庄宗一人就斩杀上百名叛军。但毕竟寡不敌众，叛军占据了有利地形，将唐

庄宗乱箭射倒在地。所谓患难见真情,见皇上被射倒,皇后毫不犹豫,立即带众人逃窜。诗云:"在天愿为比翼鸟,大难临头各自飞。"隋唐连绵三百年这一大串边恩爱边戴绿帽子的爱情神话,到此终于交待。战神重伤倒地,但既没人去救也没人敢去碰他,从早晨一直挨到中午,终于自然死亡。唐庄宗死后无人收尸,只有几个有良心的伶官拿一些他生前最喜爱的乐器,堆在他身上点火焚烧。这位浴血而出的五代战神,竟然死于这样一种方式,被后人视为五代最出众的一个笑柄。

李嗣源入主洛阳,在群臣拥立下即皇帝位,即为唐明宗。

其实,唐明宗生于战火之中,没有机会读书,都当皇帝了居然还不识字,好像是历史上唯一一个文盲皇帝。乍一看似乎很符合五代的风格,但恰恰是这样一位没文化的皇帝,却在这个乱世深渊中闪耀出一星温暖的人性光辉。

唐明宗不识字,所有文件都要由枢密使安重诲诵读,他顺便学习文化。唐明宗还坚持汉唐以来大学士开筵讲授儒家经典的传统,尽管基础太差,而且过了读书识字的年龄,学习收效甚微,但这更多的是表达了一种态度,和唐庄宗沉溺于声色、优伶形成了鲜明对比。

唐明宗痛感唐庄宗的奢靡浪费,首先捕杀了为祸的宦官和伶官,把剩下没做坏事的也大部分遣散,偌大的皇宫只留下一百名宫人。最有趣的是唐明宗把年轻漂亮的宫女都遣散回家,只留一些中老年妇女承担宫务。有道理!宫女本来就是做家务的,要那么漂亮干什么?能够还政于民、还富于民的君主颇为不少,但能还靓于民的皇帝就相当罕见了!这个男人太伟大!

唐明宗虽然不怎么识字,但也喜欢吟诵点诗词。那这位十三太保排行第一的悍将最爱吟什么诗呢?唐朝留下无数豪情四溢的边塞诗和武将诗,但都不是他的所爱,他最爱的是聂夷中的这首《伤田家诗》:

二月卖新丝,五月粜秋谷。医得眼下疮,剜却心头肉。
我愿君王心,化作光明烛。不照绮罗筵,偏照逃亡屋。

如果不能理解这首诗中的悲天悯人情怀,或者说不认识聂夷中这个人,那可以再看看他《悯农》系列中更著名的这首《田家》（也有人认为是李绅作品）：

> 锄禾日当午，汗滴禾下土。
> 谁知盘中餐，粒粒皆辛苦。

这位以武勇立于乱世的猛将，内心深处追求的价值却并非以武力建功立业，而是非常痛惜百姓在乱世中遭受的苦难。唐明宗出身部族，但不是这个部族的奴隶主贵族，而是一介平民，更成长在汉人的环境中，带着一种纯真质朴的平民意识。所以唐明宗当上皇帝不求享乐，甚至在乱世中也没有急于大发统一战争，而是想用手中的权力为正在苦难深渊中呻吟的百姓做一点实事。当一个仁君其实并不复杂，大致就是精简机构、减免赋役、休养生息等。唐明宗在位七年，是五代在位最长的皇帝，这七年相对安定，物价下降，可以说是中国人民难得的一次喘息之机。除他之外，五代的其他皇帝就只有两种：打输的是暴君，打赢的是战神，反正都不愿给百姓哪怕片刻的休息。

不过，中国这么大的国家毕竟不是文盲可以治理的，尤其在五代这个组织结构很不规范的乱世。唐明宗最为倚仗的左右臂是宰相任圜和枢密使安重诲，一个主外，一个主内，但他居然不能协调好这两人的关系，两人经常争权夺利甚至在朝堂上公开争吵。此二人不和，朝政也就不可能和谐。唐明宗虽然仁爱，但心胸也说不上多宽广，不是很听得进反对意见，晚年就因不满任圜的忠言直谏而对他怀恨在心，最终免了任圜的官。而唐明宗最大的缺陷仍在于子嗣问题，他当皇帝时已经六十岁，但一直没有确定储君。他的儿子中最能干是次子秦王李从荣。又见老二！又见秦王！这是一个好兆头吗？

李从荣非常善战，官至守尚书令兼侍中，加河南府尹、大元帅，位在宰相之上。但他为人凶残暴虐，人缘极差，文武百官都不愿他继位。李从荣也感觉到压力，长兴四年（933），六十七岁高龄的唐明宗卧病在床，骄纵的李从荣认为可以趁机夺权。说他骄纵，他还不是一般的骄纵，事先将这个计谋告诉枢密使朱宏昭、三司使冯赟，先给他们个机会投诚。但几位重臣没有接招，李从荣大怒，率河南府步骑千人占领宫门的天津桥，准备强行攻入。

近臣们赶紧把消息告诉唐明宗,唐明宗本来以为自己眼看就要死了还没被篡位,大有希望在五代乱世出淤泥而不染,创下一个善终的纪录,结果临死前还是被这个逆子破了,气得指天大哭。

所幸事先已经有很多人知道李从荣的计划,在宫内设置了防备。控鹤指挥使李重吉是唐明宗义子潞王李从珂之子,正在禁宫值守。唐明宗对他哭着说:"你父亲跟我冒矢石定天下,多次救我于危难。李从荣这个逆子算什么东西,我准备把军权交给你爹,你给我顶住了!"尽管没说传位给他爹,但授军权也是很大的诱惑了,李重吉率军死命顶住宫门,更兼李从荣事先约定的内应康义诚临阵腿软,不敢打开宫门,叛军一时无法攻入。

政变这事儿,成败就在须臾之间,只要坚守片刻,等主力部队赶来,叛军也就完蛋了。马军都指挥使朱洪实率大批骑兵赶来,剿杀叛军,将李从荣夫妇及其幼子杀死在床下。李从荣还有一个小儿子从小养在宫中,唐明宗不忍杀害,但诸将坚决要杀,最后只好忍痛杀之。听到李从荣死讯后,唐明宗更是悲痛欲绝,昏厥数次,对赶来的群臣哭道:"我家事搞成这样,没脸见你们啊!"数日后,唐明宗驾崩,享年六十七岁,在位七年。

唐明宗虽然没文化,却有一种发自心底的质朴善良,在五代这个道德沦丧的血腥乱世中尤为令人感动。更可贵的是武夫出身的他,还非常恬静,完全没有部族军头的那种狂躁。他登基后每晚都焚香祝天:"我本胡人,因动乱被众人拥立。愿天早生圣人,为生民做主。"

这位沙陀血统的新汉人实在太符合儒家传统的审美观了,被视为五代乱世最难得的圣君。司马光指出,唐明宗执政期间是五代乱世仅存的小康社会。欧阳修更认为,夏商周三代能像唐明宗这样的圣君都是少数,何况后世,何况还是五代!然而事实上,唐明宗的名气也算不上很大,甚至比不上他那笑柄弟弟唐庄宗。这一方面是因为他自愿放弃了建功立业的机会,另一方面是评论家们忽略了他对人类历史发展的一个巨大贡献。

中国人自秦朝始,一直致力于建设一个无贵族的平行社会,途中屡有反复但始终在前行。牛李党争以来,贵族阶层已渐处下风,唐朝的灭亡更是致命一击。后梁虽不值称道,但也对打击贵族门阀作出了重要贡献,到唐明宗时,所谓门阀贵族已命悬一线,这时活跃在政治舞台上的大概还有卢、韦、豆卢(实为慕容氏所改汉姓)等寥寥数家,但也都活得战战兢兢。韦说和豆卢革尽管是拥立唐庄宗的元勋,但后来还是都遭到贬斥并赐死,门阀贵族基本绝迹于江湖。更重要的是唐明宗下诏废除了唐朝的贵族特审制度。

这大概是贵族在中国的最后一项法定特权,唐朝规定贵族犯法虽也要服法,但司法机构需专门呈报给皇帝亲自判罚,皇帝会酌情增减判罚,而不一定和平民适用同样的法律。

何谓贵族社会?何谓平行社会?

同一个国家内,对天生不同的人群适用不同的政策法规,这就叫贵族社会,而抹去了这种不同,就是平行社会。这就是中国历代公共管理者孜孜以求的境界,历经汉唐千年之演进,王谢之族渐失声息,至唐明宗朝,终可谓修成。

客观地说,唐明宗的扫尾工作并不复杂,他只是碰巧生在这个时候,但也不应该忘却他所作出的标志性贡献。不过,唐明宗还证明了另一件事:结构庞杂的中华帝国绝非文盲可以治理,唐明宗虽善良可敬,但还远不具备构建一个宏大文官政府的资质。他自己也明白这个道理,所以才每晚向天祷祝"早生圣人"。不知是否这种至诚至善感动了上天,唐明宗天成二年(927),洛阳夹马营,飞捷指挥使赵弘殷的夫人诞下一名男婴,取名赵匡胤,也就是后来的宋太祖。这不正是应唐明宗之求,上天生下将中华民族从五代深渊中解救出来的那位圣人吗?

正是:

莫笑武夫不识丁,铁骨柔肠寓浓情。
天子当为苍生佑,何求一人建功名。

这个太宗没爷爷

唐明宗晚节不保,虽然没被篡位,但也被逆子气死,宋王李从厚继位,即为

唐愍帝。唐明宗在镇压李从荣政变时曾向潞王李从珂之子李重吉许下承诺，但最终李从珂并未继位。其实李从珂未必有什么非分之想，但问题在于别人有。须知强奸易躲，意淫难防。唐愍帝为了削弱各镇节度使的威胁，准备相互调动，让他们离开自己的势力范围。这本来无可厚非，军区司令员换防是军队的正常管理手段，但要考虑到五代的人一般都有被害妄想症，稍微做点动作就可以吓得人家造反。李从珂也是患者，皇帝这么吓他，当然就造反了，率军攻入洛阳，弑杀唐愍帝，自立为帝，即为后唐末帝。

现在唐末帝坐上皇帝宝座，但被害妄想症不会就此好了，关键是他现在该怎么对付他手下那帮患者。实力最强的患者当属河东节度使石敬瑭，石敬瑭是唐明宗的女婿，也是拥立的主要功臣，与李从珂并列为唐明宗的哼哈二将。唐明宗登基后以李从珂镇守西北，石敬瑭镇守东北，分掌后唐主力。

石敬瑭现在的想法应该和李从珂当时差不多，而且还更积极配合治疗，唐末帝还没想到怎么吓他，他就想先试探下唐末帝的态度。石敬瑭主动要求调换军镇，如果唐末帝顺水推舟同意了，那肯定就是想整我；如果他不同意，就继续试探，试探到能证明他肯定想整我为止。果然，唐末帝接报大喜："正愁没理由调你，你自己提出来了。准奏！"石敬瑭大惊："果然是想整老子！反他爹去！"

石敬瑭宣布造反，唐末帝调集各镇会剿。这是一场被害妄想症患者的大联欢，各位节度使都借机拼命寻找皇帝要整自己的证据，谁还有心给你打仗啊。不过唐末帝毕竟人多势众，石敬瑭以一镇兵力独抗天下也有点难度，更害怕老对手契丹从背后捅一刀，这时就只好向契丹求援。

石敬瑭对契丹很有诚意，先向契丹帝国天皇王耶律德光（契丹名尧骨）称臣，并承诺灭唐后，将河北从幽州（今北京）至云州（今山西大同）的幽云十六州送给契丹。耶律德光之父耶律亿（契丹名阿保机）曾与李克用约为兄弟，而唐明宗是李克用之子，石敬瑭是唐明宗的女婿，所以石敬瑭比耶律德光低一辈，向他称父。耶律爸爸当然就要为乖儿子出头，派大军助战。

石敬瑭本身实力就不弱，再加上契丹的帮忙，很容易就打垮了唐末帝的患者集团军，灭亡后唐。石敬瑭在开封即皇帝位，国号晋，史称后晋高祖。

其实，请外援助战本是唐朝就有的传统。石敬瑭的亲随认为向契丹求援即可，不必称父，更不能割让国土，但石敬瑭为了调动契丹的积极性，一意孤行。或许他认为有唐高祖和唐太宗这样的成功例子摆在前面，他也想试着先当汉奸，再当国父。说到汉奸，其实当时还没有这个词，这是孙中山发明的一种说法。孙中山在解释"汉奸"这个词条时就举了两个人为例，其中一个就是石敬瑭（另一个是引清军入关的吴三桂），这个沙陀人一不小心就被树成了汉奸的典型。最重要的是他割让的这片国土实在太重要了，所谓幽云十六州大致相当于今河北、山西的北部地区。长城东段沿境内的山脉地形筑城，如果没了这片国土，长城就修不起来。这个影响就不是一朝一代的问题，甚至五代结束后，宋朝仍深受其害，乃至现在都有人把宋朝对外作战的不利因素怪到这个上面。

当年李渊先当汉奸，再当国父，不过他的成功很大程度上是靠有个特别厉害的二公子李世民。石敬瑭也寄望于他的太宗能洗刷爷俩的汉奸名声，做一对唐太宗那样的伟人父子，就算他的太宗篡改下史料，把他写成弱智也值啊！那石敬瑭选择了谁呢？其实，五代哪有你自己选择太宗的道理呢？

继位的是石敬瑭之侄石重贵，《旧五代史》称之为后晋少帝，《新五代史》称后晋出帝，《资治通鉴》称齐王，本书称后晋太宗……算了，还是叫晋出帝吧。

石敬瑭的儿子倒是多达六个，但前五个都死得比他还早，幼子石重睿年龄很小。有些史料说石敬瑭觉得对不起老丈人，提出将皇位传回给唐明宗之子李从益，复辟唐朝。这个大汉奸的境界这么崇高吗？而据大多史料记载，石敬瑭死时将幼子石重睿放在宰相冯道怀里，托孤于他。但侍卫马步军都虞侯景延广却提出国赖长君，更何况是这个五代乱世。冯道这人也堪称五代传奇，众所周知，每次改朝换代，前朝的达官贵人最容易遭殃。但冯道从唐朝就走上官场，历经刘守光、后唐、后晋，还曾到契丹挂职锻炼，换哪个政权都有官当，现在还混成了宰相。事实上，后面的后汉、后周都还有他的官当，遗憾的是人生有限，差几天活到宋朝建立，不然还可以在宋朝当更大的官。有人说他是史上最牛公务员，这话没错。人类社会推进至唐宋，已经出现了冯道这种职业公务员——没有出身门第，不代表任何家族势力，唯一要做的就是操作国家机器的正常运转，所以无论什么势力当政，都不影响他的操作员工作。不过改朝

换代毕竟是权力结构的剧变,连换六个朝代官还越当越大,这也不是一般人能做得到的,冯道确也是根史所罕见的老油条。老油条一般遇到违诏、拥立这类的事反应都比较迟钝,他也没说干,也没说不干,拖拖拉拉的,景延广就拥立了石敬瑭的侄子齐王石重贵。

现在当上皇帝,首要问题就是怎么处理和契丹的关系,后晋应该算是契丹扶植的附属国,石敬瑭是耶律德光的儿子,那晋出帝自然就是孙子了。其实晋出帝本来跟他耶律爷爷关系不错,当年石敬瑭去开封当皇帝,准备在子侄中选一个留守河东。河东是和契丹的边境,这么重要的职守当然要由父皇帝说了算。父皇帝让石敬瑭把子侄排成一排让他挑货,看了一圈指着石重贵说:"这个眼睛大的可以。"于是大眼哥哥石重贵就被任为金紫光禄大夫,行太原尹、北京留守,知河东节度事,从此才官运亨通,直到继位。现在当了臣孙,就应该上表向皇爷爷汇报登基,但正气大侠景延广有话要说。

自古以来,中原王朝居于天下之中,北方草原上那些是夷狄。有时中原王朝需要利用部族领主,会允许他们称臣,封个官当。有时为了进一步表示宠爱,还可以认他们当干儿子甚至御弟,但石敬瑭反以中原皇帝身份向外族称臣、称子,实在是奇耻大辱。可能一般人觉得当儿子比称臣更屈辱,但从政治角度讲称臣其实要严重得多,因为父子关系是双方在任皇帝的私人辈分,而君臣关系则是两个国家实体的固定上下级藩属关系,中原王朝向外国称臣是颠倒了中华帝国长久以来形成的天下观。当然,前提是后某朝确定自己是中华帝国的一个正统朝代。景延广非常确定后晋就是一个正统王朝,所以他提出晋出帝可以向耶律德光称孙,但就不要称臣了。

契丹见后晋孙子脱离藩属,自然大怒,不过契丹也很文明,先礼后兵,遣使者乔莹来质询。景延广傲气十足:"先皇是北朝(契丹)所立,当今天子却是中国自立,按辈分是你孙子,但不可为臣。我大晋有横磨大剑十万口,老头子要战则来,不过他日连孙子都搞不定,会取笑天下的。"景将军这种高度乐观的革命精神戳穿了帝国主义的纸老虎本质,乔莹真的拿出一张纸来——不是折个老虎,是请景延广把这句话写下来。景延广毫不犹豫地就写了,乔莹带回去,耶律德光大怒,决定明年开春大举征伐。

开运元年(944)，契丹帝国大举南侵。中原正遭遇了旱蝗大灾，饿死的百姓就有十几万，晋出帝连忙向契丹爷爷投降，但爷爷正在气头上，哪肯接受，晋出帝不得不御驾亲征。契丹军很快攻破边境，两军在澶州(今河南濮阳)黄河沿岸相遇。先锋官石公霸奋战敌军，陷入重围，大将高行周、符彦卿率军救援，也陷入重围。三将不断派轻骑向主将景延广求救，但景延广始终按兵不动。最后形势危急，晋出帝亲率御前殿直将三将救出重围。三将泪如雨下，哭诉景延广见死不救，晋出帝也无言以对。对面的契丹人也大呼："不是景延广叫我们来的吗，怎么不快出来应战？"景大将军只答了一句："男子汉大丈夫，说不出来就不出来！"很多人私下议论："景延广跟契丹绝交时何其豪迈，现在契丹人真来了，怎又如此怯懦？"所以说言战者未必勇，言和者未必怯，景延广这种人只顾逞一时血气之勇，把国家逼上绝境又不知该怎么办。不过还好契丹人数太多，战线拉得太长，遇到高行周等将的誓死抵抗，于是放弃进一步深入，引兵退去。

虽然仗打赢了，但大家都对景延广非常不满。更兼他自持拥立之功，晋出帝即位以来就非常骄横，大家内心非常不满，只是不敢发作，现在一起爆发出来，趁机将景延广贬到西京洛阳闲置。

开运二年(945)，契丹整军复战，耶律德光亲率大军先行，誓要报一箭之仇。本来契丹的实力要强得多，但契丹军所过之处烧杀抢掠，甚至将俘虏的尸体烧于阵前，激起了后晋将士的极大愤慨。本来契丹军已将晋军压缩至阳城(今属山西)白团卫村，并借助强劲的北风，准备实施毁灭性一击。谁知晋军在危难关头，反而士气高涨，在大将杜重威的率领下又将契丹打得大败，耶律德光骑着骆驼狼狈奔逃。

连续打赢两仗，晋出帝也不得不重新审视一下自己。他原本知道自己只比一坨屎好一点点，但具体好多少心里没数，这下知道好得还不是一点半点，高兴得不得了，从此将军国大事搁置一边，开始了放浪形骸的享乐人生。晋出帝在位期间，不仅是五代乱世，还有契丹南侵，又有旱蝗天灾，可以说是五代中最困难的一段时间。但晋出帝刚打了胜仗，必须得庆祝庆祝，于是大肆搜括民财，弄得怨声载道。晋出帝还深谙隋唐乱伦之道，唐太宗曾笑纳表叔隋炀帝

之妻萧皇后，但也只接受了肉体，没敢给什么名分。晋出帝就要更进一步，正式将叔婶冯氏册为皇后！作者号称这本书里有人会把唐太宗比得自惭形秽，搞半天就是你呀！

但晋出帝显然小看了他的对手，耶律德光不是一拳两拳就可以打趴下的。开运三年（946），晋出帝得到情报，顽强的耶律德光又要来了。晋出帝哈哈大笑："你到底是来打仗的还是来参加驼峰夕阳红老年骑游队的？算了，这次你别南侵了，我北侵你吧。"于是晋出帝点集大军北征，号称要收复他干爹卖掉的幽云十六州，甚至攻灭契丹帝国！

说真的，契丹这个对手跟历史上的异族情况有点不一样。前面的匈奴、突厥都只是些游牧部族联盟，契丹却是一个实打实的帝国。契丹，也叫辽，完全是个比唐帝国更强大、规范的正规汉式帝国。耶律德光的正确称呼应该是辽太宗。而此时汉族正在堕落为无理想、无道德、无信任的三无产品。谁在此时接手政权，最明智的做法就是像唐明宗那样韬光养晦，力争挺过五代十国这段艰难岁月，将中国社会平稳送入宋朝，而不是将国家民族推上危险的前线。但现在石大汉奸的侄儿却兴高采烈地要主动出击！只能说："精神病人思维广，弱智儿童欢乐多。"

儿童遣杜重威率军北伐，心想老杜前两次都大败契丹，这次一定也能轻松剿灭，自己就不用操心了，在后方提前大肆庆祝自己成就了攻灭契丹帝国的旷世伟业。果然不久，晋出帝就收到了杜重威的惊喜——不是胜了，也不是败了——他叛变了。严格地说在五代有人叛变也算不上什么惊喜，更何况有了石敬瑭的先例，谁都想抱着契丹帝国的大腿，过过儿皇帝的瘾。契丹人脑筋也转过弯来，放弃了硬攻，许诺杜重威可为中原新的儿皇帝。杜重威接到这样优厚的收购条件，当然不会拒绝，立即率军杀回开封。

晋出帝感叹自己才华横溢，为何不生在汉唐盛世成就汉武唐宗那样的威名，却要生在五代受叛贼们的这种窝囊气。不过更悲惨的命运还在后面，契丹大军在新一代汉奸杜重威的带领下轻松打进开封，俘虏了晋出帝。晋出帝吓得直叫爷爷，耶律德光差点气晕过去："还叫爷爷？你爷爷我就是恨你这龟孙子叫我爷爷，叫陛下！"不过这时再改口已经来不及了，耶律德光拒不接受投降,改封晋出帝为负义侯、光禄大夫,黄龙府居住。黄龙府在今吉林农安,是扶余、渤海等古国的故都,非常偏远苦寒,鲜有汉人足迹到过。后来契丹又改将晋出帝软禁在建州(今辽宁朝阳)务农,他的女儿、妃子都被契丹高层强娶,从此生活更加凄苦。在被软禁近三十年后,宋太祖乾德二年(964),中原人民基本已摆脱五代梦魇,开始走进大宋盛世。六十岁的晋出帝孤身一人,孤独地停止了心跳。

后晋是五代中最耻辱的一代,晋出帝无德无能,却偏偏好高骛远,主动挑衅契丹帝国,不但没能收回汉奸干爹出卖的幽云十六州,更引契丹打进开封。如果不是后面这位刘英雄,中华民族的前途命运可就在此走向其他方向了。

这个太宗没智力

姓石的又闯祸了,契丹人又来了,汉族玩完了。是的,当时很多人都是这样想的。但事实却非如此,有石敬瑭这个沙陀人跳出来抢着当汉奸,现在又有另一位沙陀人刘知远要跳出来当汉族的英雄。

契丹人进了开封,首先废黜了中国皇帝——姑且认为小石就是中国皇帝吧,然后耶律德光自己即中国皇帝位,再然后就要进行一项极具契丹特色的传统活动——打草谷,也就是军队向民间自由劫掠。对不起,这就不行了。之前中国已经有过两个沙陀人建立的王朝,但都没有实施民族分治政策,汉民也就接受了。但现在这个"辽朝"要搞契丹特色,那就不行了,汉族人民群情激愤,一致要求契丹人滚出去。

按说无组织的民众搞点暴乱本不足惧,但后晋留守北边的河东节度使刘知远趁机兵至洛阳,宣称要断了契丹人的归路。契丹和匈奴、突厥不一样,游牧部族没有老巢这个概念,打到哪儿算哪儿,你要断我归路我正好不回去了。契丹帝国可不能这样,人家不是游牧部族,是定居民族,东南西北中五个京都建设比你开封府还好,家中有屋又有田,生活乐无边,要为你这片烂地以及你们这帮连自己都不知道是汉族还是沙陀族的烂人丢了老巢就不划算了。再加

第七篇　五代十国——被害妄想症的夜宴

上契丹人管理汉民的经验实在欠缺,几下就被搞得焦头烂额,耶律德光的身体又不合时宜地差了起来,最后没办法,干脆放弃,连滚带爬逃回东北去了。现在晋出帝被抓走了,契丹人又滚了,那么关键时刻赶走契丹人、避免中华帝国第一次被另一个文明帝国接管的大英雄刘知远当然就是接替皇位的不二人选了。

不错,这一次不是篡位的。

刘知远要当皇帝了,这时他才惊喜地发现自己姓刘,那这个朝代当然就可以叫汉朝了。刘知远驾崩后庙号高祖,他才是正宗的汉高祖,可惜后人总要把汉太祖高皇帝(刘邦)称作汉高祖,一不小心把这位关键时刻拯救汉族还不忘光复汉朝的沙陀好汉给抹杀了。

汉高祖借中原汉民的民族情绪喷发而不是弑君篡位登上帝位,可谓深孚众望,那五代乱世能在他手中终结吗?按说可以。汉高祖登基后迅速收拢人心,重构军政,中原大地气象一新,希望真的就在前头!然后——五十四岁的汉高祖就死了。不过那个年代,五十五岁以上的寿星实属凤毛麟角,活到五十四岁也不算短,剩下的就留给你的太宗吧!

汉高祖本来有个不错的长子刘承训,任命为开封府尹,准备锻炼接班。可惜刘承训在后汉建立第二年突然病薨,据说汉高祖也是因为老年丧子的打击加重病情而死。这时只好紧急拉来十八岁的右卫上将军、大内都点检刘承祐嗣位,史称后汉隐帝。

一直以来刘承训都是板上钉钉的接班人,汉隐帝从未动过非分之想,现在却突然坐上皇位,简直是梦幻般的开局!

但有个很现实的问题:汉高祖一直将刘承训当接班人培养,临时上位的汉隐帝却一点根基都没有。汉高祖是赶走契丹侵略者的民族英雄,刘承祐小朋友,你算哪根葱?叔叔们跟着你老爹浴血奋战多年,每次打完仗,你老爹都会亲切地抹掉我们即将淌下战袍的鲜血,然后也会同样亲切地抹掉你即将流过嘴唇的鼻涕,你确定你真能当我们的领导?或者说你敢来当我们的领导?现在可是五代十国哟!

然而雄心勃勃的汉隐帝又岂会怕这些困难,他好歹有了皇帝的位置,也

就有了树立威望的平台。

汉隐帝做的第一件事就是杀掉大汉奸杜重威。此人跟后晋抢儿子当,引契丹入关。结果契丹爸爸连滚带爬地跑了,杜重威困守邺城许久,最终出降。不过汉高祖没有杀他,而是留给儿子来杀,让他首次树威成功。这是富二代用遗产,算不得真本事,接下来汉隐帝就要调兵讨伐杜重威的从犯李守贞。后晋河中节度使李守贞联络永兴节度使赵思绾、凤翔节度使王景崇据潼关自立为秦王。新皇帝刚上台他们就造反,很不给面子!汉隐帝连续派出大军讨伐李守贞,李守贞三人困守孤城,最终被枢密副使郭威讨平。紧接着郭威又率大军北指,大破前来进犯的契丹(辽)帝国。一时夷狄齐呼汉官威仪重昭洗!

不过新的问题又出现了,汉隐帝率后汉度过了最危险的脆弱期,但老臣们似乎对他还不够尊重。那就要考虑削除一下某些人,也免得他们篡位。咦,好像还是没有脱离五代的老思路!

汉高祖临终前将汉隐帝托孤于苏逢吉、郭威、史弘肇、杨邠、王章等几位重臣,其中苏逢吉在关键时刻拍板拥立汉隐帝,最受信任,另外几位就要差点。尤其是郭威,他本来在军中的威望就高,现在连续打赢几场重大战役,更是如日中天,似乎最有可能重演节度使篡位的老剧目。

郭威率军讨伐李守贞时,汉隐帝就开始了叔伯清洗活动,史弘肇、杨邠、王章三位被列为第一批次,以谋反罪捕杀。然后汉隐帝派亲信侍卫亲军马军都指挥使郭崇带密诏到郭威军中去捕杀他,另派人同样诛杀郭威的党羽王峻、王殷。按他的设想应该是郭崇等人到了郭威军中,伺机突然宣读密诏,就将他们捕杀。

你真是个有志气没智力的愤青!

且先不论率先挑起君臣暗战对不对,龙椅还没坐热就要同时搞掉这么多重臣,施工进度是不是太快了点?当年汉高祖秉承众望称帝,仍小心翼翼,先称帝,然后再改国号,过一年才改年号,谨慎得让人觉得好笑。汉隐帝却如此大开大阖,标准的愤青作风。最可笑的是,汉隐帝决定杀前几人还知道要将他们骗出来,在自己地盘上杀,现在大摇大摆地派人到郭威军中去杀他?

这郭崇根本就是从郭威的帐前小卒发育而来,汉隐帝怎么会选他去杀自

己的恩帅？由于史书未详载内情，我们也不便猜测，姑且认为是汉隐帝成功诛杀前三人，信心爆棚了吧。郭崇接到密令，也不含糊，立即赶到郭威军中，将密诏请他过目。郭威吓出一身冷汗，不过作为一名成熟的中年人，他很快冷静下来。谋士魏仁浦给他出了个主意：对汉隐帝的密诏做细节处理，宣称不仅是要杀郭威，而是要将北镇所有武将统统杀掉！那就恭喜了，本来后汉有结束乱世的趋势，让很多野心家深感失望，现在汉隐帝又将机会奉上，岂有不抓住造反的道理。

不过让他们意外的是，郭威真的是个忠臣，他真的希望五代模式不再重演。郭威泪流满面道："我是忠臣，不想造反！我宁愿被砍了也不做篡臣哪！"但你是忠臣，凭什么让大家都当忠臣？武夫们一阵鼓噪："刀都架脖子上了，你还要当忠臣？不是我们要反，是小皇帝逼我们反（然后我们才来逼你反）！"最后郭威禁不住要挟，只好勉强答应，并约定好："这次我们不是去造反，皇上要杀我们是中了奸人诡计，我们是去清君侧，除掉皇上身边的奸邪。"

这话具体怎么说就不重要了，重要的是造反完你当皇帝，我官升一级（以后有机会我再造你的反）。五代十国，我能想到最浪漫的事，就是和你一起去造反。

接下来的事就不复杂了，郭威的北镇军本就是后汉最精锐的部队，以此攻打其他部队实属不难。何况大家都对愤青不满，踊跃加入造反队伍。郭威军只用三天就从邺郡打到了开封城北的濮阳，确切地说是走，一路上根本就没打，所有人都直接投降。这时汉隐帝才得到郭威没死而且造反的消息。开封的人大多认为郭威带的是精锐部队，比城内守军强得多，不宜硬碰，只能坚守城池，以待援军。皇太后李氏则告诉汉隐帝，两人毕竟是舅侄，郭威也是被他逼反，如果能赦罪没准就不反了，此时先下一道诏书试下反应，决不能轻言开战。

这些建议都很合理，连汉隐帝这位愤青都考虑冷静一下，可惜关键时刻一位更愤怒的青年出现了，此人便是泰宁节度使慕容彦超。慕容一看就是鲜卑慕容氏——如果这样认为您就上当了。这家伙跟鲜卑一点关系都没有，而是汉高祖同母异父的亲弟弟，一个完全汉化的沙陀人。此人最初姓什么已不可考，史料只记载曾冒姓阎，因为长得黑，人称阎昆仑，后来觉得慕容这个姓

氏很拉风,便取名慕容彦超。慕容彦超率军勤王,自信地说:"在我眼里,北军不过是蠛蠓小虫!"汉隐帝被他高度乐观的革命精神所感染,决定整军出战。为示坚决镇压不留后路的决心,慕容彦超建议汉隐帝将郭威留在开封的家属统统诛杀!李太后还反复提醒汉隐帝,就算派兵出战,也要由大将率领,自己不可轻出。但这帮人的信心已经被慕容将军调动到了顶点,汉隐帝岂愿放过这样热血尚武的大场面?李太后提醒汉隐帝身边的亲将聂文进要小心谨慎,聂文进却说:"有我在,就算一百个郭威也能擒来!"慕容彦超更宣称:"来日陛下有空,就来看我打仗。其实我也不需要打,吼几声他们就跑了。"汉隐帝被这种胜利的前景陶醉得无以复加,坚决要亲自率军出城应战。

连你妈的话都不信,要去信这种姓氏改着玩儿的人,而且还这么破釜沉舟。当然,我不是小看二位的英雄气概,更不是觉得二位幼稚,只是在贵叔侄愤而怒放的青春气息面前,我为自己未老先衰的心态深感惭愧。战斗过程正如大家预料的那样,慕容彦超自信满满地率先向郭威发起猛攻,然后刚刚死了全家的郭威饱含悲愤地痛打了他,接着他抛下侄儿自顾逃回兖州。汉隐帝打完败仗才明白老娘的真知灼见,遗憾的是守城的开封尹刘益已经投降郭威,不让他重回妈妈怀抱,无奈汉隐帝只带了苏逢吉等数十人逃到野外。

汉隐帝带着这几十号人躲在荒郊村舍中,随时面临被郭威搜到的危险,如惊弓之鸟。果然,不多时,一支军马扑向了他们的藏身之处。汉隐帝最亲信的亲随飞龙使郭允明负责保驾,此刻形势危急,他立即开动脑筋,心想郭威已经赢了,不如杀了汉隐帝去向他请功。正当郭允明提着汉隐帝的脑袋笑呵呵地对来人说:"弟兄们,咱们早就跟随郭大人才是王道的问题达成共识,我已经杀了这个不知天高地厚的小皇帝。其实,我是卧底。"说完定睛一看,来的不是郭威,是汉隐帝的亲兵来救驾!这可弄巧成拙了,但话可以圆,汉隐帝的小脑袋接不回去了。郭允明也只好认栽,横刀自刎。不过据史家猜测,很可能是郭威为了隐瞒弑君罪行,栽赃给郭允明,反正死无对证。

至于郭威那边,他的大军进驻开封,自然要兑现给武夫们的承诺,让他们在开封撒开了爽抢几天。许多公卿大夫莫名其妙地被乱兵无差别击杀,将已经坠入地狱的中国贵族又打下去了一层。好不容易这帮人杀够抢够了,但郭威稍微有点让他们失望——他确实是忠臣,真的不想篡位,打算做后汉的伊尹、霍光,以枢密使摄政,并通知汉隐帝的堂弟武宁节度使刘赟前来继位。这事儿对那帮拥立他的武夫来说稍微有点麻烦。按他们的设想,第一步逼郭威造反,杀进开封烧杀抢掠,这已经实现了;第二步郭威篡位称帝,大家凭拥立之功尽享荣华富贵;第三步找机会再把郭威这一朝篡了。如果还有第四步的话就是拥立我的人再篡我那一朝,不过此事来日方长,现在走到第二步就卡壳了,这可不行。

此时刘赟正火速赶来继位,突然又传来辽人入侵的军报,于是郭忠臣又点齐他的兵马北上抗敌。大军走到澶州(今河南濮阳)黄河渡口,发生了一次著名的兵变,全体官兵围定郭威,一致要求他做皇帝。郭威被吓得半死,连忙躲回屋里。但官兵们像攻城一样翻过院墙,把郭威架出来,在野地里强行举行了登基仪式。人山人海中,有人扯了一面黄龙旗裹在郭威身上,以示黄袍加身,这就算当了皇帝了。由于人实在太多、太吵,郭威昏厥过去了好几次。最后,大军裹挟着郭威回到开封,各路文武大臣也纷纷强烈要求他即位,甚至有人威胁,如果他不即位又要兵变。最后,郭威勉为其难登上帝位,改国号周,改元广顺,史称后周太祖。后汉仅持续了四年。

唉,一个光复汉朝的大好局面,一位自信满满的年轻太宗,竟然死得如此可笑。汉高祖留下了一个看似不错的局面,但军权流于武将,缺乏规范的国家体系这个根本性问题并未解决。汉隐帝年轻暴躁,不从根源上解决问题,却想通过类似于梁太祖的方式简单粗暴地直接铲除权臣,结果自然是引火烧身,贻笑大方。

客观地说,晋出帝父子都不是好东西,汉隐帝父子却都是不错的人,只是承祐太傻太天真,偏偏又生在这个时代,他不该去当皇帝,更不该当太宗皇帝。

这个太宗没生命

郭威本想做个大忠臣,却被部下所逼篡位,五代模式已经进入更深层次,

篡位不是某个权臣的阴谋,而已成社会主流思想。郭威建立新朝立即革除积弊,调控利率,惩治贪腐,而他的崇高威望和个人魅力又保证了任何人都不敢造反,社会迅速趋于稳定。但人终究是要死的,他死后的王朝怎么规范传承才是问题的核心,这还得看他的太宗。

不过这事儿后周就更难办了,小愤青汉隐帝为了表示和郭威势不两立,把他的子嗣全部杀光,那就只能在相对近一点的亲属中选一位过继成儿子继位。

当时有三个人比较有资格,分别是周太祖的姐姐福庆长公主之子李重进、皇后柴氏之侄柴荣、女婿张永德。这三人都很精明干练,更在五代战火中淬炼成钢,自身素质都足以担当大任。最后,周太祖选择了柴荣。事实上,论血缘亲疏,柴荣并不比表哥和姐夫占多少优势;论战场武略,据说是茶叶贩子出身的柴荣更不如这两位五代名将。周太祖选择他显然是厌倦了跳蹦了几十年的这帮五代军人,他必须选一个非军人出身的人来终结五代乱世。

为了顺利传位,周太祖总结前代经验,做了大量准备工作。

第一,将柴荣过继为子改姓郭,加封晋王、镇宁军节度使。

第二,任命郭荣为开封府尹。这是五代惯例,让储君有一个实职锻炼的机会。郭荣非常重视这个机会,拉拢了许多干将,其中就包括五代的最后一位战神——赵匡胤。

第三,贬斥王峻等老臣。很显然,很多开国皇帝镇得住开国功臣,但汉隐帝这种小孩儿就被老臣们斗死了,周太祖也怕死后郭荣镇不住老臣,所以就在生前帮他解决。其实很多人都有类似想法,但因此而带来的勾心斗角反而使形势更加恶化。周太祖不一样,他是个胸怀凛凛的大丈夫,说当忠臣就当忠臣,搞了政变都不当皇帝,所以就直截了当地告诉部下:"我可能活不了多久了,一朝天子一朝臣,几位老兄弟也赶紧退休吧,免得我儿子登基后大家都难办。"贬斥了王峻、王殷等几位老臣,让郭荣的亲信赵匡胤、韩令坤等人提前接掌大权。而对李重进、张永德,周太祖在定储后将他们和郭荣一起召于榻前,推心置腹,直言请他们安心忠于郭荣,郭荣也对他们表达了共同创造历史的殷切期望。由于周太祖的超凡人格魅力,这种正大光明的坦诚史令人心服口

服,所以后周没有阴谋政变、勾心斗角,给郭荣留下了一个干干净净没有内伤的朝廷。

第四,人事问题可以在生前解决,制度才能持久传承。这是最重要的。周太祖对朝政和军制都做出了一些改动,极大地集中了皇权。

显德元年(954),后周太祖驾崩,晋王郭荣继位。由于他明显改变了世系,所以后来庙号为世宗,谥睿武孝文皇帝,史称后周世宗。

周太祖刚当了后汉的伊尹时,召宗室刘赟前来继位,走到半路就发生了黄袍加身事件,周太祖只好派人截杀了刘赟。刘赟之父刘崇时任北京留守,镇守太原,得知消息悲愤交加,在太原自立为帝,延续汉祚,史称北汉。北汉只有十余个州县,大概相当于今山西北半部,由于当时山西煤老板还没有作为一支强大的政治力量登上历史舞台,所以这个国家非常贫弱。不过刘崇手下毕竟有五代用于防御契丹的精锐部队,再加上现在他反身投靠辽,有了这个大老板的后台支持,底气更足。后来北汉虽然打不赢后周,但其实比后周亡得更晚,也勉强可算精神胜利。

北汉乃至辽一直都很忌惮郭威,现在他一死,岂能不教训下周世宗这个毛头小子,北汉与辽联兵,大举南侵。联军很快包围了后周北镇潞州(今山西长治),这时后周正在为周太祖治丧,但也必须立即整军抵抗,可这时就周世宗亲征还是遣将出征发生了激烈争论。以老臣冯道为首的大多数人认为皇帝不宜轻出,可派一大将领兵,而周世宗本人则坚持要御驾亲征。

周世宗说:"刘崇欺我年少新立,有并吞天下之心,他必亲自上阵,我又岂能不亲征迎战?"

冯道坚持不可,周世宗又说:"昔日唐太宗定鼎天下,全靠亲征,我又岂能偷安?"

冯道说:"您以为您是唐太宗吗?"

周世宗大怒:"以我兵力之强,破刘崇如山压卵!"

冯道又说:"您以为您是山吗?"

冯道,还记得这人么?从唐朝就开始当官,历经五代屹立不倒的那根极品老油条。他苟活于乱世的秘诀之一就是无原则服从命令,明哲保身,但求无

过。而现在即便这样一根老油条,也这么直率地顶撞周世宗,可见他坚持的是再明显不过的真理。

五代很多君主就爱亲征(因为他们实际上都是一些武将),前脚刚出门后脚就有人造反,唐庄宗、汉隐帝都是这样死的。当然,你不亲征也很危险,唐明宗、杜重威都是率兵出征的将军,刚把兵带出门就造了反,掉过头来把你灭了。所以五代就是这样,随便你怎么选择,只是早死晚死的问题。不过周世宗的情况,遣将出征还相对安全一些,老油条的顶撞不无道理。但最后周世宗还是在一群少壮派军官的支持下通过了亲征的决议。

是不是又一个汉隐帝出现了?这是五代的最后一代,汉隐帝的悲剧没有再现。冯老油条这台传真机这次虽然忠心爆发,难得雄起了一次,但又低估了周世宗的境界。尽管周太祖做了很多安排,但周世宗本人还必须拿一次像样的胜仗来树立威信,否则依然是等死,这就是个机会!只有亲自去打并打赢这一仗才能破解五代十国这个君臣博弈的困局。我,柴荣!愿做历史的马前卒,以血肉之躯去冲破重重铁障,夺回太平盛世,还于天下百姓!历史,既需要冯道这样的职业公务员负重前行,也少不了周世宗这样的热血英豪披荆斩棘。

另外,冯道还低估了一个人,当然,此时所有人都还没高估这个人:赵匡胤。

赵匡胤是中下级军官赵弘殷之子,周世宗在开封府尹位置上锻炼时见他聪颖干练,便招致帐下,成为一员干将。赵匡胤和李重进、张永德等名将一起为周世宗制订了作战计划:北汉总兵力不多,但骑兵较多,更有万余辽军助阵,周军必须充分发挥人数优势,在磁州(今河北武安)到晋州(今山西临汾)一线形成庞大的凹形防御面,分散消化北汉军进攻火力后,在反击中形成战略包抄,以梯队攻击实施逐步毁灭打击,并在刘崇的后路预设埋伏,如果顺利的话,或许能一战成擒!

当然,刘崇敢取以区区三万兵马(另有一万辽援)南下,自有其道理。北汉兵马本就精锐,近年来在辽的支援下,骑兵建设更是一日千里,在开阔的河北平原作战,优势明显。周世宗调兵北援,刘崇得报后绕开潞州南下会战,周世宗也立即下令周军加速前进迎敌,控鹤军都指挥使赵晁私下说其实应持重缓行。周世宗听闻大怒,立即下令将赵晁押回大牢听候发落。控鹤军是唐五代皇

帝的御前近卫，五代很多人都是利用控鹤军发动政变，是一个暧昧而又敏感的阴谋策源地。但刚刚登基的周世宗军令如山，毫无畏惧地拿控鹤军开刀，一时三军无不骇然，再无贰言，加快速度，两日抵达泽州，与北汉军前锋相接。两军主力在泽州高平县的巴公原列阵决战，史称高平之战。

北汉军左翼悍将张元徽率四千铁骑先攻，对位的周军右翼是老将樊爱能、何徽，北汉军以重骑兵冲锋取得了第一波优势。樊爱能、何徽二将是武将版冯道，混迹于五代沙场自有一套，该逃命时绝不含糊，见北汉铁骑来势凶猛，率先逃遁，周军右翼顿时乱成一团。见这么轻松就旗开得胜，刘崇得意洋洋，心想郭荣果然是个小狗屁，这么不经打，看来第五代又是过眼云烟，我可以再次光复大汉了。以后我的庙号叫什么？太祖、世祖、高祖都已用过，难道我要叫烈祖？唉，我们汉朝的祖是不是多了点……刘崇越想越轻松，在战场上换上一套羽扇纶巾，摆开美酒，奏起音乐，准备在谈笑间让樯橹灰飞烟灭。这真是一幕载入史册的浪漫武士情怀，难道一百年后苏轼写的不是周郎而是你刘大爷？

不过此刻却出现了一个相当不识趣的人——辽军主帅耶律敌禄。耶律敌禄率万名辽军作为北汉军的梯队，准备后续投入战斗，但他观察两军布阵后觉得对方不容小觑，更可怕的是这时战场上开始刮起了越来越强的南风。这不得不让他想起当初辽太宗南征后晋的白团卫战役，实力明显占优的辽军顺着北风尚且惨败，现在风向逆转，着实不是个好兆头！耶律敌禄立即找到刘崇，要求重新研究阵法。这让兴头上的刘崇很不是滋味，虽然你是上级领导派来的，但也太会扫兴了吧。我请你是来助拳的，不是来长他人志气灭自己威风，更何况现在我已经赢了，不需要人帮，你就到一边去，不要跟我抢功。耶律敌禄气呼呼地率军离开战阵，看你刘崇单打独斗。

其实北汉军已经冲开了周军右翼，但毕竟兵力太少，无法继续投入，如果此刻耶律敌禄能分出数千辽军发起梯队攻击，可将周军右翼彻底摧垮，之后随便怎么踩躏阵形全失的周军估计问题都不大，但由于刘崇和耶律敌禄赌气而失去这个机会。

年轻的周世宗见右翼败军不断向后拥来，却丝毫没有慌乱，用剑拨开射来的箭支，大声为己方将士鼓气。见皇帝尚且不惧，本已慌乱的周军稍稍安定

下了情绪。这时一个真正改变历史走向的人及时出现了——赵匡胤！

赵匡胤疾驰到阵前，对张永德高喊："既然敌军从两翼包抄，则我们从两翼反击，稳住阵形待后队插上即可全线反击！"周军将士都已被周世宗的豪情所染，皆高喊愿意杀敌。赵匡胤又说："我军右翼已经崩溃，张元徽势猛，我愿率军前去迎他！"说罢赵匡胤率两千精骑直冲张元徽而去，赵匡胤一马当先，虽左臂中箭，血满征袍，却毫不动容，专门从敌军最密集处穿过，沿途敌将纷纷落马，如一支长刃插过北汉军的胸腔，右翼周军在他的率领下借助南风发起了潮水般的反攻。

周世宗见状更是豪气大发，突然率领五十名御前近卫跃上一线，亲自向刘崇发起了冲锋！

这确实太出人意料了，刘大爷吓得半死，急忙召回前线的张元徽才勉强抵住这次亡命猛攻。但本已占据绝对优势的左翼也失去了最佳战机，赵匡胤重整周军右翼发起反击，阵斩张元徽。而周军的预备队河阳节度使刘词终于率军赶到并立即投入战斗，北汉军的骑兵优势已经挥发，这时就该周军发挥人数优势了，北汉军全线溃败。遗憾的是后周本来在刘崇的退路设有埋伏，但伏兵听信了樊爱能败兵的谣言而撤走，不然极有可能毕其功于一役，直接翦灭北汉！

高平之战后周世宗赏罚分明，重奖赵匡胤、张永德等将，并将樊爱能、何徽等七十余人处斩，一时军纪肃然，周世宗乘胜进围太原。此时北汉已被打残，辽不得不派出大批援军救命。本来周军士气旺盛，又将仓促来援的辽军击败，结果先锋官史彦超兴奋过头，追杀辽军败兵时冲得太猛，冲进了人堆，被砍了，辽军趁机反败为胜。这事确实有点奇特，也不好明确责任人，周军诸将议论纷纷，人心涣散，最后无奈只好解除太原之围，撤军南返。

尽管周世宗没能一举翦灭北汉，但在即位之初顶住了北汉和辽的联合攻势，避免了辽再次入主中原。上一次辽太宗灭后晋入主中原却又被赶走，有很大的偶然性，再来一次难道还会犯同样错误？如果被高度文明而非野蛮部落的辽入主中原，汉文明可能会从此失去生存空间，真正终结。所以，高平之战对历史走向具有极其重大的意义，被后人严重低估了。不可否认，周世宗获胜也有很大运气成分,但他的英勇奋战无疑是保卫家园的首要因素,所以说周世宗是一位伟大的英雄,毫不为过!

不过有人当了大英雄,也有人颜面尽失,这人就是老油条冯道。史称老油条"历事八姓,身为宰辅,不闻献替,唯谏世宗亲征一事"。意思是他一共在八姓老板手下打过工(说实话我只数出来他事奉过七个政权,而且其中有大量同姓的),身为宰辅,但连政权更迭这样的事都不过问,一辈子就直谏了一次——就是反对周世宗亲征——结果人家没听他的就打赢了,简直一个耳光打在老脸上,皱纹都全部打平了。最悲剧的是周世宗凯旋不久,七十二岁的老油条油尽灯枯,一命归西,战战兢兢、如履薄冰数十年,临死前自己讨了这么个耳光,说来也是晚"节"不保。

度过了这场重大危机,接下来就该认真思考如何长治久安,怎么在一个道德沦丧的时代重整纷繁复杂的武人江湖?办法有且仅有一个:构建科学的公共管理尤其是军事指挥体系。

周世宗反思中唐以来乱世的特征,首先是藩镇拥兵自重。这个问题历代都在尽力解决,用某些手段在一段时间内起到了控制作用,但最终又以新的形式成为祸害。比如节度使这个制度就是魏晋时代用于控制武将军权的手段,到中唐又成为新的诸侯割据形式。汉晋以门阀出任太尉,总揽军务,这很容易失控。隋唐遂废除太尉实职,以尚书兵部代管兵权,但这个文职机构掌控力度太弱,导致战斗力流于藩镇。于是周世宗重新设计中央和地方军队编制,重构指挥体系。周世宗首先改组殿前司作为最高军事决策机构,掌控全国禁军。禁军本是皇帝御前禁卫,但周世宗将所有作战部队都归为禁军,借高平之战要求各镇选派精锐补充到禁军,地方只留下厢军负责日常防务并协助后勤工程,退化成辅兵。这样周世宗就将军队的实战能力都集中到了朝廷直接控制的殿前司这个指挥终端,达到了"强干弱枝"的目的。

殿前司下设许多军、营、卫,由武将任指挥使或都指挥使,殿前司总设都指挥使、副都指挥使、都虞侯各一员,也由武将担任,但朝廷另派朝官任殿前都点检、副都点检,作为代表朝廷掌管殿前司的最高长官。如果非要和现代军制作个比较,殿前都点检相当于中央军委主席,殿前都指挥使则相当于三军总司令,殿前都虞侯相当于总参谋长。

周世宗对文官系统也进行了大规模调整,除通过正常科举选拔大批人才进入官员队伍,还为在职官员开设专场考试,让他们撰写《为君难为臣不易论》《平边策》各一篇,畅所欲言,既征求意见又察举人才。前一篇相当于公务员考试的行政职业能力测验或者考研政治,也算是君臣谈心,大家敞开心扉,不要老是疑神疑鬼,确定一个集中精力干事业的姿态。后一篇则相当于申论或者业务课,考察具体业务能力。其中,比部郎中(刑部内设的一个司长)王朴的作文深得赏识,得以脱颖而出。

王朴提出:研究后晋、后唐失政的原因,重点就是离心离德,藩镇在地方上形成了独立,必须加强中央集权,才能保持国家统一。而就具体战略,应该"从易者始,先南后北"。江南的南唐经济发达,可以先攻取它相对容易的淮北并经常骚扰,削弱它的实力,之后再整体攻取。之后广西、广东都会归附,再四面围攻川陕,这时契丹占据的幽燕也会自动回归。唯有并州(北汉)是必死之寇,可留待最后集中力量攻灭。

王朴因此策论脱颖而出,成为周世宗的股肱之臣,在他的辅弼下,周世宗设定规划,大举改革,国力蒸蒸日上。他们的改革包括重建组织机构、改革法律、劝课农桑等,大致和历代励精图治的君王差不多,但有一条比较特殊,那就是废佛。

中国从未进入过宗教社会,没有形成官方宗教信仰体系,政府力量也绝少直接介入宗教事务,因此诸子百家得以长期在这片乐土上自由生存。但这种局面有赖于一个开放、包容的政权维系,否则其中一个宗教过于强势,就会挤压其他流派的生存空间,继而凭借其强大的社会势力反渗到政权体系中,其他民族多数都是这样发展,所以往往形成单一宗教垄断。而中国遇到五胡乱华和五代十国这样的大乱世,政府力量急剧削弱,失去了平衡各宗各派的实力,长期的乱世更促使缺乏人身依附关系的中国民众到寺庙寻求庇护,佛道等诸多宗教则会趁机出现富营养化。

中国政府本不干涉信仰自由,但宗教势力过大一则威胁政权,二则挤占社会财富,盛世或许尚可容忍,乱世则必须压制。然而寺庙往往也会形成隐藏

的领主体系,力量之强未必亚于朝中权臣或藩镇军阀,如果当政者没有特别稳固的权势和莫大的勇气,必不敢轻易挑战。整个五代,为夺权保命弑父弑君者大有人在,但为促进生产力而向宗教势力宣战的只有周世宗一人。

周世宗在五代后期即位,民生凋敝,寺庙却香火鼎盛,占有了不少田地,很多人又为避赋役而出家,挤占了本就宝贵的劳动力资源。更要命的是佛寺喜欢铸造巨大的铜像,在金属货币时代造成严重的通货紧缩。周世宗拆毁数千家寺庙,勒令数十万僧众还俗,并制定了严格的政府审批出家制度,严禁私自出家。很多电视剧中某人为情所困,于是斩断三千烦恼丝,从此青灯古佛长伴一生。其实中国的和尚、尼姑都是政府核定了编制的,哪有想出家就出家的道理,不比考公务员容易啊!更重要的是周世宗熔毁了许多佛像,用于铸钱。很多人批评他不近人情,尤其是熔毁佛像是对神佛不敬。周世宗笑着说:"我听说佛祖有过割肉喂鹰、舍身饲虎的善举,连真身都可以用来救人以急,何况这区区铜像呢?"说实话,这似乎有点哲理,或许是佛法的一层极高境界。不过后世佛教界似乎并不认同,将周世宗和唐武宗(李炎)、北魏太武帝(拓跋焘)、北周武帝(宇文邕)废佛的行为并称为"三武一宗法难"。甚至还提出,这四位君主都是大有可为却英年早逝,正是因为对神佛不敬而受天殛。

然而"三武一宗"实是伟大而勇敢的政治家!这不是指他们信不信佛、怕不怕神佛会对他们加以报复之类的虚诞之说,而是他们为了天下的治平,勇于面对宗教这股强大的社会势力。这可比那些好大喜功,轻易动用国力挑开边衅的战争狂人伟大、勇敢得多!

在顺利推行诸多改革措施后,周世宗踌躇满志地对王朴说:"我还要再当三十年皇帝,十年开拓天下,十年养百姓,十年致太平。"后周一边巩固国力,一边按"从易者始,先南后北"的战略逐步收服各方割据势力。由于战略规划得当,再加上张永德、赵匡胤等战将措施得力,实施非常顺利。周世宗三征南唐,攻取了南唐在长江以北的国土以及长江沿线的许多战略据点,形成了南唐龟缩于江南、被动挨打的战略态势。

遗憾的是,在接连的胜利中,周世宗生命中最重要的两个人:符皇后、王朴却相继病逝,这对身体素质本就不佳的周世宗打击极大,也陷入了重病。不

过疾病并不能阻止这位神武雄略的帝王一统天下的雄心,周世宗抱病亲率大军指向当年被石敬瑭出卖的幽云十六州。乍一看,辽很强大,而且在北方,这么早就对其动手似乎不符合王朴的规划。但事实上幽云十六州在中唐就已经严重胡化,唐朝放弃古长城东段,在今河北雄县—霸县一线修建瓦桥、益津、岐沟三关,将中原王朝的东北战略防御线南移了一部分。而幽云十六州中的瀛、莫、易三州的十个县却在三关以南,这相对并不难攻取,周世宗亲征仅四十二天便攻克瓦桥、益津二关,为中原王朝夺回了对垒契丹的战略桥头堡。周世宗还将二关改名为雄州、霸州,大有为君的雄霸之气显露无遗!

按常规思维,后周应继续进发,夺回幽云十六州,但众将另有看法。关南十县相对容易,可越过三关深入契丹全面开战就不那么好办了,还是应该按王朴的策略,留待日后考虑。这可把周世宗气得不轻,皇帝战意正浓,你们却畏缩不前,劝我退兵?但众将都很清楚,现在远远不是和辽全面开战的时候,任随周世宗怎么坚持,死活无人同意继续进军。周世宗抛下一句气话:"你们都不去,好,我一个人去!"这句话的意思是他一个人带兵去还是像孤胆英雄那样真的一个人去呢?不过这已经不重要了,因为他的病情已经走到终点,必须回京安排后事了。

后事就有点麻烦了,周世宗前三个儿子都在乾祐之变中被汉隐帝所杀,剩下最大的郭宗训才七岁,也没什么近支弟侄。但周太祖通过生前的合理安排让他顺利继位,他相信只要安排得当,也能顺利传位给幼子。

首先是政府长官,当时王朴已卒,没有一个执牛耳的文官,这也未必是坏事。周世宗依周太祖模式,任范质、王溥为参知枢密院事,魏仁浦为同平章事,并列宰相,并召三人恳谈,托孤于几位老臣。三把老骨头也都非常感激陛下的信任,立誓要力保后周江山。更敏感的是军权,当时军权最大的两个人是张永德、李重进,而这两人当初都和周世宗竞争过帝位,虽然落败而且很服周世宗,但周世宗死后还能不能服他七岁的小儿子就很难说了。据说围绕这两人还进行了很多密谋暗算,有史料称周世宗在文书中发现一根木条,上书"点检作天子"。时任殿前都点检正是张永德,这便是他要篡位的谶语。此事不太靠谱,而且就算属实,也显然是别人污蔑他的拙劣伎俩,必然骗不到周世宗,但

毕竟也给周世宗带来了很大压力。周世宗思前想后，罢免了张永德，以赵匡胤取代。一方面赵匡胤本人更受周世宗亲信，更重要的是赵匡胤草根出身，对皇位的竞争力比张永德小得多，相对更可信。

做好各方面安排后，周世宗于显德六年（959）九月十九日驾崩，梁王郭宗训继位，史称周恭帝，以皇后符氏（宣懿皇后符氏的妹妹）为皇太后。周恭帝继位后没有改元，而是以第二年继续为显德七年（960），以示对周世宗的无尚崇敬。

那么周世宗这番安排效果如何呢？很遗憾，第二年后周就被赵匡胤所篡，这个朝代也仅持续了十年。不过所幸赵匡胤建立的宋朝终于结束了五代乱世，引领中华民族重回正轨，迎来了人类历史上又一次大繁荣、大发展的辉煌时代，所以这一次总算是不那么严重的悲剧。

不过就周世宗本人而言，享年三十九岁的他实在是将太多太多的遗憾留在了人间。周世宗以外侄身份接掌皇位，几乎将这个深陷乱世的帝国拖回正轨，大有乱世重光的趋势。而他三十年职业生涯的长远规划也令人感动，可惜天不假年，只给了他五分之一的年限，让他在北征辽的途中去世，当真是"出师未捷身先死，长使英雄泪满襟"。诸葛武侯一番其实不能实现的壮志未酬就已经逼人泪下，周世宗眼见就要实现理想却撒手人寰，更令人扼腕叹息。

宋代史学大家欧阳修、司马光都不吝溢美之词热情讴歌这位前朝君主的神武雄略，甚至有不少现代人认为如果不是他英年早逝，"积弱积贫"的宋朝就不会建立。而在他领导下，后周可以统一全国，并收回幽云十六州，痛击辽。这显然又是一种矫枉过正的观点，宋太祖、宋太宗其实都是不逊于周世宗的强人，而且他们的硬件在周世宗的基础上还更有进步，他们做不到的周世宗也很难做到。周世宗轻松收复的关南十县其实本就是辽军最难援救的地区，之后也再未从宋朝手中夺回。而周世宗决意攻打幽州，诸军都很反对，如果强行要攻，辽奋起防御，他获胜的可能性实则也并不大。

从另一个角度讲，周世宗或许也死得很是时候。周世宗如果坚持攻打幽州，莫说攻克的希望很小，且说一旦战事不利，后方出现叛乱的可能性也极大，那周世宗极有可能成为五代仅次于唐庄宗的第二大笑柄，只因一次可耻的失败便将之前的神武雄略一笔抹杀。所以,死在当下,是夭折了一个伟大的理想,但对一个伟大的历史形象而言,或许还是个不错的选择。尽管,这并不是他的选择。

菊花残,满地伤

其实五代乱世还没有结束,但历史终于走过了这个最艰难的瓶颈。

总结五代乱世,其实是唐朝弊政的延续,其根源主要有三:

第一,三省六部制和节度使制度的失败,权力流于藩镇。

第二,过度使用政策杠杆,太多部族领主入主中原。

第三,道德体系崩溃。本书主题是讲组织结构体系设计,没有过多涉及思想道德体系,但解铃还须系铃人,道德水平下滑造成的五代乱世最终还是靠唐明宗、汉高祖、周太祖、周世宗连续多人的道德示范走出困局。在道德崩溃的乱世中,很多人放弃道德底线,纲常步步破坏,是这个世界把我逼成了妓女,所以我要把这个世界变成妓院,但妓院里也不乏梁红玉、小凤仙,正是他们改变了历史的走向。我知道这个比喻很不恰当,但确实是这个道理。

周世宗已经在组织结构变革方面做出了极大努力,新任的殿前都点检赵匡胤也完全是平民出身,没有任何门阀贵族的政治背景,但只要他坐上这个位子,还是可以篡位,可见一个真正适宜于公民社会的行政体系仍差一点火候,补上这点火候的中华帝国就将真正建成一个完全平行化的公民社会。一亿人全部打破了封建人身依附关系,并且置于一个先进合理的组织结构体系下,这将释放多么巨大的活力,想想都是一件令人激动的事!而下篇主角,也就是宋朝的太宗,他站在这个伟大时代的潮头浪尖,操控着这台庞大精密的超级机器。

宋朝的太宗!这位站在汉文帝、唐太宗肩上的伟人出场了!

第八篇 中国特色封建社会的最巅峰
——宋太宗赵炅

最有秩序的一次改朝换代

宋太宗赵炅，曾用名赵匡义、赵光义，生于后晋高祖天福四年（939），于宋太祖开宝九年（976）登基，崩于宋太宗至道三年（997），享年五十八岁，在位二十一年。

宋太宗的高祖赵朓是唐朝的县令，几代祖上都在五代割据政权当点官，至父辈赵弘殷在后周混到指挥使。赵弘殷有五子，其中长子和幼子早夭，次子赵匡胤、三子赵匡义、四子赵匡美成人。赵匡胤深受周世宗重用，很快做官就比他老子做的还大，于是朝廷让赵弘殷赋闲，免得出现儿子管老子的尴尬局面。以前遇到这种情况势必可以趁机形成赵氏家族势力，然而到此需要让老父赋闲以避尴尬，可见父子俩各自为官，完全没有依靠家族纽带关系，唐宋以前的世族门阀体系确实已经在淡出中国官场。

周世宗驾崩初期，三名宰相相互制衡，新提拔起来的武将也因他识人得当（根基尚浅）而各安分，但这都还没有经受过大战的考验。显德七年（960）正月初一，北方边境发来警报：辽和北汉不顾法定节假日，大举进犯。符太后忙召宰相商议对策，议定选大将率兵出征。当时张永德已经被废，李重进镇守南方，除了赵匡胤别无良将。赵匡胤说辽很厉害，得多给我点兵，于是把驻京的主力部队都带走了。

赵匡胤的先头部队刚出开封，城内就又开始流传"点检作天子"，大家不由得想起以前篡位后的保留节目就是在京城爽抢，于是很多大户提前逃出开封，

第八篇 中国特色封建社会的最巅峰——宋太宗赵炅

不过后周内廷却"晏然不知"。很快,赵匡胤也率军出城。出城后有一位号称懂天文的军校苗训说他看到太阳下面还有一个太阳,表明天有二日。将士们议论纷纷,认为皇帝幼小,难以立足,不如先拥立点检做天子,然后北征。当晚,大军在开封城北的陈桥驿驻下,赵匡胤喝醉了酒,很早就睡了,似乎也"晏然不知"。都押衙李处耘率众将找到赵匡胤之弟内殿祇侯供奉官都知赵匡义和另一位亲信归德军节度使掌书记赵普,表明了将士们拥立赵太尉为帝的意愿。赵匡义和赵普叱责了他们的鲁莽行为,还说赵太尉是何等忠臣,肯定不会饶了你们这帮逆贼!众将听了有点害怕,有人开始退却,但他们很快反应过来,抽出兵刃大喊:"在军中偶尔谈及此事也要诛族,现在话已出口,没有退路了!就算赵太尉不肯,我们又岂肯受祸!"赵匡义说:"现在就对了嘛,跟着我哥好好混吧。"

赵匡义又派人紧急联络了殿前都指挥使石守信等留驻开封的赵匡胤亲信,约定拥立事宜。不过外面搞这么多动作赵匡胤自己似乎真不知道,舒舒服服睡到天亮。宋朝真的很人性化,连改朝换代都不影响睡眠质量。第二天赵匡胤一醒,大家就很有秩序地拥入营帐,要求他称帝。赵匡胤刚开始当然是坚决不干,然后大家就拿出一件黄袍罩在他身上,强行黄袍加身。情节发展至此都和郭威被黄袍加身很像,但人家郭威是仓促间扯了一面黄龙旗来充当黄袍,赵匡胤这儿为什么有早就准备好的黄袍呢?而且赵匡胤的武艺有多高?高平之战的表现我们是见识了,野史更号称一条棍打下一百四十军州都姓赵,他发明的一套太祖长拳,百余年后丐帮帮主乔峰就凭此独闯聚贤庄,天下英雄莫能近身,赵匡义、赵普这些人就能强行在他身上套件衣服?史载赵高手一直不同意对他的拥立,但其实就跟您女朋友一样,嘴里一直叫:"不要!停!"心里想的其实是把中间那个感叹号去掉。

随后大家就拥着赵匡胤回到开封,进城前赵匡胤说:"你们贪图富贵,逼我当皇帝也不是不行,但你们必须听我的,不然我就不当你们的皇帝。"众人下马罗拜听令。赵匡胤说:"少帝和太后是我旧主,公卿大臣是我同僚(其实大多是他上司),你们不能欺凌。近代篡位的进京都要大肆劫掠,擅动府库,你们不能再这样。纪律好,事后重赏,否则诛族!"有些史料上说这些是赵匡义提的

建议,不过据大多数人分析,这是后来他当了皇帝,给自己脸上贴的金。

赵匡胤率军进了开封,除了选择为后周尽忠的侍卫亲军马步军副都指挥使韩通外,其余公卿大臣和百姓果然没有受到骚扰。而杀死韩通的铁骑左厢都指挥使王彦升就倒了霉,尽管杀韩通是为了给赵匡胤扫清障碍,但毕竟违背了不欺公卿的纪律,赵匡胤虽在众人苦劝下免其死罪,但终生未授其节度使,也算是重罚。

赵军进城时宰相们正在早朝,突然听说兵变,范质捶胸顿足,抓住王溥的手说:"仓促遣将,是我们的罪过呀!"王溥不说话,范质低头一看,原来不是不想说,是手被抓出血来,痛得闭了气。

回城后,赵匡胤不去篡位,而是命令兵将解甲归家,自己也回到公署。不过很快将士们拥着范质等宰相来请他登基,赵匡胤哭着说:"违负天地,今至于此!"范质还没来得及回答,将校们又抽出兵刃喊道:"我们没有皇帝,赵太尉今天必须登基!"你们这些粗人,周恭帝虽小,难道不是皇帝吗?但范质等人早就理清了内在逻辑,作为简化版冯道,没必要以死殉忠,不就是换个朝代么,已经换了很多次了,以后肯定还要换,你小赵愿意出头来当这个皇帝,我们就成全你。符太后和周恭帝更无力抵抗,禅位于赵匡胤。

赵匡胤要当皇帝了,这时突然发现一个问题——国号叫什么?

以前有人篡位前是汉王,所以新朝叫汉朝;有人是唐国公,所以叫唐朝。那赵先生呢?真不好意思,在下是平民,没爵位。于是大家开动脑筋,赵平民的最高虚衔是检校太尉,但总不能叫太尉朝吧?再看,他的武衔是归德军节度使,那叫归德朝?不是这个意思,归德军的治所在今河南商丘,古称宋州——好,就叫宋朝!

宋这个国号的产生似乎已经在告诉大家,这不会再是一个贵族帝国,而将是一个平民化的新社会。

赵匡胤即为宋太祖,改元建隆。周恭帝降为郑王,还柴姓,符太后改称周太后,移居西宫。百官皆有封赏,原后周的行政班子并未受到太大影响,范质等人继续为宋朝宰相。似乎除了换个国号,真的什么都没发生。

宋取代后周恐怕是整个中国历史上秩序最好的一次改朝换代——没有

君臣勾心斗角,没有权臣相互杀戮,甚至连最基本的纵兵劫掠都没有,受点损失的只有那些收到消息逃出开封的空头。新皇帝发个公告,全国上下跟着换个 logo,就 ok 了,生态环保低碳到了极致。以往有人篡位,必须经过长期积累,往往是家族几代甚至十几代持续积累才结出硕果。比如曹魏,别以为曹操是白手打天下的,曹氏、夏侯氏可是汉初功臣曹参、夏侯婴的后代,历经四百年积淀,终才铸就权柄。不过五代的情况着实又很特殊,不能积淀久了,积淀得久只能被人宰而已。汉晋以来长期的门阀贵族社会体系早已凋零,现在台上只剩下两种人:一种是战场上浴血立功的武将,一种是考场上题名入仕的文官。而就算他们能凭自身才能权倾一时,也很难传承后世,形不成稳固的家族势力。所以,到最后中国人发现,所有的汉唐旧族都已经被历史清退,最终只能由一个平民来建立新朝。

但一个平民要从亿万人中脱颖而出又何其不易,宋太祖的成功也有很大的偶然因素和运气成分。严格地说,他根本算不上权臣,实力比他强的大有人在,周世宗选择他出任殿前都点检正是看中他没有实力,结果他还是通过陈桥兵变登上帝位。

一个实力并不太强的归德军节度使能凭一次表演就登上帝位,一方面要靠他的影帝才华,一方面这确是一次经典的策划,幕后导演也功不可没。后世很多人喜欢把宋太祖和后周太祖黄袍加身混为一谈,认为是五代武人拥立篡位的共同模式,但实则有很大差别。

第一,郭威是后汉权臣,不篡位反而有点说不过去。赵匡胤的实力在后周恐怕排不进前五,很多人(周世宗、范质等)根本就没想到他还会篡位。

第二,郭威其实在主观上未必真想篡位,他当时应该确实是被贪图拥立之功的部下强行拥立。而宋太祖完全不然,他和拥立的人显然早已达成默契。

第三,郭威事出仓促,而赵匡胤则经过了精心策划。澶州兵变是契丹袭扰北方边境,所以派郭威率兵御敌,然后这些兵强行拥立了他。契丹这次军事行动在许多史料上可寻,并非捏造。而赵匡胤的陈桥兵变在任何史料上都找不到辽出兵的记载,赵匡胤篡位后便宣称这次辽、北汉联合出兵的大型军事行动自行退散了,很显然边警非实,就是为了给他一个机会把兵带出去上演兵

变罢了。而从后来叛军入京的井然有序来看，显然早就策划停当，组织完备。

完整地看陈桥兵变，从边防告警，到赵匡胤带兵出城，到兵将拥立，到约法三章，到有序进京，到更有序的改朝换代，无一步不是经过精心策划并有序实施的。所以宋太祖篡位并非靠强大的实力，很大程度上是靠陈桥兵变这个经典的策划。

中华帝国怎么决定谁当皇帝

这个题目或许有点大，可能有人已经想一耳光扇过来了："这么简单的问题你在这儿装模作样的讲个屁呀！你死了遗产给谁还不是你说了算。"但您看了半本书，您觉得真有那么简单？公权力和私权力可不是一回事。这个可能有的人估计又会急不可耐地说："中国人的权力观就是独裁专制，发展的趋势是越来越独裁。既然宋朝是封建社会的顶峰，那么君主独裁也就达到顶峰，绝对是一个人说了算？"

是的，很多书上都是这么说的。

但一个先进、科学，并能传承两千余年，始终推动世界第一帝国引领人类文明高速前进的公共管理体系，又怎么会朝着这落后、简单得像是没通过正常人类大脑的方向发展呢？我们还是先别扯太远，来看看宋太宗怎么当上皇帝，以及怎么传位的实例，或许更容易讲清楚道理。

陈桥兵变是完全不同于澶州兵变的精心策划，主要策划人有两位，一位是宋太祖的弟弟赵匡义（宋太祖登基后改名赵光义），另一位是赵普（碰巧也姓赵，并非亲戚）。正史关于赵光义年轻时的记载不多，初次登场便是陈桥兵变，而他在这场经典策划中体现出惊人的组织策划才能，精彩程度丝毫不亚于唐太宗孤身吓跑突厥、救下隋炀帝的青史首秀。

宋太祖在位十六年间，赵光义一直坐镇开封，鲜有攻城略地的表现，不过将后方治理得井井有条。宋太祖开宝六年（973），赵光义封晋王、同平章事、开封府尹，班秩在宰相之上。尽管没有立下值得一提的战功，但长期担任开封府

尹,结交军政高层,也培植了不小的势力。

开宝九年(976)十月二十日凌晨,宋太祖驾崩。皇后宋氏令宦官王继恩前往召宋太祖第四子贵州防御使赵德芳前来继位,但王继恩出宫后找到晋王赵光义,力邀他前往继位。赵光义突然接到这样的邀请,大吃一惊,但其实又很想去,非常犹豫。王继恩说:"再过会儿就是别人的了!"于是赵光义随王继恩和医官程德玄冒雪前往寝宫(冒雪算什么,冒血也要去啊)。到了宫门王继恩说:"晋王请稍等,我先进去说明情况。"程德全却说:"直接进去便是,还等什么!"于是三人直接入宫。宋皇后一见来的不是赵德芳而是赵光义,莫名惊诧,但很快明白过来,哭着说:"吾母子之命,皆托于官家。"赵光义也哭着说:"共保富贵,无忧也。"

于是赵光义即皇帝位,史称宋太宗,改元太平兴国。

正史对此记载并无太大出入,但后人对此提出诸多质疑,持不同意见的野史更是数不胜数。事实上,宋太宗继位确有不少疑点。

宋太祖死前没有任何征兆,很多人怀疑是赵光义杀死了他。各种资料对其驾崩的情况记载不一,如《湘山野录》称宋太祖夜观天象,自知命不久矣,遂请赵光义到寝宫交代后事。侍卫们在门外只见烛影中兄弟俩似乎在争执甚至扭打,之后宋太祖用斧头戳着雪,大声说:"好做!好做!"之后便听他鼾声如雷,赵光义也留宿寝宫。次日,赵光义宣布宋太祖已驾崩,遗诏由他继位。这便是所谓"烛影斧声"之谜,若按此说宋太祖确实有可能是被赵光义弑杀,很多人认为宋太祖的身体素质不应在四十九岁突然无故死去,被杀是最合理的解释。不过此说演义色彩较重,尽管深受明代小说家欢迎,但正史一般不予采信。

理性地讲,宋太宗动手弑杀皇兄的可能性微乎其微,宋太祖极有可能是腹疮(在当时并非小病)发作而死。问题真正的焦点其实并不在于宋太祖的死,而在于他到底有没有传位给宋太宗。

中国自古坚持父死子继,如果实在没有亲儿子,把侄子过继为子都不会传给弟弟。周世宗的儿子只有七岁,尚要在乱世中勉强传位给他,宋太祖的两个儿子都已成年,何须传弟?但反对者认为,宋太宗也是宋朝的创始人,军功

章上有宋太祖的一半,也有宋太宗的一半,作为亲弟弟,不无资格继位。

然而宋皇后最初确是召赵德芳继位,是王继恩擅自做主召来赵光义,这应该说也是一种温和政变,至少是抢夺了宋太祖儿子的继承权。宋皇后被史家一致誉为贤良,如果宋太祖真有遗诏让赵光义继位,她应该不会违背。不过客观地说,宋太宗合法继承的依据恐怕更多一点。

首先,宋太祖若要传子,也应传给年长的赵德昭而不是赵德芳。但宋后妈比赵德昭还小一岁,可能相处比较尴尬,据信她更喜欢比她小的赵德芳一点,所以召赵德芳即位应是她个人意见而非宋太祖遗诏,宋太祖很可能确是突然驾崩,没有留下遗诏。

其次,既然没有遗诏,那有没有事先约定?说到这个赵光义的腰板就有点硬了。赵德昭、赵德芳虽是宋太祖亲子,但从未册为皇太子,而反观赵光义:晋王、同平章事、开封府尹——别以为这几个职衔毫不相干,其实五代以来,这几个职衔凑在一起就是皇储的意思。周世宗是正常继位的吧?但他并未当过太子,继位前就是晋王、开封府尹。朱友贞、李从荣、刘承训等明确为皇储的方式都不是太子,而是亲王加开封(河南)府尹,这正是五代确立并实职锻炼皇储的一种惯例。宋太宗登基后明确其弟赵廷美(曾用名赵匡美、赵光美)为皇储,形式也是齐王、中书令、开封府尹。这样看宋太宗早已确立皇储,本就是合法继承人。

而宋太宗继位后六年,突然又曝出一起金匮之盟事件。据称宋太祖、宋太宗之母昭宪皇太后杜氏在宋太祖即位不久便要死了,将宋太祖和宰相赵普召来。她问宋太祖:"你知道你的天下是怎么得来的?"宋太祖哭着说:"托爸妈的福。"太后说:"行了,我都要挂了就别来这一套了。我告诉你,你就是靠周末帝年幼才搞赢人家,如果周有长君,哪有你的份儿。你和光义都是我亲生,你以后定要传位给他,国有长君,社稷之福。"宋太祖流泪叩头,发誓谨遵母命。赵普也表示遵命,记下誓约并签署"臣普书"。这份誓约被藏在一个金匮之中,由谨密宫人保管,即所谓金匮之盟。

金匮之盟表面上看是宋太宗合法继承的一个有利证据,但此事漏洞百出,基本可以确定是子虚乌有,反而成了一个不利证据。试想杜太后为何会在

宋太祖三十多岁时就提这样的盟誓？咒自家儿子早死吗？而且宋太宗即位之初为何不提，六年后才提？关键是六年后赵普也只是嘴上说说，这么重要的文件为何不拿给大家看看？种种疑点都分明在说：这是假的，是宋太宗为了证明自己继位合法性编的谎，赵普则是合谋。

不过，光义造出这种谣是不是傻得有点过分？其实此谣非他本人所造，而是赵普为了巴结他所为。宋太祖在时曾与赵普商议皇储，赵普说太祖自有亲子，无需由弟弟继位，所以宋太宗继位后不太给他好脸色看。到太平兴国六年（981），新兴宰相卢多逊几乎要把赵普挤下台，所以他就编了这么一个谎来讨好宋太宗，并借机打击卢多逊及其背后谋求帝位的赵廷美。所以此事实为赵普争夺相权的一个把戏，却总被误记在了赵光义头上，有点冤枉。

除了这些，关于宋太宗继位之谜的说法还很多，但这些说法都是宋人留下的，无论是支持还是反对宋太宗，都难免带有主观色彩，那我们来看看别人的记载。《辽史·本纪第八·景宗下》："宋主匡胤殂，其弟炅自立。"

注意看"自立"二字。辽人站在第三方角度，并不认为宋太宗是按宋太祖指定继位，而是自立。辽人的视角或许更加客观，事实上，宋太祖到底有没有指定谁继位恰恰并非头等重要。清以后的中国人有一种根深蒂固的观念，认为皇储的选定必须由上一任皇帝来指定，他的指定便是法理依据。然而我们细究宋朝的君主确立模式，却会发现上代皇帝的指定至多只能算一种较强支撑，而绝非充分条件。宋太宗就算没有得到宋太祖的指定，以他当时的势力也足以问鼎皇位，唯一的问题就是自立为帝看起来脸皮有点厚。

为了说明中华帝国宋明时代的君主确认模式，我们有必要看看宋太宗之后的继承情况。宋太宗至道三年（997），宋太宗驾崩，第三子赵恒（原名赵元侃）继位，史称宋真宗。宋太宗当初以皇弟继位，并以四弟赵廷美为储，这很可能是他加强兄终弟及合法性的一种宣传手段，很快他又把赵廷美赶出朝廷，最终传位给儿子。如果按传统，嫡长子是唯一合法继承人，但隋唐以来这种礼制便已破坏，继位者的选择面很广。那这么广的选择面，由谁、以什么标准最终决定呢？五代就好说，谁心狠手辣实力强做掉老爹，谁就继位了，但宋朝显然不行。

谁当皇帝,这是关乎国家民族前途气运的大事,早已不是一家一姓之私,而是天下万姓之公,自然就要由朝议决定。尽管有些皇帝、皇后会提出继承是皇室私事,不应由外臣过问,但很显然,中国特色封建社会发展到唐宋明这样的较高阶段,皇室已无私事。私事涉及的公共利益太多,私权力自然就会被公权力覆盖,这是公共管理学最基本的原理。

宋太宗其实最喜欢长子赵元佐,一度封楚王、开封府尹,准备接班,但令人费解的是赵元佐居然和赵廷美感情很好,宋太宗驱逐赵廷美时他还竭力营救这位主要竞争对手!后来赵廷美郁郁而终,赵元佐竟然悲伤得发了狂,发狂后当然就很令人讨厌,最后被贬为庶人。说实话,贵叔侄不至于感情好到这种程度吧?都谈到皇位继承了,亲父子也可能反目啊,你们这种程度那就只可能是……算了,这里不是《男人帮》,就不深入探讨了。

赵元佐被废后,经诸臣议定,宋廷又以宋太宗次子赵元僖为许王、中书令、开封府尹。本来赵元僖与众臣都相处得不错,很有希望继位,却不幸死在了宋太宗前面。后来被查出来是被侍妾张氏毒死的,这好像是前面出现过的桥段,真是每家的不幸总是相同的啊!

连续两位皇储的失败让宋太宗有些心灰意冷,但众臣明知宋太宗非常忌讳,还是屡次上表请立储君,即便有些重臣因此被贬斥也前仆后继。最后,在名相寇准的力主下,宋廷终于议定由宋太宗第三子寿王赵恒为检校太傅、同平章事、开封府尹,还专门册立为皇太子。但也不要以为这样就可以自然而然地继位了,就连宋太宗崩后都还发生了不少波折。

尽管朝廷已经议定赵恒继位,但也有些人不喜欢他,这其中有一位看似很危险的人物——王继恩。

唐朝是宦官专权最严重的朝代,唐朝二十个皇帝有九个是宦官所立,其中两个还被宦官所弑。他们大多借助废立翻云覆雨,成为权宦。王继恩曾成功拥立宋太宗,或许他想接过前辈的枪,继续这项事业,成为宋朝的权宦。王继恩利用身处内宫并曾被派出监军的便利,积极结交宋太宗明德皇后李氏、参知政事李昌龄、殿前都指挥使李继勋等重臣谋立他人,以树权威。王继恩的选择是被废的长子赵元佐,可能他认为疯子比较好摆弄,如果能够登基后再废

掉他,再拥立一次,那就更完美了。

但君主的人选不是赵氏家事,而是天下的公事,就算你们家非要把遗产给他,大家又岂能容忍一个疯子来当皇帝,你一个宦官——皇室私家的奴婢又有什么资格来干涉公务呢?

宋太宗临终前任命了年过六旬的吕端为首相,有人说他是老糊涂,但宋太宗用人不疑,说他"小事糊涂,大事不糊涂"。据说"宰相肚里能撑船"的典故也来自吕端,这是一位人品才华都很高的名相。再加上宋太宗最信任的正义使者寇准为副相,这一对正气组合是绝不会容许死太监弄权的。

宋太宗驾崩后,吕端准备按议定方针安排赵恒登基,李后和王继恩却在积极筹备拥立赵元佐。李后让王继恩去召吕端,吕端果然是大事不糊涂,他知道李后和王继恩要搞小动作,于是果断将王继恩锁在自己家里,自去宫中见李后。李后见王继恩突然消失,便失了底气,但还是说:"皇上晏驾归西,现在我们按顺序立长子(赵元佐)为嗣如何?"吕端正色道:"当初先帝立太子(赵恒),就是约定今天嗣位。现在他死了,又岂能违约?"若在前代,皇帝的遗命是最有效的嗣位条件,但先帝的皇后若还在世,则即将升任皇太后,相当于家长死了,那按理该由她来决定哪个男丁继承家产。更重要的是,懂事的人应该知道太后是新的国主,要积极谄媚而不能忤逆她。

但时至宋代,情况就不同了。吕端并未顾忌李后的意见,率群臣拥立了赵恒。而且按照登基仪式,新皇帝要先坐在帘子后接受群臣参拜,但吕端叫大家先不要慌着拜,请升起帘子让大家看清楚真容。老糊涂还有点老眼昏花,又亲自跑上殿,确认坐的确是赵恒而非赵元佐,这才跑下来率群臣参拜,正式承认新皇帝登基。

回想一下,宋太宗是怎么登上帝位的?人家明明是叫另一个人来登基,他自己跑过去把登基仪式举行了,皇帝就当上了。王继恩似乎又想来这一手,试想,如果群臣参拜后再升起帘子来,后面坐的不是最初议定的赵恒而是另一个人(赵元佐),但仪式已成,也就只好被动承认既成事实,太后再站出来确认一下,皇位不就坐下来了么?这个皇位,还不就是皇室的家事?

然而,吕端这位外臣非常尽职地维护了朝廷既定决议,坚决抵制了皇后

和宦官的私议。最重要的是诸臣也没有理会皇室内部的意见，而是跟随宰相依法办理。

当中华帝国的公共管理体系发展至宋，皇位更迭早已不是皇室家事，丈夫死了，未亡的妻子也不能决定哪个儿子继承家产，必须要由朝廷来议定。

事实上，别说皇帝死后继承人的问题，就是在任的皇帝也不是皇帝一个人就能决定的。宋朝第十二任皇帝宋光宗（赵惇）于绍熙元年至五年（1190—1194）在位，他受禅后与其父宋孝宗（赵昚）关系恶劣，以至宋孝宗在弥留之际洒泪恳请宰相，去求不孝子来探望一下自己，但就这也得不到满足。甚至宋孝宗驾崩后，宋光宗拒绝为父出丧！他这种不孝行为引起朝野上下"人情汹涌"，甚至有边军宣称要去投奔敌国。中华帝国历代以孝治天下，皇帝是天下的表率，这种不孝子显然就没有资格再做表率，于是宋廷经议定，废黜宋光宗帝位，这便是中国历史上具有里程碑意义而后人却鲜为人知的"绍熙内禅"。

这正呼应了三千年前伊尹废黜帝太甲之举。而且这一次并非某位权相的个人行为，而是整个朝廷顺应呼声，通过正规程序作出的朝廷正式决议。可以说，至宋代，中华帝国的公共管理体系已经脱离了独立出现的随机圣人模式，进入到规范的超大规模线性回归体系模式。

那么宋太宗是否合法继位？可以说，即便宋太祖明确指定了别人继位，或者宋皇后成功召来赵德芳登基，也只能使宋太宗更加麻烦或者脸上更挂不住，并不能真正有效阻止众望所归的晋王水到渠成坐上皇位。宋太宗即位，靠的是整个朝廷的总体支持，而非某一个人（即便是前任皇帝、皇后）的指定。

宋朝这个朝代，没有女祸，没有外戚之祸，也没有宦官专权。尽管有不少太后垂帘听政，但皇帝成年便自觉交出政权，安心终老于后宫。很多人在盛赞之余却不知个中缘由，竟然以一句宋朝的女性心态好来总结，那死太监呢？也是心态好？

很显然，宋朝没有女祸、阉祸，绝非因为谁个人心态好，就算有一两个贤良淑德的，哪有连续好三百多年的道理，再加上后面的明朝要连续好六百年，这个问题只能从政权架构和社会形态的发展来求解。

第一，中华帝国已经进入公权力时代。皇帝的私权力已经被压制，他的老

婆、姨太、家庭服务员这些人尽管可以得到国家供养,但休想和公权力挂上钩。李后和王继恩还想像前代那样操控废立,和宰相掰手腕,殊不知人家吕端、寇准何曾把你们这些非男性放在眼里。

第二,社会更加公民平行化。这样的社会更难建立起类似于门阀贵族的次级非正式权力组织,像王继恩这种人,宋太宗在时享尽尊崇,但满朝都是国家公务员,二十余年也未建立起自己的一股势力,到头来所有人都是公事公办,没有任何人会为他谋私。

到这时我们应该了解光义面对的是怎样的一个历史节点,那他又是如何率领这个超级大国走出五代乱世,走进一个全新的社会形态呢?

结束五代乱世的真正英雄

五代十国是一段最不堪回首的乱世,那么谁是带领中华民族走出乱世的英雄呢?大多数人认为是宋太祖。按道理说也不错,五代结束是宋朝,那么宋朝的太祖自然就是结束乱世第一人,然而从管理学的角度出发却未必。

宋太祖虽建立宋朝,但这个朝代完全可以成为第六代,事实上太祖朝的大宋和前面五代真的也没多大区别:首先,宋朝仍是武将篡位建立的朝代;其次,宋朝实际控制区域也就中原那一小块;再次,武将们都还在等着重复五代的浪漫故事;最后,不得不说,宋太祖自己还是被篡位了——至少是他儿子被抢夺了继承权,说明他仍未走出五代桎梏,这个难题还是他老弟穷二十年之功方才完成。

后人常见的一个重大误会就来自宋太祖的杯酒释兵权。

模糊的史料显示,宋朝建立不久,宋太祖便召石守信、慕容延钊等实权派武将恳谈,指出五代乱世中很多叛乱并非叛将主观意愿,而是被部下逼反,各位也有这个危险。由于宋太祖人格魅力超常,于是诸位开国元勋主动交出兵权,回家养老。从此,五代武人叛乱之患绝迹于江湖,大宋走上国泰民安的文治道路。

真有这么容易?

如若人类历史上一个节点级的难题真能这样解决,秦隋这样伟大的王朝还用得着二世而亡吗?这些老将本人确实可以回家养老,甚至去死都可以,但军队又没消失,难道就不需要新的将领来率领了吗?有人说新来的将领资历较浅,所以无力行篡逆之事。哪能有几个人比赵匡胤自己资历更浅?五代中哪一代不尽力削夺武将军权,但这种对人不对事的人事安排都只是权宜之计,何曾触及本质?杯酒释兵权固然重要,但并未从体系上进行本质变革,乐观估计也就只能维系十来年的表面和平,真正的意义仅在于为宋太宗的大规模变革留出时间。

宋太祖、宋太宗都是史上重要的帝王,像他们这样兄弟俩同垂帝范在历史上仿佛还不多见,但两兄弟的形象气质可谓有天壤之别。

首先,从外形上看,一个是大胖子,一个是小胖子。据传言,有一次兄弟俩去逛庙会,遇到一台测身高体重的康乐机,遂分别投币一测体形。赵匡胤站上去,系统提示:"请勿两人同时站上本机。"赵光义站上去,系统提示:"请勿横卧在本机上。"可见体形差异巨大。

按一般经验,大胖子的性格应该是豁达开朗,温良厚重,但有时失之精细;而小胖子则是精明善断,才高谋远,但有时失之仁善。这兄弟俩的组合其实很恰当,大胖子靠人格魅力赢得了武将们暂时的拥戴,小胖子则抓紧时间变革组织结构,形成长治久安的可持续发展体系。试想如果两人换个位置,那就很可能是小胖子先把人得罪完,然后大胖子又不能残酷镇压,最后全家死绝。所以宋朝开场,这两兄弟的搭配可谓非常幸运。

前文反复强调,解决藩镇割据、权臣谋逆的正确办法有且仅有一个——运用组织行为学和公共管理学的科学知识构筑更加合理、规范的行政管理体系,所以现在宋太宗要做的并不是再费唇舌证明他的继位合法与否。

首先,核心问题当然是军权,尤其是藩镇军权。

五代其实都对节度使问题做了大量研究,但中唐以来开演的节度使割据大戏似乎并未落幕,宋朝建立后原后周节度使李筠、李重进可以据成镇反宋就说明他们保有反对朝廷的能力。节度使如果只有募兵权还不够,是唐玄宗让节度使兼任采访使,有了财力支撑才能割据一方。周世宗号称精选禁军,夺走了藩镇的精锐部队,宋太祖则号称集资,把藩镇的富余钱粮收走。但这些都是一次性效果,兵抽走可以再练,钱调走也可以再收,关键还在于抑制藩镇自我再生的长效机制。趁周世宗和宋太祖改革后藩镇暂时处于虚弱,宋太宗进行了历史节点级的重要改革。

这个问题要分军事指挥体系和地方财政体系两个方面。

先说指挥。周世宗以殿前司作为全军指挥中枢,但最终被殿前都点检篡位。其漏洞就在于赵匡胤作为殿前都点检,既有调动军队的最高军权,同时又直接率领军队,军队里甚至有大批中高级军官是他的结义兄弟,这不是在促成非正式组织的建立吗?所以宋太宗改组殿前司,将最高军权划归枢密院,隔断调兵和带兵权。

枢密院本是唐朝的内宫机构,枢密使由宦官担任,职能是皇帝的私人秘书。枢密使的崛起本意是制衡中书令,五代以来发展成实际上的宰相,统领政事,周太祖篡位前便是后汉枢密使。宋太宗所设枢密院则是一个掌管最高军权的文职机构,这似乎和尚书兵部很像。但事实证明以六部之一掌管军国大事执行力偏弱,何况中唐以来三省六部逐渐虚化,国家对军队的控制力也就跟着虚化了。所以宋太宗将枢密院作为和中书门下(唐宋中央政府)平级的机构,并称二府。枢密院的正副长官与中书门下的副官参知政事同为执政,相当于副相,是国家最高一级常务委员会成员,参与国家最高决策,并非单纯只管军事。这样,枢密院的地位得到提高,但同时也更融入行政体系,皇帝和宰相对枢密院的掌控也更直接、深入,到南宋甚至形成了宰相兼枢密使的常例。枢密院长官大多由文官出任,和军队没有私交,有时也会有军功卓著的武将晋入枢府,但除曹玮、童贯等极少数极为尊崇的名将短暂破例外,再无任何人能以枢密兼领军镇,尽量做到公有军权和领兵实务的分离。

宋太宗又废除殿前都点检、副都点检职务,殿前都指挥使司的职能仅限于御前禁卫。同时将侍卫亲军马步军都指挥使司拆分为步军司和马军司,一般以步军司驻守京师,马军司拱卫京畿。这三个部门合称三衙司,是宋军最精锐的禁卫部队,有层次地部署在京师重地,这实际上是将掌控军权的两个机

构改组成了三支具体的部队。

周世宗将军队分为禁军、厢军的思想得到进一步强化，宋朝的禁军使用优质兵源，训练、装备、后勤都是最优，集中了主要战斗力，由枢密院统一调度。禁军人数相对较少，太宗朝约三十万，整个宋代有统计的最高峰也只有五十九万，而且编制整齐，枢密院非常便于统一指挥，将领在军中擅权的机会就小了很多。而厢军则以禁军淘汰下来的兵源充任，一般不上战场，平时驻扎地方维持治安，协助地方大型工程，禁军作战时也会抽调一些厢军负责后勤运输。厢军虽然人数很多且广布，但实际上集结作战的能力很弱，不必担心叛乱。到南宋禁军退化到了宋初厢军的地位，而御前军、行营护军、驻屯大军等依次成为主力战兵，但始终牢牢置于枢密院的掌控下。这种名称上的更迭体现了周世宗、宋太祖、宋太宗这种一脉相承的建军思想——将军队中人数较少的作战部队和较多的辅助部队分化开来，国家重点掌控作战部队，将人数更多的辅助部队放权至下级。

那么宋军组织一场战役，首先要由两府宰相共同商议，确定基本战略，再由枢密院调兵遣将，从驻扎各地的禁军中抽调出作战部队，并指派将领率兵。在作战途中，枢密院也会随时下发指令，统一协调指挥前线各部和后勤供给。相比前代国家将募兵、训练、指战的业务全部外包给藩镇，这种由国家直接操纵的体系更强调军队公有化和统一指挥。

而更重要的是军队财饷体系。唐代节度使除了本镇，还领有数个州郡，称作支郡，作为供养军队的财政来源。到后来势力强大的藩镇还要兼领数镇节度，比如安禄山就兼任平卢、范阳、河东三镇节度使，而中原的宣武、魏博等节度使甚至要兼领十镇节度，其全权管辖范围不亚于周代诸侯国。宋太宗首先废除了节度使领支郡的制度，将其权力局限于本镇军事，又借国家行政体制大改，由朝廷派出知府、知州管理州郡政务，将军事和地方行政分开。各地驻军和前线作战部队的后勤供给均由枢密院从国家财政中统一划拨，军队再无权自行从驻地征收赋税。从此，中国的军队和地方成为严格的两条权力线路，除战时特殊情况，一般人不能兼领地方行政权和当地驻军指挥权，更无权自行募兵，在地方称王的可能性降至可以忽略。

至此，宋太宗废除了原来由藩镇私兵组成的军队体系，建立起一套国家直辖的禁军体系。这其实和隋文帝将政府中的各级官员全部转化为国家公务员同理，宋太宗是将军队中的各级将领转化为公务员。现在可以说藩镇独立于地方的政治、军事、经济基础都已收归国有，从此藩镇独立这个困扰千年的祸根终于在五代十国这场痛苦的大型手术后被中国的公共管理者根治。从这个角度讲，宋太宗（而不是宋太祖）不仅是结束五代乱世的英雄，更是历史进程上不可忽视的超级英雄！

不过，宋太宗虽然在军队建设的理论上有些贡献，锻造出一支极其强大的公共军队，但这些都还是纸面上的，还得打两场漂亮的胜仗，才有资格和天策上将相提并论。

旗开得胜，我好厉害

后人总忍不住拿宋太宗和唐太宗相比——他们庙号相同、都是史上重要帝王、似乎都有一点点继位合法性的瑕疵。可唐太宗成功地用一连串盖世功勋堵住了悠悠之口，那光义呢？仅仅做一个温和善良的汉文帝都不够，还要上战场去踢爆敌人的屁股，让人们只记得你的阳刚壮美、挥斥方遒，从而忘记烛影斧声、金匮之盟这一类该死的八卦！

首先，宋太宗要继续完成宋太祖尚未完成的统一大业。十余年间，宋太祖翦灭南唐、后蜀、南汉等一大票割据势力，只剩下北汉以及辽占领的幽云十六州。不过王朴早就说了，前面那些都是渣滓，这才是硬骨头，现在正好留给雄心勃勃的宋太宗来扬名于世。

太平兴国四年（979）初，宋廷诏议征讨北汉。宋太宗说："周世宗、宋太祖三伐北汉不下，难道太原真的是城壁坚厚不可近？"很多人都说是啊，咱们也别去做无用功了。所幸同平章事、枢密使曹彬支持出兵。曹彬被誉为宋朝第一良将，倒不是因为他用兵如神或冲杀勇猛，而是因为他的仁者气度。五代乱世人性泯灭，武将们屠戮战俘、百姓都是家常便饭，唯独曹彬严守纪律，带出来

一支王者之师，堪称宋朝走出五代桎梏的关键性一步。所以，元明的君主最爱以"朕之曹彬"来诫勉自己的将帅。在清以前，曹彬一直被视为宋朝第一良将，名望尚在岳飞、孟珙之上。尽管还有一些宰执反对，宋太宗还是在曹彬的支持下，通过了讨伐北汉的决议。

其实宋太祖虽没能攻克太原，但通过经济封锁，早已使北汉民生凋敝。宋军横扫州县，快速围住太原。不过真正的考验倒不在于北汉自身，而是辽援军。辽以南府宰相耶律沙为主帅，冀王敌烈为监军，南院大王耶律斜轸、枢密副使耶律抹只分率前后军来援，兵力约六万。

根据唐太宗攻克洛阳的围城打援战术，宋太宗亲率主力围定太原，以云州观察使郭进为石岭关都部署，率万余精兵前往阻击辽援。郭进选择了石岭关（今太原东北阳曲县境内）外的白马涧作为战场，率先抢占作战地形。辽军救人心切，前后队有所脱节，前军率先赶到白马涧北岸。耶律沙为稳妥起见，准备等后军赶到再以绝对优势兵力实施渡河攻击。但监军敌烈见对方人少，而且以步兵居多，坚决要求立即出击，免得后军来了抢功。辽将都很赞同，耶律沙执拗不过，只好同意。辽军纷纷抢过白马涧，冲向宋军。

北方游牧民族对战中原汉族王朝，最大的优势就是骑兵多。骑兵的机动性、冲击力都要远胜步兵，但有些缺乏军事常识的人便认为骑兵打步兵如砍瓜切菜，毫无悬念。如果打仗真可以这么不动脑筋，人类文明发展到骑兵时代就可以停滞了，哪还有今天。洛阳战役中，李世民以二百长槊兵列于河中，便可使窦建德的骑兵无法通过。到唐代中后期，随着横刀阵、弓弩阵、太极阵、六花阵等复杂步兵阵形的发展，人类有智力的组织优势超过了马匹的力量优势，只要训练有素，指挥得当，步兵方阵在正面对抗中完全优于只能简单冲锋的骑兵。而宋朝的弓弩和甲胄进一步发展，骑兵其实已经不能正面冲击成形的步兵方阵，否则只能送死。当然，经验是鲜血凝成的，现在敌烈大王就准备用他的鲜血来总结这个经验。

郭进并未在河中设置障碍，而是在辽军上岸时将阵形后撤，放了一半辽军上岸。敌烈是宋初人士，不懂得以步制骑也就罢了，"半渡而击之"的兵法常识也不懂吗？那就等着挨宰吧。敌烈所率这一半辽军甫一上岸，便被宋军重步兵方阵抵住动弹不得。本来在正面对抗中骑兵就吃亏,现在又失去了冲击空间,把骑兵的机动性优势又丢了。这时郭进亲率骑兵从侧翼猛攻辽军,可以想象战场上不能动弹的军队多么可怜,莫说是骑兵,就算是坦克装甲集群,站在原地不动又岂能不被砍死?很快,敌烈和他的儿子蛙哥、耶律沙的儿子德里、吐吕不部节度使都敏、黄皮室详稳唐筈等大将均遭屠戮!而耶律沙部则在河心暴露于宋军强大的弓弩火力之下,更是苦不堪言。眼看宰相大人马上也要做水鬼,英雄出现了。耶律斜轸率后军赶到,他没有盲目施救,而是隔河与宋军对射。宋军毕竟人少,火力被压制。这时耶律沙也体现出极高的战术指挥素养,镇定下来收拢败兵,配合耶律斜轸的火力往河边突围。由于激战后宋军已经比较疲劳,而监军田钦祚没有及时率后军追加攻击效果,辽军总算捡了条命,仓皇北逃而去。

汉有白登之围,唐有渭桥会盟,而且对方还是连洗澡都不一定会的游牧部族,而宋太宗第一次和大辽帝国打交道,就一耳光把他扇了回去!老子好强!

信心大增的宋太宗一激动,亲冒矢石,站到太原城下去指挥作战,宋军士气大振,上至节度使,下至校官,纷纷浴血奋战。按说北汉失去了辽这个唯一可以指望的外援,再无力与大宋相抗,换成王世充哪用等到现在才投降?然而历经五代战火锤炼的北汉绝非软蛋,拼死抵抗,尤其是名将刘继业"杀伤宋师无算",一点要投降的意思都没有。

宋太宗是军事史上很重要的一位理论家,他促成了阵图制度、参谋本部制度、军事学院体系和集团军编制等许多重要理论的形成,同时,我们还不能忘记剑神这个惊世骇俗的发明!

史载宋太宗精选了数百名精壮成年男子,精练剑法,达到剑神的级别。据说可以掷剑于空中,再跳起来接住剑,左右手互换数次,然后在一片剑光闪烁中优雅落地。遗憾的是各路史料都没有记载剑神营都指挥使隶属何部,官居几品,曾由哪位名将出任,只听江湖传言该部转业复员后大多被高薪聘为蜀山派剑法教练,倒也桃李满天下。史载辽有一次遣使修贡,宋太宗请使臣检阅剑神营,剑神们脱光上衣,露出精壮的胸肌,叫喊着挥刃而入,配合铿锵有力的背景音乐,在一片剑气中吓得使臣不敢正视。不过据传言,人家是辽重臣,

实在没想到你们宋朝居然让街边卖艺的来上朝,所以才闭目长叹。

但北汉将士们就不能闭目不见了,他们虽在高城之上,身上决计不会挨剑,可眼睛早已被眩晕,这仗还怎么打?降了罢!降于这些高手不丢人!于是北汉国主刘继元出降,宋太宗当场封他为检校太师、右卫上将军、彭城郡公。宋廷任免职务有非常正规的程序,要经过廷议才能生效,而宋太宗在受降当时就传达了任命,可见是出征前就提交廷议通过了的,其必胜之心不言而喻!

攻灭北汉,翦除了最后一个割据政权,更完成了周世宗、宋太祖都没能完成的统一大业。宋太宗作《平晋诗》一首,热情讴歌此胜的重大意义。不过,北汉是强弩之末,灭它有拣软之嫌,还得从辽手中把幽云十六州抢回来,才能成为真正的英雄。其实宋军将士无不相信宋太宗会成就这样的伟业,不过,在此之前,得让大家休息休息,强攻北汉太耗体力了。至少,得把攻灭北汉这么大一个项目的账款结算了再说。

这是个很现实的问题。中国社会从来不靠宗教信仰维系,拿什么圣战之类的噱头忽悠人去卖命是不现实的。当然,宋太宗绝不是老赖,这笔钱一定会给大家结,不过不是现在——把攻灭北汉和收复幽云合并成一个项目,奖金一起发如何?

您去跟银行说:"我不是不还房贷,我是想等下期到了一起还。"然后您看看哪家银行不会没收掉您的小蜗居。

可问题在于,他既不是贱行也不是糟行,他是皇上啊!但问题还不仅仅在于奖金,没做好准备"顺路"侵入辽土,这意味着和辽全面开战,这早已超出了人民内部矛盾,这种事儿恐怕连最会做人的曹彬也很难支持。

但宋太宗得意洋洋地说:"我训练的现代化集团军果然无敌,我想只要我愿意,我可以每天都这样打契丹人,一直打到西伯利亚去。"

曹彬说:"哎呀,这话可千万别让契丹人听见,不然他们会吓得尿裤子的。"

宋太宗哈哈大笑:"放心,我不是侵略主义者,我只想要回幽云十六州。这不是什么辽土,分明是汉地,我只不过想把石敬瑭输掉的底裤赢回来而已。"

曹彬说:"那,首先,在此之前,你不能又把自己的底裤也输进去,我是认真的。"

宋太宗正色道："我也是认真的,你们也都认真点,才好把两笔奖金一起领!"

其实宋军现在已经很疲惫,谁愿意在这时冒险攻辽,但奖金被扣着,没办法,跟着这个皇帝走吧。尽管宋军很不高兴,但一旦开动,仍是马力十足。三十万宋军只用了十天就从太原开到了幽州(今北京),中途还攻占了两座大城,这种速度在前机械化时代可谓骇人听闻!抵达幽州后宋军立刻齐集攻城,既没有留下战略预备队,也没有派出部队外出打援。这并不符合他前任发明的围城打援基本战法,很显然这不是战术问题,而是宋太宗的心情:老子这么厉害,哪需要耗费时日的围城打援?我连发奖金都来不及,还有时间围了城跟你干瞪眼?我只需集中全部兵力,赶在敌方援军到达前迅速直接攻克幽州!然后给大家一起发奖金。

客观地讲,如果宋军真的第一时间攻克幽州,辽军战略防御被迫全线后撤,收复幽云自非难事,辽将重新退化为草原游牧部族,以后宋军就可以随时有空随时上草原去追着他们的屁股踢着玩儿,然后立下一连串的军功。

然而,宋太宗这位管理学大师这次落入了自己设下的一个逻辑陷阱。他这个方案是一种典型的小概率前提逻辑:方案为事件预设一个前提,如果此前提成立,那么结论成立的可能性就非常大,然而此前提本身能够成立的概率却非常小,所以此方案的总结果仍是一个小概率事件。其实,宋太宗设想的逻辑链也没错,问题就在于宋人所称的这个幽州燕山府,辽方称之为南京析津府,是辽的五京之一,而且被视为辽经略汉地的桥头堡,是决定契丹民族维系帝国或是退回游牧的生命线,必将不惜血本誓死捍卫。你能围城打援都是很勉强的事,更何况快速攻克?

虽然宋太宗在军事学上理论贡献巨大,第一仗也赢得酣畅淋漓,但很遗憾,头脑发热的他在准备并不充分的情况下,贸然和强大的辽全面开战,而且还采用了这么不切实际的战术。他终于了失去了掩饰他愚蠢的最好机会,从此他将走上一条不断证明自己多么不配拥有和唐太宗同样庙号的漫漫长路。

运筹帷幄之中，决败千里之外

幽云十六州为什么要说收复，而不说攻占？因为它自古以来就是汉族聚居区，宋朝作为汉族正统王朝，当然要理直气壮地收复这片被石汉奸卖掉的国土。宋太宗作《悲陷蕃民诗》一首，深刻表达了沦陷区百姓日夜期盼王师前去拯救他们的迫切心情，激励宋军将士加快解放的步伐。

救援北汉的战役失败后，宋辽之间就失去了战略缓冲，辽调集大批军队和物资，准备死守幽云。时任南京留守是燕王韩匡嗣，但他不在城中，其子彰德军节度使、上京皇城使韩德让代行职权。韩氏是汉人，但却是协助契丹脱离氏族部落、走向帝国体制的主要功臣，荣宠非凡。辽景宗睿智皇后萧绰（即后来大名鼎鼎的承天皇太后，小字萧燕燕）便曾一度许配给韩德让。辽景宗（耶律贤）崩后，承天太后与韩德让共同摄政，实权尚在辽帝之上。可见韩氏是辽核心权力层，完全不必担心汉族血统会干扰他们保家卫国的必死决心。那城里的普通汉民呢？这个问题先不要急，稍后作答。

韩德让早就做好了守城的准备，他在城中囤积了足够支持数年的物资，在城外部署了大量部队倚为犄角。而辽廷也暂时和其他邻国讲和，集中精力应付来势汹汹的宋太宗。辽地势平坦，便于集结，运输方便，可以对南京形成源源不断的增援态势。不过幽州的地形也并非不适合围城打援，宋军有三十万之众，择数万围城，其余分布远处，尤其是扼定八达岭一线山脉，任随辽军铁骑自杀般的冲向宋军弓弩集群，也无法靠近幽州。三五年后，城内物资耗尽，不攻自破。

三五年？疯了吧！老子三天也不愿意等了！于是三十万宋军全部拥向幽州，城外辅战的辽军其实并不少，但又岂是科学战神宋太宗的对手，两三下就被打得屁滚尿流。不过讨厌的耶律斜轸又出现了，他收拢败兵，在得胜口（今北京昌平）驻防，立起辽军大旗。

若要围城打援，那就应该尽快把这些人清退出场，尤其不能让城内守军看见他们的旗帜,坚定守城的信念。但宋太宗既然没打算用什么围城打援,那就不用去理他们,就让他们在旁边眼睁睁地看着你们的南京在我的科学阵形下轰然倒塌吧!

宋太宗及其参谋本部拟定了详尽的攻城作业方案,分派四名节度使各领兵一万攻四门,那剩下的二十多万呢?既然不派出打援,那就里三层外三层地把幽州围住,一面挡住辽援军,一面为攻城的四万人呐喊助威。这么多人为宋太宗这个理论家提供了一个绝佳的展示平台。说实话,三十万人挤在小小的幽州城下,没有发生暴动,也没有人践踏致死,这种组织管理水平在当时还真是出类拔萃。宋太宗充分展示了他设计作战方案的卓越才能,亲自为三十万人制定了详尽的作战方案,所有士兵按图作战,就像电脑游戏一样精确。这三十万大军按指挥使分起码有几百个单位,能操作过来的真不愧为顶级玩家!

宋军各部深谙机关工作之道,积极配合顶级玩家。弓弩部队向皇上展示了当时世界上最先进的远程自动武器集群,史载可以达到一个时辰一百万支的火力当量,受到领导好评,同时也送了不少箭支给城里。砲石部队只用半个月就打造了八百门重砲在外围有力支援了攻城的友军,但好像也没把城墙砸开。攻城部队还展示了攀墙、垒土山、土工掘进等各种攻城作业战术,尽管都被韩德让一一化解,但领导还是对宋军的训练成果表示了高度肯定。最厉害的当然还是剑神营,几场大型军体操汇演下来,无论是城内守军还是城外的援军都吓得肝胆俱裂,好几位节度使级别的辽将率军投降。宋太宗兴奋异常,提前任命宣徽南院使潘美为幽州行府事,已经在筹备占领幽州后的事宜了。

这不能算高兴过头,由于多次救援失败,辽人人情震恐,很多人提出放弃关内城市,退回草原机动防守,其实就是恢复游牧。这不正是宋太宗规划的发展方向吗,如果——我是说如果——历史真的这样发展,宋太宗将拥有何等历史地位!超越唐太宗?他甚至有资格把唐太宗的头按在地上吃屎——然而事实正如大家所知的那样——岂止是唐太宗,这本书里至少有一半的人有资格把他的头按在地上吃屎。

原因很简单,越是宏大的规划,越不能留下快速攻克幽州这种小概率环节。现在,惩罚宋太宗的人就要来了,他不用等到进入史书以后,他马上就要

让宋太宗当众表演狗吃屎。这个人叫耶律休哥。耶律休哥不是慕容冲、尔朱荣这样的蛮族军头,而是辽庞大国家机器上的一颗螺丝钉,而且是经过正规训练、专用于军事指挥的优质螺丝钉。在辽景宗带头讨论放弃幽云时,满朝文武只有耶律休哥一人坚决反对,他恳求辽景宗给他一次机会,让他最后一次救援南京。最后辽景宗同意他率五院部精骑三万做最后一次尝试。

宋太宗这边毫不知情,他正在兴致勃勃地欣赏自己宏伟的战略设计和高超的微操技艺,至于援军,他也记不清楚打趴下多少支了。宋太宗只是有点奇怪,韩德让眼看着这么多援军源源不断地来撞墙,怎么还没吓得投降?

现在撞墙的又来了,这次来的是老熟人耶律沙。耶律沙在上次战败后被派驻西京大同府(今山西大同),主防太原的宋朝山后军。现在南京告急,耶律沙只好暂弃山后防线,率数万大军来救南京(其实宋军都集中在南京,山后根本无需防守)。由于这次来的数量比较大,宋太宗亲率御前殿直军迎战。虽然早知宋军步兵方阵的厉害,但是没办法,耶律沙还是硬着头皮冲阵。沙宰相这次面对御前殿直,比上次在白马岭更惨:冲锋途中就被弩阵射倒一大片——撞到重步兵方阵动弹不得——被宋军骑兵从侧翼包抄——宋军阵形推进压缩——耶律沙带着还没死的人赶紧跑路。

宋太宗啐了一口:"这废柴,真会浪费老子的时间!"

不过按惯例,对方跑路了你就要追击一下。但这次宋军最精锐的御前殿直军居然用了整整一下午,追了十里路,最后没追到,不按阵形拖拖拉拉地慢慢往回走——狮子终于打盹儿了——累了那么久还拖欠奖金,不躺下睡已经很给你面子了!而休哥就在这时赶到了战场!

虽然也很急于救场,但耶律休哥没有盲目出击,而是在高处仔细观察了宋军阵形,然后召集一大帮败军之将,共同研究作战方案。最后辽军临时参谋本部制定了三路出击,由耶律沙率中路军吸引,牵动宋军阵形前凸,耶律休哥、耶律斜轸分率精骑大范围迂回,从侧翼寻找宋军阵形牵动后的结合部突击的作战方案。而集中打击目标是凸出的万名御前殿直军,吃掉后再与城内守军夹击围城部队,至于剑神营嘛……光义你带回去,别说是人,开封街头的好多猴子恐怕都要失业了。

当读史至此,脊背真有一种发凉的感觉。这绝不是武悍的蛮族军头,这种科学配置作战资源的水平甚至在宋太宗之上!在上千年的对外战争中,汉民族还是第一次面对这样的对手。可为什么这第一次对面就是耶律休哥,我们这边却是光义?玉帝,你是不是纳了一个契丹族妃子?

不过光义显然没有意识到这个问题,当御前殿直军在暮色中空着肚子慵懒地往回走时,耶律休哥的三万骑兵每人手持两盏火炬在高处往来奔突。夕阳下宋军看不清尘土中到底有多少辽军,只觉得光焰炙天,开始略有惧意。而宋太宗发现御前殿直军现在所处的位置很有问题——不但位置凸出,而且高梁河沿岸的开阔平原非常利于辽军骑兵包抄,于是赶紧下令后撤,汇入围城的三十万大军。然而这时耶律沙却掉头从正面扑向了他,宋太宗勃然大怒:"给我捶扁这个不知死活的家伙!"

光——义!

耶律休哥在一旁冷静地看着,当他确认宋太宗没有立即撤离高梁河,而是迎向耶律沙时,眼中闪过一丝寒光,从牙缝里冰冷地抛出一句:"你已经死了。"

耶律休哥和耶律斜轸的精骑极速画出两道巨大的圆弧,分别从两侧翼精确地找到了宋军阵形的薄弱环节开始猛攻。御前殿直军脱离主阵太远,结合部遭到猛攻有点惊慌,但这毕竟是当时世界上最精锐的一支部队,在这种情况下竟然仍不失阵形,激战中甚至让耶律休哥负了重伤!宋太宗觉得胜利的天平仍然偏向自己,然而不幸的是,他除了没有想到对方也懂得科学的战术,更没想到更重要的一点——对方是辽的公共军队而非部族领主的私军。

其实很多人都忽略了这个问题,如果是部族领主的私军,那这支军队存在的目的就是为领主抢钱,一切都围绕领主的个人利益,如果他的人身安全都已经受到威胁,那就算打赢又有何意义?这时他们会跑得比野狼还快。然而耶律休哥不是部族领主,他麾下的将士也都是辽的军人而不是谁的私有财产,他们要救援的这座城市是辽的国土而不是谁的私有辖领,他们不是去抢劫而是抵抗侵略,保家卫国!所以,身负重伤的耶律休哥没有退缩,已经不能骑马的他让部下以轻车相抬,继续指挥,几度昏迷不下火线!辽军将士深受鼓舞,向宋太宗御驾发起了热血澎湃的猛冲,拼命击穿了宋军侧翼!宋军惊慌失

措,耶律沙和耶律斜轸也从另两个方向击穿阵形,御前殿直军终于全线崩溃。

宋太宗左腿中箭,这下他终于知道打仗不是打游戏,腿伤不能骑马,所幸左右找来一辆驴车才勉强逃离战场。而真正的灾难发生在围城的三十万宋军身上,在正常情况下直接指挥这么多人已经是奇迹,现在仗打输了,总指挥却坐上驴车当了赵跑跑,面对守军和援军的夹击,他们除了溃逃别无选择。不过幸好辽军损失也很大,再无力追击,宋军只损失了万余人,绝大多数逃回了涿州(今河北保定)归建。

此役史称高梁河之战,是宋太宗首尝败绩,也是宋朝建立以来首次战败。而且宋人还发现一个问题:汉族人韩德让为辽拼死尽忠,幽云地区的汉族百姓也没有表现出对宋王朝的丝毫亲近感,而是全力捍卫他们的辽。不仅是幽云,其他地区也有类似情况,这是中唐以来形成的历史问题,也是人类社会发展的一个节点。

三十万宋军各自逃到涿州,人回得差不多了却发现一个问题:宋太宗不见了。一直没宋太宗的消息,又有人亲眼见他中了箭,难免会考虑他已壮烈牺牲。国不可一日无君,于是大家开始讨论谁赶紧继位,大家基本认可宋太祖之子赵德昭最合适。然而就在此刻,宋太宗又回来了。原来宋太宗坐车走西直门,当然要来得晚点了。顺便说一下,高梁河就是现在的西直门。

我还没死,你们就在这儿讨论继位?太伤自尊了!而对他们的讨论结果赵德昭也难免会心怀芥蒂。不幸的是赵德昭偏偏跑来劝宋太宗:"您看这仗没打好就是因为奖金到不了位,现在打败了,赶紧补发太原的奖金,还能挽回一点士气。"宋太宗正有气没地方撒,怒吼道:"你现在还没当皇帝呢!等你三叔死了,你当了皇帝再发吧!"赵德昭挨了骂,心里很难受,又联想到自己的微妙处境,竟然找把水果刀自刎了。三叔伤心地抱尸痛哭:"痴儿,何以至此?"

唉,光义,你还是不成熟啊!

不过也别太小看宋太宗的管理学水平,尽管他对连续攻克太原、幽州自信满满,但也没忘记应急预案,他早已准备好了辽军反攻时的对策。宋太宗将防线后撤至中唐以来构筑的镇、定、高阳三关,以殿前都虞侯崔翰节制诸军,李继隆为都监,并授予他的重要发明《平戎万全图阵》,诏令诸将按图作战。辽军获胜后趁势反击,幽云十六州其实有三州在关南,早就被周世宗所夺,现在要趁机收复,燕王韩匡嗣率八万精骑向满城(今河北满城)扑来。

崔翰等将按宋太宗留下的阵图列阵以待,但辽军又不是人工智能,岂会不根据你的阵形调整自己的阵形?宋将登高观察后觉得宋太宗设计的这个阵形并不适于此战,若不变阵很容易战败,但如果擅自变阵又是违诏用兵。其实以前将领们从未遇到过这种情况,在通信不发达的时代,皇帝必须放权给前线将领,由他们根据实情临场指挥,不可能事事请示。但宋太宗发明参谋本部和阵图制度,所有战术都事先议定,擅自改动就是违纪,朝廷还会派出监军,监督将领不要违诏。不过所幸这次监军是李继隆。李继隆是开国元勋李处耘之子、宋太宗明德皇后之兄,尽管曹彬被誉为宋初第一良将,但那主要是因为他的仁厚,论战略、战术其实李继隆才是第一。李继隆见诸将犹豫,表明如果变阵失败,愿一力承担,强烈要求主将变阵。

有了监军的支持,崔翰果断变阵。又是一场经典的以步制骑,宋军各兵种密切配合,大破辽军,斩首一万零三百级、马千余匹,生擒将军三人,俘虏三万余人,军器甲仗不计其数。韩匡嗣丢弃主帅旗鼓,连夜逃遁。

满城之战让宋军士气复振,但宋太宗心里很不是滋味。他御驾亲征就大败,而将领擅自改变他设计的阵形却大获全胜,这让伟大的军事家情何以堪?

此后数年,辽景宗也两次御驾亲征,意图收复关南三州。宋军将领科学指挥,屡次大败辽军,最后辽景宗郁郁而终。但这些仗都是将领打的,不是宋太宗自己打的。甚至有一次宋太宗亲赴前线,走到中途辽景宗已经败走了。这不行,为了亲自大胜一场,宋太宗多次向朝廷提出再伐幽云,但总被朝议否决。直到雍熙三年(986),在多位好战分子的支持下,宋廷终于通过了再伐幽云的决议,史称雍熙北伐。

这一次宋太宗设计了新战略,分三路向幽州推进,还准备了一支海军从后方登陆,伺机合围。虽然为了避免再次被箭射到,宋太宗没有亲征,但出兵前亲自召开参谋本部会议,拟定了详细的作战计划——曹彬率十万主力由东路稳重推进,吸引辽军主力,西路和中路则趁机从太原和飞狐(今河北涞源)进攻,最后全军会攻幽州。这个方案看起来很合理,而且开战后实施得也很顺

利,东路军吸引了辽军主力,西路、中路势如破竹。但东路军的前锋李继隆猛得超出了方案预期,才几日便阵斩辽奚宰相贺斯,连下数城。宋太宗得报连忙传令曹彬约束部将持重缓行,按预定方案配合另两路军的进度进军,东路军才暂驻涿州。

另两路也取得辉煌战果,看起来非常吓人。但耶律休哥不吃这一套,他非常清楚宋太宗的战略设计,冷静地制定了对策:集中全辽兵力全力保卫幽州,其他州县任你攻取。西路、中路不必理会,只是不停地用轻骑兵袭扰东路军粮道,待东路军不堪其扰而撤退后,另两路自然不成气候。

耶律休哥,你不愧光义克星的称号啊!

东路军人数庞大,补给本来就困难,遭到轻骑袭扰无法保障,曹彬只好率军退回雄州就粮。宋太宗得报大吃一惊:"岂有大敌当前,反而退兵就粮的道理!"传令曹彬立即进军。

曹彬非常诚恳地向宋太宗解释了前线的实际困难,没粮道怎么进军?宋军重步兵方阵虽然正面作战强于辽军,但耶律休哥扬长避短,充分发挥骑兵机动性专袭粮道,体现了极高的战略纵深防御技巧,后勤压力巨大的宋军大兵团不能在此情况下轻易推进。耶律休哥曾成功使用这个战术击败过宋军,曹彬深有体会。

但宋太宗不管这些,他只管自己设计的方案必须实施。

曹彬对宋太宗说:"耶律休哥又像上次一样,不和我们正面接战,而是反复用轻骑兵袭扰我们的后勤补给线,再这样下去,我们又会像上次一样输掉。是的,这次会输掉你的底裤。"

宋太宗却说:"不,曹彬,你是大宋第一良将,也就是我们的黄金战士。去吧,用事实让耶律休哥明白一个道理,同一个招式对你不能两次有效。"

宋太宗又提前任命了幽州知府,表明了必胜决心。而曹彬这路是预定主力,手下猛将云集,但现在他们眼见另两路战果辉煌,自己这路却相对较小,攻下几座城还放弃了,每天疲于应付耶律休哥的游击队,早就憋不住了,纷纷在参谋会议上阐述自己的作战思想,大致都是要一鼓作气,直捣敌后。本来曹彬正是以约束部将闻名,但那是约束部将不要杀戮,现在大家是要去立功,你

就约束不住了。无奈,曹彬只好率军带五十天干粮,往北推进。耶律休哥冷笑:"黄金战士,来享受一下我天贵星耶律休哥的星辰傀儡线吧!"

一路上宋军惨遭骚扰,苦不堪言,艰难推进至涿州时后路已被辽军切断,这时偏偏有许多想投宋的百姓来投,后勤补给压力更大。更可怕的是宋军得到情报,辽圣宗耶律隆绪和承天皇太后銮驾已经开至涿州,这意味着辽最精锐的斡鲁朵军已集结于眼前。又逢天降大雨,宋军参谋会议上吵声一片,这次主流意见是赶紧撤退。曹彬又约束不住,只好同意保护百姓先撤,十万大军冒雨撤退(逃窜)。耶律休哥一直率军跟进,但不急于追杀,一直追至歧沟关(今河北涿州松林店镇岐沟村),在大雨中保持阵形撤退了数日的宋军在渡拒马河时终于出现了少许混乱,有些部队不按曹彬指挥抢着渡河。这点细小的扰动怎能逃过战神耶律休哥的眼睛,辽军就在此刻发起了总攻!失去阵形的宋军遭到背后猛冲,被赶入河中践踏溺死者不计其数,曹彬、米信等主将单骑突围脱走,军器物资堆弃如山。宋太宗精心设计的雍熙北伐再次以失败告终。

高梁河战役宋军虽然溃散,但其实损失不大,而雍熙北伐是经过精心准备后的一次大会战,宋军损失远超高梁河,除李继隆一部全军而退,其余各部包括西路和中路军在撤退时都惨遭辽军追杀。

战后追究责任,宋太宗被整得灰头土脸。赵普带头上书指责宋太宗战略设计错误,指挥失当。宋太宗虽然承认自己有责任,但坚持称自己设计的战略没错,是曹彬执行得不好。

什么是领导?领导就是送死你去,背黑锅我来。现在人家曹彬去送过死了,你却不背这个黑锅?全国人民群情激愤,千夫所指。那一刻,宋太宗终于明白:世上最遥远的距离不是生与死,而是人家在唐朝当太宗,你在宋朝。

更痛苦的是宋太宗擅自命令曹彬进退,直接导致惨败。皇帝还会擅自?是的,若在前代,皇帝不存在擅自这个概念,他说什么就是什么,但是到宋朝,这样做就违背了朝廷的运行程序。

隋唐以来朝廷下发文件就有一套规范程序,有多个审批和监督环节,远非皇帝个人可以一手包办。而宋太宗制定战略、中途向前线发令,都只通过枢密院(军队),而没有让中书门下(政府)的宰执们参与。对此,宰执们很生气。宋太宗只好下罪已诏,并对枢密院长官们保证:"以后你们监督我,我再也不敢了。"二百年后,宋孝宗也干了类似的事,绕开政府,勾结主将直接出兵,也遭到严厉谴责,差点下课。历史推进至宋朝,皇帝仍然处于权力结构的最顶端,整个权力结构却已改变,基础越来越牢,但顶端的个体已不能代替整体。

宋太宗在军事领域的诸多理论贡献是现代化军队的重要渊源,但他亲自指挥的战绩又实在有点拿不出手。真正更令宋太宗尴尬的是,两次被耶律休哥踢翻在地后,他不敢再去面对这位克星,委托李继隆负责对辽作战。而李继隆却多次大败休哥,每次斩首皆以万计,甚至在徐河之战砍断耶律休哥一条手臂,让耶律休哥再不言兵。

用的是同一支军队,对面也是同一个休哥。人家去次次踢爆他的屁股,你去却被次次都踢断腿,这说明什么问题?说明你组建的这支公共军队,包括你的作战思想都很好很强大,但更说明你本人的临场指挥又实在是烂得没底,这样都能输。所以有人评价你是"运筹帷幄之中,决败千里之外",别嫌刻薄,总比耶律休哥给你取的契丹名字"光义·科学阵形·驴车飞人·输"厚道多了。

规范成熟的国家体系

如果再说打仗的事,光义可能就要罢演了,我们还是说点让他长脸的事,比如他开启的这个现代国家体系,以及由此而迈入新阶段的人类文明形态。既然论武功比唐太宗差了十万八千里,那论文治你要是赢得少了恐怕都不够。

中华帝国的组织目标导向很早便被明确:建设一个平行化、公民化的单一制中央集权帝国——所有臣民从主权上直属于一个皇帝——而没有中间领主阶层。但这个目标尚未得到彻底实现,门阀贵族仍在政治生活中扮演着重要角色,这不仅仅是组织结构设计的问题,而是社会基础所决定。秦隋冒进,二世而亡,而今至宋,似乎条件更加成熟。宋太宗非常幸运地站在了这个历史节点上,似乎取得了比李斯、高颎更伟大的成就。

宋太宗的军制改革非常成功，而在行政和官制方面，应该说取得了更大成就。

一、规范的中央官制

隋唐官制的一大特色便是分权制衡，但三省分列的行政效率实在有点低，中唐以来便三省合一，以中书门下为最高中央政府，中书门下的会议室叫政事堂，亦称都堂。皇帝会专门授予某些人同中书门下三品或同中书门下平章事（简称同平章事）头衔作为到政事堂议事的资格，后来又增加了参知政事、参预朝政等作为次一级的参会资格，是事实上的宰相。而这种头衔往往由皇帝临时差遣，并且惯例不与三省长官甚至六部尚书同授，以压制权臣。这样做倒是避免了董卓、王莽似的权臣，但也容易使中央政权的实际行政能力严重虚化。

宋朝进一步规范这种制度，将同平章事和参知政事作为正式的宰相职务。其中，同平章事是中书门下的长官，一般二至三人，并为宰相，互相有一定制约。参知政事可视为同平章事的助理，地位较低但也有参会资格。后来枢密院的长官枢密使、枢密副使（多数情况下不设枢密使、枢密副使，而设知枢密院事及其副官同知枢密院事或签署枢密院事）也拥有了参会资格，与参知政事并称为执政。宰相和执政合称宰执，在政事堂共同议事，这个常务委员会便构成宋廷的最高决策机构。

按最初的设计思想，几位宰相没有名义上的区别，是平等制衡的。但事实上，人类有着根深蒂固的排名情结，写本《三国演义》，都要排个一吕二赵三典韦，四关五马六张飞的次序。梁山好汉个个愿为兄弟两肋插刀，但前提是兄弟们座次要厘清。为此，宋初用后周的三位宰相范质、王溥、魏仁浦继为宰相，但分别加昭文馆学士、监修国史、集贤院学士衔明确次序，并成惯例。后来宋朝以门下侍郎兼尚书左仆射，中书侍郎兼尚书右仆射，都加同平章事，即为明确的首相和次相。

宋朝的宰相制度比唐朝更加规范，并将文官政府和公有军权融为一体，又把握好了重臣间的相互牵制和权限分配，堪称公共管理学史上的杰作。

而在部门划分上,宋朝更强调扁平化管理。隋唐官制尚书省下辖六部,六部各辖四司。中唐以后六部被虚化,宋朝则干脆取消,以中书门下直辖二十四司,极大地提高了行政效率。宋太宗又设审官院、审刑院、司农寺等业务部门补充完善,并沿用了五代的三司使这个设置。三司即户部使司(管人口户籍)、盐铁使司(管国家专卖)、度支使司(管财政收支)三个财经部门。朝廷设三司使直辖三司,掌控国家财政经济命脉。三司使不是宰执,不能到政事堂议事,但掌管财经,实权很大,称为计相,相当于国家发展和改革委员会主任,也在一定程度上制衡了宰相的权力。

可能有人会觉得三省合一后门下省的监督功能便失去了,这不必担心,宋朝又强化了御史台的职能,设计了极具中国特色的台谏体系。

秦汉三公之一的御史大夫辖下的御史台主管人才察举,但后来吏部、审官院接掌了这项职能,御史台更专注于监察。唐设侍御史、监察御史等台官,主管纠察弹劾官吏,但监察必须建立在证据基础上,是一种职务监察;另设谏议大夫、正言等谏官,主管风闻奏事,就是有什么意见都可以公开提出来,不一定需要确切证据,是一种舆论监督。以往台官监察官员,但没掌握舆论。谏官可以提意见,却又不能直接任免官职。宋朝将台谏合一,职务监督和舆论监督合为一体,比门下省监督作用更强。可能很多人并不明白,世上最大的专制既不是人事专制,也不是经济专制,更不是军事专制,而是舆论专制。一个没有舆论监督的权力主体,它可以在人民毫不知情的情况下随心所欲地干尽坏事,反正没人提,别人也不知道。而只要有完善的舆论监督,就算你能在其他权力领域完全独裁,当你动用专制权力时,总会有冒天下之大不韪的忌讳吧!

所以有些人老说中国缺乏法治传统,且先不论中国的法治传统其实比任何一个国家都要好,只说在中国传统的公共管理思想中,本来就没有把难免有漏洞的法律条文奉若圭臬,而深刻理解到了舆论才是对当权者最好的监督。汉文帝、唐太宗这样的圣君总是伴随着张释之、魏征这样敢于直谏的诤臣,但他们也只是以随机概率出现的英雄,不成体系。宋朝设计完善的台谏系统,形成一种良好的舆论氛围,使忠言直谏络绎不绝,满朝文武敢讲真话,形成了政治清明的长效机制。

二、可靠的地方官制

中国在通信还很落后的时代就建立起人口上亿的超大规模中央集权帝国,在行政区划和地方官制问题上似乎很难寻到完美的度量。宋太宗很有创意地将隋唐官制中名实分离的思想运用到地方官制上。隋唐官制将一些崇高的职衔虚设,比如挂着兵部尚书衔的人并不实掌兵部,而去"权知门下省事"。"权"意为暂时,"知"意为管理。这样使重要岗位上的人名实分离,降低专权的概率。宋太宗也将所有的州府长官虚设,而派出临时的知府、知州管理实务,极大地降低了地方官专权的概率。比如大家熟悉的包青天,很多电视剧说他是开封府尹,其实历史上的包拯只在宋仁宗嘉祐二年(1057)短暂出任过权知开封府事,可不是皇储。

最敏感的还是一级地方区划(省份):划得太细,无法有效管理;划得太大,又容易形成独立势力。秦朝的郡县制、汉朝的州刺史、唐朝的节度使都已从两方面验证过这个规律了,那宋太宗该怎么办?

唐太宗以后不再设行省,以道作为一级行政区。后来设置军统领数个州郡,军的长官就是采访使和节度使。宋太宗废除节度领支郡,节度使仅为荣誉头衔,而设立路兼领数个州郡,全国共分二十个左右的路。这似乎和汉朝的州、唐朝的道并无二致,但宋太宗在路的长官设置上有很大的突破。

贾谊曾提出中央要控制诸侯国,国王只能任其世袭,但中央要掌握任免诸侯国丞相、太尉等要职的权力,也就是上级搭建下级领导班子的思想。遗憾的是由于诸多限制,长期以来这个思想未能得到很好执行,中央总是派出一个掌控全权的地方官,由他自己搭建自己的领导班子,直到宋太宗为止。

宋太宗在每路设四个司:

1. 都转运使司:负责财税和人事监察,相当于现在的省政府。

2. 经略安抚使司:负责军事,平时主要管地方厢军,战时也会由驻扎此地的禁军将领兼任。《水浒传》中的老种经略相公、小种经略相公应该便是指兼任当地经略使的西军(禁军主力)名将种谔、种师道叔侄。至于鲁智深的提辖,全称提辖兵甲,是州一级的对应职务。其实这个官不小,大概相当于师长,不可能亲自去打死一个屠夫。当然,明朝小说家没有义务对前代官制理解得那么精确,有时随意安个头衔。您也别太较真。

3. 提点刑狱司:负责司法,相当于现在的政法委员会。被誉为"法医学之父"的宋慈便在宋理宗朝历任广东、江西等路的提点刑狱公事。

4. 提举常平司:负责仓储,为朝廷掌管设在各地的战略储备。

这四司分掌各路军政要务,长官均为朝廷直接派出,互不统辖。有时为了协调一大片地区,宋廷会派出制置使或宣抚使统领数路,制置使的权力很大,但仍然很难出现地方官擅权。这一方面是因为上级搭配下级领导班子的方法比较成熟,更重要的是社会进步,地方官更难在地方上建立私有势力,在此有必要举一个四川宣抚副使吴曦谋求独立失败的例子来说明。

两宋之交,名将吴玠、吴璘兄弟力保四川不失,成为川军的精神领袖,朝廷便一直以吴氏镇守四川。由于四川的地理位置相对隔离,更由于吴玠、吴璘、吴璘之子吴挺、吴挺之子吴曦三代八十余年担任四川宣抚使或制置使,渐渐形成一个相对独立的王国,时称"蜀人知有吴氏而不知有朝廷"。但吴氏始终只是朝廷派驻的地方官,而非独立的封建领主,四川人民仍是国家公民,而非吴氏私有附庸。不过按吴曦的理解,管理员当久了,就可以考虑下侵吞国有资产。于是他向金投降,求封为蜀王,金可以让他过一过诸侯国王的瘾。为此,吴曦向金割让本由南宋控制的陕西四州。若在前代,土地和人口都是领主私财,他当然有权割让。但在宋朝——不行!

不行在哪儿?不在于你没有发令的权力,而在于部下不会接受你这样的命令。

四川大小军吏都是吴曦的亲信,甚至人民也认同吴氏的管理,正常情况下应该接受他的命令,但如果他要叛国,那就不再是自己的上司了。

吴曦命令陕西四州的军队撤离,让金军接管,四州人民坚决不干,但无力抵抗金军,于是纷纷自发拥入四川。吴曦派兵驱赶他们回去,一位名叫郭靖的义士对其弟说:"我家世代为王民,自金人犯边,我兄弟不能以死报国,避难入关,现为吴曦所逐,我不忍弃汉家衣冠,愿死于此,为赵氏鬼!"于是投江而死,百姓都坚决不投金人!这位郭靖义士不知是否是《射雕英雄传》中"侠之大者,为国为民"的郭靖郭大侠的原型。从他身上，我们可以清晰地看到：时至宋代，国家公民仍然必须交由官吏管理，时间长了人民还会很认同某些管理员，但已绝不能成为任何人的私有财产。

而吴曦的亲吏们呢？比百姓更简单——杀这个叛贼！一位仓储系统的小官：监兴州合江赡军仓杨巨源率先站了出来，鼓动军队前往伪蜀王宫诛杀吴曦。义军从容进入宫殿，吴曦的近卫根本不阻拦，众人轻松砍下吴曦首级，军民欢声雷动。后人论道："蜀人知有吴氏而不知有朝廷，一旦曦为叛逆，诸将诛之如取孤豚（杀他就像拿下一只孤独的猪崽）。"

可见，解决藩镇独立的祸根，一方面是行政体系略有进步，更重要的还是社会基础整体进化。所以，有人说宋朝解决藩镇独立之祸是靠宋太祖杯酒释兵权，或是靠宋太宗废除节度领支郡云云，都只是一些表面细节而已。

三、更合理的官吏品级制度

有些人一谈到宋朝官制就连连摇头：冗官冗兵、叠屋架床、机构臃肿、效率低下……总之就是又大又烂。其实，宋朝是人类在超远程电子通信技术成熟前，公共管理水平最高的政府，尽管其人口和国土规模大得让当时地球上绝大多数民族无法想象。

这可以从品级制度谈起，品级决定官员的级别待遇，更决定了整个公共管理体系的内部结构，极大地影响着一国之公共管理水平。

隋唐官制共分九品，每品分正从，有些品级还分上下，一共二十级。按最简单的方式理解，职务决定级别，你是什么职务就对应什么级别。但请不要用最简单的方式来理解管理科学，那是汉朝以前的水平。汉朝的品级俸禄就很简单，直接由职务决定。但职位毕竟有限，有人立了功该升迁，却未必能空出更高职位来给他。比如武帝朝骠骑将军霍去病，他立下的战功更甚大司马将军卫青，但卫青已无处安放，霍去病也就无法升迁。汉武帝采用的折中办法是让霍去病继续担任骠骑将军，但"秩比大司马将军"，意即享受大将军待遇。后来常会有一些官员"秩比三公""秩比二千石"，以解决没有空缺、该升却无法升的苦恼。但这只是一种临时的人事安排，没有形成制度。

魏晋的门阀贵族都要捞个官,定个级别,但很多人又确实不想劳心费神地去当那个官,朝廷便常授一些勋官,这应该是最早的虚衔。后来虚衔不仅用于安置闲人,也可以授予功臣,以示荣宠。这种制度在隋唐得到发扬,很多勋贵头上顶着一长串拉风的头衔。隋唐以来的官制设计思想便是削夺重要职务的实权,古代的太师、太傅以及唐初还是实权要职的尚书令、中书令乃至六部尚书等都成为虚衔。周世宗更废除节度使统领藩镇的实权,仅作为虚衔荣授。宋太宗派出权知作为地方实际长官,那原有的所有地方官比如刺史、观察使、节度使都成了虚衔。宋太宗整理官制时发现:虚衔比实职还多得多呀!这反而为他提供了一个灵感——改用一套虚衔和实职双轨并存的新官制。

也许大多数人并未意识到,这是人事制度史上的一次重要飞跃。

宋太宗设计的官制中,不仅是荣宠的高官,而是所有官吏都有虚衔和实职。实职是具体的职务,也有品阶,但一名官员的级别并非由正在担任的实职而是由其虚衔决定的。所谓虚衔,正式的名称可为散官、阶官、寄禄官等,顾名思义是决定其俸禄但又无实掌的官阶。比如一个人当了一段时间的官,论年资应该晋阶,但暂时没有上一级职务空出来。没关系,继续担任原有实职,虚衔按规定晋升即可,官阶、俸禄就都上去了。同样,如果一个人资历很深,职务很高,但需要更合适的新人来接替实职,也不需要降人家的级,带着高虚阶去担任其他低品级的实职即可。这样就形成了一个非常灵活的人事体系。

当然,宋朝的官制远非一个虚衔、实职就能概括,还有荣衔、爵位、勋官、加官、差遣等许多名目。到后来实职(本官、职官)也虚化了,临时的差遣才是实际岗位。我们现在看史书,一个人前面的头衔一长串。比如翻开《资治通鉴》,第一行便是作者自称"臣奉敕编集",姓名前面有九个官衔共五十二字。很多人一看就眼晕了,连连惊呼:"宋朝官制这么复杂,管理能不乱吗?"当然不会乱,官衔再多再复杂,只要有一套明确的规则,自然能井井有条。有宋三百二十年,从未听说出现过人事管理混乱的例子。事实上,这套官制并不复杂,我们不妨举两个实例来说明。

先看一个文官的例子:太师、魏国公、观文殿学士、尚书左仆射、同中书门下平章事兼枢密使秦桧。

1. 太师：正一品荣誉加衔，不实掌任何事务。秦汉以丞相、太尉、御史大夫为三公，品秩和实权均为极致。隋以太师、太傅、太保为三公，班秩在宰相、亲王之上，荣宠犹在，但已无实权（实际上不先当十几年宰相也别想混到这样的荣衔）。这个放在最前面的虚衔代表了秦桧的级别地位。事实上三公已经不是一般的阶官，文职阶官最高只能到从一品的开府仪同三司，秦桧是在担任多年宰相后，步步晋升至这个最高荣衔的。

2. 魏国公：爵位。相当于一种很高级的虚衔，也没有任何实务，但爵位不退休，可以带进棺材。不过前代的爵位可以世袭，宋代爵位一般只能终身。

3. 观文殿学士：文官常见加衔，正三品。

4. 尚书左仆射：理论上是实职，但南宋的实职（本官）也已经虚化。左仆射仅仅作为诸位同平章事中首相的象征，但前提是有同平章事这个差遣。

5. 同中书门下平章事：政事堂议事以及轮值政府正印的资格，加上才是真宰相，宋初无定员，后惯例加于左、右仆射为首相和次相。这便不是一个职官，而是差遣。

6. 枢密使：最初枢密院长官单列，南宋以来常由宰相兼任，枢密院的日常事务则由副官主持。

这是一个官至极品的例子，三品以下的官员就没那么多荣誉加衔，一般就三个职务：虚衔、本官、差遣。虚衔是级别，本官是正式编制，差遣是临时指派的岗位。这个所谓的临时往往有个三四年，后来逐渐形成任期制度，所以天下的地方官均为权知。

再看一个武将的例子：少保、武昌郡开国公、镇宁、崇信军节度使、太尉、枢密副使、京西湖北东路宣抚使、神武后军都统制岳飞。

1. 少保：正一品荣衔，和秦桧的太师一样，只不过岳飞三十多岁就被搞死了，多活几年应该也有机会混个太师当当。尽管岳飞从没当过真宰相，但由于有了少保虚衔，也被尊称为岳相公。

2. 武昌郡开国公：爵位，同上例。

3. 镇宁崇信军节度使：在唐朝令皇帝闻风丧胆的节度使，不过放心，在宋朝只是武将常见的从二品虚衔，没有任何实务。

4. 太尉：宋初太尉是仅次于太师，高于太傅的正一品荣衔，后不设。南宋作为最高武衔，正二品。和秦桧一样，当阶官分别超过了文官和武将的极品后，就开始加正一品荣衔。

5. 枢密副使：枢密院副官，岳飞曾短暂出任，但由于没有加参知政事，所以也并非真宰执，更多只是个荣誉。

6. 京西湖北东路宣抚使：战时设置的地方长官，由朝廷派出协调相当于今河南、湖北两省的一切军政事务。按理说这种职务比汉刺史、唐节度使实权更大，但由于宋朝的社会基础进化后，并未出现过地方官专权。有些现代人设想岳飞有机会在鄂州自立，其实他的基础比吴曦都还差得远呢。

7. 神武后军都统制：差遣。神武后军这支部队的军事长官，直接率领该部，这才是岳飞的实际工作岗位。

事实上，他们还有一些上柱国、大将军之类的勋官，不过在宋朝实在没什么用，一般的史料都懒得记载了，只有司马光在自己作品上署名时才会一个不落地写上去。

那宋朝是不是真的冗官冗兵？先用数据说话，据《元丰类稿·议经费》："景德(宋真宗年号)官一万余员，皇祐(仁宗)二万余员，治平(英宗)并幕职州县官三千三百余员，总二万四千员。"也就是说宋朝官员大约二万，而总人口约一亿，官民比约1:5000，这实在是一个非常低的官民比。那为什么总有人说冗官呢？无非是官制复杂，很多人一看眼晕，便产生了一种官很多的错觉。但实际上一个人就要加七八个官衔，所以官名虽多，当官的人却未必真多。

可能有人会说，虚衔晋升太易，"高官"太多，国家财政负担就会很重；职务与级别分离，容易造成实职任免的随意性。或许还有人说，当官的怎么升降关系老百姓啥事。

其实，这个关系可就大了。组织人事是一个公共管理体系最重要的结构基础，优秀的吏治才能产生清明的政治环境，才能向社会提供更优质的公共服务。相信智力正常的人民都愿意略付一点高价购买更优质的公共服务，而不会吝惜那么一丁点官俸忍受更低水平的公共服务。难道您希望您花钱买的芯片越来越贵，结构越来越简单？

那宋朝这套官制到底好在哪儿？不妨与后来清朝实施严格的品级与职务来略作比较。

第一，解决官员后顾之忧。宋朝官员品级不受职务限制，大多数官员可以专心工作而不用将太多心思放在升迁上，年资一到或立下功勋自然可以升迁，而无需为了争抢有限的职位，万人挤独木桥，成天勾心斗角不干实事。而且一般人当官，无故不能降级，那么采取虚衔、本官只升不降，差遣能上能下，就能避免尸位素餐。

第二，增强机构设置的灵活性。在机构设置和改革中，最敏感的就是职务增减。清朝职务和品级挂钩，如果想进行机构改革，撤并一些部门，势必会减少职务，造成一些官员无处安放。所以后来清朝搞机构改革，增加容易，减少则难上加难，结果只能越改越臃肿。宋朝将职务和品级脱钩，撤并机构时尽管会减少职务，但官员的品级不会因此降低，阻力相对就小得多，整个机构设置的灵活性都会强得多。

第三，减少议事中的奴性。可能有人会觉得有点莫名其妙，品级和职务脱钩就能减少官场上的奴性？没错，官场上有奴性很难免，但好的官制确实可以在很大程度上减轻。先以后来的清朝为例，假设您是一个部门的长官，部门召开常务委员会议事时，您的职务最高，具体工作就由您负责，您的品级（资历）也最高——那还有什么好讨论的，直接您说了算不就行了？常务委员会制本是中华帝国的一个优秀创举，既可以集众智，又可以限制长官擅权。但如果形成一言堂，那会议的实质就会偏离议事本身，成了比官大，谁官大谁说的就对。而且常务委员会作为决策集体，比个人权威更高，一旦形成一言堂，不但不制约长官，反而会扩大个人权威，部门内设的权力监督和制约都会形同虚设，久而久之整个官场乃至全社会都会弥漫着越来越强的奴性。

而宋朝官员品级和实职分离，假设您接受某重要差遣，但由于年资不深，可能有些年长的副官比您虚衔、本官更高，那到底谁官大呢？这说不清楚。所以，我们不比官大，就事论事。更重要的是，官阶和差遣脱钩，下属的品阶由转迁之制，而不由长官随意差遣，所以无需依附于长官，这样就极大地避免了奴性。因此汉唐的张释之、魏征还只是偶然出现，而宋明士大夫净言直谏却蔚然

成风,这既是社会进步使然,宋太宗创制的这种优秀官制也起到了一定的促进作用。

第四,减小官员晋升难度。中华帝国结构庞大,但相信绝大多数人还是低估了这种庞大的程度。二十个品级,若逐级晋升,几时能入中枢?算您三十岁中进士,由从九品登仕佐郎开启仕途,每三年升一级官,也要七十八岁才能升到从二品的签署枢密院事,有资格到政事堂去坐最后一把交椅。上面还有同知枢密院事、知院事、参知政事、同平章事,同平章事还分昭文、国史、集贤三级。寿星您还要继续攀爬吗?而且如果实职还是有限的,是否还能保证每三年升一级?霍去病是皇帝的侄儿,还被卡在骠骑将军这一级,绝大多数人恐怕从九品就要被卡死了吧!

请不要小看这个问题,这意味着社会阶层的流动性偏弱。中华帝国尤其是宋明社会最优秀的政治传统就是全社会参政机会,但如果晋升层级过多,难度过大,事实上就会有效防止来自底层的优秀人才进入上层。到最后您就会发现:草根阶层寒窗苦读,怀着经世济民的理想踏上官场,但就算以最快速度升迁,须发皆白亦只能止步于四五品而已,唯有那些勋贵世家才能以连续不断的破格晋升挺进上层。

宋太宗巧妙地打破这种藩篱,使更多的草根阶层早日挺进中枢机构。譬如名相寇准,三十岁时名动天下,便准备任用为宰执,但他当时职官仅至从六品尚书虞部郎中,按转迁之制,就算大跨步破格提拔,也最多到从四品左谏议大夫。可如果再加上枢密副使这个相当于正二品的差遣,便可参议白虎节堂,承担宰执的实际工作。而论虚衔品级,岳飞十八岁从军,二十七岁授刺史,三十一岁做节度使,三十八岁为正一品少保。他显然没有逐级晋升,而是以功劳大小确定每次晋升跨越的级数。只有这样才能使底层人士有以才华或功高挺进高层的机会,形成全社会的良性互动,而不是被某些世家始终把持。

治理国家的重点在于吏治,搭建好优秀的公共管理体系组织架构,才能源源不断地输出优质的公共服务。而宋太宗,他非常凑巧地站在这样一个历史节点上:既终结了五代乱世,突破了中国社会发展至隋唐的瓶颈,又构建起一套规范的国家体系,社会生产力又处于一个飞跃的前夜,他将为这个伟大的民族带来一个怎样的巅峰盛世？

中国特色封建社会的巅峰盛世

论打仗，宋太宗永远只能跟在唐太宗屁股后面吃灰，但说起理政治国，宋太宗真是要大胜一筹。唐太宗早年善于纳谏、勤政爱民，但他装样子的成分居多，到晚年独断专行、骄奢淫逸颇为人诟病。而宋太宗曾说："寸阴可惜，苟终日为善，百年之内亦无几尔，可不勉乎（寸寸光阴可惜，就算每天不停地做好事，但人生不过百年，也做不了多少，我能不勤勉吗）？"这确是一种发自肺腑的事业心。宋太宗每天早上天刚亮就到长春殿参加朝会，散朝后立即回办公室处理政务，直到中午才能吃上一口饭。有人劝他散朝后可以先吃顿饭再回崇政殿理政，他却说从早上工作到中午，无暇饮食，这是周文王的故事。

宋太宗喜欢亲自指挥战役，这正是亲力亲为的性格使然，在治国上也不例外。据说他的座右铭是"孜孜为治"，并自称虽没有汉文帝聪颖，但什么事都不怕麻烦，反复考量，才能得出圣裁。但高明的管理尤其是公共管理重在组织结构，而非个人英明。管理学大师宋太宗自然明白这个道理。史载东京有位市民的家奴丢失了一头母猪，主人击宫门外的登闻鼓告上朝廷。登闻鼓是古代的一种直诉制度，有司衙门一般都设有此鼓，供百姓诉讼。但丢猪这种事应该去敲县衙至多是府衙的鼓，自有包青天为你秉公办理，皇宫这个一般没有弹劾宰相之类的事请不要乱动。宋太宗却受理此案，并亲自判定家奴败诉，但其不具备完全民事赔偿能力，所以代由国家赔偿，赔偿了原告一千文。

一个人口上亿的超级帝国，皇帝亲自来判一头母猪的赔偿？是不是想让人笑掉大牙？但宋太宗说："如果这种小事都诉于朕亲判，确实很可笑。然而以此心意推及天下，就没有冤民了。"并说唐末帝王深居九重，不知民间疾苦，以致天下大乱，这是最可怕的教训！一个完善的公共管理体系，设计固然重要，但设计好了不运行起来也是废物。宋太宗从源头抓起，以身作则，为庞大的官僚队伍灌输勤政为民的思想，也是在提醒官员们：民间的疾苦可以直

达圣听，不要以为国家大了，当官的就可以欺上瞒下，一手遮天。宋太宗赦令天下署衙将《戒石铭》四句："尔俸尔禄，民膏民脂，下民易虐，上天难欺。"勘刻成碑，立于大堂。正是在此诫勉下，庞大的中华帝国才得以润滑运行，创造出这个巅峰盛世。

作为一个统一的中央集权帝国，首先要选择一座京城作为经济中心。前代选择京师，往往以皇室安全为重，选择山川形胜之处，但所谓山川形胜，另一种说法即为交通不便。汉唐最初均定都关中，以据崤函之固，但中国的经济重心在中原，所以汉唐又都迁都河南，不过仍然选择有虎牢关拱卫的洛阳。而自大运河工程、汴河疏浚工程实施后，运河和汴河交汇的开封便成为航运中心。而开封地处天下之中，一马平川，容易修建四通八达的官道，最适合作为中华帝国的经济中心。五代兵无常形，为便于集结，大多定都开封。宋太祖定鼎天下，多数人建议定都长安或洛阳，以求京师安全。唯有当时的晋王赵光义坚持认为宋朝定都应以经济中心而非战略安全为首要标准，并引用吴起名言"江山之固，在德不在险"，力主定都开封。

宋太宗即位后，力主御敌于国门之外的作战思想（其实也不是御敌，每次都是他侵略别人），以减少战争对国内经济社会的破坏。所以宋军从不像耶律休哥那样利用本土战略纵深，而总是深入别国纵深。这样虽然对作战提出了更高要求，甚至直接降低胜率，但对经济发展起到了很大的保护作用。耶律休哥那种诱敌深入的战术虽为他本人立下无数战功，但为本国发展带来的灾难效应却往往为人忽略。

尽管现在总有人爱拿所谓的"弱宋"来说事，但事实上自宋朝建立至突发靖康之难，终北宋一百六十七年，只有两次外敌突袭，分别掠至澶州（今河南濮阳）和邕州（今广西南宁），也很快被清退，而国内从未爆发过大规模内战。和平是发展的首要前提，屏蔽了战争蹂躏的社会才能专注于经济建设并持续发展。那宋朝之前是什么情况？今天皇上在白登道被匈奴人包了饺子，皇后去行贿才把他救出来啦；明天突厥可汗打到渭水便桥，皇上亲自上桥去把他们吓跑啦；国内一会儿是七王之乱、八王之乱，一会儿又是安史之乱，经济怎么发展？宋太宗建立起一支现代化的公有军队，设计科学的阵形——当然，不能由他亲自指挥——在李继隆、曹玮、范仲淹、狄青、章楶一代又一代名将的指挥下,人民子弟兵浴血奋战(当然,奖金不能少),始终御敌于国门之外,国内也未发内战,为中原留出了一个长达一百六十七年的和平发展时期,才有机会创造出这个中华文明也堪称是人类文明史上最重要的一次巅峰盛世,有力地推动了人类社会向前发展。

另外,这个盛世还非常凑巧地汇集了政治清明、社会进步、科技飞跃等各种有利条件。勤奋惊人的宋太宗在这个关键时刻把握好了这个历史节点,终于炼就了一个成熟的中国特色封建社会。

中国特色封建社会和西方传统的封建社会最大的区别就在于是否有全社会性的人身依附关系和不可逾越的阶级划分。应该说秦汉以来,中国社会的人身依附关系和阶级划分一直在淡化,但直到唐朝,仍然存在着良贱制度,将人分为良、贱两种籍贯的制度,只是奴婢的数量在减少,地位在提高,而且有较多的路径摆脱贱籍。而至宋代,人类历史上才第一次从法律层面上正式废除良贱制度。

其实从宋太宗亲判赔猪案就可以看出,一位市民和家奴之间的经济纠纷,这种事在前代哪需要告官,家奴和那母猪一样都是你的私有财产,要打要杀都没人管。但在宋代,主仆之间的纠纷已不能私裁,而须官府依法裁决。

全社会解除了人身依附关系,更需要高水平的公共管理体系,而原来官场上的主力——门阀世族已经退出历史舞台,那谁来组成新的官僚队伍?宋太祖曾说:"作相须读书人。"岂止是宰相,庞大的中华帝国需要大量读书人来当官,科举正好成为从民间察举人才的好途径。隋唐科举取士很少,官源还是以门阀荫举为主。宋太宗扩大科举录取,最多的一次就录取了五六百名进士。这些从民间选拔出来的知识分子很快就占据了各种官位,形成了一个知识分子掌握行政权力的氛围,拼爹的市场就小多了。尽管宋朝仍有一些人凭恩荫入仕,可如果这些人想在政治上有所发展,还是得先去考个进士。比如名相吕公著、文彦博、范纯仁、史弥远等均出身宰执世家,成年即可获得恩荫的小官,但他们又不吝精力去考中进士,才能获得普遍认可,否则也只能永远领个六七品的俸禄混日子而已。所以,我们看到宋朝的庙堂之上,晏殊、曾巩、欧阳

修、范仲淹、庞籍、包拯、司马光、王安石、苏洵、苏轼、苏辙……总是闪耀着一长串熠熠生辉的名字,没人靠家族背景,没人靠资本支持,我相信这是某些整天叫嚣着"民主自由""普世价值"的国家至今乃至今后很长一段时间都远远无法企及的政治文明高峰。

这不仅意味着良好的官场风气,更意味着良性的社会状态,宋仁宗(赵祯)《劝学诗》云:

朝为田舍郎,暮登天子堂。
将相本无种,男儿当自强。

全民都有相对公平的机会参与到高层政治,高层和底层的顺畅交流使社会充满活力。相比之下,西方传统封建社会阶级隔阂固化,千百年来所有家族从不改变阶级身份,整个社会始终被牢牢禁锢在强硬的阶级框架内,直到腐朽成渣亦绝无半点变化。所以,西方自古罗马、古希腊时代先于中国数千年建立起的领先优势,在唐宋时代被中华帝国远远抛在身后,岂是偶然。

当然,社会形态是上层建筑,生产力发展也起着更重要的基础性作用。比如四大发明中的三个成熟于宋代,正是造纸术和印刷术的成熟,书籍才能普及民间,形成全民读书的文化氛围。《汉书·韦贤传》云:"遗子黄金满籝,不如一经。"这不是夸张,在宋代造纸、印刷术成熟前,满籝黄金真还买不到一部经书,所以宋代以前全民识字率一般不超过3%。尽管隋唐也有科举,但97%的穷苦百姓就算走上考场,也只能望着那一个个方块字发呆,要参加科举首先还得靠爹妈有钱。而宋代由于书本价格降低,全民识字率骤增至35%,才让穷人有了读书的物质基础,才真正让亿万"田舍郎"买得起"登天子堂"的门票,从此才让这个社会"将相本无种",也才能激起全民族"男儿当自强"。

当然,有人说科举禁锢了中国人的思维,让聪明人都去钻官道,导致科学不发达。这真是个天大的笑话,正因为有科举的激励,才有大量中国人捧起书本,考上当官的毕竟是少数,就算还有很多考不上还继续钻牛角尖的人,剩下的哪怕有一小半投身科研,都比欧洲的总人口多。所以宋明科学昌明,让既没有

人读书考官,更没有人读书献身科学的野蛮欧洲远远落在了身后,岂是偶然。

而航海技术的发展让中国人开辟了印度洋航线,将商业的触角伸向了更加辽远的海洋,更广阔的市场又反过来促进了国内经济。汉唐巅峰时期,中原王朝实际控制的人口最多约至五六千万,宋朝由于长期国内和平、水利和耕作技术进步、热带稻种引进等因素,终于突破一亿。这就造成大量的农村富余劳动力,与之相应的却是高速城市化和工商业劳动力紧缺。宋代的煤炼钢、灌钢法和深井钻探等工业技术得到发展,形成了一波强有力的产业革命,经济史学称之为"煤铁革命"。据估计宋朝钢铁产量最高可达十五万吨,接近18世纪工业革命后欧洲十八万吨的水平。这显然又会带来煤炭、有色金属、化工催化剂等各种工矿开采业和下游加工行业的大发展,这对工业劳动力提出了极大需求。信州(今江西上饶)曾出现过一个铜铅矿,雇佣了十万工人,分成三班日夜不停地开采。大量的工矿企业又造成大量产业工人集中居住在城市中,这对城市服务业又提出了新的要求。《清明上河图》中不仅有享受都市繁华的东京市民,更有为招工而焦急的掌柜。

面对这个前无经验可借鉴的重大社会问题,宋太宗给出了一个令人击节赞叹的解决方案——不抑兼并。

小农经济时代,耕地配发给农民进行生产,而随着时间推移,有些人不断兼并土地成为大地主,有些人失去土地成为佃农,当少数人占有多数土地的比例失衡时,就容易减产从而引发社会动乱。失地农民最易加入义军,所以历代最怕兼并,绞尽脑汁维护田制。宋朝农业劳动力过剩,按说应该更怕这个问题,宋太宗却反其道而行之,不设保护性田制,任由兼并。据估计,到徽宗朝,1%的地主占有了70%的土地。不过,失地农民也并未大量参加叛乱,就算是水泊梁山,也只收一百零八人而已——而且那只是明朝人编的小说。大多数失地农民拥入城市,因为城里正好有大量的工作岗位等着他们。

当然,也有研究认为宋朝并非真的不想抑制兼并,而是**没抑制住**,给了《宋史》作者一种不抑兼并的错觉。但无论如何,宋朝体现出这种大量兼并土地、劳动力进城的发展趋势却是无疑的。相比之下,西方社会发展到这个阶段时,却是通过强制性的圈地运动,以羊吃人的方式强迫农民进城,甚至发明流

浪罪将他们强行送入血汗工厂接受更加残酷的压榨，不由得让人感叹东西方的公共管理水平和伦理方式真是判若云泥。

由于人口的大量流动，旧的人身依附关系已经从理论和实际两个层面都解除了，一个完全的公民社会就此成立，中国特色封建社会在此代终于达到最初的理论设想。

而这样的社会必将是前代和其他国家无法想象的繁华，恰如秦国是山东六国无法想象的强大。现代有人想宋朝的国民生产总值占全世界的比例是多少？50%？80%？90%？很怀疑这些数据在当时是否依可靠的统计渠道而得来，毕竟我们也只能通过某些记载来管中窥豹。比如司马光在《训俭示康》中说："近岁风俗尤为侈靡，走卒类士服，农夫蹑丝履。"他的本意是批评民风奢靡，但客观上也描述出一副全面富裕的盛世景象。什么叫全面富裕？汉唐所谓盛世，只是门阀贵族的盛世，百姓仍处于剥削殆尽、唯余筋骨的境地。或许汉唐百姓起早贪黑创造的产值并不低，但当他们交完租税、还了房贷、穿上麻衣、吃饱粗粮后，应该剩不下几个铜板。当然也就没有什么娱乐可言，早点上床睡觉，养好力气明天继续卖命吧。偌大的长安、洛阳，一旦入夜便陷入沉寂，唯有皇宫和豪门闪耀着点点灯光，极少数人在秉烛交杯，这恰又与厚墙之外寂寥的街市形成海水与火焰的对比，难怪诗圣杜甫不禁要吟一句"朱门酒肉臭，路有冻死骨"。

而反观宋朝，当市民们完成一天的工作后，华灯初上，生活才刚刚开始。人们身穿士族的华服，足蹬丝织的云履，在汴河两岸连绵不绝的勾栏瓦肆中极尽耳目之乐。宋朝的市民阶层极速发展，成为社会的中坚，中华帝国的文化氛围也开始由汉唐的贵族文化向宋明的市民文化转变。这种转变甚至体现在仅存的贵族——皇族身上。还记得为了看一眼汉文帝，结果惊了御马，若非张释之早就丢了脑袋的那位飞人吗？假若生在宋朝又何须冒此险？按惯例，赵官家会在上元佳节率宗室上街观赏灯会，与民同乐。别误会，绝对不是清场后再来玩的专场，真的是全体皇室成员混进人群同乐。别说皇帝老儿，太后、皇后、皇妃、王子、公主，您想看谁都可以——至于能不能泡到那又另当别论。史载宋仁宗有一年上元佳节便在宣德门广场与市民一起观看色情表演《女相扑之黑四娘大战一丈青》，而且好像皇后还没提什么意见，只是第二天被司马光骂了一顿。可能有人会很奇怪，玩得这么高兴，皇室的安全有保障吗？就算有大内高手护卫，人群中也很危险啊，不怕恐怖袭击？宋朝的皇室就是这样大摇大摆走在街上，何曾听说有谁想去谋刺的？我只能说，那个时代确实已经离去太远，所以您才会觉得如此陌生。所以我也不敢确定您是否真的明白，宋明的市民盛世和汉唐的贵族盛世——以及西方的资本主义盛世真正的区别到底在哪儿。

如果说宋朝的经济建设还有什么遗憾的话，主要有两点：

第一，全球气候变冷。隋唐是一个地球温暖期，而自宋至明却是一个小冰河期，宋朝的平均气温大约比唐朝低二至三摄氏度。史载宋徽宗政和元年（1111），地处江南的太湖全部结冰，可以行车！而神宗朝宰相王安石曾作诗取笑北方人将梅树误认为杏树，可见华北已多年不长梅树了。至于竹子、柑橘等多种经济作物都已全面退出华北。气温对农业生产起着至关重要的作用，尽管宋朝已经不是农业国，但农业永远是第一产业，从源头影响着整体国民经济。如果气温再高一点，可以空出更多的劳动力满足工商业，降低经济作物成本，向北拓展农耕区域……

第二，北宋没有打通大陆桥。宋朝以前海运不发达，亚欧大陆的贸易主要靠陆路。但中国西向的咽喉被西夏所扼，陆上的商旅不得不忍受着奇高的关税和无法预料的闭关，极大地限制了国际贸易全球化。直到南宋，中国人才放弃从陆路打通的想法，从印度洋开辟了海洋商路，但丢失的一个多世纪已无法挽回。

毫无疑问，宋朝的经济建设堪称人类在前蒸汽机时代最伟大的成就，不过盛世不仅在于经济成就，更在于它影响世界和传承后人的伟大文明。宋朝塑造的这种文化氛围对人类文明尤其是中华文明产生了深远影响。

中华文明造极于赵宋之世

汉文帝、隋文帝都为华夏文明走出瓶颈后的飞跃作出过重大贡献,不过秦末乱世和南北朝的问题只是文化程度低,残唐五代却将这个民族拖向了道德逐步崩溃的方向,所以不要小看了宋朝的太宗在这方面有多么重要。

其实,宋太宗很有文化追求,每次打完仗都要写首诗来抒情,比如前文提到的《平晋诗》《悲陷蕃民诗》,不过自从他用剑神营攻克太原后就再也没打赢过,估计这类诗就不怎么写了。《宋史》记载宋太宗著有《太宗御集》一百二十卷,遗憾的是该著后来散佚,所以不太好确切评价他的水平。不过宋太宗的学习精神很值得学习,他曾要求史馆每天给他三卷书,他要用一年读完一千卷。很多人认为这个学习负担过重,至少冬季应该减负。宋太宗却说:"开卷有益,不为劳也。"按时保质保量完成了学习任务,这一千卷书便被编为著名的《太平御览》,与《太平广记》《文苑英华》《册府元龟》并称为"宋四大部书"。

宋太宗还勤练书法,师从后蜀著名学者王著。刚开始王著对他的书法评价不高,于是宋太宗发奋练习,笔力精进,但王著的评价一如既往。很多人看了新作,认为水平很高,王老师的评价有失偏颇。王老师解释道:"皇帝现在的水平确实已经很高,但如果一表扬,就会懈怠。"果然,好强的宋太宗继续发奋,终于更上一层楼,达到一代名家的程度,宋太宗学书的故事也成为教学方法的典范。宋太宗还令王著搜集历代墨迹,编为《淳化阁法帖》,是现存最早的法帖,被誉为"法帖之祖",对书法文化的发展起到了里程碑的作用。论文化素养,宋太宗在中国历代帝王中,前无古人,后世能超越他的也无非有宋徽宗、宋高宗、明宣宗三位而已。这方面他略胜唐太宗,大胜汉文帝、隋文帝和明太宗。当然,这是宋代纯文科的评判标准,若以后世标准,他的外语和理工科水平可以保证他考不上中学,也就无法和明朝那帮不怎么上朝的半脱产研究生相提并论了。

皇帝热爱文化,勤于读写,对全民族的文化氛围有着非常积极的作用,而华夏文明发展至宋,也正是一个脱胎换骨的关键时期。宋朝市民阶层高度发展,开始形成一种迥异于汉唐贵族气质的新文化,孕育了中国人更加成熟的民族性格。

汉唐门阀贵族占据社会主导地位,民族文化也难免打上某些个人或氏族的烙印。而宋朝全民族文化兴盛,这种兴盛更多的是整个民族共同心理素质和精神状态。以前文化话语权掌握在贵族手中,如建安七子、王谢家族等,文艺是富贵士族一种小资情调的玩物,至于普通百姓,应该还不怎么识字。隋唐文化大繁荣,更多人成为文化人,如李白、杜甫都不是士族出身,他们的作品就带有很多的平民气息。牛李党争后,平民出身的儒士越来越多,占据了更大的话语权。宋朝完全没有了贵族这个概念,所有文士都出身平民,甚至大量出现像范仲淹、欧阳修这样出身赤贫、吃政府救济长大的文人。以往贵族文人的作品无外乎几个主题:激情四射的金戈铁马、富丽堂皇的华贵生活、超然飘逸的山水情怀。而以范仲淹为代表的宋代赤贫出身文士为文坛注入了一种对社会最底层的人性关怀,使文学成为真正能够表达全民族情感的载体,而不再是贵族或者富裕阶层特有的玩物。

宋代繁华的城市经济出现了勾栏瓦肆这种供普通市民休闲娱乐的场所,其间的表演节目自然离不开通俗文艺创作的支持,也反过来促使通俗文艺更加繁荣。宋代的诗、词、散文、小说、戏曲、书画、金石、收藏等艺术形式都得到极大发展,其中最具代表性的应该还是与唐诗并称的宋词,但这并不表示除诗词以外的其他文艺形式就不发达。比如唐宋八大家所倡导的古文运动更是人类文化史上的一次重大胜利,中国的文学家以复兴儒学为号召,实现了文字载体和思想内涵的完美结合。正是这种文以载道的思想引导了更多的文士超越文字本身,产生了更多对理性哲学的深层次思考,从而催生了以朱熹子为代表的宋明理学,这既被视为儒学的一个重要发展阶段,同时也被视为现代科学的思想渊源之一。

理学最初是针对晚唐五代以来全民族思想道德水平下滑应运而生。宋人痛感五代乱世,尤其是其道德崩溃。中华民族的传统从未形成宗教形式,这样尽管更包容,但也容易被淡化,特别是容易遭到强势冲击,残唐五代便是一次几乎从内涵层面崩溃的例子。正因如此,宋儒才提高了对人性道德标准的要

求,适当调整了包容和规范的度量。很多人并未认识到,这场思想文化界的重大变革,拯救了这个道德水平不断下滑的民族。如果任由五代习气持续发展而大儒们皆不作为,那这个民族早就退化为野蛮部落了。当然,也有人说理学束缚人性,造成了中华民族的思想从此停滞。可人性当然要束缚起来,人性中丑恶的部分如果失去了束缚那与禽兽何异?

这种思想文化上的重大变迁也必将反映在公共管理伦理中,这更是一次重大飞跃。在前代,汉朝是刘氏家业,唐朝是李氏家业,而尽管亦不乏赵宋朱明之说,但实则宋明这样的朝代已经是天下公共的,而绝非赵氏、朱氏之私业,赵官家、朱皇帝只是名义上的国家象征,私人主权早已黯然消隐。前文所说宋朝皇帝人选的确定机制、地方官的管理机制都从许多方面反映了这种变迁,而宋高宗绍兴八年(1138),御史台检法官(从八品)方廷实公开上疏道:"天下者,中国之天下,祖宗之天下,群臣、万姓、三军之天下,非陛下之天下!"并得到普遍响应,宋高宗本人也未反驳,可见这种观点已深入人心,成为全民共识。

一定程度上讲,这便是现代民族理论中所谓的民族国家。当然,那时的中国尚远算不上现代意义的民族国家,但一亿人口逐渐走出前代朦胧的华夷之辨,形成相对成熟的民族观和国家观念。应该说现代中华民族(主要指汉族)的民族性格、历史观便主要形成于宋朝,汉族开始成为一个正式的民族称谓。宋朝非常重视自己作为中华(汉)民族历代正统王朝之一的理论,完善了中华帝国历代传承的历史观。中华帝国的一大特征便是改朝换代,而每个朝代对前一代都是取代关系,那就不能说前朝的好话。比如周朝大肆贬低殷商,汉朝大肆贬低秦朝,唐朝大肆贬低隋朝。后朝都把前朝描述成恐怖深渊,以证明本朝取代前朝的正确性。但宋朝改变了这种思路,更重视宣扬这个传承纽带的整体性,自己与前朝不是取代而是继承关系。

宋朝的前朝其实有两个,一个是严格意义上的后周,一个是广泛意义上的唐朝。宋朝两个都不亏待,都是我祖先,一起吹!于是杀兄篡父的唐太宗和急躁暴戾的周世宗都没有被宋人描述成恶魔,而是尽量选取好的方面给予较高评价。这对中华民族形成完整统一的历史观受益匪浅,也非常有利于经常

改朝换代的中华帝国维系传承。

不过稍微有点遗憾的是宋人的后代似乎并未继承这种思想,而是非常热衷于贬低宋朝。现代人一说到宋朝就绕不开"弱宋"二字,就连盛赞宋朝经济文化之余都忍不住补充一句:"但是——这个朝代是富而不强。"至于一说到宋朝对官制和军制的公共化改革,也总要牵强附会地往猜忌武将、削弱战斗力的方面扯,甚至会上升到"阉割中华民族尚武精神"这样的层面。很显然,这些人根本不了解何谓尚武精神。喜欢砍砍杀杀就叫尚武吗?尚武恰是一种懂得合理而非滥用武力的智慧和境界,而藩镇节度使只知道驱使百姓上战场去为他们拼搏私利,他们有个狗屁的尚武精神!没错,那些放纵节度使来创造暂时武功的皇帝就更是狗屁中的狗屁!而从管理学角度讲,我更是为这些现代人感到惭愧。请问为什么军队收归公有后战斗力就会下降呢?您真觉得一大堆拼凑起来的私兵比统一指挥的公共军队善战?您真觉得靠将领阵前拍脑袋比战前做好规划更管用?您真觉得打仗可以像楼下那些情圣泡妞,靠的是虚幻的浪漫而不是实在的财富、地位和修养?

这些误解当然也和后来元明清三代的历史进程有现实关系,总体来说,持"弱宋"观点的人应该有少部分是别有用心,这部分人反感军政权力公共化,幻想着恢复封建领主制,拥有自己的私有国度;而大部分人是不太懂历史,被少部分狂人用一些挑选出来的肤浅史料所迷惑。事实上,宋朝在军事上的成就丝毫不亚于在经济文化方面的成就,宋太宗所建立的公共军队体系在当时的确非常先进,宋军的具体战绩也完全不输于汉唐。所以,大宋这个铁血王朝为中华民族留下了最重要的文化遗产——气节。

当然也不是说宋朝之前就没有气节,只是说在宋代成为一种成熟的民族精神,深刻融入了我们的国民性格。残唐五代的人爱叛变,爱投降,最不讲气节,宋朝必须扭转这种思潮。大规模的科举取士使大量来自底层的儒士进入上层,这些人能当官全靠勤学苦读,不靠出身,不靠谄媚,儒家经典所提倡的气节观在他们身上表现得淋漓尽致。当然,明君和诤臣必须联袂出演,不可能单独出现。据说宋太祖立下祖训,不以言论杀人,所以有宋一代言论最为自由。应该说,从宋太宗开始,宋朝皇帝坚守这道祖训,给了众多诤臣们表现的

平台。其中，最佳典范当属宋太宗最器重的寇准了。

寇准的成名之作是他担任枢密直学士、尚书虞部郎中、判吏部东铨（本官是工部内设的一个司长，从六品，差遣相当于中组部干部二局副局长）时有一次参加朝议，与宋太宗言语不合，引得宋太宗大怒。宋太宗站起身，转身准备拂袖而去。寇准上前一把抓住宋太宗衣襟："此事还没说清，您要到哪里去！"逼令宋太宗坐下，直到把事情解决清楚为止。宋太宗冷静下来感叹："朕得寇准，犹文皇（李世民）之得魏征也。"又有一次，参知政事王沔的弟弟王淮贪赃千万，但仅仅杖责，而且换个官继续当。寇准愤愤不平，但他既没有容忍丑恶，也没有打小报告，而是借天旱向宋太宗进谏，称朝廷不公，以至于上天示警。宋太宗虽怒，还是请教寇准不公在何处。其实现在是告黑状的好机会，但寇准是不会这样做的，他要求让两府宰相都来，他当面说。宰执们都来了后，寇准当着王沔的面说王淮之案判罚不公，全因他有个当宰相的哥哥。宋太宗问王沔，王沔只好顿首谢罪。此事史称"寇准必劾之王沔卸御"，寇准正直之名更著。不久，年仅三十岁的寇准便以左谏议大夫加枢密副使，成为宋朝最年轻的宰执。后来宋辽澶渊之役，宋真宗和很多重臣怕死不愿亲征，寇准毫不妥协，怒叱君臣，逼令宋真宗亲临一线，最终大获全胜。试想如果没有寇准这样的净臣，大家都顺着皇帝的意思迁都避战，那就恐怕没有宋朝，只有残唐六代（或许还不止六代）的第六代而已。

在崇尚气节的时代，才会形成这种以正直敢言为标准的人才观。寇准、包拯、韩琦的个人才华其实在众多进士中并不突出，却以正直敢言的品行脱颖而出，受到普遍赞誉，官至宰执。而丁谓、沈括这些才华横溢，但是溜须拍马、两面三刀之辈，一旦被人定性为品行不佳、缺乏气节，便再无仕途可期。良好的官场风气，才能提供优质的公共服务，并产生自上而下的示范作用，不仅当官的要正直敢言，弱势群体也不畏强权，正直敢争。

在雍熙北伐中，西路军撤退，由于主帅潘美、监军王侁指挥不当，导致副帅杨业无谓牺牲。但他们串通口供，起初未受重罚。杨业之妻折（音同余）氏不服，坚持向宋廷上诉，要求重罚潘美等人。杨业是北汉降将，折氏又是党项族内嫁，杨家在宋朝无亲无故，现在又成了寡妇，儿子都还不大（什么杨 n

郎、杨m嫂、穆桂英那些都是演义)。而潘美却是开国元勋,王侁更是后周名相王朴之子,在宋廷位高权重,双方势力悬殊。他们对寡妇威逼利诱,企图使她不再坚持上诉。但折氏不畏权贵,正直敢争,最终宋太宗重新调查战役过程,重罚潘美、王侁等人,还了寡妇一个公道。杨业长子杨延昭被录用为官,后来也成为一代名将。杨氏一门忠烈,更以这种不畏权贵、敢以弱势向强势争取公道的气节深受赞扬,民间根据他们的故事创作了《杨家将》系列演义,流芳百世。

而形成鲜明对比的是后来的清朝,专门打压寇准这样的诤臣,选拔韦小宝、和珅一类乖巧逢迎之徒,全社会气节丧尽,奴性弥漫,弱者麻木不仁,遭到欺压也不敢为自己争取,坐实了奴才的地位。所以,宋朝的文明昌盛为世界景仰,而清朝却被称作东亚病夫,岂是偶然!

一个伟大民族的文明,并非只在光鲜的经济数据,亦非华丽的诗词文藻,甚至不只在先进的科学技术,最重要的还是自强不息的民族气节和国民性格。只要他的后人识得祖先的优良传统,即便暂时落后,亦必能奋起直追。

正如陈寅恪先生所说:"华夏民族文化,历数千载之演进,而造极于赵宋之世。后渐衰微,终必复振!"

虽然有点幼稚,其实还不错

事实上,宋太宗也是一位非常优秀的君王,尤其是勤于政事的事业心令人赞赏。他一生最以励精图治的精神自豪,曾在晚年品评历代帝王,似乎没有哪个特别看得上眼的。尤其是批评唐太宗爱慕虚名的品性,做一点好事就记下来,坏事就隐藏过去。敢于批评唐太宗的皇帝,必是底气十足。其实后人很喜欢拿他们来对比:都是太宗文皇帝、获得皇位的合法性都有瑕疵、文化修养都很高、政绩也不错,还都标配魏征、寇准这样的良臣。他们最大的差距就在于天策上将打遍天下无敌手,赵小胖也打遍天下无敌手——他没资格做人家的敌手。再加上一些舆论环境的巧合,他们这一点差距被无限放大,留下的形象便有天

壤之别。

除了冒着生命危险亲自去打输几场绝对该赢的仗,赵小胖在很多方面都率真得有点幼稚。比如他曾提出"皇帝"这个称号太霸气了,他受不起,不如改称宋王如何?

……

光义,你这不是跟整本书的人作对吗?你信不信还在后台上妆的朱老四蹦出来把你吞了!略微有点幼稚的宋太宗在宋太祖身后,夹在唐太宗和明太宗之间,确实显得缺了点千古帝王的霸气。

还有人评价宋太宗心胸不够开阔,尤其与豁达开朗的宋太祖形成鲜明对比。宋太祖善待后周、南唐等亡国君臣,甚至有些遗臣念及后周流泪,宋太祖也说这是人的正常感情流露,不但不责罚还加以安慰,帝王心胸令人叹服。而宋太宗却将这些人整得很惨,尤其是整死周恭帝(柴宗训)和著名文学家南唐后主(李煜),引发文学界的极度愤慨。宋太祖的儿子也都年纪轻轻的死于太宗朝,宋太宗更有强幸小周后之类的劣迹,人物形象狼狈不堪。

但是,宋太祖之子、周恭帝、李后主等人虽死于太宗朝,却无任何实据是宋太宗所杀。至于那个强幸小周后之说,更是出自明末的《万历野获编》,不但是本"野获",而且还时隔五百年。五百年啊!孙猴子都刑满释放了!您信吗!

事实上,研究宋太宗的待民之道,却不失仁厚。前文赔猪案可见一斑,否决扩宫工程更彰其德。众所周知,中华帝国每个王朝至少有一座气势恢弘的宫殿,汉有长乐宫、未央宫,唐有大明宫、九成宫,明朝更有举世闻名的紫禁城,连秦隋这样的短命王朝也有阿房宫、仁寿宫,那经济最发达的宋朝呢?没有!宋朝没有专门修过皇宫,宋朝的皇宫就是由唐朝的宣武军节度使官署改建,作为皇宫非常狭小。那力主定都开封的宋太宗为何不修一座和宋朝经济实力、东京城市地位相符的皇宫呢?其实并非宋廷没有过这样的规划,但当扩建工程的总规划呈送到他面前时,他见图纸上有九户人家必须拆迁,沉思良久道:"我虽然很想扩建宫室,供大家居住和办公,但想到这九户人家就会失去家园,于心不忍。"于是否决了扩建计划。

所以,作为一本管理学著作而非浪漫情感小说,评价古人尤其是帝王,不能以一些捕风捉影的八卦故事为凭,而要以他的行政行为评判他的公共管理伦理。比如评价隋文帝,重点在于他的政绩,而非家长里短的细节。由此而论,宋太宗在很多方面都不输给唐太宗,尽管他幼稚、急躁、不知天高地厚,最可恨的是他送死你去,背黑锅他又不来,但客观地说,他还算一个相当不错的皇帝,尽管在民间的形象差了一点。

第九篇 辽夏金元
——你方唱罢我登场

第九篇 辽夏金元——你方唱罢我登场

与宋为邻的周边政权

　　唐宋时中华文明的跨越式发展，也对整个人类文明尤其是周边民族起到了极大的拉动作用。以前周边只有一些早期部落联盟，但随着中华文明的不断浸染，以及波斯、阿拉伯人所携带的西方文明东向传播，唐宋之际东亚崛起了许多正式的国家。

　　中华文明由原始部落发展至宋朝中国特色封建社会，历经数千载，但其他民族无需同样长的时间来进化，他们可以直接根据宋帝国的架构搭建自己的帝国。这就好比爱迪生经过数千次试验才确定钨钢适合作为灯丝的材料，但我们不需要经过同样多次试验，直接引用他的结论就行了。

　　若全书主题以中国特色封建社会的发展为主线，这个时代的主线显然是宋朝。但中国是一个多民族国家，只写汉族皇帝不写少数民族皇帝是不对的。何况这些少数民族皇帝确实有人获得了太宗庙号。根据二十四史，《宋史》之后、《明史》之前是《辽史》《金史》《元史》。而据《剑桥中国史系列》，第六卷《异族王朝和周边国家》(Alien Regimes and Border States)，中国社会科学出版社根据其内容译为《剑桥中国辽西夏金元史》，现行中学历史教科书也将辽宋西夏金元作为一章。综合以上各种标准，应该选取辽夏金元四位太宗作为本篇主角。

　　这个时代的史料纷繁复杂，后世评论又往往带有政治倾向。这个时代更处于一个人类社会形态大变革时期，常常会有"宋太祖杯酒释兵权解除藩镇

之祸"这类很肤浅的表面见解。因此,在谈到这些问题时我们不能太趾高气扬地用现代人的口吻去苛责古人,更不要带有偏见地把古代公共管理者想象成傻子或者楼下那些情痴。尤其需要屏蔽掉这几条常见的偏见和误解:

第一,宋人软弱,游牧彪悍,可以随便欺负宋朝玩儿。这是最常见也是最无脑的一种偏见,无论是军事学还是管理学,都绝无基于对方性格强弱的判断依据。而且宋人最尚气节,远比贪财怕死的游牧部族强硬得多。再说,宋朝三百二十年,是最长的一个汉族王朝,软弱的能挺这么久?国际竞合需要极大的智慧,以一句软弱、彪悍度之,似乎反而是在侮辱辽夏金元的智力。

第二,辽夏金元瞧不起富而不强的宋人,时刻想侵吞宋朝。真那么容易,那为什么三百二十年都没侵吞下来?辽夏金元四个被"弱宋"搞死了三个,第四个也差点被拖死。何况宋朝是最富强文明的国度,所有人其实都很崇敬。辽道宗(耶律洪基)曾公开说:"愿来世生中国为民。"

第三,游牧民族的骑兵优势巨大。马镫发明后,骑兵确实厉害了不少,但自唐以来,步兵阵形日益复杂,骑兵的优势已经很小,即便是机动优势也不再突出。宋代大兵团作战,强调兵种配合和后勤连贯,骑兵抛开大部队跑那么快,急着去让人砍死好重新投胎,来世生中国为民吗?辽夏金元对抗宋朝并无军事上的战术优势,只是进化到了国家形态,持续作战的战略保障能力产生了飞跃。

驼峰奇侠,盖世帝羓——辽太宗耶律德光

辽太宗孝武睿文皇帝耶律德光,字德谨,契丹名尧骨。

契丹是生活在东北的一个古老民族,曾依附于匈奴、鲜卑、柔然、突厥、北魏,一直是落后的部落联盟,有记载的大部分时期为八部联盟。隋文帝曾利用契丹牵制突厥,后归附唐朝,领主赐姓李,任松漠总督,还参与过唐太宗征高句丽。契丹时而归附,时而反唐,甚至杀过大唐送来和亲的公主。安史之乱后,唐朝完全丧失河北以北的控制力,契丹加快了发展。在经历了大贺、遥辇两个氏

族主导的八部联盟后,唐末迭剌部世里氏成为主导。此时契丹仍是典型的部落世选制,每个部落内部选举自己的领主,称夷离堇,夷离堇们再通过议会共同选举联盟的共主——可汗。为了协调各部落军政事务,还设置了一个于越职务,作为联盟的秘书长,《辽史》称其意为"总知军国事"。事实上,可汗更多的是个荣誉,只能直接指挥本部私兵,并不能干涉其他部落内政,某种意义上于越的实权还更大。迭剌部的世里阿保机便出任了联盟第二任于越,后来他又当选为迭剌部夷离堇,统一诸部,建立契丹汗国。

契丹汗国建于唐昭宗帝天祐四年(907年),世里阿保机可汗在许多汉族谋士的帮助下,启动了"化家为国"工程,大力整顿部落编制,颁布草原上第一部成文法《决狱法》,企图废除部落票举制,建立一个仿汉式的中央集权帝国。这当然遭到诸多契丹贵族的反对,但都被实力强大的阿保机镇压。辽太祖神册元年(916),世里阿保机称皇帝,即为辽太祖,建立契丹帝国。以前中原王朝之外的部落都是些单于、可汗之类,而世里阿保机是第一个称皇帝的,这注定将是一个全新的对手。

当然,契丹最初的皇帝制度和中原还是略有区别。辽太祖自称天皇王,其妻淳钦皇后(回鹘名述律月理朵,汉名萧平)称地皇王,相当于皇后,长子耶律倍称人皇王,相当于皇太子。契丹原有八个核心部落,辽太祖又吞并了库莫奚、乙室等邻部,形成了太祖二十部。辽太祖称契丹本是一家,于是契丹八部全部取姓耶律,皇后述律氏的回鹘家族和奚六部均改汉姓萧。奚和契丹是很近的民族,并且形成了皇室通婚的惯例,辽历代皇后除淳钦皇后外均为奚族萧氏。所以辽官员耶律、萧二姓奇多,而且皇后全部姓萧,其实他们并非都是亲戚,只是同民族而已。《天龙八部》中乔峰在得知身世之谜后,一口一个契丹萧峰,但其实姓萧的是回鹘或奚族,恰恰不是契丹族。

辽太祖东征西讨,兵锋西至阿尔泰山,北至克鲁伦河,臣服了大量原属突厥、回鹘的部族,契丹成为草原上新的霸主。在这个过程中,辽太祖的次子耶律德光出任天下兵马大元帅,发挥了重要作用。当然,他现在主要是去踩一些游牧部族,压力不大,当皇帝后跟中原交手便鲜有胜绩了。

淳钦皇后育有三子:长子耶律倍、次子耶律德光、幼子耶律李胡。其中耶

律倍热爱汉族文化，尊崇孔孟之道，深得辽太祖喜爱，早早被立为储君。辽太祖攻灭渤海国（今辽宁境内的渤海族政权，较早汉化），又将渤海故地封为东丹国，作为耶律倍的封国。但淳钦皇后反感汉化，最爱和她一样暴戾残忍的幼子耶律李胡。而耶律德光长年带兵，战功卓著，实际势力最大，像极了契丹版的隋炀帝、唐太宗。当然，耶律德光没能像隋炀帝那样得到淳钦皇后的偏爱，但淳钦皇后又考虑辽太祖最爱长子，所以联合次子对抗长子。

按理说他们联合起来也未必能阻止辽太祖传位给耶律倍，但意外的是辽太祖在攻灭渤海国回军途中突然驾崩。虽然按宋制，皇帝家属没有公共管理权限，但契丹现在还达不到这个程度。天皇王驾崩后地皇王权决军国事，淳钦皇后召来辽太祖旧臣商议继承之事，众臣均认为应由人皇王耶律倍继承天皇王之位。地皇王问他们："先帝挂了，你们想不想他？"大家当然哭丧着脸说："当然想啊！"接下来这句就出人意料了："果真想，就随他去吧！"游牧部族虽有活人殉葬的陋习，但应该都是些家奴姬妾之类，怎么可能拿大臣殉葬？而且人家说想念先帝，那是客套话，哪有真去殉葬的道理！不过这只是她的一个借口，把不服的全杀了。她还想杀耶律德光的汉臣赵思温，但汉人就没那么好忽悠，赵思温说："先帝生前最爱的人就是您，您怎么不去殉葬？我们臣子去侍奉先帝，恐怕不如意啊！"淳钦皇后圆不过来，不过她也确实够强悍，立即剁下自己的右手，送到辽太祖坟中代殉。吃了这个亏，这场杀戮才终于停了下来。

淳钦皇后摄政一年半，至次年底，耶律德光终于登上帝位，史称辽太宗。述律皇后为皇太后，史称应天皇太后，并将幼弟耶律李胡立为皇太弟。

登基后，辽太宗和应天皇太后不断削弱东丹国。这本意是打压耶律倍，但客观上也促进了契丹帝国中央集权化。耶律倍备受打压，非常郁闷，又常受到唐明宗的召唤，最后留下一首汉诗：

小山压大山，大山全无力。
羞见故乡人，从此投外国。

这……能算诗吗？……算吧。

遂逃离契丹,投奔后唐,扫除了辽太宗最大的隐患。

但这并不表示辽太宗便可大权在握,应天皇太后似乎比他实权更大,而且与他政见相当不合。辽太宗虽然不如哥哥那么热衷于汉化,但也算汉化倾向者,这与极度反感汉化的应天皇太后就形成了冲突,而且应天皇太后还随时准备扶耶律李胡上位,形势也很微妙。

契丹汗国恰好建于唐朝终结这一年,这个草原新霸陪伴了中原的五代十国。按理说,中原小国林立,朝不保夕,勃兴的契丹汗国应该很容易踩扁他们。但事实是辽太祖、辽太宗多次南下均被一些破烂国家击败,连晋出帝这种傻货也先赢了辽太宗两阵。尤其是晋辽第二次大战的白团卫战役,明明是辽军占据上风,明明战场上还刮起了东北风,明明晋军已经陷入逆风和火海的困境,但还是在杜重威、李守贞的指挥下反败为胜,大破辽军,这不由得让辽太宗陷入深思。

第一,时至唐代,游牧部族的战斗力和军事思想比汉人已经差了不止一个时代。游牧部族以民为兵,尽管表面上看成本低,但素质更低,根本没有阵形的概念,上阵就只会"猪突"。这种"军队"劫掠下汉民可以,一遇到职业军队就惨了。尽管五代的汉族军阀无力远征草原,但游牧骑兵(确切地说是牧民)主动进攻中原那就完全是送死。怎么建设契丹民族自己的正规军?

第二,汉民族实力强大,即便四分五裂,也远非游牧部族可望其项背。怎样利用巧妙的政治杠杆,撬动汉族的内部力量为我所用?

辽太祖以汉制建立了一个草原帝国,留给辽太宗的任务就是以上两点,应该说他还算基本做到了。

最初辽太祖挟一统草原之势,很快踩扁了河北的小军阀,但遇到他干侄儿唐庄宗,这位票友打他比唱戏还轻松。辽军虽然有不错的马骑,但都穿着杂色衣袄,更无阵形可言。而票友麾下精兵统一着黑甲,号称鸦军,队列整齐,进退得法,阵形切换时如寒鸦蔽日,牧民兄弟看一眼尿都吓出来了,还打什么仗?辽太宗汲取教训,不再轻易挑衅中原,所以唐明宗一朝,战乱较少。直到后晋高祖石敬瑭主动来求,辽太宗才利用汉奸的帮助首次将势力伸向中原。但很快他又遇到了弱智儿童晋出帝。此时辽军的正规化建设已大有进步,比如著名的铁鹞军已经登场,或许辽太宗也想试一试剑,于是御驾亲征,但又被打了脸。辽太祖不敌五代第一战神唐庄宗也就罢了,辽太宗连弱智儿童都打不过,想来景延广的豪言壮语也并非完全没道理。

但辽太宗非常执著地南征,因为他知道五代是契丹民族入主中原,成为一个主流文明帝国的最好时机。以应天皇太后为首的游牧主义者却非常反对,提出汉地难治,就算打下来也治理不好。辽太宗两次南征失败,内部压力更大,但他还是顶住压力,组织了第三次南征。这次他也算是脑筋转过弯来,重拾找汉奸当儿皇帝的技巧,在杜重威的指引下打进了开封。

打进开封后,辽太宗作了一个非常重要的决定——身穿汉服,以汉礼制即中国皇帝位。

以前的耶律尧骨是契丹帝国皇帝,现在他要以汉制成为中国皇帝,把所谓契丹帝国改为中华帝国辽朝。之前入主中原的鲜卑天王,包括后来的元清皇帝都不会穿汉服以汉礼即位,他们只是以蒙古或满洲可汗兼中国皇帝,和大不列颠国王兼印度皇帝、奥斯曼土耳其苏丹兼东罗马皇帝一个道理。辽太宗这不是兼,是真的变成中国皇帝。

辽太宗改年号大同,改国号为辽。汉文史料记载,该国后来在辽和契丹两个国号之间切换了至少四次,所以宋人认为契丹和辽是一个意思。但事实上,改年号确实很好玩,国号改来改去干嘛?据研究,契丹可能是契丹民族真实的自称,而所谓辽则便是"写给汉人看的"。

无论如何,至少辽太宗本人有一种雄心,要让"辽朝"成为中华帝国史上一个和汉朝、唐朝一样的正统王朝,他要带领契丹民族融入这个主流帝国。

那他的理想完成得如何呢?前面已经说了,汉民自发起来反抗,汉高祖又宣称要断他后路,几下就把辽太宗搞得焦头烂额,连病都犯了。不久,汉高祖兵至洛阳,辽太宗只好骑上骆驼仓皇逃出开封,撤返东北。但辽太宗是个非常善于总结经验的人,他总结此行有三失:第一,没有约束士兵劫掠(打草谷);第二,括民私财,没有获得汉民支持;第三,没有及时派契丹人去当各地的节度使。途中,辽太宗病情愈发严重,于是派人告诫皇太弟耶律李胡:"治国之术无非与臣僚推心置腹、和协军情、抚绥百姓三者。你老哥受不了开封炎热,所

以回来纳凉,不然最多一年可以治平中原。以后要以镇州(今河北正定,但此县不久被周世宗所取,宋朝也再未归还)为中京,再图后举。"

事实上,他还是没有总结出(也可能是不好意思说)最根本的一个原因——缺乏契丹的后援。

辽太宗带了不少军队进中原,就算汉高祖要断他后路,也不用跑得那么急,至少在关外辽军的支援下和汉人打一仗,打不赢再跑啊。然而关外却没人来支援他。有些游牧部族的最高领主想当大国皇帝,但提着脑袋打天下的骑士兄弟们可不会为了你的理想放弃领主身份。契丹国内本就不支持南侵,更不允许把契丹变成"辽朝",没帮汉人插你两刀已经是看在母子情分上了,就别指望帮你了,你还是爬上骆驼滚回家来罚跪吧。

驼峰奇侠逃到栾城(今属石家庄),病情愈发严重,太医说皇上患的是热疾,一定要远离女色。辽太宗大骂:"我就是火气重,正需要女色来败火!"我倒是很欣赏此等男儿,但不相信科学尤其是医学科学的人一定会受到惩罚,年仅四十五岁的辽太宗在即将到达辽境前,吐血身亡。为防尸体腐烂,随行将其内脏摘去,以盐浸泡。汉人见契丹人用做腊肉的方法对待君主遗体,非常惊讶,认为是狼狈逃窜时为保存尸体的无奈之举。当时腊肉叫做耙,于是新旧《五代史》均猎奇地将辽太宗称为帝耙(《资治通鉴》称帝蹉)。然而根据北宋中期辽国问题专家文惟简所著《虏延事实》,契丹本有这样的风俗,所有人尸体都会这样处理,汉人纯属少见多怪。但帝耙名声早已不胫而走,成为辽太宗狼狈撤逃的一个喜剧注脚,连本书都忍不住要将这两个字挂到标题里吸引下眼球。

按设定,皇太弟耶律李胡应该继位。但诸臣都害怕暴戾嗜杀的耶律李胡母子,觉得还是汉化的人比较好处,于是在军中拥立了耶律倍之子耶律阮,史称辽世宗。辽太宗带出来的兵力比较多,应天皇太后和耶律李胡发兵不能拒,辽世宗打回上京(今内蒙古巴林左旗),将应天皇太后和耶律李胡幽禁,说来还和宋太祖陈桥兵变有几分相似。辽世宗的汉化倾向更强,尽管他在位仅四年,但确定了汉化方向。辽世宗被弑后,辽太宗之子耶律璟登基,史称辽穆宗。辽穆宗在位十八年又被弑,辽世宗之子耶律贤继位,史称辽景宗,这时宋朝才

建立。宋太祖、宋太宗多次用兵,这时辽军也已经脱离了游牧民兵阶段,建立起强大的公共化正规军,并出现了耶律休哥、耶律斜轸这样优秀的职业将领。虽说辽也无力南下,甚至没保住小弟弟北汉,但至少做到了打发赵小胖坐上驴车从西直门滚蛋。

军队公共化只是一方面,辽赶在宋朝统一内地之前完成了结构汉化才是这个帝国能够辉煌三百年(含西辽)的关键。

辽前期政局动荡,新帝登基总要屠杀许多贵族,甚至连续两位皇帝被弑,但这也在客观上削弱了辽初贵族,再加上"化家为国"可以直接借鉴隋唐的先进组织结构体系,所以辽从一个非常后进的游牧部族跨越式地发展到了一个比较规范的汉式中央集权帝国。这个帝国不但在核心区废除了传统的封建领主——夷离堇制,建立中央到地方的政府体系,到后期甚至实施科举,尽管仍有许多部族制和封建领主制的残余,更不敢说建立起公民社会,但已经是蒙古草原史上最规范的一个政府组织,也堪称唯一一个帝国(而不是汗国或部族联盟)。

不过尽管如此,辽的实力仍不能望宋帝国之项背。澶渊之役后辽基本放弃了入继汉唐正统的理想,安心以兄长事奉宋朝。宋辽和平相处一百二十年,最终宋徽宗(赵佶)毁约灭辽。辽德宗(耶律大石)转进中亚,重建政权,史称西辽。西辽又延续八十八年,对汉文明在西域的传播起到了积极作用。

不过,《澶渊之盟》确实是维系宋辽和平的重要契约,但实力相对均衡才是物质基础。关外之地毕竟不能和中原王朝比拼硬实力,辽还得必须找到合适的力量支点,撬动汉人的内部力量或其他势力牵制宋朝,不然根本等不了一百二十年就会把你赶到蒙古高原上去啃沙。五代辽多次利用河北军阀,宋朝建立后虽然没拉拢什么汉奸,但至少稳住了国内的汉族高官和幽云汉民。辽学习唐宋官制,实权职务均以南北两套分权制衡,唯独汉人韩德让兼任过南北两院枢密使,还专门为他加了一个汉族早就废除了的大丞相职务。他甚至可以建立自己的斡鲁朵(Ordo)——文忠王府。斡鲁朵是辽帝的私有禁卫亲军,史上共建十三个,主人分别是九代辽帝,应天、承天两位太后和辽圣宗皇太弟耶律隆绪以及韩德让。这种荣宠超越了任何普通意义上的臣子,甚至

据有些出使辽的宋臣目测,尽管辽圣宗是皇帝,但实际上韩德让的地位比他更高。

幽云汉民也体现出对辽的忠诚,高梁河之战幽州市民奋力保卫南京是一例,辽亡后汉人们痛哭流涕,跪求金帮他们向宋朝复仇,更不由得令人想起唐代诗人司空图的这首《河湟有感》:

一自萧关起战尘,河湟隔断异乡春。
汉儿尽作胡儿语,却向城头骂汉人。

这些血缘上的汉人早已被辽成功胡化,其他民族就更不在话下。

当然,就算国内再团结,牧民兄弟的羊皮袄能不能扛住宋军的劲弩钢斧以及即将登场的火药武器又是另一回事。在均势战略上,辽非常巧妙地扶植西夏崛起,构筑了一个宋—辽—夏三方均势的制衡局面,才是面对大宋这个强大好战帝国还能保身百年之道。

凡易五姓,终建家国——夏太宗赵德明

从名义上讲,西夏只是宋朝的地方官。而且宋朝取消封建领主制,地方官都是朝廷派员,没有任何私有主权,但这也不是绝对的,而取决于地方上是否已经建立起成熟的公民社会。很多地方部族制度依然存在,部民自觉认同是领主的私有财产,名兼地方官员的部族领主就可以掌控当地实权,建立起事实独立的王国,夏太宗(赵德明)的一生奋斗史便是一个典型。

五胡乱华中,汉化匈奴人刘勃勃占据了今宁夏一带,恢复匈奴铁弗部的部族统治,改名赫连勃勃,复称天王大单于,建国号夏。隋朝非常重视西北的管理,隋炀帝曾亲自巡视。本来这个地区汉化进程不错,已建立起正规州县,但唐朝滥封节度使,将此地分封给党项族领主,又很快沦为部落聚居区。

党项族是羌族的一支。羌族是一个非常古老的民族,是汉藏语系民族共

同的祖先。古羌族源于甘肃、青海一带,远古便分化为几支,其中东向迁徙的一支挺进中原,便形成后来的汉族;南向迁徙的一支散布高原,便形成后来的藏族。这两支后来都创造了很发达的文明,滞留在发源地的古羌族反而显得很落后,党项族便是其中的一支。

唐代在今青海、甘南一代有一个由慕容鲜卑建立的强国——吐谷浑。夏太宗祖上本是归附吐谷浑的党项酋长,名曰拓跋赤辞。拓跋是一个典型的鲜卑姓氏,应该是吐谷浑国君赐的姓,至于该家族本来的姓氏反而不可考了。后来唐灭吐谷浑,拓跋部转附唐朝,又赐姓李。黄巢之乱中,拓跋部酋长李思恭(拓跋思恭)随李克用收复长安,封夏国公、定难军节度使,领有夏(今陕西横山)、银(榆林)、绥(绥德)、宥(靖边)、静(米脂)等五州之地,形成一个稳定的领主势力,传承三百余年至宋。

宋初拓跋李氏对宋非常恭敬,企图做一个附庸领主政权。但宋太宗全面削夺世袭领主,矛盾就出现了。太平兴国五年(980),年轻的李继捧继为定难军节度使,宋廷宣其入朝,要将定难军改造成内地州县。按理说这种部落辖领不在宋太宗的计划内,但当时定难军实力弱小,又逢内讧,只好献出祖业。然而李继捧族弟李继迁逃出银州,在地斤泽(今内蒙古巴颜淖尔湖)进行煽动,许多党项部民愿意追随。李继迁一边聚集实力一边试探性地向宋军进攻,其实他一次都没打赢,但实力越来越强。尽管宋廷采取诸多优惠政策招抚当地党项人,但部民们从根子上认同拓跋李氏的领主地位,宁可舍弃宋朝的各种优惠,更对成为国家公民不感兴趣,就是要去追随领主,当他们的私有财产。这是社会形态进化的现实,宋太宗不顾现实,强行用他的先进理论套用落后地区,最终酿成苦果。

宋国不准搞独立领主,而辽可以,于是李继迁又归附辽。当然,这主要是借辽抵抗宋朝,辽也正好有意扶植一个势力牵制宋朝,不但不断给李继迁加官进爵,甚至许以公主下嫁。这时宋太宗和赵普这两位管理学大师却出了昏招:他们先是放归李继捧,想以之对抗李继迁。结果兄弟俩暗中勾结,联合打假仗,不断向各自主子报账。宋辽都害怕自己养的狗咬不过对方,拼命扶持,就这样把拓跋李氏这个行将消亡的势力又培植了起来。李继迁甚至背着辽又向宋廷投降,宋廷也不察真假就接受了,还赐他姓名赵保吉。这个名字后来只要他一反叛就被削去,但一投降又给他恢复。他本人对姓李姓赵其实并不在意,总之是有点机会就要叛宋,宋军一来他立马又投降。但吴曦一叛宋,立即被军民诛杀,而李继迁(赵保吉)翻来覆去玩叛变,党项部民却从不提任何意见。当然,这也就是宋廷明知他不是真心投降,也只得接受的原因。

宋真宗即位后,李继迁已将大漠以西的部族聚居区全部占领,定都灵州西平府(今宁夏灵武),建国的倾向很明显。但这时他遭到归附宋朝的吐蕃六谷部突袭,伤重而死。李继迁(这会儿其实叫赵保吉)交代后事,要求汉族谋士张浦尽心辅佐儿子阿移,并表明了定难军的组织目标:虽然我们的实力不可能和宋辽争衡,但见机行事,也能保住祖先的基业。

李继迁年仅二十三岁的儿子阿移嗣位,汉名赵德明。

当时定难军的形势非常险恶,宋初四大名将中最年轻的曹玮在陕西带兵,强烈要求趁机踩扁定难军。不过所幸当时正值签订《澶渊之盟》的关键时期,宋廷不愿再惹事端,让赵德明捡了一条小命。但归附宋朝的吐蕃、回鹘、羌族诸部都很想灭定难军向宋廷请功,一些对赵德明信心不足的党项部落也脱离定难军,内附宋朝。这时年轻的赵德明展示了极高的领主才华。首先,他联络吐蕃六谷部的内应,亲自率兵大败六谷部,杀死朔方节度使、六谷部酋长潘罗支,为父报仇,并取回被六谷部占领的凉州(今甘肃武威),一时名声大震,重振士气。然后,赵德明遣使要求辽册封,并派人拼命向宋朝投降。宋廷最初不肯受降,但赵德明毫不气馁,不停上表。随着辽册封他为西平王,宋廷终于沉不住气,也册封他为西平王,并授定难军节度,恢复承认这个家族(不好说是什么氏)的世袭主权。党项诸部也重拾信心,聚在他的身边。赵德明上任伊始,便挽救了大厦将倾的局面。

稳定形势后,赵德明制定了定难军中长期发展纲要:"西掠吐蕃健马,北收回鹘锐兵,然后长驱南牧。"

这个规划非常科学。定难军向东发展蚕食宋辽的领土完全不现实,他的优势是扼住了欧亚大陆桥的咽喉,屏蔽了宋辽投往西域的视线,他就可以抓紧时间向西向北发展,主要目标就是吐蕃和回鹘。吐蕃占据的青藏高原出产

良马,而回鹘民风彪悍,兵源优良,他们在唐代都很强大,东边的大唐、北边的突厥、西边的阿拉伯、南边的印度,这么多大国都拿他们没脾气。他们甚至还分别攻入过长安、洛阳,让大唐送了不少钱和女人,可见其强大。至宋代却分裂成无数小部落,散落在西域和青藏高原。如果谁能将这些部落重新整合,相当于当年的吐蕃和回鹘合体,那将是何其强大!

但这些部落大多向宋称臣,宋朝也不会轻易让你兼并。果然,赵德明西掠吐蕃的规划便不是很成功。

广袤的青藏高原极具战略纵深,在宋廷的支持下,吐蕃诸部丝毫不惧赵德明。狡猾的赵德明不会向辽太宗那样硬攻,而以政治手腕挑拨吐蕃诸部——宋朝虽然强大,但众所周知这个国家将要取消世袭封建领主,各位酋长最终难逃被化为普通公民的前途,赵德明却可以和大家一起奋力捍卫各自祖业。

这种挑拨很快见效。河湟地区(青海、甘肃的黄河、湟水流域)的一位吐蕃领主李立遵(藏名郎成蔺逋叱)实力强大,他劫持了吐蕃赞普达玛欧松的后裔欺南陵温逋,将其立为赞普,号唃厮啰,自为论逋,大概相当于汉族的太师,号称全藏领袖,有志于恢复吐蕃在唐代的强盛。赞普对藏民的号召力很强,一时青藏高原确有脱宋自立的倾向。赵德明肯定正在背后偷笑,不幸的是关键时刻曹玮来了。

曹玮是曹彬第三子,与父同列宋初四大名将。但他的实战能力恐怕比黄金战士就强多了。百年之后,大将葛怀敏被宋仁宗赐穿曹玮战甲,以示荣耀,可见他在宋军尤其是陕西军中的精神地位。曹玮作风与其父大不相同,他雷厉风行,而且分析形势极其冷静。他主政陕西的主要思路还是招徕蕃部,曾让许多领主私有部落归为熟户,而一旦出现李立遵这样有野心的人,他就坚决打击。曹玮在三都谷之战中,率六千骑兵将李立遵的三万主力一举歼灭,又以李立遵来不及反应的速度荡平有独立倾向的几大部落。战后,唃厮啰、李立遵都真心归附。

以前有些宋将害怕得罪赵德明,不敢轻易接纳原属定难军的部落内附,曹玮一概接纳并大力招抚。赵德明出兵报复这些部落,每次都被曹玮派兵制

止。逐渐整个青藏高原都确定了向朝廷而不向定难军的大趋势,尽管不可能瞬间变成内地州县,但自此开启了汉化进程,之后也很少被企图独立的封建领主所控,越来越成为中华帝国不可分割的部分。曹玮三都谷之战被史家赞曰:"十万胡尘一战空。"这不是指将胡人全部诛杀,而是恩威并施,有针对性地打击分裂分子,更重要的是将部民转化成国家公民,抽掉封建领主独立的基础。

赵德明的吐蕃战略不甚成功,但回鹘战略运气不错。自唐以来,西域就体现出高度汉化的倾向,归义军节度使、李氏于阗等政权一心向汉,但又遭到西亚伊斯兰东扩的强烈冲击。回鹘汗国裂解成的无数小部落也纷纷向宋称臣,但关键问题在于,定难军一挡,就把他们和中原统统隔断。

当时回鹘诸部中相对最强并与定难军接壤的是甘州回鹘,或称河西回鹘,时任甘州回鹘可汗的是药罗葛·夜落纥。尽管赵德明多次进犯,但均被夜落纥击败,朝廷和吐蕃也经常救援回鹘,让赵德明损兵折将,无功而返。

赵德明又不会像辽太宗那样执著地打下去,他改用封锁战略,切断回鹘和陕西、吐蕃的联系,但也不急于进攻。对宋贸易是回鹘最重要的经济来源,尤其是出售回鹘健马。被封锁后回鹘不但自身不能开展对宋贸易,西方的商旅也都不再从回鹘经过,曾经繁华的河西走廊渐渐冷清。而赵德明的耐性好得惊人,这一封锁竟然就是二十多年!赵德明等他和夜落纥都成了老头子,这时才派出二十四岁的儿子赵元昊率军攻打。此次实力悬殊,小元昊两三拳就把夜伯打趴下了,攻取甘州。

这对回鹘诸部的示范效应极大,很快诸部纷纷归附,河西走廊尽为定难军所得,赵德明实现了定难军中长期发展纲要的一半。

同时,赵德明还大力发展经济,充分发挥比较优势,开发青盐、珠玉、马匹等优势产业,垄断西北方向入宋贸易,经济实力极大提升。他还构建起一套完整的组织结构体系和正规的军队体系,事实上已经具备了一个独立国家的物质基础。

那这样朝廷想不想扁他?当然想,但人家毕竟没有公开宣布独立,而且对朝廷还极其恭敬。尽管边将都很清楚他是虚与委蛇,但宰相们始终下不了决

心,于是总小打小闹,始终没有大举讨伐,一拖就是三十年,让定难军长大了。

赵元昊幼时曾劝父亲不要对宋称臣,赵德明笑着说:"我们经常打仗,已筋疲力尽,这三十年来穿上绫罗绸缎,都是朝廷的恩惠,不能负恩哪!"赵元昊不高兴地说:"穿皮毛放牧是我族的习性,英雄生来就要称霸,怎能穿上绸缎就满足了呢?"赵德明笑而不语,但他嘴上不乘小孩的意,后来却让这个天生的分裂分子继承权位,那他真实的意图是什么?

宋真宗大中祥符六年(1013),夏国王赵德明使用天子仪仗出巡。大中祥符九年(1016),他做了一件奇事:追赠其父赵保吉(李继迁)为皇帝!而在宋仁宗天圣六年(1028),他又做了一件更奇的事:立其中一位妻子卫慕氏为皇后,其子赵元昊为皇太子!很明显,除了皇帝这层窗户纸还没捅破,先帝、皇后、皇太子都备齐了,他还等什么呢?

答案是——等死。

真正的聪明人是不会在临死前去博取某些虚名的,包括皇帝。赵德明忍辱负重三十年,图的是家族基业传承,何必在心肺功能都趋于衰竭的年龄段冒险称什么帝呢?选了立志要独立的赵元昊嗣位就够了。

宋廷追赠赵德明为太师、尚书令、中书令,辍朝三日,以国王礼仪服丧,并册封其子赵元昊为西平王,授特进、定难军节度使。不久,赵元昊主动改姓嵬名,名曩霄。嵬名是党项大族的姓氏,曩霄去国姓改此姓,彰显自己不是宋帝国公民而是党项贵族。不过自古只有君主赐臣姓,曩霄君随臣姓,也算是一奇。三国时代的军阀吕布为在乱世中求生存,不断依附新的主子,认了三个爹,被人蔑称为"三姓家奴"。但西夏皇帝可以告诉他:"你的姓还是少了。"这个家族历用拓跋、李、赵、嵬名四姓,以及之前还有一姓已不见史载,改用五姓,终于保住祖业。

宋仁宗景祐五年(夏大庆三年,1038),嵬名曩霄经过六年准备,正式称帝,改元天授礼法延祚,国号白上大夏国,习惯称西夏。尽管嵬名曩霄是开国皇帝,但他认同赵保吉的草创之功和赵德明延续某氏祖业之德,所以追赠赵保吉为太祖,赵德明为太宗,后来嵬名曩霄的庙号是景宗。

事实上,宋廷从未承认过西夏独立,夏景宗即位不久又向宋廷投降,并称宋仁宗为父皇帝。但之前他连克宋军三阵,连败辽兴宗两次亲征,迫使宋辽默认他事实独立。所谓西夏,不是一个帝国而只是宋朝的定难军,但这是一个跨断欧亚大陆桥,唐、突厥、吐蕃、回鹘、契丹、宋、金均不能收服的强国。这个家族一度中落,险些被纳入宋朝的公民社会体系,但在夏太祖、夏太宗的顽强抗争下,终于重建了一个属于自己的王国。这个过程是不是一个令人感慨的个人奋斗励志史诗呢?当然不是,夏太宗的个人奋斗史简直就是对人类文明进化史的羞辱——只不过他没有像希特勒那样高调地写成一本书《我的奋斗》——当然也有可能是用党项文写的,只是我不知道而已。

当人类文明进化至宋,中原已经建成成熟的公民社会体系,而夏太祖、夏太宗的不屈奋斗却是朝着相反方向,要建立他们家私有的领主国。为达到这个目的,西夏厉行去汉化运动,人为地创制出一套党项文化并强制推广,将无数马上就要融入公民社会的少数民族群众拖回部族社会。而从更现实的局势讲,西夏的突然出现及其捍卫某氏祖业的死硬,在中国特色封建社会发展至巅峰时扮演了一个搅局者的角色,整个人类文明的进程都因其而改变。

神秘崛起,蛇吞巨象——金太宗完颜吴乞买

契丹和党项的历史因文字而显得神秘莫测,而女真(金)的问题则更加严重。其史料主要用汉文书写,但经过了后人系统的篡改,不是唐太宗那样小修小改。当然,史料可改,逻辑却是客观存在的,只要不偏信盲从,我们仍能摸索出许多逻辑链条。

西夏崛起后,宋辽夏就形成三足鼎立,博弈非常复杂,但主要是辽夏联合抗宋。由于《澶渊之盟》的限制,宋朝不能直接对辽用兵,所以主要精力用于灭夏。西夏虽小,但地势易守难攻,主要是国主残狠,甚至用过十丁抽九的办法,驱使人民充当炮灰,坚决捍卫家业。辽也总在关键时刻斡旋,甚至在边境集结重兵,向宋廷施压,放缓对西夏的攻势。到后来辽甚至提出领土要求,要宋廷归还当年周世宗攻取的关南十县。严格地说这违背了《澶渊之盟》,尽管最后

宋廷没有归还领土，但影响了宋廷最大规模的一次灭夏战略。宋神宗很生气，他临终前留下遗命："能复燕山者，虽异姓亦可封王。"须知宋朝建立以来，除几位五代遗老，再未封过异姓王。宋神宗违背《澶渊之盟》提出这么高的赏格，可见这个和约已经开始裂缝，而真正的后果恐怕当时没人能想得到。

《澶渊之盟》对宋辽双方都是祖训，但重赏之下必有勇夫，异姓封王这个标底一泄，自有战争狂人前来围标。

徽宗朝宦官童贯是一位古往今来罕见的宦将，靠讨伐西夏累功至太保，是史上唯一一位当上三公的公公。本来他已经快要把西夏捏死了，但他结识了一个辽奸，决定改变主攻方向。此辽奸当时叫马植，他献上了一套灭辽的规划。童贯已官至极品，就算灭了西夏对他个人而言其实意义也不是很大，但如果灭辽，那可就突破了。而当时的皇帝宋徽宗、宰相蔡京也都是好大喜功之辈，他们将马植改名为赵良嗣，开始密谋灭辽，这个秘密工程中的一个重要项目就是扶植一个辽北方的部族，到时南北夹击，这个部落就是居住在黄龙府（今吉林农安）附近的生女直部。

女直，后多译作女真，与渤海族是近亲，但极其落后，当时还处于比游牧更落后的渔猎阶段，以猎取野生动植物为生，连放牧的技术都还没掌握，所以被称作生女真。宋廷高层密谋灭辽后就经常派人通过渤海到生女真交涉，而辽却始终蒙在鼓里。直到童贯将陕西军集结于河北边境时，辽人都还以为是来帮助他们平定女真叛乱的。这样当然很轻松就把辽灭了，宋人收复幽云，童太监也如愿成为史上唯一一位晋太师、封王的阉人。女真部首领完颜阿骨打（汉名旻）也深受宋徽宗宠爱，封为御弟。

按现存史料，完颜阿骨打早在灭辽前十年便已建立金，完颜阿骨打即为金太祖。宋徽宗宣和五年（1123）金太祖驾崩，按女真兄终弟及的习俗，其弟完颜吴乞买（汉名晟）继位，即为金太宗。

金太宗和金太祖的政见很不一样，金太祖认为女真本生于苦寒之地，世受契丹压榨，多亏宋徽宗解救他们，所以定要忠于大宋。但他弟弟认为他们凭一个小部落起家，几年就可以灭辽，现在羽翼丰满，自然就应该努把力尝试下灭宋。金太宗上台后不久，便对宋突袭，展开了宋金百年恩怨。

金太祖生前曾对其弟表露出攻宋的想法非常气愤，这一方面是出于义理，另一方面也是出于形势。女真能灭辽，既是辽自身已经腐朽，但主要还是靠了宋朝，小小的女真部落并非真有灭掉辽的实力。如果不知死活向如日中天的宋朝挑战，死了都没人收尸。后世很多史料称宋金夹攻辽时宋军表现极差，几乎是金军独立灭辽，而且金人见识了宋军的软弱，所以觉得宋人可欺，才有了灭宋的打算，这便是后金编造的谎言了。这种逻辑只应该出现在楼下的痴男怨女专柜，而且还只能是早恋级，如果哪个成年人还带着这种思维方式去相亲都会让人笑掉大牙。

首先，女真部的实力远不足以灭辽，这段史料经篡改后与小说无异。您相信完颜阿骨打以两千五百人起兵，没有任何后勤工程、战略规划就能武装灭辽？一帮猎人兄弟狂暴地冲上去，砍翻了牧民兄弟，就这么简单？

其次，辽亡后辽人对宋恨之入骨，大批量降金人，不断挑唆金人帮他们向宋寻仇，后来宋金开战也与此不无关系。如果金真是灭辽主力，辽人又岂能错认仇家？

女真部只不过是童贯灭辽的一个帮凶，自身实力未必真的很强。只是他们长年受辽统治，一朝翻身，有些人就头脑发热而已。

当时女真部的权力机制还极具部落特征，各部落的领主称勃极烈，诸勃极烈组成的议会便是最高权力机构。这和契丹早年的夷离堇制几乎一样，但勃极烈制吸收了更多汉制政府思想。各位勃极烈并非完全平等，而是有次序、有分工的。老大称都勃极烈，汉译皇帝；老二称谙班勃极烈，作为储君；老三称国论勃极烈，后称国论忽鲁勃极烈，据说相当于汉族的丞相。之后还有阿买勃极烈、昃勃极烈、移赉勃极烈等名目，但要加上国论头衔，比如国论移赉勃极烈，才有在勃极烈议会上议论国事的权力，相当于汉族的同平章事。其余诸勃极烈就只是普通部族领主，而没有进入最高权力层。这显然学习了汉族的行政体系构造思想，当然决策方式看似相近，但宋明的宰相通过考试，由来自民间的知识分子担任，勃极烈却都通过选举，由女真部族领主充任。

部族领主制最大的缺陷就是主权分离，容易分裂，但金刚刚建立，核心贵族还很团结，尽管常在勃极烈议会上激烈争吵，但只要议会作出最终决议，所

有人都会忠实执行。金是一个非常成功的用中央集权阻止部族裂解的例子，到最后至少完颜本部一直没有分裂。在攻宋这个问题上，以金太祖嫡长子完颜斡离不（汉名宗望）为首的太祖系非常反对；以金太祖族兄、首任国论勃极烈完颜撒改嫡长子完颜粘罕（汉名宗翰）为首的撒改系则强烈求战。由于金太宗自己也倾向于攻宋，所以他当了都勃极烈后终于形成了攻宋的决议。

宋金实力差距巨大，但攻宋派认为并非没有机会。

第一，宋徽宗极其宠爱他的御弟金太祖，对女真部几无防备。

第二，宋辽百年修好，河北防线早已形同虚设，宋军主力包括本应拱卫京师的三衙司精锐都集中在西夏战场，可乘其不备，直扑东京。

第三，宋徽宗还很宠爱一位辽降将郭药师（从名字看应该是汉或渤海族），让他招募契丹、奚、渤海人组成三十万大军驻防河北。童贯曾提议从他的陕西军中分一部分驻防河北但被拒绝，有研究认为他军功太著，宋徽宗有意扶植郭药师制衡他。郭药师人品极差，当初宋朝毁约灭辽，辽人宁肯降金也不降宋，全辽就他一人降了宋，还卖力地率宋军首先攻破幽州，以此得到宋徽宗宠信。现在金人向他许以更高报酬，由他洞开河北防线，带金军绕开宋军一路防守，直扑东京！

这种方案非常冒险，你倒是有可能直扑东京，但也得留后路。要是到了东京，陕西那边分兵回救，内外夹击怎么办？何况中国那么大，大部队一进来，陕西军不救东京，就在边境截你后路，你怎么回去？当初辽太宗就是因此才放弃开封，仓皇北逃，被做成了帝靶。当然，也有研究认为，金派出从河北随郭药师南下的是右副元帅完颜斡离不，金太宗就是想把他做成帅靶，借机消灭太祖一系势力。但无论如何，攻宋的决策都是异常愚蠢的。就算真能在战术上攻克东京或者让完颜斡离不去送死，但真能把偌大的中国一口吞下吗？只要没能彻底灭宋，宋人必将报复。以宋帝国的社会基础和恢复能力，就算只剩半壁河山，还怕收拾不了你这个山寨汉式帝国？百年之后，南宋灭金，其形之惨，完全不亚于靖康之难，女真这个勃兴不易的民族又消失在历史的长河，岂不都是拜今日金太宗贪功挑战，将女真带上一条不归路所赐？

那么实力并不太强的金是怎么攻克东京，给鼎盛时期的宋帝国造成一场

靖康之难的呢？这其中的教训非常值得深思，而不能用一句"女真彪悍，宋人文弱"忽悠过去，否则以后还会出现类似情况。

金国决定攻宋后，金太宗设都元帅府作为女真部最高军事机构，以幼弟谙班勃极烈完颜斜也（汉名杲）为都元帅，完颜粘罕为左副都元帅，完颜斡离不为右副都元帅。但部族是各自领主的私有财产，都元帅府并非枢密院那样的公共机构，只是一个协调议事的平台，各领主仍然据有自己的私兵。完颜粘罕、完颜斡离不分别设置各自的枢密院，时称东西朝廷，主要由他们各自笼络的辽降官管理，金廷几乎不干预。这些辽人行政管理经验丰富，在后方为完颜粘罕、完颜斡离不的军队提供了可靠的后勤保障，使金军从落后的部族军跃升至不亚于辽军水平的正规军。

宋徽宗宣和七年（1125），金军分两路南下。完颜斡离不的东路军在郭药师指引下，几乎没有遇到像样的抵抗就直抵东京城下。宋朝承平日久，宋初定下"守内虚外"的战略早已形同虚设，主力都在陕西，东京只有三万部队，而且都是些内卫仪仗部队，没什么实战能力。而完颜粘罕的西路军却在太原遭到顽强抵抗，寸步难行。完颜斡离不等不到西路军接应，不敢久留，退回北方。

按说这次突袭只是吓了宋人一跳，没有伤及根本，但由此引发的内讧以及宋人的连接失误便造就了靖康之难。

第一，政治上抢班夺权。金人背盟入侵，是宋人背盟灭辽造成的后果。当初密谋灭辽的宋徽宗、蔡京、童贯等人引得舆论所向，纷纷引咎辞职。皇太子赵恒继位，史称宋钦宗。这些人干了坏事，当然应该下课。但在危急关头突然更换整个国家领导层又合不合适？猛然换血的宋廷一片混乱，连基本的组织能力都不具备。

第二，为泄愤而杀童贯。童贯这人虽坏，但军事才能卓著，更是陕西军的绝对领袖。他自信虽犯下弥天大罪，但此刻宋帝国离不开他，他甚至还在做着宋钦宗来求他复职，然后率陕西军尽灭金人、立下更大功劳的美梦，谁知等来的竟是一死。客观地说，以他犯的罪，死一千遍都不多，但这个关键时刻杀了陕西军的主心骨，宋钦宗和李纲摆明是不想赢了。四十万陕西军被牵制在广袤的西夏战场，零零星星的有些将领率兵勤王，但越是正规军越离不开

统一调度，这些来送菜的零散部队被金军各个击破，终于让坚守东京的军民们绝望了。

第三，军事上乱指挥。除了指望陕西军，民间也自发组织了不少义军。宋徽宗第九子康王赵构逃出东京，在相州（今河南安阳）开大元帅府，聚集了不少义军。本来义军取得不错战绩，留在完颜斡离不后方是极大威胁。但不懂军事的副帅宗泽救国心切，强令义军向金军主动进攻，结果民兵们惨败于严阵以待的金军铁骑，失去了解救东京的最佳机会。东京城内的仪仗队更是胡乱指挥，笑话频出。当然，这个问题的根源还在于前两个问题。

第四，把宋徽宗抓回来陪死。这才是最严重的错误。为什么汉唐从来没有皇帝被异族抓过？唯独"弱宋"两位皇帝被逮？原因很简单——这俩弱智没跑。唐朝皇帝遇警即逃，九次跑出长安，一次都没被抓住。宋徽宗当时先跑到镇江，以太子留守东京，但太子变身宋钦宗，却强行把太上皇扭回东京，陪他一起被抓。其实只要宋徽宗留在镇江，就算东京城破，金军也只能劫掠一番就走，断不至于亡国。宋钦宗强行扭回其父动机可疑，有研究认为宋徽宗当时根本没有禅位，是李纲等人学安史之乱唐肃宗李亨灵武即位的故事，拥立了宋钦宗，严格地说根本就是篡位，所以他们才急于抢班夺权，大肆诛杀童贯等徽宗旧臣并强行将宋徽宗抓回东京以便控制。

宋人的连续失误给了金人一次又一次的机会，次年金军再度南下，终于造成了靖康之难，终结了北宋。当时有传言称金太宗长得和宋太祖极像，正因当年宋太宗夺了宋太祖儿孙的帝位，所以宋太祖托生为金太宗，夺了宋太宗后代的江山。而且这种说法还影响了南宋的帝系传承，宋高宗（赵构）的儿子均夭折，近支弟侄也都在靖康之难中被金人掳走，于是找了一位宋太祖的后代继位，所以北宋是太宗帝系，南宋自宋高宗后又还给太祖一系。

金人攻克东京后，俘虏了整个宋廷，但他们确实没有治理整个中国的能力，于是册立宋臣张邦昌为伪楚皇帝，后又改立刘豫为伪齐皇帝，作为他们在中原的代理。直到宋高宗绍兴七年（1137）才废黜刘豫，直接掌管河南、陕西，与南宋形成南北对峙。

那么金太宗攻克东京，灭亡北宋，他的攻宋战略是否成功呢？其实他还是

失败了。攻宋是一条不归路,动了手便收不住,必须一竿子捅到底,彻底灭宋。而金的力量其实又不足以做到,留下了南宋,那就只能等着宋人以更惨烈的方式报复给自己的后人。

太宗的重要意义在于奠定一个王朝的基本框架和发展方向,但金太宗完全没有做到。他身上只体现出一种无知者无畏的狂热冲动,没有任何长远的规划可言,甚至没有奠定这个王朝的框架。金共有十帝,其中包括可能没当过皇帝的金太祖、海陵罪人完颜亮、卫绍王完颜永济、只当了半天皇帝的完颜承麟。这九次继位有弟弟,有侄子,有孙子,甚至还有叔叔继位的,只有一次是亲儿子继位。这十帝中第一、三、四、六、八任厉行汉化,大肆诛杀不愿汉化的重臣,而第二、五、七、九任(可能还有十,半天太短了,不好确定)又厉行胡化,大肆诛杀想要汉化的重臣。其间还有一些秉政的太后、权臣也各持己见,杀得不亦乐乎。至于到底是要汉化还是胡化,最终还是没个定论。

草原正主,上帝之鞭——元太宗窝阔台

其实,奠定元朝框架的是元世祖(薛禅可汗忽必烈),但获得太宗庙号的是木亦坚可汗窝阔台,所以本篇还是以他为主角。

最初狭义的蒙古是指辽所谓祖卜诸部中的室韦诸部中的蒙兀诸部中的乞颜部,现在这个概念就扩散得很大了。乞颜部酋长姓奇渥温,字儿只斤氏,后称黄金家族。辽德宗西狩后,草原诸部转为金的附庸。但所谓金,其实自身都是个渔猎部落,统治水平就远远低于辽。草原诸部重拾弱肉强食的丛林法则,金为削弱诸部,也爱挑拨各部相互仇杀。不过恰如匈奴、突厥终归一统,这个草原最终还是归于乞颜部可汗——奇渥温·字儿只斤·铁木真的旗下。部落统一的方法一般就是你砍我,我砍你,都差不多,就不赘述了。

宋宁宗开禧二年(1206),南宋对金举行了声势浩大的开禧北伐。就在这年,草原诸部在斡难河源头召开了一次重要的忽里勒台大会。所谓忽里勒台,与契丹夷离堇、女真勃极烈类似,是一种部族领主议会,英文作 Khural,亦译库

里台、忽邻勒塔，今译呼拉尔，至今仍是蒙古人民共和国的最高权力机构。

这一次规模空前的忽里勒台大会建立了也客·蒙古·兀鲁思（汉译大蒙古国，英译 Yeke Mongghol Ulus），铁木真被选举为成吉思可汗（Genghis Khan），成为草原共主。成吉思汗意为大海般辽阔的可汗，其实是一个通用的汗号，之后还会有一些蒙古可汗使用这个名称。但正如凯撒（Caesar）成为盖乌斯·尤利乌斯（Gaius Julius）的专称，成吉思汗一般专指铁木真。

成吉思汗共有六子，其中第一斡鲁朵第一哈敦（大致相当于汉族的正宫皇后）孛儿帖生有四子，相当于汉族的嫡子，依次是尤赤、察合台、窝阔台、拖雷。当时有传言说尤赤其实是孛儿帖有一次被敌人俘虏后怀的孕，不是成吉思汗的儿子，所以察合台常骂他是野种，并以事实长子自居。而幼子拖雷聪明能干，最受成吉思汗喜爱。那么一个是长子，一个是事实长子，一个是父汗最喜欢的儿子，窝阔台是剩下最弱势的一个，继位希望最小。所以尤赤和察合台明争，并与拖雷暗斗，窝阔台却将自己定位为协调者。然而，这在选举制政体中，恰是最明智的选择。

按汉文史料记载，成吉思汗临终，召四子商议传位，尤赤、察合台互不相让，成吉思汗便问拖雷，拖雷便推荐了温良敦厚的三哥。但这是典型的汉人思维方式，以蒙古当时的制度，根本不需要争，各自分封一个部落就行了。至于名义上的大汗，你们自己选，哪是传的？成吉思汗死时并未选举新的大汗，三年后窝阔台才在各方势力的博弈下当选。再说蒙古当时又没有史官，这些对话怎么可能记载下来？实则都是拖雷的后代建立元朝后，汉族史官以汉人思维方式，糅合传说逸闻想象出来的场景。

成吉思汗死前将蒙古分封为八个兀鲁思，同时又设立一个中央兀鲁思作为公共财产。但这个中央兀鲁思很快就虚化了，蒙古贵族并不重视，只有汉化的忽必烈系视若至宝，作为以汉制自称正统的理论依据，也就是后来的元帝国，至于其余诸部理不理又另当别论了。

尤赤和察合台受封在中亚，主要向西发展，窝阔台封在居中的巴尔喀什湖（在今哈萨克斯坦国东部）一带，而拖雷主要管理金旧地。关键是成吉思汗的直属部队共约十三万，其中十万都留给了拖雷。现在形势就起了变化，尤赤之子拔都、察合台开始支持窝阔台,想利用他制衡实力最强的拖雷。拖雷势单力孤,但也不愿由前两人称汗。于是各方势力经过三年博弈,最后采取折中办法,选举窝阔台为大汗,称木亦坚可汗,元世祖追赠太宗英文皇帝。但很显然,辽太祖崩后,辽太宗成功捏合契丹、奚诸部,奠定了一个中央集权制的汉式帝国。而窝阔台,也就是元太宗——估计他自己都没想过还会在死了几十年后被追赠这样一个汉式帝号吧——他并未阻止蒙古诸部分封裂解,更多的只起了一个协调作用。

蒙古的组织目标非常简单——征服世界。当时的外部条件很有利,匈奴和突厥的连续西迁对中亚形成巨大冲击;而十字军累次东征,回教徒累次反击,欧洲、波斯和阿拉伯都在狂热的宗教战争中耗尽了精力;宋金之间更是大战连连,将中国摧残得满目疮痍。文明世界都处于虚弱的低谷,注定将有一个彪悍的游牧民族横空出世——当然,不是来终结乱世的,而是破罐子破摔,将更猛烈的战火喷向全球。所以,后来西方人运用基督教中的末世天罚之说,将此时应运而生的蒙古旋风称为上帝之鞭,来惩罚人类的罪孽。

当然,打铁还要自身硬,要惩罚基督徒,鞭子本身也要够劲,为什么成为上帝之鞭的是蒙古乞颜部而不是克烈、塔塔儿或者泰赤乌,这也是有道理的。

辽非常善于协调民族关系,而金的高压统治却使被统治民族都很怨恨,不断有金的汉、契丹等族管理学家和能工巧匠跑到草原,帮助蒙古对抗金。这些逃民对蒙古部落的跨越发展,快速建立起组织机构,并拥有和金对抗的技术装备起到了极大作用,而这其中最重要的一个人当属耶律楚材。

耶律楚材是辽太祖长子耶律倍的后代,其实早就汉化了,后来在金当官。其父为其取名楚材,而他成年后取字晋卿,意为楚材晋用,表示先让金养着,养大了他就帮助其他国家来攻灭黑金帝国。果然,后来他就成为了蒙古重臣。成吉思汗死后,窝阔台可汗也将耶律楚材当做智囊。

按道理,蒙古曾被辽金统治,而从族系上讲实为突厥遗支,蒙古贵族和部民们大多认同突厥传统。辽金的君主都要称皇帝,西夏更是哭着喊着宁愿当儿皇帝也要称帝,但蒙古初期全无此意,反而对汉文明表现出一种不屑,或者说是深层次的恐惧,非常害怕汉文明污染了他们的突厥文明。耶律楚材巧妙

地挑选了汉文明中一些有利于中央集权的经验,得到窝阔台的认可,为后来蒙古其中一些部落吸收汉文明开了一个头。

首先,耶律楚材参照中原礼仪,制定了正式的登基仪式,并劝服察合台等贵族向窝阔台汗行正式参拜礼仪,以明君臣之分。这对松散的蒙古部落树立组织意识意义重大,也让他取得了窝阔台汗的信赖。

然后,耶律楚材提议改革部落制,设立州县,提倡孔孟之道,甚至开科取士。尽管涉及到根本的改革大多流于表面,但至少让蒙古人见识了怎样治国,而且吸收了很多行政管理经验。这其中最重要的有三条:

第一,设置中书省。这不仅是隋唐的三省之一,而且是三省合一后的总称,即为中央政府。尽管实际主权仍在忽里勒台议会,但由一个正式的中央政府承担具体行政事务,极大地提高了行政效率,有助于庞大的蒙古汗国合理运行。

第二,劝阻汉区牧场化。蒙古占领金一些地区后,贵族们提出将汉人荡平,州县改造成牧场。耶律楚材极力劝阻了这么宏大的目标,向窝阔台汗反复演算这些汉人的生产力,最后窝阔台汗同意了向汉人抽取人头税而保命的政策。

第三,试点赋税制度。金实施猛安谋克制,将人户划分给贵族世袭。蒙古本来也打算将掠来的人户分给蒙古贵族,但耶律楚材极力劝窝阔台汗以宋制设立路,直接向人民抽取赋税。不过后来窝阔台汗用一些回族商人管理赋税,引起不少混乱。而在兵役等人力资源管理方面,蒙古的管理能力确实不足以对几千万人口实行直接有效组织,主要还是蒙古贵族不愿意,最终还是将人户分给了贵族。耶律楚材这条引导蒙古事实汉化的大计并不成功,意义仅在于在一段时间内增强了窝阔台汗的财力。

窝阔台汗在位期间,蒙古不减成吉思汗时代的扩张势头,术赤、察合台两支被封在中亚后,全速西扩,很快征服斡罗斯诸公国(苏联地区)、波斯(伊朗地区),并开始与东欧基督教世界接战。

窝阔台汗本人和拖雷则将主要精力放在中原,将矛头指向曾经的统治者——金。金的实力远远不如传统汉族王朝,修不起长城,更没有御敌于本土之外的野战能力,被蒙古的游击战法打得顾头不顾腚。当年成吉思汗便是在野狐岭战役中击溃金军主力，正式脱离金的统治。拖雷也在三峰山一役击溃金军，从此奠定了蒙古对金的军事优势。但蒙古军攻坚能力不强，虽屡次大败金军，却都只是击溃战，而没有形成歼灭战，没有伤及金的元气，而且只要金人放弃和蒙古军野战的念头认真守城，蒙古军办法就很少。也有研究认为，窝阔台汗不愿拖雷立功太多，所以牵制他攻金，对金作战才始终没有突破。

更重要的是，南宋的态度模棱两可，一直没有明确表态帮助金还是蒙古。在这个问题上，蒙古人又撞了大运。其实当时的局势很明朗，金衰落，蒙古勃兴，何况有当年联金灭辽的教训，南宋高层很清楚这时应该助金抗蒙。然而上帝之鞭不是一般的走运，金真的很奇怪，如果说金太宗真的给金留下了什么，那就是他那种狂热而奇特的思维方式。很明显宋金应联合抗蒙，但金人的想法是北方的土地丢了，就到南方抢回来，于是经常强攻南宋，几年间填了几十万兵马去送死。宋相史弥远顶着秦桧再世的骂名，坚持和金谈判。金是典型的暴发户，最喜欢侮辱宋朝，史弥远提出金只要礼貌待宋，那他就可以给很多钱，还帮金抗蒙。按理说这真是不要成本的雪中送炭，正常人没有理由拒绝。但金人的思维方式是不正常人类研究中心的高级研究员也无法解释的，他们不要钱，甚至命都可以不要，就是要侮辱你。金一边恳求宋人救急，一边坚持侮辱外交。这种人怎么打交道？史弥远在哭笑不得中去世，宋理宗（赵昀）亲政，南宋人民情绪喷发，很快与蒙古结盟，一起灭金。

宋蒙一经结盟，金便已是案上鱼肉。宋军的作战思想不同于蒙军，宋军名将孟珙在两年间歼灭了六十万金军，摧毁了金的有生力量。金哀宗完颜宁甲速（汉名守绪）困守蔡州（今河南汝南），窝阔台汗派大军围攻蔡州，但蒙军不善攻城，金人却困兽犹斗，入冬后蒙古军甚至陷入了掘尸体吃的窘境。如果这时宋军跑来内外夹击一下，保证打得蒙古人下辈子都不敢进中原。但蒙古人运气就有这么好，金逼着南宋跟蒙古结了盟。孟珙率宋军赶来，并支援了蒙古军不少军粮。宋军轻松攻破蔡州南门，进城后就顾着报仇。先是孟珙率两万宋军入城轮奸金国皇后，之后宋蒙两军争抢金哀宗尸体，一向深好此道的凶残蒙古军居然只抢到一只手，而一向以温良恭俭让著称的汉人这时却凶残到这种程度，可见金人之前都做了些啥，能把人逼成这样。

宋人报了世仇,过足了瘾,不过真正得利的还是蒙古。除掉金这道藩屏,宋蒙就要直接面对了,双方都很清楚,不需要解除友好盟约,直接开打。宋理宗先派兵抢占中原故地,窝阔台汗也早就在忽里勒台大会上制定了战略:蒙古军并不争一城一地,而是要将宋军诱至开阔的中原地带歼灭。其实宋人对此并非没有准备,孟珙就非常反对贸然出兵占领中原,但急于收复故土的宋理宗也制定了一套快速恢复北宋对辽的战略,不过他显然太低估上帝之鞭了。

窝阔台汗运用蒙古典型战略,在攻金过程中就将中原全部夷平,估计您也和宋理宗一样,想象不出这种夷平是什么意思——是要将整个中原的所有城池、房屋拆毁,植被掘光,人畜杀尽,尸体塞满水源,并在黄河上游筑坝蓄水,等宋军一进中原,立即决口。宋军后勤被阻,而前线部队无房住,无当地粮食供应,甚至连清洁的水源都找不到。宋理宗敢于进军中原的设想建立在宋军能据守开封、洛阳等几座大城的基础上,但现在才发现所谓开封、洛阳无非是地理概念而已,整个中原都是一个光秃秃的杀场,而且后勤补给还被黄河泛水阻断。此时蒙古骑兵快速插入中原,轻松砍杀已经饿得想自杀的宋军。宋蒙正面冲突,窝阔台汗赢下首场。

但接下来南宋调整长江防线,蒙古再难讨得便宜,双方陷入僵持。不过蒙古在东西两个方向战绩不错,窝阔台汗还在哈剌和林(今蒙古国后杭爱省厄尔得尼召市)筑成一座万安宫,是蒙古第一座城市和宫殿,可以视为定都,这也算是元太宗为元朝做的一件大事吧!

万安宫竣工后,窝阔台汗便再少亲征,把主要精力放在搞死拖雷和安排儿子继位上。据《元史》记载,拖雷挚爱三哥,有一次三哥生病,拖雷向天地祈祷,愿意代三哥去死,还喝下大法师的符水。果不多日窝阔台汗的病就好了,拖雷死了。显然这种史料是拖雷的后代建立元朝后对他的粉饰,事实上拖雷可能是被窝阔台汗毒死,更有可能是因燥热自己病死的。当然,以蒙古政体,拖雷死了不要紧,他的儿子蒙哥、忽必烈继续执掌部队,窝阔台汗也得不到什么实利。

而窝阔台汗自己的儿子中,他本人最喜欢三子阔出,但第一哈敦乃马真·脱列哥那想扶自己所生的长子贵由。而且不巧的是阔出王子在对宋作战中牺

牲了，窝阔台汗非常伤心，不理智地要扶阔出之子失烈门，这遭到大家的极力反对。窝阔台汗崩后，乃马真哈敦摄政，五年后才选举贵由为大汗。五年间乃马真哈敦大肆清理成吉思汗和窝阔台汗旧臣，连耶律楚材都被革职。而贵由汗在位仅三年驾崩，其妻海迷失哈敦摄政，诛杀更烈。不过三年后，真正最有实力的拖雷之子蒙哥当选大汗，之后蒙哥之弟忽必烈又当选，并以汉制建立元朝，奠定了拖雷一系的帝位，窝阔台一系只保留中亚的封建辖领，反而成了旁支。

宋度宗咸淳七年（1271），距蒙古建国已经六十五年、窝阔台汗死后三十年，忽必烈汗即皇帝位，建国号元，史称元世祖。元世祖以汉制立太庙，追赠蒙古历代大汗和拖雷王子，其中成吉思汗被认为是开国之祖，立太祖庙，窝阔台汗为太宗英文皇帝，拖雷王子为睿宗。元世祖在中国建立了一套迥异于蒙古传统的体制，并最终灭宋，以"元朝"入继中华正统，所以说奠定元朝框架的是元世祖而非所谓元太宗。

不过如果超出元朝的视界，对于广义的大蒙古国而言，窝阔台汗倒也符合我们对太宗的定义。是他确定了一套蒙古议会执掌主权、汉式政府承担行政的管理架构。而且窝阔台汗崩后，蒙古陷入激烈内斗，倒也停止了无节制的扩张，基本确定了在全世界的征服范围。现在不少人说蒙哥汗（元宪宗）被宋军毙于四川钓鱼城下，让正在冲向欧洲的蒙古人掉头东返，拯救了西方文明。这种说法非常牵强，真正遏制蒙古无序扩张的还是窝阔台汗驾崩。蒙哥汗名为蒙古大汗，但当时蒙古诸部已经完成裂解，所谓大汗也只是拖雷系内部的玩具，远西诸部已经不太感兴趣，蒙哥汗死了活了对他们真的没多大影响，元太宗驾崩引起的那场内斗才是蒙古扩张的刹车蹄片。

巅峰处的大调整

宋代中国特色封建社会似乎发展到了顶峰，但各种新情况和巨大的外部效应也引发了一系列新问题。

辽的崛起体现了隋唐建立完善政府组织结构范本后，游牧民族可以照此

快速建立起规范帝国,以前中原王朝面对的是匈奴、突厥这样的游牧部落,从此就要面对辽金这样的帝国了。以往霍去病带上几千精骑,冲上草原去砍几万脑袋(其中包括大量妇孺),匈奴这个民族(确切地说是部落联盟)基本上就散架了。但宋军砍了几十万辽正规军的脑袋,您看辽散架没有?当然,这也说明中华帝国发展至唐代,才终于形成了所谓的东亚文明圈,这才是真正的文明圈,而不是以往的一个文明帝国加 n 个野蛮部落。

其实辽的存在对宋朝发展也不无好处,北宋连续一个半世纪的国内和平,辽也不无功劳。草原上游牧部族星罗棋布,即便匈奴、突厥这样的强势联盟管理力度也毕竟有限,难免常有些部族忍不住到中原来抢一把。比如唐代突厥自身向唐称臣,契丹向突厥称臣,但突厥却无法约束契丹经常把唐朝打得满头包。辽的高水平管理带给了蒙古草原史上最安定的一段时期,客观上为宋朝边境的安宁创造了条件。但辽又扶持西夏抗衡中原,这其中的博弈就相当复杂了,也促使中国人开始走出原始的天朝上国思维模式。

西夏是一个典型的地方官利用部族社会基础谋求事实独立的例子。宋朝严格实施中央集权,但显然对部族聚集区的认识不够,最终使某氏带领当地部族形成割据。这也促使宋廷转变思路,对越南、朝鲜、大理等尚未归化的封建领主辖区采取更灵活的策略,不再强行收归国有,有些领主反而更加忠诚。西夏的割据还产生了很多现实后果,最主要的是隔断了亚欧大陆桥并牵制了宋军太多精力。宋神宗多次和东罗马帝国皇帝阿列克修斯一世(Alexius I)商议夹击西夏和塞尔柱突厥,但不太清楚西夏和塞尔柱突厥之间是如何结盟,总之他们分别在东西两边顶住了两大文明帝国的一轮大规模进攻,之后两国再未共同夹击过中亚。不过后来宋军改用浅攻蚕食西夏领土的战略却成效显著,若非太监王贪功掉头灭辽,假以时日,必有机会了结这个心腹之患。这倒不能以管理学原理解释,确实有很大偶然性。

金的突然爆发造成靖康之难,更点出了汉式中央集权帝国的一个致命缺陷——主权过于集中,风险太大。上亿人口的主权都集中于同一个政府,管理效率虽高,但也将所有鸡蛋放在了一个篮子里。这唯一一个政府一旦出了问题,立即全盘崩溃。周代犬戎也曾突袭镐京,劫走周王嫡支,但天下分封给许

多诸侯,周天子挂了诸侯们还在,不至于一篮子全碎。尽管北宋宗室唯一逃脱的宋高宗奇迹般的重建南宋,但这反而是一个小概率事件,而非汉式帝国自身的某种内在优点。

毫无疑问,蒙古的战绩远超前三者,但这倒未必能说明蒙古模式最好,更多是因为遇到了全世界文明的集体低谷。当然,蒙古很好地吸收了管理工程的思想,才能支持超大规模的全球战争,一支没有高明管理工程技术的军队是不可能横跨欧亚的。而在蒙古(元)与南宋的对峙中,蒙古更是多次体现出这方面的高超水平。其实宋蒙两军战术层面的正面交锋总体说来宋军还略占优,但蒙古绝非靠强攻硬拔,而是以长期战争消耗南宋国力,逼其自亡。在这个长达四十五年的漫长过程中,蒙古帝国从大半个地球搜刮资源,源源不断地供应前军。前线部队不断地补给、撤换、轮休、整编,而轻重步兵、轻重骑兵、工程机械部队、火药武器部队、江淮水军、海军各兵种密切配合,调度有序,远非成吉思汗时代骑马打猎的原始战术可以比拟。

另一方面,宋蒙世纪对峙最终以蒙古坚持到胜利告终,也点出了中国特色封建社会发展至宋的又一缺陷——经济路径依赖。南宋表面上看经济发达,但形成了对经济手段的依赖,连配置战争资源也不例外。组织同样规模的战争,南宋政府的花费比蒙古高得多,四十五年打下来,宋朝非亡于战败,而是亡于长年耗战引发的经济社会全面崩溃。相反,蒙古作为奴隶制部族领主社会,领主无需出钱请公民参军,直接让部属奴隶上场卖命即可。最终,野蛮战胜文明,无数文明成就付诸东流。尽管这并非文明前进的正确方向,但这也让中国的公共管理者引发了深刻的思考。

辽夏金元在中国特色封建社会发展至巅峰时应运而生。历史从不直线前进,也从不孤立发展,任何阶段都会有新问题等着你去解决,即便达到了理论上的巅峰,仍有许多现实问题需要调整。但宋朝的灭亡和前面的春秋战国、南北朝、五代十国这些上升途中的调整还不太一样,而是达到巅峰后的大调整。这次大调整后中华帝国应何去何从?中国的公共管理者们又将如何审视这些问题,继续完善国家组织结构的设计和管理方式?

第十篇　万里海疆日月悬

——明太宗朱棣

第十篇　万里海疆日月悬——明太宗朱棣

最特殊的太宗

明太宗朱棣,生于龙凤六年(1360),明惠宗建文四年(1402)登基,明太宗永乐二十二年(1424)驾崩,享年六十四岁,在位二十二年。朱棣本是标准的太宗文皇帝,但百余年后,明世宗(朱厚熜,年号嘉靖)宣称区区一个太宗不足以概括他家四爷的伟大,改了个成祖庙号。这其实是明世宗搞大议礼的一个小花招,真实目的是要给他没当过皇帝的老爹上一个睿宗庙号,所以先拿修改高皇后、明太宗等人庙号试探。最初群臣没有识破,被他忽悠过去,好端端一个太宗标配就被弄成了不伦不类的成祖。

那明太宗应该是本书唯一一位获得太宗庙号又被取消掉的,当然,这并不否认他的伟大,不过他的另一个特殊性却很容易让人对其入选本篇的资格产生质疑——他这一朝的太祖实在是太伟大了。

明太祖跟前面那些篡位的家伙们可不一样。大明太祖高皇帝(朱元璋,原名朱八八、朱兴宗,年号洪武),他从一个濒临饿死的假和尚一步步登上皇帝宝座,这是他个人奋斗的伟大历程;他将一个完全被奴役的民族重新带回世界第一帝国的地位,这是他在历史上的伟大功绩;他推翻蒙古贵族的残暴统治,但又不实施民族复仇,愿将各族"抚之与诸夏无异",这是他的伟大帝王胸怀。更可怕的是,这个民族没有宗教传统,没有世袭领主,面对的又是劲猛的蒙古帝国,他是怎样讨饭镇住肚子后做到上述事实的?而他在军事上从南往北打得上帝之鞭屎尿横飞,治国又能极速地在蒙古毁灭过的破碎河山上建立起一个

"治隆唐宋"的辉煌盛世,您真能想象这种伟大的程度吗?

而真正要命的是这位太祖还活得极长——七十一岁!好多儿子都死了他还没死。以往太祖只管开国,建国格式化留给太宗。但明太祖在位三十一年,而且精力超级旺盛,一个人就垄断了正常朝代太祖、太宗两朝的工作(后来把宰相的工作也打捆了),他离职时大家发现明王朝的框架已经很完善,那就不需要什么明太宗来凑字数了。所幸历史没有这么简单。

明太祖这么伟大,那第二任皇帝就多半是个尴尬的废柴,事实恰是如此——别误会,不是本篇主角,是他侄儿建文帝,咱们明太宗是第三任。

伟人往往有一个共同特征——执著。但执著与偏执往往也只有一线之隔,明太祖就会在很多事情上很偏执,比如继承人问题。

明太祖共有二十六子,其中孝慈高皇后马氏育五子,朱棣排行第四。建国时嫡长子朱标便被立为皇太子,但他先于明太祖去世,老二秦王朱樉、老三晋王朱棡也相继去世。按理说长幼有序,朱老四就该撞大运,捡这个皇帝当了。但意外的是明太祖偏执到了另一种境界,他要立朱标之子朱允炆为皇太孙,坚决捍卫嫡长一系的正统。

这就偏执得过分了,历史上嫡长子先死的又不是没有,都是另择子侄继位,哪来什么皇太孙?要较真的话,朱允炆也不是朱标真正的嫡长子,他前面还有个大哥朱雄英,死得更早,为什么不更偏执一点,立朱雄英的嫡长子为皇太玄孙呢(因为朱雄英八岁就死了,没来得及生)?最重要的是,唐宋以来嫡长子继位的规制就不那么严格了,继承人选更要由政府议定,岂能取决于某一个人的偏执?明太祖坚持立皇太孙,一方面说明他个人权威极高,一方面也说明明初中国社会较之宋代出现了严重倒退。

而更严重的倒退是分封藩王。宋朝的毁灭让人看到了完全集中的主权模式风险确实太大,一个宋廷的倒台瞬间就让亿万子民全部沦为亡国奴,没有半点缓冲余地,若非朱八八英雄盖世,估计光复的希望也不大。明太祖的解决办法和晋武帝一样——恢复分封,他分封了九个儿子到各地为王,拱卫这个庞大的帝国。唐以后虚化爵位,封爵不能直辖封地,王公"有名号而无国邑"。比如李世民当皇帝前封过赵国公、秦王,但他这个赵国公与赵国、赵州、赵郡、赵县、赵州桥、赵氏孤儿半点关系都没有,纯粹就是安个称呼而已。而明太祖分封却是名副其实的藩镇,叫什么王就真管哪一块地,历史直接倒退了一千年。

当然,明太祖也不是按图索骥、刻舟求剑,他也做出了自认为合理的改进。他设计了中央集权和分封建国的双轨并存制,各地既有中央派出的地方政府,又有封建藩王的王府,两者并无统辖关系,甚至还有制衡。地方政府掌握主要行政尤其是财政,负责日常公共管理事务。而藩王节制军权,在中央政府出现问题时,朱氏子孙自会率藩镇军并督促辖区驻军拼命勤王。明太祖认为藩镇分散可避免中央政府一倒台就全盘崩溃,又由于缺乏稳定的财政和兵源,似乎也不用担心藩王们像晋朝那样互相厮杀。明太祖自认为这种设计兼顾了分封制和中央集权制的优点,堪称汉唐宋之后汉式帝国的集大成者。

不错,明朝真的是汉唐宋的集大成者,但是否是以这种社会倒退的方式来达成的呢?太宗不是凑字数的,国祚绵长的王朝必须由太宗来设计,而并不取决于太祖在位的时间或他精力旺盛的程度,因为太祖的任何设计都自带一个隐藏前提——他本人的崇高威望。太祖的设计其实不一定真的合理,只是大家都慑于他的威望而甘愿执行,一旦太祖驾崩,弊端才会涌现出来,所以还是得看太宗怎么处理和重新设计。

朱棣最初被封为燕王,驻守北平(今北京)。徐达卒后明太祖派嫡四子朱棣出任燕王,甚至允许燕王府沿用元皇宫,很多地方使用天子礼制,可见荣宠非凡,他的实力也是各藩之首。朱棣也非常注重结交开国元勋二世祖这个圈子,与徐达之子徐辉祖、徐增寿,常遇春之子常升,李文忠之子李景隆等过从甚密。后来在这个圈子把终身大事也解决了,泡到了徐达的长女,史称仁孝文皇后。

不同于唐太宗和宋太宗在王朝建立过程中就发挥重要作用,朱棣出生时,朱元璋正被八面合围,连看他一眼的时间都没有,直到四儿子都七岁时才给七个儿子正式取名。明太祖身边智士云集,也早就过了一家人打天下的时代,儿子们就没什么表现机会了。建国后明帝国迅速成为天下共主,尽管诸子分封各地率兵,但打硬仗的机会很少。秦晋燕三王镇守北方,常深入大漠去打蒙古。但这时的蒙古哪还是上帝之鞭,早不经打了,哪还敢来惹你朱八八。所

谓打仗,其实就是抓猫猫,找得到他并且追得上,你就立功了。找不到,就白啃几天沙。很多史料喜欢记载洪武二十三年(1390),晋王和燕王一起北征,当时天降大雪,晋王怯而不敢进军,燕王却日夜兼程,直取迤都山(今属内蒙古二连浩特),生擒北元太尉乃儿不花。史称燕王从此威名大震,连明太祖都刮目相看,宣布北方军事皆由他节制。但事实上此战实际主帅是颖国公、左副大将军傅友德,晋王和燕王只是按藩王制度充当名义上的主帅,相当于皇室监军。可能当时晋王提出不能冒雪深入,而燕王勇敢豪迈,支持傅将军冒雪直进,于是史书便称燕王打赢了这一仗,其实只是因为最初他确实没打过什么值得一提的大仗,唯有此战还可一说罢了。

当然,长期从军对朱棣的成长还是很有好处,尤其有利于他私下结交北镇将领。而他私下招纳最重要的一个人还不是武将,而是一位法号道衍的僧人。此人也很诡异,他本出身显赫的吴兴姚氏,从小博学多才,却偏偏要去出家。有位善于相面的袁珙评价他:"什么怪和尚呀!一副嗜杀的面相,刘秉忠似的人物!"刘秉忠本来是个道士,后来成为元世祖身边最重要的文官,可以说是元帝国的设计者。僧道衍听了这个评价非常高兴,立志要做一个刘秉忠那样开创帝国的功臣。遗憾的是,另一位怪和尚朱元璋真的开创了帝国,却没他的份儿。其实建国后明太祖曾举办过一次僧人专场考试,僧道衍考中一个官,但他无意以如此平淡的方式入仕,居然主动放弃,回去继续当和尚。洪武十五年(1382),马皇后驾崩,明太祖选高僧给诸王,为马皇后诵经,有人就把他推荐给燕王。两人相见恨晚,僧道衍便留在朱棣身边做了贴身幕僚。

那僧道衍为什么选择了朱棣?他错过了明太祖建国的机会,而推翻明朝新建一朝又确实不现实。燕王的出现让他又看到了曙光,如果朱棣不是正常继位,而是打下一座江山,也勉强能算开创王朝,满足他的建国情结。

更重要的是朱棣又为何选择了这位有严重建国情结的非正常人类。很显然,朱棣也是雄心勃勃。当时二十七岁的朱标身体并无贵恙,没人想得到他还会先于明太祖去世,但朱棣已经在招揽僧道衍这样的异士,难道不是深怀异志?

奉天靖难，战鼓之歌

其实明太祖上了自己的大当，普通人给他一些权力他也造不了反，恰恰要加上亲王身份才有机会。

洪武三十一年（1398）闰五月，明朝最后一位巨头级开国元勋——明太祖驾崩。皇太孙朱允炆继位，次年改元建文，大明王朝准备进入第二代。

建文帝最重用的三位谋臣是兵部尚书齐泰、太常卿黄子澄、博士方孝孺，他们首先进行了一些行政、经济方面的改革，当然核心问题还是削藩，而削藩的核心是削燕王。但显然不能拿燕王开刀，齐泰、黄子澄提出了类似于王朴"从易者始，先南后北"的策略，从实力弱的削起，最后拿下燕王孤豚。

第一个倒台的是五叔周王朱橚。据正史记载，明太祖前五子为马皇后所生，现在前三位都死了，朱橚就是朱棣唯一在世的同母弟。而据很多考证，马皇后其实没生过儿子，五个都是过继的，其中朱棣和朱橚来自同一位皇妃，总之这两位是最亲的亲兄弟。而朱橚又就藩于天下之中的开封，兵力最弱，所以拿他开刀，借故贬为庶民。

洪武三十一年（1398）底，建文帝派出工部侍郎张昺为北平布政使，谢贵、张信为北平都指挥使，密切监视朱棣。

建文元年（1399），削藩行动继续深入，建文帝逼死湘王朱柏，借故废黜代王朱桂、齐王朱榑、岷王朱楩，派出二十四位采访使接管各地财政。建文帝还调兵河北雄州、霸州一线布防，俨如唐宋对付契丹的姿态。

朱棣尽管心怀异志，但实力尚不足以对抗朝廷。明太祖规定每藩可自设三护卫亲军，每卫五千兵左右，王府私兵也就一万五千人。至于驻扎王府辖区的官兵，就不是私兵，正常情况下受藩王节制，但要他们随藩王造反好像也不行。其实综合分析，藩王虽不如皇帝爽，但当当土皇帝也够过瘾，造反的成功概率却很低，还要付出这么高的机会成本就很不划算。所以大多数藩王包括朱棣的想法应该是保住藩镇，经过多年的积累再寻新的突破，除非刀架到脖

子上不会轻易言反。尽管眼见五个弟弟被侄儿拿下，朱棣仍不轻言造反，使出装病甚至当街装疯子的办法，企图把眼下这一趟削藩的危机蒙混过去。

建文元年（1399）六月，燕山百户倪谅告发燕王府校官于谅、周铎谋反，处死。朝廷下诏责备燕王，甚至逮捕了王府的一些属僚。朱棣继续装病，拒绝正面应答。朝廷派驻北平的地方官张昺、谢贵、张信率兵进驻燕王宫，朱棣继续装疯卖傻，还想蒙混过关。其实此时齐泰已密令张信逮捕朱棣，但张信可能也是僧道衍一类人物，他偏要去向朱棣告密。起初朱棣宣称病重，坚辞不见。张信再三求见，在病床前说明了情况。朱棣"懼然起立"，这下他必须面对一个现实：刀真的架到脖子上来了。不过他也早已在僧道衍等人的辅佐下，做好了一整套造反的规划，现在只是下定决心实施。而这时黄子澄又犯下一个大错：朱棣的三个儿子当时在南京当人质，黄子澄居然说把这三个小子送回去，可以麻痹朱棣，让他察觉不到朝廷要动他的意图。

儿子回来后，朱棣再无后顾之忧，正式开始行动。朱棣先让燕王府亲将张玉、朱能率护卫亲军埋伏在王宫内，刺杀了张昺、谢贵，迅速控制北平九门。然后上书朝廷称齐泰、黄子澄是奸臣，援引太祖《皇明祖训》中朝廷出现奸臣，藩王可以率兵"清君侧"的条文，起兵宣战，自称"靖难"。这一系列行动有条不紊，显然早就成竹在胸，一般认为这些都出自建国痴汉僧道衍的策划。此役史称靖难之役，是一场历时四年分几个阶段进行的浩大战役。

一、朱棣主场击败老将耿炳文

朱棣突然发难，迅速击败了部署在河北的朝廷官兵。由于建文帝的改革尤其是裁汰官吏也得罪了一些人，朱棣本身也有一些号召力，现在旗开得胜，永平（今河北卢龙）指挥使郭亮等长年跟随他作战的地方官选择随燕王靖难，很快聚集了数万大军。

朝廷也并非没有做好准备，立即开战。朝廷军的主帅是开国功臣长兴侯耿炳文，已经六十五岁。有人说明太祖杀了太多开国功臣，导致靖难之变时建文帝无人可用。这种说法简直莫名其妙，我们没有必要辩论"明太祖屠杀开国功臣"这种谎言级野史有多可信，只说不论杀不杀，又有几个能活得到洪武三十一年？您真当明教有九阳神功？除了耿炳文，建文帝大量起用徐辉祖、常升、李景隆等将。这些人不就是开国元勋的官二代么！明太祖真要把开国功臣杀光，留他们的儿子干嘛？有些人还忘了明初首都在南京（不久明太宗迁都北京，所以很多人印象中明朝首都是北京），从而编造出明太祖在航空快递开通前的时代就能从南京赐一只蒸鹅到北京去毒死已经得了绝症的徐达这种级别的谣言。更不要认为建国都已经三十多年了，还得依赖开国的老头子们，历史是要往前看的。

建文帝就要依赖耿炳文，于是他就上当了。耿老爷子的前锋刚刚抵达雄县，就被燕军渡河夜袭，败下头阵。耿炳文主力十三万大军推进至滹沱河（今河北石家庄境内），本来耿炳文的基本功很扎实，他在滹沱河两岸布营，大军各分一半驻在南北两岸。北军背河列阵，燕军无法实施包抄，只能正面进攻；南军隔河相望，可向北军提供源源不断的支援；如果北军与燕军厮杀惨烈，南军还可以生力军发起梯队攻势。这种完善的战术设计让朱棣一筹莫展，但耿炳文手下有一个军校张保投靠了朱棣，尽告虚实。朱棣的参谋本部据此制定了方案，先让张保回去当双重间谍，号称目前集结于此的只是燕军前锋，但燕王正率主力赶来，力劝耿炳文把所有军队都渡过滹沱河，以抢头功。

耿炳文上当了，当他的大军一离开河岸，燕军立即分数路夹击，耿军大败，被斩首数万，多名副将被擒。战事第一阶段，燕军主场胜。

二、史上第一大草包

唐宋以来，军队指挥越来越规范，不再靠将领拍脑袋取胜，但这更需经过长期正规训练才能担当指挥岗位，草包上来更容易现脸。

耿炳文输了头阵，但也不惊慌，退守真定（今河北正定）大本营。这下他不露破绽，朱棣就一点办法都没有了。一方是讨逆，一方是造反，时间成本远不可同日而语。小侄子，虽然耿叔是有点打不赢你，但我不用打赢，多拖几天你们这群反贼自然就倒灶了。

这有点像司马懿憋死诸葛亮的计谋，但耿炳文这一次未能得逞。建文帝觉得耿大爷出师不利，决定用年富力强的去替他。当时可选的主要有三人：徐辉祖、常升、李景隆。其实徐辉祖的优势很明显：拼爹，他爹是元明之际第一战神，没人敢不服；拼才华见识，他不但最早断定朱棣会反，甚至料定二十多年后朱棣的儿子朱高煦还要再反（神算哪！当时朱高煦尚未满十八岁）。但朱棣可是徐辉祖的亲姐夫啊！而李文忠是明太祖的侄子，李景隆也就是建文帝的表哥，更亲一些。最后在齐泰、黄子澄的保荐下（也有史料称齐泰反对），建文帝任命李景隆为征房大将军，负责讨燕。

然而国家大事又岂能以家长里短为依据，打仗更不能论血缘亲疏。后来徐辉祖多次让朱棣陷入险境，李景隆却一次又一次地卖傻，被誉为史上第一大草包，最后打开城门迎接朱棣入京，朱棣当皇帝后他混成了首相。尽管多数人都坚持称李景隆是草包而不是卧底，但我还真的倾向于真相是后者。

那这个被怀疑成卧底的草包到底草到何种程度？说来真有点令人叹为观止。

首先，仅仅是他的上任就能让敌方高兴得跳脚。朱棣兴奋地对部将说："李景隆这个纨绔子弟，好办得很。"将其比作纸上谈兵的赵括。然后朱棣侦察了李景隆五十万大军的措置，笑道："自古打仗有五败：军纪不明、气候不适、深入趋利、智勇俱无、刚愎自用，李景隆全占齐了。"再后朱棣改变战略规划，他说："李景隆怕我，不敢轻易前来。我们不妨放弃真定防线，先去救永平。李景隆见北平门户洞开，必大军进围。我们救了永平回师，内外夹击，可大破之！"

有没有觉得有点眼熟？没错，朱棣的前任就是被耶律休哥一次又一次地用这个战略打成弱智，现在换成朱棣守北平（幽州），也打算用类似战法暴打比他前任还要弱智得多的李景隆，结局可想而知。

朱棣安排僧道衍协助世子朱高炽死守北平，自去救正被辽东军围攻的永平。李景隆见前方朱棣突然消失，很是惊喜，于是向北平推进。过卢沟桥时，李景隆见燕军居然没有设防，高兴地说："连卢沟桥都没兵守，燕逆已精尽人亡啦！"于是大军进围北平。北平城由徐达筑成，又经燕逆多年经营，城壁坚厚，朱高炽死守不下。但双方毕竟军力悬殊，朝廷军几次险些破门。有一次都督瞿能率精骑突入彰义门，但李景隆怕他抢功，令他等大部队一起进攻，错失了最好的一次机会。时值隆冬,朱高炽在城墙上浇水,一夜之间北平城变成光溜溜、硬邦邦的冰城,这显然学习了宋朝名将杨延昭守遂城的方法。而徐王妃更是组织将校的妻女,穿上盔甲上城楼助战,这显然又学习了唐朝的平阳公主。不过,连妻女都有盔甲,可见这北平城内积储了多少军备,朱棣实在够阴险。但建文帝让藩王偷偷打造了这么庞大的军备,也实在够无能。

朱棣解永平之围其实很轻松,但他似乎特别信任朱高炽——确切地说是信任李景隆短期内攻不下北平,他干脆顺道去干另一件事:攻取大宁(今内蒙古赤峰市宁城县)。

大宁是宁王朱权的驻地,从驻地就可以看出其特殊性:他是明太祖派出节制朵颜三卫的。

所谓朵颜三卫,是指朵颜、泰宁、扶余三个卫所,实际上分别是兀良哈、翁牛特、乌齐叶特三个归附明朝的蒙古部落。按理说卫所应跟着朝廷合力剿灭燕逆,但这种部落情况要特殊一点,他们并非真心忠于朝廷,只要朱棣肯出价,未必不肯帮着造反,就算输了,大不了再回草原去放羊。

但朵颜三卫还有宁王节制,宁王也相当狡猾。当时有"燕王善战,宁王善谋"之说,比这么狡猾的朱棣还善谋,这得狡猾到什么程度?建文帝曾召宁王入朝,宁王没有遵诏,但也没有表态支持燕王。最后燕王攻克大宁,号称以计挟持了宁王,解除了北方后顾之忧,而且朵颜三卫也追随了朱棣。从这个简单快速的过程来看,其实也没用什么计,估计这个比朱棣还狡猾的人也是半推半就,助了朱棣一臂之力——他也不想被削啊!

朱棣从朵颜三卫精选出三千骑,火速赶往北平,就和当年耶律休哥率五院部精骑救火幽州一样。他前任不愿意用围城打援,李草包不至于这么狂妄,他派都督陈晖去截击朱棣。但这时发生了一件奇事,朱棣回来时路过白河,据说是祈祷了一番,白河就结了冰,他率军顺利通过。陈晖大喜,也踏冰过河,准备从背后包抄。但他一踏上冰面,冰就裂了……

这确实不太好解释,但这只是奇事一,后面还有一连串更奇的事。

陈晖的打援部队主动当了冰棍,朱棣在郑村坝(今北京东坝)猛击李军,并与城内合击,李草包的五十万大军土崩瓦解。唯一遗憾的是草包左腿没有

中箭，大家就少看了一场驴车飞人秀。这场大胜扭转了燕军被动挨打的局面，建文帝甚至不得不暂时宣布罢免齐泰、黄子澄以示弱。

李景隆逃到德州（今山东西部）重整部队。朱棣说："不要以为我是靠运气，现在就让大家看看我和李景隆的水平差距。"于是朱棣率军进攻大同，李景隆连忙率大军救援。李景隆冒着严寒翻越了皑皑太行，扑到大同一看——朱棣早就走了。李军饿冻而死的人不计其数，被当猴子耍了一番。

按理说丢脸丢到这种程度，换成耿炳文早就撤职了，但建文帝这一次又变得用人不疑。他说打不赢怕是因为李景隆权力太小了，于是御赐玺书、斧钺、弓矢，让他代理皇帝全权调度军队。这时，奇事二就发生了。建文帝派去赐物的宦官刚出南京，过长江时就把御器弄沉了。这显然是天庭有熟人在暗示建文帝："相信这个草包是错误的！"但建文帝不信邪，重新制作了一套送到李景隆军前。李景隆在德州调集了更大规模的军队，还请出开国名将武定侯郭英（六十五岁），史载总兵力达到六十万，号称百万。

建文二年（1400）四月，李景隆誓师出击，双方在白沟河流域接战。这一次李草包慎重多了，似乎没怎么乱指挥。朱棣先用轻骑掠阵战术试探性进攻，小胜名将平安一阵。反倒是掠李景隆时，李军不为所动。李景隆指挥本部和平安部夹击燕军，朱棣人少，被打得只剩三骑，连夜逃过河去。这下朱棣知道草包已经长实诚，没那么好欺负了。第二天双方大军正面作战，李景隆坐镇中军主阵，平安、瞿能包抄燕军后阵。燕军首尾不顾，慌乱中已有败相。这种情况下朱棣还是只能寄望于李景隆，派大将丘福率主力猛冲李景隆主阵，自率骑兵突击侧翼，企图通过击垮对方主阵挽回败势。但李景隆不但击退了丘福的正面进攻，自己也分出骑兵反击朱棣的侧翼。

所以打仗这么现实的事，永远是靠实力，不能光指望对方是草包。

朱棣陷入了包围，不过他的勇猛程度倒也不输给李世民，史载箭射完了拔剑砍，后来剑也砍断了，马都换了三匹！但朱棣的侧翼军毕竟很少，兵几下就打完了，眼看就要当孤豚。这时朱棣耍了个小花招，跑到高处做出挥鞭招人的姿势。他的兵都死光了，做这种动作想唬谁？但李景隆竟然被唬住了，没有立即冲上去拿下孤豚。犹豫片刻，朱高煦正好率援军从北平赶到，救了朱棣一命。

但双方毕竟兵力悬殊,朝廷军越围越多,燕军将士的信心在开始流逝。朱棣大喊:"我不进,敌不退,现在唯有一战!"再率精兵突击李景隆后阵。但打仗不是靠喊两嗓子,燕军确实撑不住了,平安、瞿能更是像打了兴奋剂,猛攻燕军后阵。

现在,朱棣已经指望过对方主帅是草包,人家也确实让了他几阵;指望过主场优势,朱高炽也确实守住了北平;他甚至指望过从空气中召唤出军队,朱高煦都神兵天降满足了他,那现在还能指望什么?当然就只能指望奇事三的发生了。

没错,就在这危急时刻,继对方部队踏破河冰、建文帝御赐器物沉江后,第三个灵异事件砸中了朱棣——战场上刮起了强劲的北风——吹折了李景隆的帅旗。

这下朝廷军傻眼了,尽管中国人不怎么信教,但明朝也没普及唯物主义,大多数人是低端封建迷信者,最难接受这种宗教和科学都不太好解释的事。朱棣敏锐地捕捉到这个转瞬即逝的战机,乘风纵火,奋力反击。瞿能父子英勇战殁,李景隆、郭英各自逃窜。这下六十万大军失去指挥,超大规模崩溃,无比壮观,建文帝二次打造的御器均被朱棣所获。但即便是这样级别的崩溃,朝廷军仍有一人指挥部队井然有序甚至保护着其他部队撤退,让燕军无法有效追击——徐辉祖。朱棣气得大骂:"你个舅子,专整姐夫!"不过他也应该庆幸建文帝没让他舅子当主帅,不然现在保护败兵撤退的恐怕就是他自己了。

李景隆逃到德州,朱棣率军追至,不到一个月便攻克了。李景隆又败走济南,以参将盛庸守城,自率主力背城列阵,再败后逃回南京,燕军包围济南孤城。只要攻克济南,中原可定,朱棣便将拥有能和朝廷抗衡的实力基础,而无需战战兢兢靠一些花招和运气取胜。

朱棣虽无愧为一代战神,但实力毕竟远远不如朝廷,正是在史上第一大草包(其实我怀疑是卧底)的帮助下,奇迹般的扭转了劣势。

三、皇上,还记得大明湖畔的铁铉吗

这下建文帝也终于承认李景隆是个大草包,连齐泰、黄子澄都强烈要求杀了他。不过建文帝没有杀李草包，仅仅免了职。当时留守济南的是参将盛庸，按形势他象征性地顶几天就可以投降了，因为北方已经没什么援军可指望了。但就在这时，一个让朱棣永生难忘的人出现了。

铁铉，生于龙凤十二年(1366)，卒于建文四年(1402)，波斯人，洪武国子生，时任山东参政，负责平燕大军的粮饷。人家盛庸是被围住了跑不掉，他其实是可以安全逃离的，但他没有跑，而是急赴济南，与盛庸歃血为盟，誓死守城。城内本来士气低迷，但见文官铁大人如此忠勇，将士们无不气激，愿为泉城捐躯。

朱棣射了一封劝降书进城，铁铉也射了一封答书。朱棣拆开一看，居然是一篇《周公辅成王论》，进行反劝降。关键是成王的两位叔叔管、蔡企图篡夺侄子王位，被周公诛杀，暗喻朱棣若不否认自己是忠臣，也应该诛杀叛变的皇叔（自杀）。朱棣大怒，挥军猛攻，但铁铉、盛庸奋力抵御，城三月不可破，遂决开大清河（今已被黄河占道）灌城。铁铉见灌水凶猛，于是决定诈降，先在城门布置千斤闸，又让士卒大声号哭，然后撤去城防楼橹，派人出使燕营，说："朝中出了奸臣，才让大王您冒死靖难。您是高皇帝的亲儿子，我们是高帝的臣民，早就想向您投降啦！但我们济南人没见过打仗，好怕您的军队哦。您能不能退兵十里，单骑入城接受投降？"朱棣一拍大腿："早就该这样，打三个月干嘛！"朱棣得意洋洋地跟仪仗队进了城。

按计划，朱棣一进门，千斤闸就掉下来砸死他。谁知济南人真的不太会打仗，朱棣还没走到位闸就落下来了。朱棣立知是计，逃回燕营，率军猛攻。铁铉在城上痛骂反贼，朱棣大怒，调来各种炮具攻城。然而铁铉对各种炮具都早有研究，根据它们的特点一一化解，还摧毁了不少攻具。铁铉又不断派出奇兵袭扰，燕军苦不堪言，一向诡计多端而且运气好得吓人的朱棣这次也一筹莫展。

铁铉一时名声大震，济南人民更将他誉为"城神"，后来还产生了许多传说。其中最著名的一个莫过于铁铉在城上挂出明太祖画像，并连夜亲自写了许多太祖灵牌挂在各个垛口，朱棣一看就傻眼了。他虽号称奉天靖难，想把侄子往死里整，但绝不敢对着老爹开炮，而济南这种坚城又岂有不开炮就想赚开的道理,于是城就守住了。不过此说正史无载,也不太可信,如果城真的可以这样守,那全天下就没有朱棣能攻的城了。

燕军势如破竹,却在济南踢到了铁铉这块铁板,这当然不是靠铁铉耍小聪明,而是他扎实的军事功底。铁铉虽是文官,但并非没有系统学习过军事理论。宋太宗创建军事学院体系后,许多文官通过学习走上指挥岗位,成为一代名将。铁铉则是这种科学指挥培养体系出产的拳头产品。

不久,平安的二十万大军集结完毕,威胁燕军后路,朱棣在僧道衍的力劝下退回北平。铁铉、盛庸、平安合兵反击,收复德州。朝廷以铁铉为山东布政使、参赞军务,加兵部尚书,盛庸为平燕将军,陈晖、平安为副将军,全面反攻。

此战是战神朱棣一生中唯一的一次败仗。据传,朱棣当了皇帝后有一次接见波斯贡使,看到一位很面熟的波斯美女,脑中响起的一句话竟然是:"皇上,您还记得十九年前大明湖畔的铁弦吗?"

四、风之子三破敌军

朱棣没能乘胜攻克济南,李景隆辛苦派发的优势又丢了,被迫退守北平。盛庸派平安、吴杰、徐凯几路进发,准备合围北平。朱棣必须先打破其中一路,以破合围之势。他的选择是率先进驻沧州(今属河北,距北京仅二百公里)的徐凯部。

战神打仗,当然不是冲上去迎面一拳,这样打多了手受不了。朱棣先佯攻辽东,到了通州(今属河北)突然转向沧州。燕军昼夜兼程,到沧州时徐凯正好进城,但又没来得及筑防,被轻松击破,徐凯被擒。朱棣能在地图上精确计算好时间衔接,做好规划,其军队亦能有力执行,不愧为军事史上从古典时代向近现代转变的一代战神。

但打仗毕竟是靠实力,而非某一两个人的能力。接下来燕军南侵,盛庸集兵迎战,双方在东昌(今山东聊城)接阵。这一战,没有阵前卖萌的草包,没有自动崩裂的河冰,更没有诡异的旋风来吹折帅旗,纯实力对抗。朱棣先以轻骑掠阵,盛庸不为所动。朱棣又亲率精兵冲击盛庸中军。盛庸变换阵形,放朱棣冲入,然后合拢,将其围困。朱棣眼看就要送命,他应该庆幸前年不怕麻烦地

取了宁王的蒙古骑兵,此刻正是靠朱能率这三千锐骑冲入阵中,拼死才将朱棣救出。不过朝廷军毕竟实力占优,而且正确发挥了火药武器的作用,杀伤燕军无数,连朱棣的左右手张玉都死于枪炮。最终,朱棣亲率百骑殿后,撤退至馆陶(今属河北)。盛庸又令吴杰、平安袭击朱棣后路,不过战神不是蒙着脑袋向前冲的愣头青,后路保护得很牢,没有被一举全歼。

此战燕军死伤数万,大伤元气。盛庸军声大震,建文帝告捷于太庙。事实上,现在形势已明,朱棣已经没有什么获胜的希望了,但他还要撑!盛庸的优势是兵力强,尤其是火器,朱棣虽暗储军备多年,但当时属世界级前沿科技的火药武器毕竟是他的短板,这方面他无法和盛庸抗衡。为此,他用了一个近乎于耍赖的办法。

史载建文帝为了显示仁厚,下令"勿伤吾叔",诫令朝廷军只能活捉,不许阵前打死朱棣。枪炮无眼,朝廷军自然就不能用火器招呼他四叔。于是朱棣常带着轻骑从盛庸的火器面前掠过,诸将眼睁睁地看着他大摇大摆走过,就是不敢开枪。朱棣常用这招看清对方的阵形兼打击士气,有时甚至借此掩护燕军推进。明太宗不仅精通军事科学,还善于不拘一格地利用这些小技巧,这种风格深受后世某些人推崇。但这种记载并不可信,建文帝就算下了这样的命令也只是一种心理战,绝非诚意。如果谁在战场上请他四叔吃了花生米,那可以先假意责罚,然后说:"枪炮无眼,也怪不得某某将军。本来该官升五级,赏钱十万,但功罪相抵便只能官升三级,赏钱万贯……"这个道理成年人应该都懂。

建文三年(1401)春,两军再次对垒,本来朝廷军占据上风,阵斩燕军大将谭渊。然而,奇事又发生了——战场上又刮起了强劲的东北风。尽管这次没有吹折盛庸的帅旗,但燕军顺风鼓噪,大胜一阵,盛庸败走德州。吴杰、平安率军来援,朱棣在藁城(石家庄以东)迎战。那这一次他又靠什么以弱敌强呢?奇事又发生了,东北风又起,燕军又顺风鼓噪,吴杰、平安又败走真定。咦!我怎么一口气说了这么多"又"?

朱棣老是靠突如其来的大风取胜,不过这也不是个办法,双方一旦陷入僵持,每多拖一天对造反一方都多增一分危险,再这样拖下去就算风之子最终也无法破解困局。

五、孤注一掷

建文三年(1401)，靖难之役已经拖了三年了，朱棣快扛不住了。尤其是他的小舅子徐辉祖，总是在正确的时间、正确的地点戳穿他的花招。不过另一位小舅子徐增寿(徐达次子)和他大哥风格就完全不同，他坚定地站在姐夫一边，一直偷偷给燕军递送情报。更由于实力明显占优的朝廷军三年都没捏死朱棣，信心指数开始下滑，很多遭到贬黜的官员尤其是宫中宦官也都偷偷给燕军递送情报。

经过大量情报分析，朱棣和僧道衍得出结论：现在朝廷军主力集中在前线，南京空虚。如果始终跟前线主力耗下去，先耗死的只能是自己，绕开这些主力，直扑南京，或有一线生机。

建文三年(1401)十一月，朱棣发文祭奠阵亡的两军将士，称自己被迫起兵三年，常亲冒矢石，打赢不少仗。但每攻克一地，燕军一走又被朝廷军占领，最后他也只占有北平、保定、永平三府而已。最后，朱棣说："年年这么打，什么时候能平定？我直接冲到长江边去决一死战，不复返顾！"

十二月，燕军开拔。但就算长驱直入，朱棣也丝毫没有放松后路。千万别以为他是不顾一切地向前猛冲，他始终是在保障后勤供给和撤退通道的基础上保持合理的作战半径。铁铉部下一位姓宋的参军曾提议袭击北平，但朱棣在北平留的防守应该不弱，铁铉分疲兵袭击燕军总基地也没多大意义。铁铉、盛庸、徐辉祖、平安在前路拼命地围追堵截，倒也不止一次让朱棣陷入险境，史载平安的长槊几次差点击中朱棣。有一次朱棣又陷入重围，眼看已经绝望，一位汉名王骐的番族骑士匹马入阵，把朱棣夹在腋下，逃离陷阱。这可是在火器时代单手夹一个精壮的成年男子，比赵云怀里揣一个婴儿难度大多了。这位番骑估计也出自朵颜三卫，朱棣这笔投资简直不亏。

朱棣总是有惊无险地向南推进，而铁铉他们就越来越慌，除了徐辉祖一直冷静迎敌外，其余人都像疯了一样追着燕军猛打。那你们就上当了，朱棣头疼的就是这些人站好防守位，无破绽可寻，现在他们率军冲出，高速运动中破绽就多了。些许破绽又岂能瞒过战神之眼，朱棣精准地找到破绽，将他们一一

击败。灵璧(今安徽东北部)一战,朱棣亲率主力吸引朝廷军推进,朱高煦率伏兵大破之,陈晖、平安等老对手均被生擒。

建文四年(1402)五月,燕军打到扬州,过了长江就是南京。这时建文帝慌了,派宗室中为数不多比朱棣年长的庆成郡主去燕军中求和,甚至提出可以割地。朱棣没有允和,不久,江防都督佥事陈瑄率水军来降燕,朱棣拿下长江。建文帝又连续派出诸王求和,现在南京城里的诸王是些什么人?不就是被他削藩之后逮到南京控制起来那些人吗?没准儿还有周王朱橚,允炆小子已是病急乱投医了。

朱棣当然一概不理。建文四年(1402)六月三日,朱棣祭江出征。很快镇江守将投降,只有铁铉率军力敌,但战败被擒。十三日,燕军抵达南京城下。现在攻城?不必了,驻守金川门的十九皇叔谷王朱橞和被怀疑是卧底的大草包李景隆打开城门,迎燕军入城。朱棣果断放弃在北方和朝廷军周旋,孤注一掷直扑南京,奇迹般的获得了靖难之役的胜利。

总结这场浩大的战役,主要有两点:

第一,朱棣以明显弱势的藩王击败了强势的朝廷,显示了极高的军事政治才华。有人说什么明太祖杀光开国功臣、朱棣运气太好、敢于冒险之类,其实都是在抹杀他的才华。这一连串其实早已不能用好运气来解释,这些连续发生的偶然已经构成了必然,是指挥官在充分研究客观条件的基础上作出的相对最佳方案选择,得出相对最优的资源配置方式,以相对最大的概率捕捉一切可能出现的机会,而绝非头脑发热的冒险。这其实是现代军事科学中的线性运筹思想,明太宗正是将军事科学从中古世纪带入近现代的代表性人物。所以,铁铉、盛庸都绝非庸才,只是遇到朱棣,确实叫生不逢时。

第二,这不是一场正义的战争,而是一场宗室内部的权力争夺战。唐太宗玄武门之变已经足够血腥,但毕竟没有影响到百姓。明太宗靖难之役却将全天下拖入浩大战争中,致使生灵涂炭,性质恶劣得多。而战后明太宗对战败者的处理也颇失风度。

成王不等于败寇

成王败寇,是许多历史实用主义者挂在嘴边的一句话。但这种说法并不对,千秋功罪自有公论。

燕军围攻南京时,建文帝急得像热锅上的蚂蚁,但齐泰这帮书生又拿不出半点办法。城内还有不少人在给朱棣递送情报,建文帝急得大吼:"朱老四!我砍你个舅子!"于是就真把徐增寿给砍了。但这已经不能挽回败局,燕军入城时,建文帝和皇后自焚身亡。有人说建文帝其实没死,而是逃了出去,甚至编了不少明太宗四海寻找他的传说逸闻。但很显然,朱棣攻入南京,死个舅子都要抓住的就是建文帝,怎么可能真的死了个舅子,齐泰、黄子澄、方孝孺一个都没跑掉,唯独让老大漏网?关键是当时天下愿意听命于建文帝的地方官还很多,他一旦能逃脱,马上就应该在某地重新组织战斗,岂有躲起来还躲到死的道理。所以建文帝当时已死无疑,最多有可能是朱棣为了推脱弑君的恶名,编了个自焚死的说辞,留下了一个其实并不大的疑团。

进城后,朱棣出榜安民,祭高皇帝陵,准备登基,准备工作主要就是处理建文旧臣。前面已讲,隋唐五代就已进入职业公务员时代,朱家两叔侄抢天下,大家只不过拿了工资各为其主。现在叔叔抢赢了,那么两拨人的工资就都该你一个人开了。盛庸、平安这些人几天前还拼着命想把燕逆弄死,但下个月太宗还得往他们账上打钱。尤其是李景隆,堪称靖难第一功臣,后来确实混成了首相。地方官更绝少反对新皇帝,反正他们只听朝廷的命令,至于朝廷是谁在操控,那就不该他们操心了。

当然,也有极小一撮建文帝的心腹。朱棣宣布了齐泰、黄子澄、方孝孺等五十余"奸党",这些人大多已自杀殉君,其余也多被诛族。例外的是让朱棣吃尽苦头的徐辉祖,他没有喜迎姐夫进城,而是跑到徐达的祠堂。姐夫很生气,派人把他抓起来,他写了一份供词,说明其父的功勋以及明太祖所赐免死铁券。朱棣气得哇哇大叫,但也不能违背免死铁券,最后削除他魏国公爵位,软禁至死。当然,也有一些阴谋论者认为徐家两兄弟是在两边下注。后来徐辉祖、徐增寿两支后裔均世袭公爵,成为明朝最显赫的一个世家。

进城前,僧道衍曾向朱棣提出,建文帝的心腹都得杀,但不能杀方孝孺,否则"天下读书种子绝矣"。方孝孺是当时最负盛名的儒士,朝廷讨燕的诏檄均出自他的手笔。僧道衍不杀他,既是为了保留读书种子,更重要的是想让他草拟即位诏书,带头示范,让原本反对朱棣的士人归心。

朱棣召来方孝孺,据说人还没到,悲恸之声已充塞殿陛。朱棣等他哭够了,亲自下阶说:"先生不要自苦,我只不过是想效法周公辅成王罢了。"这人也不知是文化太低还是脸皮太厚,居然把铁铉教训他的材料拿来当说辞。

方孝孺说:"那成王何在?"

朱棣说:"他自焚死了。"

方孝孺又说:"那为何不立成王之子?"

朱棣连忙摆手:"国赖长君,他才几岁,怎么行!"

方孝孺又说:"那为何不立成王的弟弟?"

方孝孺虽学富五车,但辩论水平也不怎么高,说到这里其实已经说错了——既然可以立建文帝的弟弟,那又为何不能立朱标的弟弟?如果朱棣这样接过来,方孝孺就吃瘪了。可惜朱棣的辩论水平更差,气急败坏地说:"这是我家事,不要你管!"朱棣把纸笔塞给方孝孺:"诏天下,非先生不可!"方孝孺投笔于地,哭骂道:"死即死耳,诏不可草!"朱棣终于忍不住了,下令磔杀方孝孺。方孝孺慷慨就义,留《绝命赋》一首:

> 天降乱离兮,孰知其由;三纲易位兮,四维不修;骨肉相残兮,至亲为仇;奸臣得计兮,谋国用犹;忠臣发愤兮,血泪交流;以此殉君兮,抑又何求?呜呼哀哉兮,庶不我尤!

方孝孺一介书生,不畏强权,坚持忠诚与正义,广受后世赞扬。明太宗恨死了他,甚至死后还禁传他的文章,但明太宗驾崩当年,明仁宗(朱高炽,年号洪熙)继位,尚未改元,便立即做了一件忤逆先皇的大事:为方孝孺昭雪,

第十篇 万里海疆日月悬——明太宗朱棣

不但允许他的文集出版,还释放了许多被流放的方孝孺亲属。百余年后,明神宗(朱翊钧,年号万历)在南京为建文忠臣立表忠祠,以徐辉祖居首,方孝孺次之。

明太宗登基后又把铁铉抓来,铁铉不愿北面见他(以臣见君),于是背对着他,坐在廷中谩骂燕逆。燕逆很生气,要他转过身来,但铁铉就是不给他这点基本的尊重。最后,明太宗将其磔杀,年仅三十六岁。明代中叶济南府便在济南立七忠祠,纪念铁铉等七位反抗朱棣的忠臣。故乡邓州(今属河南)更为铁铉和唐朝在安史之乱中英勇献身的另一位邓州忠臣张巡(也可能是河东人)合立双忠祠。清代更在大明湖畔建立著名的铁公祠,成为济南一景。

尽管职业公务员不干涉皇室私事,但皇室无私事,篡位甚至打仗早已上升到公共利益层面。公务员有义务维持正当的公共秩序,忠孝观念便是维系社会正常运转的基础。尽管盛庸、平安在力战后降燕无可厚非,但徐辉祖、方孝孺、铁铉为现任皇帝尽忠更值得赞颂。不要说什么愚忠于封建君主之类的话,他们跟年轻的建文帝并无私交,也不是他的私有附庸,只是因为建文帝已经当上皇帝,那么作为大臣就有义务维护这种既有的体系而不是任由野心家挑起战争。皇帝是公共秩序的总代表,忠孝观念要求国家公务员竭忠尽死,维护在位皇帝,绝非维护他个人,而是维护关系天下苍生的公共秩序。徐辉祖、方孝孺虽是败者,但毫无疑问他们并不成寇,而是连明太宗嫡传子孙也承认的王道,胜者明太宗反而扮演了不甚光彩的角色。

以上几段采自《明史》,塑造了方孝孺、铁铉这样光辉正义的儒士形象,但按某些资料以及现代主流说法,这几段都还光辉得不够。

先说铁铉,更著名的说法是明太宗将他鼻子、耳朵割下来塞进他嘴里,还问他好不好吃。铁铉怒目道:"忠臣孝子之肉,怎么不好吃!"明太宗又说你活着不拜我,我把你用油锅炸了你也得拜我。但燕军炸死铁铉后发现其骨架仍然背对着太宗,他们想把骨架翻过来,油锅竟然爆炸了!明太宗仍不得铁铉的骨架一拜!

再说方孝孺,据清人赵翼的《廿二史札记》,朱棣强塞纸笔给方孝孺拟诏,方孝孺写了几个字(据析是"燕贼篡逆"),投笔于地。朱棣气急败坏,怒吼道:

"你就不怕诛九族!"方孝孺瞪眼道:"便诛我十族又如何?"这本是一句顶牛的话,凶残的朱棣却接过来:"那我便诛你十族!"于是在传统的九族上再加了一族——学生,将方孝孺的十族抓来,一个个在他面前斩首。但方孝孺不为所动,最终自己也慷慨就义。

加上这几段描写,忠臣孝子的浩然正气更加充塞天地,尤其是诛十族这种前无古人后无来者的骇人概念也足以让见者心惊,闻者胆寒,不少通俗历史著作乃至论文都采用了这些说法。然而,这些说法又是否可信呢?很遗憾,后面这两段尽管耳熟能详,但正史确无记载。而且铁铉之事虽然有点夸张,但无伤大雅,方孝孺的问题还有点严重。

《明史》《廿二史札记》都是三百年后清人所编,那当时的原始记录呢?这就要看实录,然而《明太宗实录》的记载却着实让人吃惊不小!该记载称方孝孺被抓到朱棣面前,朱棣指着还在冒烟的地方说:"这(建文帝自焚)都是你们这些人造成的,你罪不可逃!"方孝孺"叩头祈哀"。朱棣说:"我不会让你马上死。"等抓齐了齐泰、黄子澄等"奸恶",一起历数他们的罪状,一帮软蛋全部认罪伏法,屁都没敢放一个。

说实话,这又差得离谱了点!方孝孺在当时文名冠绝天下,绝非捏造,而如果他真是个摇尾乞怜的猥货,那明仁宗是没有兴趣冒着忤逆先皇的质疑给他平反的,明神宗更不会把他列为表忠祠第二号人物。估计史官在修《明太宗实录》时听信了明太宗的一面之词,很久以后各种真实的声音才渐渐为人所知。

而诛十族就更不靠谱了。方孝孺就义后,正是他的学生廖镛收葬了他的骸骨。而明仁宗解禁方孝孺文章后,也是他的学生王稌潜出版了《侯城集》。至于他的亲属,史载明仁宗、明神宗免除了上千名方氏后人流刑,其中包括他的亲堂弟方孝复。不是说诛十族了吗?这些人怎么活下了?那赵翼又是根据什么资料写出诛十族这么骇人听闻的补充并广为流传的呢?很可能是方孝孺家乡的《宁海县志》。该书成于明末崇祯年间,时隔二百余年,可信度也不能算高。正史记载方孝孺就义时,有不少学生自愿殉死。注意是殉死,不是被诛。可能这就给了某些人一点灵感,编出诛十族这么耸动的传闻。《宁海县志》还绘声绘色地描写了朱棣的怒吼:"汝焉能遽死(你休想死得痛快),朕当灭汝十族！"却忘了当时朱棣还没有登基,岂有自称朕的道理。

这些说法相差的如此极端,其实不过真正的问题并不在于方孝孺,还是在明太宗。清朝对明朝敌意很重,清人所修史书、散布野史无不极尽污蔑中伤明朝之能事。诛十族绝非为了抬高方孝孺,而是为了塑造一个凶残嗜杀、不尊重文士的明太宗形象。再加上前面塑造的同样"凶残嗜杀""不尊重文士"的明太祖形象,让人觉得明朝就是一个凶残暴戾的黑暗王朝。清人编《明史》编到后来编得高兴,甚至连什么张献忠屠杀六亿四川人都编得出来,您能信吗？

关于明太宗杀方孝孺一案,应该这样说：方孝孺确是读书人的种子,他的忠孝精神感动世人,这个光辉形象不容抹杀。明太宗虽然篡逆并杀忠臣,应遭谴责,但也不能捏造诛十族这种屎盆子扣在他头上。历史,应有公论。

明太宗篡位后还有很多行径也暴露了他内心的阴暗和虚弱。建文四年（1402）,明太宗登基,改为永乐元年。但他拒不承认建文帝当过皇帝这个事实,将官方资料中的建文元年（1399）至建文四年（1402）改为洪武三十二年（1399）至洪武三十五年（1402）,将明兴宗（朱标）陵移出宗庙,改称懿文皇太子。建文帝明明当了四年皇帝,却没有得到正当的庙谥,甚至没有得到安葬（烧成灰飞掉了）。明朝中后期多次廷议为他追赠庙号,但均未获通过。直到南明才追赠为惠宗让皇帝。明太宗罚"建文奸党"的亲属世代为奴,宋明的社会阶级并不固化,奴婢身份本不能世袭,但明太宗严令对这些家族严格执行,严禁脱离贱籍,他们的后裔直到二百年后才由明神宗恢复良民身份。更令人皱眉的是明太宗对黄观的报复。"建文奸党"榜上第六名黄观是一位罕见的才子,县试、府试、院试、乡试、会试、殿试六场科举考试均得第一,连中六元,是科举史上的一个神迹,但明太宗取消他的成绩,破坏他创下的纪录。

有时候,我真的很难将这样一个没有气度的小人和"远迈汉唐"的永乐大帝等同起来。他老子受尽苦难,最终推翻暴元,却愿意善待万千蒙古遗民,这份帝王心胸简直如宇宙星空般浩瀚,纵观整个人类历史,恐怕也只有阿育布帝国的萨拉丁（Saladin）苏丹可以比肩,生个儿子竟心胸狭隘至此！家教失败啊！那明太宗的家教又如何呢？应该说比他老子还是略强一点。

明太宗仁孝文皇后徐氏被誉为一代贤后,明太宗篡位称帝,急需正名,徐皇后尽心辅佐,发表了《内训》《劝善书》等名著,论述女性教育,为丈夫赢得民心,可惜只当了五年皇后便死了,年仅四十五岁。据说明太宗对她一往情深,余生十七年未立新后。当然,也有八卦传闻称明太宗晚年性功能勃起障碍,所以不需要立皇后。这完全是胡说八道,明太宗晚年宠爱的妃子不少,东洋西洋的都有,只是都没有给一个正妻名分罢了。

徐皇后留下三位嫡子:嫡长子朱高炽,在北平时便被立为燕王世子,靖难之役初曾力保北平,表现不俗,明太宗登基后立为太子。朱高炽性情仁厚,颇有仁君之风,但肥胖多病,且有严重足疾。

嫡次子朱高煦,武艺高强,性情凶悍,长辈对他印象都不太好,娘舅徐辉祖甚至在他十几岁时就断言他以后要造反(当时朱棣都还没反)。但朱高煦在靖难之役中立功最多,曾阵斩朝廷军最得力的大将瞿能,生擒陈晖、平安,还在阵中救过朱棣的命。若论战功,只怕朱老二比当年的李老二还要强一点点。明太宗曾表达过朱高煦更像自己(不是嫡长子、善战、不安分、野心大),但他可能没表达清楚也有不像的地方(智力太低,尤其缺乏判断局势的战略眼光),给了朱高煦很多想法。

嫡三子朱高燧,靖难之役时才十二岁,没立什么功,没看出他有什么优势,但也不能剥夺人家做梦的权利。

明太宗其实很清醒,他的几位前任都通过非正当手段抢上皇位,他自己甚至起兵造了朝廷的反,可以说越来越恶劣。如果还允许野心家得逞的话,礼法何存?

永乐二年(1404),明廷立朱高炽为皇太子。永乐九年(1411),又立太子的嫡长子朱瞻基为皇太孙,进一步强调嫡长一系的合法继承权。看样子读书不多的明太宗不但深明大义,还打算把唐太宗、宋太宗的账一起还了,有义气!

朱高煦、朱高燧当然不明白父皇的境界,都想搏一搏,整天用各种方法诋毁太子,企图让父皇废太子改立自己。这不是隋炀帝用剩的招吗?到唐高祖那儿就不管用了。而且唐高祖比隋文帝精多少,你们那爹就比唐高祖还要再精多少。想坑爹?你俩小子得想点新招。

但朱高燧连这么简单的道理都不明白。永乐二十一年(1423),明太宗病重。朱高燧勾结侍疾的宦官和近臣,密谋将明太宗毒死,伪诏废太子改立自己……你怎么不再学像点,趁探病勾引下你老爸的妃子呀!

不过这傻小子运气不错,朱高炽确实仁厚,居然拼命为他求情。最后明太宗没有杀他,甚至保住了赵王爵位,传袭至明终。

朱高煦最初也是用隋炀帝模式,明太宗识破后差点将其废为庶人,但又是仁厚的朱高炽拼命求情,保住了他的汉王爵位。永乐二十二年(1424),明太宗驾崩,皇太子朱高炽继位,即为明仁宗。朱高煦一直阴谋夺位,但明仁宗在位仅一年驾崩,没来得及动手。明仁宗崩后,朝廷宣太子朱瞻基进京继位,朱高煦在路上伏兵刺杀。这不就是玄武门之变吗?唬谁呢?朱瞻基绕开埋伏进京继位,即为明宣宗。明宣宗宣德元年(1426),朱高煦在山东起兵。朱高煦虽也无愧为一员猛将,但跟他战神级的爹爹毕竟不在一个档次。而明宣宗从小随爷爷出征,尽得真传,而且他当了皇帝后还曾亲自上阵为前锋,射杀敌军,这一点唐太宗、明太宗都做不到。关键在于这不也是明太宗用过的老招吗?明宣宗轻松剿灭反贼,朱高煦出降,全家被囚后处死。

明宣宗平定朱高煦叛乱后,明朝进入鼎盛期,确立了长期发展的大趋势。而且明太宗废除藩王典军制度,断绝了藩王撬动地方驻军的路径。朱棣靖难之役时曾邀宁王助战,并许诺当上皇帝后分一半天下给他,但此诺并未兑现,还将宁王的兵权削夺,移藩至南昌。明武宗正德十四年(1519),第四世宁王朱宸濠起兵叛乱,朝廷都没来得及派兵,地方官只用了四十三天就把他镇压了。后来再无藩王动半点反心,都成了国家圈养的宠物。这充分证明了明太祖企图通过社会倒退的方式来解决历史问题是南辕北辙,也证明了明太宗拨乱反正,符合历史前进的方向。

明太宗通过战争抢上皇位,堪称最恶劣的一次篡位,但在传位问题上处理得还行,没有一错再错,捍卫了礼法。最后,明朝回归了朝廷议决皇帝人选的正轨。相比之下,唐太宗自己是次子篡位,又没能让嫡长子正当继位,唐朝的皇位继承一直相当混乱,始终没有给国家留出一个较长的可持续发展阶段。从隋炀帝起,篡位活动从家庭内部坑爹发展到动刀刺杀,再到动用朝廷势力,再到庞大战争,篡位者为了一己之私愈发狠毒,愈发凶残,愈发不忌公

共危害。明太宗走到了这种发展趋势的极端，但还算是悬崖勒马，戛然而止。

当然，皇位传承只是安定发展的其中一个因素，当中国特色封建社会演进至明朝，明太宗又是如何构建这个集汉唐宋之大成的帝国？

宰相的终极形态

当中国特色封建社会这艘巨轮驶过无数惊涛骇浪，曲折而至宋朝，各方面都臻于完善，但很多新问题也浮出水面，最后一记上帝之鞭，一切又都烟消云散。所幸日月重开大宋天，洪武大帝再造神州。

明太祖总结宋朝的问题，主要有几点：

第一，权臣渐少，但在南宋出现强势反弹。隋唐把宰相的地位降得很低，品级定成了三品，还常不实授。但后来又出现了反弹，宋朝后期将尚书左右仆射改称左右丞相，品级猛升至正一品。若这还只是正虚名，后来的平章军国事职务更从实质上恢复了丞相。明初沿袭元制，以中书省为中央政府，设中书左右丞相，下辖各部门。但仅仅第二任左丞相胡惟庸便企图架空皇帝篡权，于是明太祖废中书省，由皇帝直辖各部，并留下祖训：子孙后代不得再恢复丞相，提都不能提，违者处死。

第二，经济路径依赖，动员成本太高。宋朝的动员成本太高，国家要花太多钱聘请公民来当兵，所以蒙古（元）不急于灭宋，耗上个几十年，你自己就经济崩溃了。于是明太祖设立世袭户籍制。将国民划分为军户、匠户、医户等专业户籍，比如军户有参军的义务（当然国家也有发饷的义务），匠户就要当一辈子匠人，而且户籍世袭，后代不得随意脱籍。这不就是西方封建社会的阶级划分吗？而且明太祖应该不是学自西方，而是参照了蒙古落后的世袭奴隶制。

第三，单一主权，风险太大。宋朝将所有鸡蛋集中到一个篮子里，中华帝国首次上演全盘崩溃。明太祖恢复分封，但他一死朱棣立即造反，可见通过社会倒退来掩盖新问题绝非解决之道。

第四，唐宋胡乱扩张，需要确定扩张秩序。唐宋皇帝都极度热衷于扩张，宋

第十篇 万里海疆日月悬——明太宗朱棣

朝绝非内向保守的弱宋,而是一个非常好战的帝国,而且不太乐意接受异族领主仅在名义上称臣,而是要剥夺领主主权,纳入中国特色的公民社会。那这样部族领主就更要死硬抵抗,一个西夏就死扛了上百年,商量的余地都没有。明太祖确定了直辖汉区、军事占领民族地区、羁縻民族地区、藩属国、称臣外国、友好外国等几个层次,并规定子孙后代永远不准打破这种层次,主要是不准像宋朝打西夏那样攻打自己的藩属国。

当明朝的太宗真的很郁闷,太祖不但活得长,把所有工作都揽了,还定下各种"永世不易之法",不准太宗行使正当职权。

然而,这又是不现实的。

明朝不是朱氏一家一姓之私国,而是中华帝国演进至此的一个朝代。明太祖固然伟大,但终究大不过历史。若说你定这些不易之法是符合历史前进方向的好东西,或许还能让人用一段时间,但他的很多设计是否定唐宋的进步,大开历史倒车,那就不能怪子孙不守祖训了。

首先明太宗废黜藩王实权,扭转了分封的趋势。其次皇帝是名义上的国君,宰相负责行政,这早已成为中国人的思维定势。尽管历代君主绞尽脑汁削弱、分化、制衡宰相的权限,但似乎从未有人想过取缔宰相这个概念——直到明太祖。但他也只是不再任命宰相,原来宰执们的工作不会凭空消失,实质上是他自己兼了宰相而已。平行管理的中华帝国和层层人身依附的西方封建小国可不是一个概念,就算李斯、高颎这样大师级的管理学家,尚需一个宰相班子,你朱八八又是何方神圣,竟妄图一力承担?问得好!朱八八是最后一任明教教主,据传得到前任教主张无忌的真传,有九阳神功护体,精力之旺盛,是常人的九倍,那原本几个宰相的工作量加在他头上也是应付得来的。即便如此,他还是写过一首诗抱怨工作量太大:

> 百僚未起朕先起,百僚已睡朕未睡。
> 不如江南富足翁,日高丈五犹披被。

然而《九阳真经》并没有传下来,他的儿孙就不能像他那样少睡点觉就把

政务处理了。建文帝虽未颁宰相之名,实际上是把齐泰、黄子澄、方孝孺当宰相用。明太宗先是按明太祖的工作方式当了几天皇帝,然后他发现上当了。

我们还是来看看明太宗是怎样重新设计明朝的组织结构体系,让这个集汉唐宋之大成的新文明让人类享用——他爹设计那个只能给神类享用。

一、明式"宰相"——内阁大学士

明太宗很清楚,他和后代不可能像他爹那样工作,必须找几个人来辅政。不能设宰相,又不能用宦官,但秘书总是可以用的。明帝本有秘书,即文渊阁大学士。文渊阁是奉天门西侧的一间馆阁,隶属于翰林院,相当于皇家图书馆。最初明太宗也将文渊阁大学士当秘书用,首批选取了解缙、黄淮等七位年轻低品级干部入值文渊阁,从此便有了内阁之称。相信他并未料到,文渊阁这间不起眼的小阁,今后会成为唐宋政事堂一样的政权核心。

翰林官本是介于皇帝讲师和朝廷官员之间的一种实习官员,以讲学为主,兼顾研究时政,在实权部门出缺时选翰林官出任。明太祖的大学士只管帮皇帝收发文件,最多代笔草拟一些文字。明太宗则要求这七位翰林官兼任的大学士认真研究进出文件,批上自己的意见。这样皇帝的工作量就小多了,他实际上不用仔细看奏章,只需大致看一眼是什么事,如果很重要,当然可以花点时间看看;如果是不重要或者不了解的事,就直接批一个"同意按某某大学士意见办理"即可,这样就把处理奏章的工作分解给了大学士。但是,处理奏章不就是"平章"吗?这和同平章事有什么区别?应该说还是有点区别,首先大学士的品级低,对各部门也没有管辖权,关键是大学士协助皇帝平章,只是代劳而没有法理依据。唐宋同平章事掌有政府大印,一道诏令不但要由皇帝加盖御印,还要由宰相加盖府印才能生效,明朝大学士就没有这样一个法定程序保障权力。这样看来明太祖将相权收归皇帝个人的努力似乎是成功了。

然而事实远没有这么简单。

文渊阁(内阁)长期代理皇帝职权,久之便会成为惯例,形成这样一种公文办理程序:各职能部门(诸部、院、寺、监、府)草拟工作方案,形成奏章→由通政使司呈报给内阁→内阁商议后呈报给皇帝→皇帝用红笔批示意见后发还给内阁→内阁发还给通政使司→通政使司将批示后的奏章发还给呈报部门→部门得到批示授权,依法执行。

观察一下这个行政审批权力链条:

先说新来的通政使司,这是明朝新设的一个机构,职能是公文传递的法定渠道,同时也会将公文抄送给都察院(御史台)、翰林院、国子监等,以供学习研究和舆论监督,但通政使司本身不平章。

再说各职能部门,唐朝中期其实已经废除了位高权重的六部尚书,宋朝将六部分解为二十四司,但明朝重拾六部尚书的设置,尚书为正二品。监察机构方面,唐宋不实授御史大夫,以御史中丞(从三品)主持御史台工作。明朝则改御史台为都察院,长官设左右都御史各一员,正二品。其余台、院、寺、监大致仿宋制。应该说废除宰相后,明朝的中下层官员地位还有所提高。

然后就是敏感的皇帝和内阁(宰相)了。

按理说,皇帝握有最终决策权,内阁只是给他提建议的。但是,如果建议必须接受呢?

二、明朝皇帝的霍布森选择

管理学上有一个著名理论霍布森选择(Hobson Choice)。

17世纪英国有一位大马贩霍布森,他的马圈最大,马匹最多,买主都希望从他的大马圈里买走最好的马。按说马贩会根据马匹的质量标上不同价码,什么马标什么价决定权在马贩。但大方的霍老板宣布:跟我做生意,决定权在买主。我不给每匹马标价,我们先谈好一个价,然后买主自己到马圈去选马。

那我们先按一般的马跟他谈一个价,然后到大马圈里去选一匹最好的马,不就赚大发了吗?一时霍大侠古道热肠的名声传遍英伦,买主纷至沓来。

但这样做生意他不亏本吗?当然不会,因为他还有一个附加条件:买主只能选离门最近的那匹马。

这不是坑爹吗?别着急,您现在是旁观者清,但如果是身在其中的买主,就会觉得至少决定权在自己手中,自己做了回主,总比被动接受马贩的定价

好。然而这样做霍老板权力才更大,因为标价毕竟要以马匹质量这个客观条件为准绳,而哪匹马站门边就全凭他安排了。

这就叫——霍布森选择陷阱。

明太祖正是为自己设下了这个陷阱,并且严令子孙必须义无反顾地跳进去:他废除了宰相理政的传统(给每匹马标价的惯例),皇帝牢牢掌握批红的权力(由买主定价),大学士只能提建议(安排哪匹马站在门口)。当然,关键还是在于那个附加条件:皇帝诏令必须通过内阁收发(只能选离门最近的那匹马)。那明朝的内阁制有这个附加条件吗?应该说明太祖还真不是这样设计的,他确实是直辖各部门(到大马圈里看够了才选出最满意的一匹)。但他是得了张教主真传,正常人类不可能把这种工作方式当做体系来传承。他的儿孙在二百多年的实践中,极少干涉内阁平章,总是各部和内阁形成决议后机械地盖上御印。

可能有人要问:"是皇帝忙不过来才放权,但权力毕竟是他的,只要他愿意,还不是一句话就收回来。"运行规则一旦形成,便不能以主观意志为转移,就像自己的身体也不能任意控制血糖血脂。明帝一开始就只有内阁这一条合法的公文渠道(只选离门最近的那匹),很快就会形成依赖习惯,被动接受内阁的建议。

内阁大学士处理奏章的主要方式是票拟,是指阁员收到奏章或准备发出的草诏后,在面上贴一张纸,写上自己的意见呈送给皇帝,由皇帝批红正式生效,其实和唐宋中书舍人"五花判事"(唐代中书省设中书舍人六名,分别联系尚书省的六个部。凡军国政令,由其中一人提出意见,而其余五名中书舍人必须逐个发表意见并署上自己的名字,谓文五花判事,又称商量状、五花杂判)很类似。而各部门在收到内阁发出的文件时,就以票拟上的批红为生效的依据。按说这不是法定工作程序,但正由于明朝没有明确法定工作程序,人们自然而然就要去寻找,就找到了票拟批红这个程序。某天谁接到一份诏书,没有票拟,皇上直接批红。对不起,这就只能算是皇上的私人书信,不能算政府公文。其实这也有个学名:中旨。

问题的关键就来了,如果职能部门收到中旨,该怎么办?

其实明朝人有现成的例子。宋太宗在雍熙北伐中,绕开宰相直接和枢密院制定作战方案并直接指挥前线将领,便是犯了擅发中旨的忌讳,后来差点被弄得下不了台。而在绍兴北伐中,首相秦桧以朝廷名义发出撤军的诏令,宋高宗却发中旨要求诸将继续进攻。诸将均奉诏撤军,只有岳飞奉中旨继续进攻。结果大家都知道,岳飞免官下狱,甚至死在狱中。尽管众所周知此事是秦桧弄权,但从法理程序上讲,他还真是有理的一方。此事给了后人一个血淋淋的教训——如果奉中旨不奉诏令,皇帝最多丢下脸,奉旨的人就难逃丢官甚至丢命的下场,皇帝也保不了你。

所以,各部报批—内阁票拟—皇帝批红就成为实际上的固定工作程序。那在这样一套工作程序中,各方扮演什么角色?或者直接点说,谁才是真的权力核心?

三、明廷的权力运行本质

可能多数人会认为,掌握最终生效权的人才是权力的最终核心——就像很多人落入了霍布森选择陷阱还以为自己做了回主,美得不行。

在这个权力链条中,部门有草拟方案和具体执行的权力,皇帝有使方案法定生效的权力,内阁则掌控着两者间的通道。那建议您想想,在您熟悉的行政决定机制中,负责草拟方案并具体执行的行政部门、负责法定生效的那个法理上的最高权力机关、两者之间的那个常委会,到底谁实权更大?这是个非常真诚的建议,请您好好想一想。

如果您真对组织行政一窍不通,也不妨再打个比方:两家人谈婚论嫁,都是男子先提"我看上哪家姑娘了"。然后双方父母协商,如果合适就正式提亲,姑娘答复同意或不同意(包括说"你是一个好人")。那您觉得在这个过程中是主动提出的男子,还是研究合适与否的父母,还是被动接受的姑娘权力更大?如果您非要认为是后者,那楼下的痴男怨女专柜可能更适合您一些。当然,如果您没谈过恋爱,或者已经当过很多次"好人"了,那恭喜您,您必是一位商界奇才,所以才没有空玩恋爱游戏。其实也可以换一个商界熟悉的语境:草拟方案并具体执行的部门相当于要约收购中发出要约的甲方,皇帝相当于有权接受或不接受要约的乙方,内阁则相当于提供并组织交易的专业机构(投资银行),御史相当于监督机构(证监会)。

那皇帝能不能主动去要求官大爷们按他的意思上报方案然后批准呢?这个就得看双方关系好不好了。关系好,当然什么都好说;关系不好,那就公事公办。遗憾的是明朝大部分皇帝和官员们关系并不好,有时候矛盾还很尖锐。而且宋明理学发展至明,一种观念愈发成型:听皇帝话的就是狗奴才,敢揭逆鳞的才是真儒士。所以如果皇帝主动表露出什么想法,那恭喜,就算您这个想法确实是对的,真儒士们也会故意与您反着来。更可怕的是这些人还会一把鼻涕一把泪地控诉昏君干涉他们的行政独立性,把他们当奴才使唤,为了表达气节,他们现在要犯颜直谏,也就是拿命拼了!您说,谁当皇帝敢去惹这麻烦。

所以,明朝皇帝最明智的做法就是什么都别管,只要内阁审核通过报上来的奏章,一律照票拟批准。如果产生了后果那负责的罪臣是谁你们慢慢去理,皇帝我只盖了个图章,什么也别问我;如果立了功,那也恭喜负责的这位功臣,皇帝我就不跟你抢功劳了——反正皇帝又不能升官。至于名垂青史的理想,我能在被你们的口水淹死之前,顺利地把江山传给下一代就谢天谢地了,真没想过像唐太宗那样指导你们写史书。

可能有人会有点奇怪,明朝内阁不也就是前代宰相的变态么,而且还是严重削弱的变态(无宰相之名、品级低、没有自己的官署),怎么这里说得还厉害很多?这里是美国超级英雄漫画吗?其实这正是因为明太祖上了自己的大当后,他的玄孙又补充上了一个。

正统十年(1445),明英宗(朱祁镇)诏令:"从此以后,皇帝不再到文渊阁和大学士一起议事,什么事内阁研究好了,票拟给皇帝,至于皇帝怎么批红,你们就不能过问啦!"

哥们儿,等的就是您这句话。

明英宗的本意是和内阁这帮秘书拉开距离,怎么批红是皇帝一个人的事,没必要与你们商量。唐宋皇帝和宰相共同在政事堂议事,也就是说皇帝本人也可以参加最高常务委员会,只要没有秦桧这种权相,还是常务委员会的核心,所以赵小胖处理政事,忙到早饭都来不及吃。而明英宗这其实是把自己排出了核心决策层,有皇帝衔而不入阁参预机务,跟有太师、中书令衔而不加同平章事有什么区别?

当然,很快就有皇帝发现了这个陷阱,但权力这东西有交出去又要回来的道理吗?也不是完全不行,你来抢啊。明朝的后半截历史基本上就是皇帝和大臣抢权的肥皂剧,但一个世袭而来的皇帝,和一大帮混了一辈子官场的老油条,谁抢得过谁呀?有人说明世宗、明神宗几十年不上朝,是懒鬼。这个世界上有不想偷腥的猫儿,有不想赚钱的房产商,但就是没有不想捞权的皇帝。明世宗、明神宗拒绝上朝是搞懂了自己没有实权,老油条们把他当猴耍,那凭什么还陪你们玩儿,皇帝也要有尊严。

那现在就产生了一个可怕的问题:以前皇帝被架空还只是偶遇权臣,而今竟成制度?

恭喜您,答对了。

四、终极宰相终究要正名

根据明太祖祖训,明朝刚开始很忌讳"宰相"这样的字眼,但内阁既然有了宰相之实,终究还是要正名。

最初明太宗诏解缙等七人入阁,职务均为文渊阁大学士,隶翰林院。明太祖仿宋制设置了华盖殿、谨身殿、东阁等几种大学士头衔,但同为正五品,也没有明确先后次序,反正就是帮皇帝处理点文书,秘书而已。但太宗朝以后内阁渐渐有了宰相之实,明太宗临终前明确将杨士奇、杨荣、金幼孜三位老资格大学士作为辅臣,其实就是给明仁宗指定的宰相。但大学士区区五品小官,怎么好意思去管二三品的尚书侍郎呢?不用担心,宋太宗设计的官制正好派上用场。

大学士是一项具体工作,即为宋明官制中的差遣,再加上高级别的阶官、职官就行了。

明仁宗登基后,便给华盖殿大学士杨士奇任命礼部左侍郎的职官(仅仅是职官,不是差遣,并不掌管礼部内政),正三品,但这还是比正二品的尚书低

呀。没关系，再加上一个少保虚衔(从一品)，就力压六部尚书一头了。同时，谨身殿大学士杨荣加虚衔太子少傅(正二品)、职官太常卿(正三品)，武英殿大学士兼文渊阁大学士金幼孜加太子少保(正二品)、户部右侍郎(正三品)。第二年，三人又分获尚书职官，并从此形成以尚书或都御史为本官入阁，加从一品或正二品虚衔的惯例。大学士不但有了实权，品级班秩也排到了尚书之前。本来废除宰相后吏部尚书成为百官之首，现在还是老老实实退回到中层干部之首，成为宰相的下属。武宗朝吏部尚书王琼就曾酸溜溜地说："内阁权力越来越重，已经和古代的宰相无异啦。"

之后，内阁的内部组织也日益规范。明太宗没有明确几位秘书的次序，但当了宰相就不可能不排座次。英宗朝定下了四殿二阁的次序：华盖殿(世宗重建紫禁城后改名中极殿)、谨身殿(改名建极殿)、文华殿、武英殿、文渊阁、东阁。其中，文渊阁是宰相办公和召开常务委员会之处，与唐宋政事堂无异。而东阁相当于内阁的办公厅，有几十名中书舍人帮宰相们处理文字杂务，相当于他们的秘书。至于华盖殿其实是礼堂，借个名而已。这其中，排名第一的华盖殿(中极殿)大学士具有特殊意义。一个规范的组织必有自己的长官，明英宗将自己踢出内阁后，华盖殿大学士便被称作首席辅政大学士，简称首辅、元辅、首揆等。世宗朝首辅张璁便公开宣称："大学士即为真宰相，首辅其实就是首相。"明世宗也对此说表示赞同。至此，尽管在正式文件中仍然要避讳"宰相"二字，但大家平时都将阁员称作宰相，首辅称首相。

到后来人们竟然到了忘记大学士只是有宰相之实，名义上仍只是五品秘书的搞笑境地。明末首辅叶向高曾因政治派系斗争，很多官僚不听他指挥，抛出一句怨言："阁臣无宰相之实，而虚挂着宰相之名，造成这样(党争)的大害！"

五、权力越大，责任越大

从历史发展的角度看，明朝内阁制是中华帝国行政组织体系发展到明代的一种最终成熟状态，有几个显著特征：

第一，皇帝、宰相、职能部门层次分明，权力、义务、责任明晰。宰相组成的常务委员会是核心权力机构，但宰相一般也不兼任部门长官。西方的内阁制很大程度上效仿明制，但阁员一般都由各部门长官充任，权力更大，带有浓厚的领主议会制色彩。

第二，报批制和常务委员会制成熟规范。除皇帝批红外，所有决议都由部门常务委员会研究产生，而以非长官个人名义，通过东阁的敕房、朝廷的通政司等规范的法定渠道传递。

第三，内阁并非只是最高行政决策层，同时仍兼掌秘书、学术、道义各方面的制高点。明朝内阁比前代宰相权力更大便源于此，不仅掌实了最高行政决策环节，同时也没有失去最初在翰林院的学术职能。大学士既是宰相，也是皇帝的贴身秘书，又是最主要的咨询机构，还是最权威的学者。他们不但从行政程序上包围皇帝，扼制百官，还从学术和思想方面深刻地影响着整个帝国的方方面面。当然，他们也确实是世上最优秀的行政人才和思想家，这是经过考试证明而非当权者的自由评价。

第四，各权力主体的制约更多更完善。明朝宰相的权力空前庞大，但又从未出现过汉唐弑君篡位的故事，正是因为制约也很完善。首先，宰相是几个人而不是一个人，相互就有制约。其次，宰相尽管是行政权力链条中最关键的一环，但皇帝有批准权，部门有执行权，也不要当别人不存在。当然，最重要的还是明代的社会基础，宋代无贵族的平行化社会已经比较成熟，尽管明初体现出严重倒退，但很快走回正轨。社会不允许任何人建立私有门阀组织，即便是张璁、张居正这样的大权臣，在职时权倾天下，一旦离职，也就一普通人，更无可能将权位传承给后代，不会形成曹操、杨忠那样的权臣世族。明朝成熟的思想体系也制约着宰相的行为，严格的科举考试保障了大多数官僚的高素质，尽管也出现过周廷儒、温体仁这样的奸臣，但总体来说大多数还是正直的儒士，真有人敢行篡逆之事，周围的人直接拿口水就把他淹死了，还想拉同党？

当然，最重要的形式制约还是宰相产生的程序，这是明朝也可以说是当时世界政治生活中最热闹的一件事，大致和今天美国总统选举差不多。阁员产生的程序主要有两种：特简和廷推。

特简是皇帝直接指定谁入阁，明太宗的内阁是自己的秘书，当然他一句

话就定了,但有了宰相之实就不由谁的一句话了。明世宗及其首辅杨一清曾企图特简张璁入阁,闹得满朝风雨。后来明神宗下诏特简,被吏部尚书陆光祖干脆明白地拒绝了,理由就是这么多年都是廷推,你凭什么搞特简这种封建专制?当时明神宗很生气,下诏杖责陆光祖,而这道草诏又被首辅王家屏封还。可见,权力的制衡环环相扣,远非一个人可以包办。

廷推则是由九卿(明九卿是对六部、都察院、通政司、大理寺九个部门长官的俗称,并非秦汉九卿那样正式的组织)和都察院派驻在六部十三道的监察官共同协商推举人选。这个程序中各主要部门都有发言权,但由吏部主持,都察院参会的人最多(除了都御史为正二品外,其余都是七品小官),最后的结果仍由吏部汇总,经通政司报内阁票拟,呈皇帝批红最终生效,通政司还会将讨论过程抄送给翰林院、国子监进行公共舆论监督,这其间的权力博弈就不是一般的复杂了。这种超级复杂的权限设计体现了中国公共管理者高超的政治智慧和设计技巧,尤其是用六科给事中、十三道监察御史这样的七品小官来制约最高决策层,这正是设计者发现中华帝国的行政体系太过庞大,需要在行政权力链条的足够远端增置制约环节,是一种超长线路的增量反馈误差调节机制,可谓妙到毫巅,远非一句"独裁专制"可以概括。

另外需要说明一下的是明朝的太监。既然批红只是一道手续而非实权,皇帝也就懒得动笔了,让太监代劳。按说手续就应该亲自办,但明人还是认可太监代劳的批红,不就是个形式嘛,何必那么较真。可明太祖不是有祖训,宦官不得干政吗?说了别较真嘛!政治斗争中皇帝最大的劣势就是势单力孤、身份限制,明后期就有些皇帝利用太监来和官僚集团争权,甚至形成了所谓的阉党。后世对明朝太监有很多误会,甚至认为可以像汉唐权宦那样真正执掌朝政。但从宋朝开始,皇帝的家属、服务员就不能干涉公共权力了,这些太监仅是皇帝的马甲,并非权力实体。汉唐权宦可以废立皇帝,那才叫专权,明朝的刘瑾、魏忠贤看似嚣张了几年,其实也就是个马甲,他们服侍的那个皇帝真身一死,他们立马吃瘪。这就不叫专权,而与皇帝手中那支红笔没有区别。所谓明朝宦官乱政,无非是皇帝对官僚集团巨大权力的一种反制,不要以为刘公公、魏公公真有武侠小说吹的那么厉害。

不过这些很多都是在长期的实践中自然形成的,明太宗似乎并非体现出隋文帝、宋太宗那样的高妙设计能力。当然,一套优秀的组织设计,最终目的是输出优质的公共服务,终端表现形式还是要看卓越的文治武功,这方面明太宗就很说得起硬话了。

武功之盛,远迈汉唐

很多人认为,辽夏金元中,元最强,其实未必。前三者都进化到国家形态,而元却倒退回部落形态,而且内斗之激烈史所罕见,所以明朝面对的这个对手其实比宋朝弱得多。但明军的作战水平较之宋军有增无减,明太宗本人的指挥素养更不知道要甩他前任几条街。所以,明太宗的武功如果把汉唐迈得近了点,他自己都不好意思。

大明逐元而立,主要战略竞争对手仍是退守草原的蒙古人,史称北元。北元内斗激烈,短短三十五年,六任元帝(大汗)竟有四位被弑。而明军经常深入大漠强势打击,其中最严重的一次是洪武二十一年(1388),征虏大将军蓝玉率大军穷追至捕鱼儿海(今内蒙古新巴尔虎左旗的贝尔湖,不是俄罗斯的贝加尔湖),俘虏了北元几乎全部高层,从此北元失去了对蒙古诸部的号召力,成为零散部落。朱棣当了二十多年燕王,就拿他们练了二十多年的兵。建文四年(1402),吉尔吉斯部首领鬼力赤弑元愍宗(坤帖木儿),自立为鞑靼可汗,从此元朝彻底终结。值得注意的是,鞑靼(Tatar,亦译塔塔儿)并非新词,而是最初突厥对蒙古诸部的泛称,是比蒙古更广义的概念。但鬼力赤并不具有黄金家族的血统,尽管恢复了这个更具号召力的古典国号,却不能获得蒙古诸部支持。也正因如此,明太宗就很支持他。因为根据长孙晟的草原均势策略,一个号召力很弱的领袖,正有利于草原四分五裂。

不过,很快阿苏特部领主阿鲁台号召各部,联合剿灭鬼力赤。元帝后裔本雅失里趁机在大蒙古国故都哈剌和林自立为鞑靼可汗,史称额勒锥特穆耳汗。尽管他实力不强,但有黄金家族的血统,得到诸部认同。明太宗当然很不满意,首先,他扶植西方的瓦剌(Oyrat,今译卫拉特)部,将马哈木等三位领主

册封为王，企图扼杀本雅失里。鞑靼虽以本雅失里为可汗，但太保、知枢密院事阿鲁台才是实力核心。阿鲁台相当仇视汉人，而且他的水平确实还不差，打败了瓦剌的进攻。

既然挑拨的蒙奸不中用，那就只有亲自出手了。永乐七年（1409）秋，明廷以太子太师、淇国公丘福为征虏大将军，率大军十万北征鞑靼。

丘福，靖难之役中李景隆唯一赢过的那场，对手就是他。其实丘福智力不高，但为人忠勇憨厚，所以明太宗一直很重用。不过这种老好人遇到狡猾的阿鲁台就吃瘪了。出征前，明太宗反复叮嘱，不要轻敌冒进。但这么多年来，明军打蒙古实在是打得有点顺溜，丘福小胜几场便忘乎所以，一直被阿鲁台佯败诱至胪朐河（今蒙古国克鲁伦河）南岸。副将们纷纷反对如此冒进，甚至有人下马哭求，但丘福不听，率军渡河，惨遭十面埋伏，全军覆没。

明太宗当皇帝前最头疼的是汉化波斯人铁铉，当皇帝后唯一一场大败又来自蒙古化波斯人阿鲁台。没办法了，是你们逼我！

永乐八年（1410）春，明太宗第一次亲征漠北，据说共动员大军五十万，浩浩荡荡开入草原。明太宗依然保持着当将军时的作风，每天巡视军营，要看着士兵们都吃上了饭自己才吃。明太宗严格按设定方案稳步推进，蒙军的一切骚扰、游击、诈败统统不理。

五月，明军推进至胪朐河，改名饮马河。侦骑探得本雅失里往西逃窜，明太宗果断渡河追击。这可不是丘福那种闭眼狂追，而是设计完善的作战方案。本雅失里一路诈败，但就是没用，一直退到斡难河畔，这可是蒙古人的圣河，不能再退了，本雅失里只好硬着头皮与明太宗一战。

明太宗被视为战争史上由冷兵器向热兵器时代迈进的标志性人物，他的火器战术影响了数百年的过渡时代，而第一位有幸作为教材的就是光复鞑靼的蒙古英雄本雅失里汗。

明太宗最重要的兵种是永乐枪阵，这可能源于南宋名将吴璘的驻队矢，但他在远程武器中增加了火器，并配备更多骑兵。早期火器最大的缺点还不是射程近，而是射击慢。火枪兵首先要往枪膛里倒一包火药，用活塞压紧，放一粒铅弹，然后瞄准，扣扳机。然后就可以进行一下轮动作了吗？还不行，还得

先用棉签把上一次的火药余烬清理一下,不然很容易堵塞枪膛。这射击一次得花多少时间,没等射几次蒙古骑兵都冲到面前了。明太宗设计枪阵,让士兵站成数排,第一排只管射击,射完就把空枪交给身后的人,同时身后会将一支填装好的火枪交到前一排士兵手中继续射击。而后排则只管清理枪膛、填装火药或填装铅弹中的某一个程序,完成自己这排的工序就把枪交到前一排,几排人如流水线般将准备就绪的一支枪交给第一排的射手。枪阵中的每个人都应该掌握全套工序,如果有战友牺牲了,指挥官就立即指挥邻近位置的人和后备队员填补。

当然,枪阵只是一个兵种,实战时需要各兵种配合。明太宗最主要的战法是远程兵种(火炮、火枪、弓弩)和步兵主力居于主阵中央,骑兵和机动步兵居于两翼和后方。

如果对方是迷信游牧骑兵天下无敌的二愣子,那就很简单,在他冲锋的途中用远程火力扫倒一大片,冲到面前用长枪兵抵住,然后重步兵推进肆意砍杀。不过估计除了《狼图腾》的死忠,这世上恐怕也没有这样的二愣子。正常战法应该是先用骑兵从两翼包抄,然后机动步兵正好赶上,配合骑兵挤压对方阵形。对方两侧和后方遭到挤压后被迫从正面突围,冲向中央主阵。他们将在进入两千米射程后接受重炮轰击,进入一千米接受长炮轰击,进入五百米接受强弩射击,进入二百米射程则是最恐怖的射击区间——火枪、弓弩、轻炮的交叉火力将同时进行铺毯式射击。那一片硝烟简直就是游牧民族的终极噩梦,真不知该用惨还是爽来形容。而如果对方坚守不出,射击阵地也可以主动向前推进,总之就是进入射程后施放火力,用远程火力充分打击对方后,马队从火枪兵背后冲出砍杀,接着机动步兵、重步兵依次赶上。这种复杂的战术对于只有步骑两个兵种的游牧民族来说,完全就是哥德巴赫猜想——尽管他们不用猜想就可以知道战斗的结果。

为适应复杂的战法,明太宗对军队建制也作出了重要变革,形成了以著名的京师三大营为代表的新军制。

明军的建军思想总体仿宋制,在全国设立了二十个左右的军镇,在京师设京营,理论上要求京营的战斗力不低于任何一镇,类似于宋军的三衙司。但

明军超高的火器装备率、骑兵比例以及由此而来的重甲兵比例下降都产生了质的飞跃。

京营主要分五军、三千、神机三大营。其中,五军营是明太祖时的京城戍卫,约二十万人,明太宗分为中军、左右掖和左右哨,合称五军营。五军营应该算综合型部队,除海军外兵种很齐全,明太宗亲征时五军营主要作为御营军和后备部队。不过明英宗之后明帝便再少亲征,五军营便逐渐退化成了仪仗队和军训夏令营。

三千营最初就是朱棣向宁王借的那三千蒙古骑兵。尽管人数很少,但屡立奇功,不止一次救了朱棣的命,所以明太宗将他们编为京师三大营之一。三千营到后来远远不止三千骑,也不再以蒙古人为主,三千营这个名号只是代表这支部队的光荣历史,当然,也是朱棣在纪念自己当年不怕麻烦,远赴大宁借来三千蒙古骑兵的英明决断。

神机营则是明军最经典的一支战队,也是火器时代早期最经典的一支陆军,堪与西班牙龙骑兵、荷兰莫里斯方阵相比肩。神机是明朝对火药武器的泛称,神机营当然就是主要的火器部队,永乐枪阵便主要由神机营承担。在欧洲近代战争中,德意志帝国腓特烈大帝(Friedrich II)的普鲁士线形枪阵和法兰西帝国拿破仑皇帝(Napoléon Bonaparte)的炮骑联阵均是在永乐枪阵基础上的改进版,都曾威震欧陆,所向披靡。当然,战阵中的火枪兵只是前台,他们的背后还有一套极为庞大的训练、生产、研发体系。明帝国是最早对火药武器进行系统研发的大帝国,三眼铳、迅雷铳、虎蹲炮、大将军炮,各式火器令人眼花缭乱。使用不同火器的部队应该算不同兵种,所以神机营的兵种最为复杂。

而三大营的协同作战更是异常复杂,士兵和指挥官不经过严格的科学训练能走上岗位吗?军队背后的组织、后勤、装备体系更是庞大得令前人无法想象,更需要一个庞大的工业经济体系来支撑,这些都远非将领的"天赋"和士卒的"尚武精神"所能仰望。

然而本雅失里和阿鲁台现在就还停留在这个阶段,其实从他们打丘福来看,天赋还真不错,坚持在他们身边的蒙古勇士也很有精神。可惜这一切在明军的钢刀和铅弹面前都只是浮云。史载神机营的射手们有时可一枪击毙两名蒙军,而从蒙古骑兵中千挑万选出的三千营砍杀普通同胞更不在话下。本雅失里轻松大败,放弃斡难河圣地,仅带七骑向西逃入瓦剌寻求庇护。明军回师途中,侦骑又捕捉到阿鲁台部的行踪,明太宗率军追击。阿鲁台又使出诈降招数,明太宗也不是不接受,但同时也让军队严阵以待。阿鲁台诈降不成,也只好硬着头皮进攻,大败后率残部向东逃入兴安岭避难。

明太宗首次北征便在蒙古人的斡难河圣地大获全胜,打垮了代表蒙古正统的鞑靼部。回师途中,明太宗登临擒胡山(今蒙古国苏赫巴托省纳兰苏木市白石山),在山顶留下御制石刻:

瀚海为镡,天山为锷。一扫胡尘,永清沙漠。

这不就是"燕然勒石"吗?整整一千四百年,中华帝国终于再次将自己的军功章刻入了草原深处。而这一次还是由一位皇帝亲自做到的,若以此说明太宗是帝国史上头号战神皇帝,相信汉武帝、唐太宗,包括他的"好圣孙"明宣宗都是可以认同的吧!

当然,草原问题不是靠一两次大胜就可以解决的,明太宗还需重拾隋文帝分制东西突厥的战略。第一次北征打垮了鞑靼部的实力基础,扼杀了黄金家族复兴的苗头。但瓦剌趁机崛起,明太宗册封的顺宁王马哈木弑杀本雅失里,另寻黄金家族后裔为大汗。另一边阿鲁台也另立一位大汗,从此草原就形成了鞑靼、瓦剌东西对峙的局面。不过鞑靼被明太宗重创后,瓦剌大有一统草原的趋势。于是在永乐十三年(1415),明太宗第二次亲征,格式和上次差不多,只不过这次的打击目标变成了瓦剌。双方进行了著名的忽兰忽失温大会战(地点在今蒙古国首都乌兰巴托),激战一整天,瓦剌军终于败走,明军穷追至土剌河(今蒙古国图拉河)而还。这一次狠狠打击了野心勃勃的马哈木,拯救了奄奄一息的阿鲁台,避免了瓦剌一统草原。

但翻过身来的阿鲁台又差点把瓦剌掐死。于是,明太宗又进行了第三次亲征,打退阿鲁台,保住了瓦剌。之后鞑靼和瓦剌就这样不停地互相打,但谁跳起来明太宗就把谁按下去。当然,蒙古人也不是傻子,多搞几次人家也明白

是怎么回事了。永乐二十二年(1424),明太宗第五次亲征漠北,他的浩荡大军开入草原深处,一路却一个鞑靼人的影子也没看见。当明军毫无阻碍地到达阿鲁台牙帐所在地时,却发现早已人去帐空。侦察兵侦察了遗迹后的回报更让明太宗大吃一惊:此地的野草都已经发育完全,草地上的车辙印也已经模糊,据判断阿鲁台已经率众离开至少一年了。

预计你要来,敌人提前一年就跑了!

第五次亲征完全扑空,明太宗带着大军悻悻地离开草原。明军回师至榆木川(今蒙古国海拉尔河),六十四岁的明太宗在军营中溘然长逝。这位马上天子生于群雄并起的烽烟里,死在亲征的归途中!遗憾的是,上天未能给他一个真正的敌手,让他尽情展示惊人的军事才华。

表面上看明太宗比隋文帝更狠,每次都把蒙古人打残,让人惊叹他武功盖世,但效果呢?隋文帝几乎没让一个隋兵走上草原,长孙晟动动嘴皮子,就让突厥诸部打得头破血流,达到草原均势。而反观明太宗,每次都是五十万大军深入漠北,您想象得出这种后勤保障的规模吗?关键是花老百姓这么多血汗钱最后得到什么效果?还不是鞑靼按下去瓦剌又起来,瓦剌按下去鞑靼又起来,总之就达不到均衡。到最后只有一个效果:隋文帝在历史上留下了怕老婆的名声,而明太宗却是能让敌人提前一年逃窜的超级战神!耶!

明太宗驾崩仅十年,马哈木之子脱懽攻杀鞑靼部阿岱可汗和太师阿鲁台,从此鞑靼、瓦剌"两虏合一"。而曾依附明朝的蒙古兀良哈部(朵颜三卫)本来受宁王朱权节制,但靖难之役后明太宗将宁王移藩南昌,兀良哈部逐渐脱离明朝,也归入以瓦剌为核心的蒙古部落联盟。如此,蒙古草原又重归一统。正统十四年(1449),距明太宗驾崩仅二十五年,其曾孙明英宗也学他亲征,结果惨遭土木堡之变,五十万大军(此数字应该有严重夸大)尽没,皇帝被俘,多名重臣死于乱军之中,堪称明朝史上最耻辱的一幕。这当然有英宗朝自身的一些主观问题,但一个统一强大的蒙古也是重要的客观因素,不得不说从明太宗开始,草原战略就有严重缺陷。

而为了方便北征,明太宗还将首都从南京迁到北京,并修建了举世闻名的紫禁城(今北京故宫)。对此他的解释是"天子守国门"。一个国家最需要重兵驻防的是边境和首都,明太宗在边境上建都,号称一举两得,节约了大量驻兵。但事实上,自宋代起,中华帝国的首都更多的是承载着经济中心而非军事要塞的职能。自南宋起,人类就开始进入海洋时代,南京地处长江、大运河、西太平洋沿岸的中心地带,陆上也是中国南北两大经济重心的枢纽,其区位优势更甚宋朝的开封。而马上天子明太宗出于军事目的迁都北京,不得不说有些失策。

不过说到海洋,尽管迁都北京有那么一点点遗憾,但明帝国在人类文明史上至关重要的大航海时代表现其实还不错。明太宗尽管有过于热衷草原之嫌,但显然他也明白仅仅掌控东亚陆上秩序是不够的。现在是明朝,中国人必须把目光投向那片辽阔的海洋。

中国主导下的全球化模式

从南宋起,印度洋航线便成为一条热线,甚至出现了关税收入超过国内工农业税收的情况。而明朝降低了农业和国内贸易税率,海关收入的重要性更加凸显。而中亚多如牛毛的游牧部族无法保障陆上丝绸之路的畅通,人们更加倚重海路。这条航线的东端从中国开始,沿中南半岛海岸通过马六甲海峡进入印度洋,沿印度次大陆海岸进入阿拉伯海。这时可以直接进入波斯湾,到达第一个目的地波斯(伊朗)。相信明太宗不会喜欢这个国家,但他不会不喜欢钱。这条航线主要针对波斯、阿拉伯、土耳其等西亚国家。另外也可以不进波斯湾,继续向西通过亚丁湾进入红海。遗憾的是当时尚未开通苏伊士运河,不过人们仍可以通过地中海汇集整个欧洲的商货,只走一小段陆路,便可在红海北岸的众多港口装上中国人的巨船。

当时的海洋航线和今天的空间航线一样,绝非小商小贩自己就可以运行,必须以强大的国家力量为后盾。国家必须先派出大舰队开辟航线,搜集沿途的气候、水文、地理资料。更重要的是沿线政治协商,南洋诸国虽然没有陆上的马匪那么彪悍,但贵国的商船每天满载着银货穿行人家的海域,不先谈

好也是不行的。何况这条黄金航线上还有那么多无国界的海盗。清理保障这条航线,正是一个国家最重要的公共管理职能,尤其是大明这样有志于建立世界海洋秩序的超级大国。为此,明太宗尽管从未亲征南洋,但其实他投入的成本远比亲征漠北更高。其中,最大的措施便是举世闻名的郑和下西洋。

郑和,原名马三保,生于明太祖洪武四年(1371),卒于宣宗宣德八年(1433),享年六十二岁,伟大的军事家、政治家和航海家。

郑和祖上是色目人(眼珠不是黑色的西方人种),被大蒙古国分封在云南,祖父一辈起改汉姓马。洪武十四年(1381),明军攻占云南,十岁的马三保被俘,阉割后送入燕王府当宦官,从此就跟上了朱棣。靖难之役中,马三保也立下功勋,明太宗御赐姓名郑和,任内官监太监,后明宣宗封三保太监。有些滞留在中国的色目人保留了回教信仰,但郑和很小就皈依佛门,老师还是著名的僧道衍,所以有人说郑和是回族,还说他诚心到伊斯兰教圣地麦加去朝圣,这些都是主观臆断,郑和及其后代(过继的)就是和长孙晟、铁铉一样的普通汉民。

永乐三年(1405),明太宗组织了第一次下西洋,以内宫监郑和为钦差总兵太监,统领全军。这支海军有战舰二百余艘,官兵两万七千八百人,配备了当时世界上最先进的航海设备和海军武器。据剑桥大学李约瑟博士(Joseph Needham)研究,明初海军有战舰三千八百余艘,某些资料称其中还有排水量七千五百吨的巨舰(将近万吨的木船,长宽可能有五百米,存疑),而且设备先进,战斗力超过欧洲各国海军总和。

郑和第一次下西洋的主要目的是剿灭雄踞南洋的海盗陈祖义集团。陈祖义祖籍广东潮州,在满剌加(Malacca,今译马六甲)海峡经营十余年,有战船百艘,士卒上万。其实这比当时南洋所有国家的海军都要强,所以这些小国都拿他没辙。他的业务西起印度,东至日本,见人就抢,那派头比陆上的马匪大多了。当年土耳其和西夏还只是关税高,陈祖义这儿就不是收税的问题了,印度洋航线有中断的危险。作为一个负责任的超级大国,明太宗必须剿灭这股海匪。

陈祖义分析明军虽然强大,但自己占据主场之利,可以先诈降,引诱明军

第十篇 万里海疆日月悬——明太宗朱棣

进入自己的战场,全歼后还可以抢他们的大船,真爽!

明军果然被诱至陈祖义的基地旧港(今印度尼西亚巨港市),按正常的思维,海战是以击沉对方战船为目的的战斗,主要方法是舰炮轰击和舰体撞击,偶尔也会接舷肉搏,但这不是海盗的思维。那索马里海盗是怎么作战的?他们从不损坏船体,都是接舷后上船来杀人,人杀光了把船抢走,如果开炮把船打坏了还抢什么呢?陈祖义兵力虽强,但他毕竟是个海盗。

明军上百艘战舰排出整齐的海战阵形推进,外层是排水量超过一千吨的宝船、福船。据考证明军大战舰长一百三十八米,宽五十六米,比足球场还大,在海面上移行如山丘浮动,船上更架满龇牙咧嘴的巨炮。陈军上百艘小船迎向明军,他们的船上极少有炮,而是在甲板上站满了人。这些人当然不是在跳海魂操,而是每人拎一支火枪,待进入射程便瞄准船上的人开枪,接舷后用铁钩钩住船,勇士们冲上船来恣意砍杀,最后在不损坏船体的情况下把船抢走,而且神枪手们还必须每一颗子弹消灭一个敌人,子弹用多了陈老板扣奖金。

但明军似乎看不上陈祖义的好船,一海里外舰炮就开火了。话说明军最大的威武大将军炮,若在陆上要用几十匹牛马才拉得动,如果陆军拉着这种大家伙去追蒙古人那不是搞笑吗?就算追不到蒙古人,压坏了花花草草也是破坏环境啊。但海军就不同,可以在舰桥上摆一排,这一排轰下来,陈老板的好船已经烂了一大片。然后千吨巨轮如山压卵,对阵形全无的陈军进行无差别舰体撞击。陈祖义还企图用小船发挥灵活性,冲到明军巨舰吃水线处安放炸弹,甚至用《三国演义》中周瑜火烧赤壁的办法燃起小船冲向明舰。但明军布雷艇立即冲出,在巨舰前方布下水雷防线,陈祖义的小船全体无谓牺牲(所以不要相信小说里的战术真的有用)。最后,陈祖义舰队全毁,士卒伤亡大半,自己也被生擒。

郑和将陈祖义押回南京,明太宗在旧港设旧港宣慰使司,以汉人施进卿为宣慰使,代表明廷维护南洋秩序。同时,召集世界二百余国的使节,观摩公审陈祖义,此举主要有两个目的:

第一,宣布满剌加海峡从此畅通,大明将负责这片海域的秩序。

第二,表明大明是一个负责任的大国,有义务,也有能力承担起更重要的

国际事务。

其实郑和舰队一出航就倒了个大霉。舰队到达麻喏八歇国（位于今印度尼西亚爪哇岛），该国正在内乱，国王误将明军上岸补给的一百七十名人员当做敌军杀了。麻喏八歇国王搞清情况后吓得尿崩，拼命向郑和赔礼道歉。但男人谁没有血性，无缘无故失去了一百七十名战友，明军群情激愤，纷纷要求郑和下令踏平这个弹丸小国。尽管郑和不能算严格意义上的男人，但一样有血性，不过他更明大节，没有像王玄策那样一怒兴兵灭人国，而是禀明朝廷，最后接受了麻喏八歇国王的道歉（当然，钱要赔够）。

如此强大的兵力，但又不恃强凌弱，这样的超级大国到哪里去找？一时大明声威远播，各国纷纷遣使纳贡，建立贸易关系。曾因蒙古冲击而变得支离破碎、海盗盛行的印度洋航线再现繁荣，开启了人类伟大的大航海时代。

当然，一个负责任的超级大国，既要为人类进步作贡献，也要把握好国家利益，不然就会成为人类社会进步大潮中被淘汰的落后民族。在这个问题上，明太宗的表现不输给他的前任宋太宗。

永乐五年（1407），郑和第二次下西洋。到达印度次大陆西海岸的古里国（位于今印度喀拉拉邦卡利卡特市）。归程中路过锡兰国（位于今印度洋斯里兰卡岛），国王亚烈苦奈儿（今译维拉·阿拉卡斯维拉）不知脑袋是怎么长的，竟然见财起意，企图抢劫郑和船队。其实他的兵力比陈祖义还弱得多，他的计谋是先请郑和等主将到王宫座谈，将主将们控制起来，然后趁机突袭舰队，明军群龙无首，必然束手就擒。

太感谢了！我终于也有机会演一次王玄策了。

郑和带了两千兵上岸，发现亚烈苦奈儿的阴谋后立即起兵攻打王宫。锡兰国那点兵哪里经打，只用两千兵就攻占了王宫，船上的大部队得到消息立即登陆，控制其国都。郑和将整个锡兰王室押解回南京，明太宗又像擒获陈祖义时一样，召集各国使节观摩公审亚烈苦奈儿。但上次公审结果是将陈祖义诛族，而且举行了震人心魄的献俘仪式，据说把一生纵横四海的陈祖义吓得晕死过去，然而这次却赦免了亚烈苦奈儿，甚至释放他回国。这正是遵循了明太祖不欺凌弱国的祖训，世界各国更加叹服中国人的博大胸怀，更加放心地和中国开展平等贸易。

除了这两例,其实世界各国纠纷不断,国内政变、阴谋篡位更是层出不穷,那么作为接受朝贡的明帝国该如何处理?郑和下西洋多次遇到这种情况,每次都秉持正义,打击一些妄图扰乱秩序的野心家。除了不按规矩做生意的,一些恃强凌弱的、谋朝篡位的、越位继承王位的,都被郑和镇压了。有时遇到越南这样比较大的国家出了内乱,仅靠海军搞不定,还会派出数十万陆军出战。

这不是干涉他国内政吗?你大明也不是什么善茬!

不能这么说。干涉内政也要看目的,有人打着替天行道的旗号趁机控制别国内政,将别国变成殖民地,但大明主导下的国际秩序真不是这样。郑和虽然经常主持某国王位更迭,但从不在这些国家留下殖民政权,也不会强迫他们接受不平等的贸易条件,确实是维持秩序,甚至连报酬都不要。

正是在这样精神的指导下,大明主导的全球化模式深受各国欢迎。相比之下,很多强国(包括中华帝国前面的一些朝代)总脱不了恃强凌弱的心态。而明朝谨守祖训,从不穷兵黩武,始终将强大的武力用于维持国际秩序,促进贸易,拉动人类文明整体向前,而不是通过血腥的掠夺和罪恶的殖民来积累肮脏的财富。

可以说,明朝主导下的全球化,是人类文明史上最好的一次全球化模式。多年后,当西方人开始走出蒙昧,用几条小船探索海洋,别以为他们真是靠所谓的勇气和探索精神,没有阿拉伯领航员,小船都出不了海。而为什么会有那么多精于航海的阿拉伯人?他们的航海技术不也正是从中国人那里学来的么。所以西方的大航海时代并非原创,而是明朝大航海运动的一种延续,也正是在中国主导下的全球化,才带动欧洲走出黑暗的中世纪,走向开放文明。然而明亡后,主导权从中国转移到了西方,全人类共同进步便演变成了血腥的殖民扩张、种族屠杀、奴隶贸易,以大多数民族的大退步换取少数几个民族进步的模式,不得不让人感慨东西方公共管理伦理实在有天壤之别。

郑和在二十八年间,共七次率舰队下西洋,最后一次于明宣宗宣德六年(1431)出发,到达非洲南部的莫桑比克海峡。宣德八年(1433)四月,舰队返航至古里,六十二岁的郑和病卒,正使太监王景弘率舰队继续返航。现在南京牛

首山建有郑和陵园,但只是一个衣冠冢。正史没有详载遗体葬于何处,南洋华侨传说舰队返航至印度尼西亚爪哇岛,王景弘见遗体确已无法保存,只好将其就地安葬,所以此地后来改名三宝垄,以纪念这位伟人。

据现存确切资料显示,郑和七下西洋,传统观点认为每次都走印度洋航线,最远到达非洲南端的好望角,但这些观点近年来遭到严重挑战。2002年英国史学家加文·孟席斯(Gavin Menzies)所著《1421:中国发现世界》(1421 The Year China Discovered World)称郑和舰队或其分队发现了美洲和大洋洲,并实现了人类首次环球航行。孟席斯搜集了大量明军在美洲、大洋洲留下的遗迹和碑文,并利用自己专业的航海知识(孟席斯长期在英国皇家海军服役,并曾以鲲鲸号潜艇艇长身份进行过环球航行)对许多疑点进行了解释,目前已有一些学者开始接受他的观点。

其实我们可以发现一个严重问题,郑和下西洋这么重大的盛事,相关资料却残缺不全,甚至到底是七次还是八次都存在争议。而这场盛事曾奠定了中华帝国长达二百余年最辉煌的国际地位,也极大地拉动了人类文明最重要的一次全面跃进,他的后人却似乎了解不多,甚至有许多明显不符合逻辑的可笑说法流传于世。

一、郑和下西洋是为了寻找建文帝

前文就说了,南京城破时建文帝已死无疑。退一万步讲,就算建文帝真的跑出去并且藏起来,那也该派密探去秘访,弄那么大支舰队,走到每个地方都搞得热闹非凡,相当于先吼一声:"大侄子,四叔找你来啦!你快藏好啊!我当年不是宣布过你已经自焚了么,今天这么吼,我在向全世界宣布我是大傻吗?"而且找个建文帝还跑到非洲(或许还有美洲)去找,您确定这是人类的思维方式?

二、郑和下西洋是为了炫耀国力,劳民伤财,得不偿失

这世上最没有宗教信仰、最重现实经济利益的民族是哪个?显然就是中国人,那这个民族会为了图虚名撒出郑和下西洋这么大把的钱来?郑和下西

洋重新开辟了印度洋航线，开拓了巨大的海外市场，促进了经济全球化，甚至可以说拉动了全人类在蒙古摧毁后重新走上发展的轨道，这样重大的意义岂能说得不偿失？即便不算这种大账，就算直接的财务账，也应该知道朱老四绝不是赔本赚吆喝的人。郑和那二百多艘巨船载重量该有多大？就空着舱来来回回游着玩儿？当时东西方贸易很多货品都是几十上百倍的利润，私营的小商队尚且有利润，郑和这种船队能赔本？

那到底是什么人在胡说八道？美国前国务卿基辛格（Henry Alfred Kissinger）所著《论中国》（On China）的评价就极具代表性："除了象征性扩大了'天下'的概念，他没有得到实际的殖民地和资源。"在基辛格这种人的眼里只有"殖民地和资源"，航海就是为了建立殖民地，掠夺资源。至于创造全球化平等贸易的共同市场，拉动人类文明整体向前——您觉得除了好莱坞，有哪个西方国家会产生这样的奇特念头？所以，从这个视角来看，郑和下西洋确实是在拿银子打水漂。

当然，还有一些中国人用一种阴暗心理来解读：西方人通过血腥殖民，快速建立起世界中心地位，中国却错过了这个不择手段的机会。然而这些马基雅维利主义者仍然是错误的，明太宗北征蒙古，南下西洋，带动了世界整体向前，也奠定了中华帝国更加稳固的世界中心地位。明太宗并未错过任何机会，明朝无论是政治、经济，还是文化的中心性都超过了汉唐宋，也超过后来的英美，下一段，可以用数据来说明。

三、明太宗驾崩后郑和下西洋立即停止

《论中国》说："郑和的远征在宣德八年（1433），即郑和去世的那一年突然终止……下一个皇帝下令拆除所有船只并销毁所有造船记录。这样的远航便再没有重演过……中国的航海行为从此一蹶不振……中国的航海史从此成为一个打不开的折页。"

基辛格文笔确实不错，可惜论据是他脑补的。宣德八年（1433），郑和这个人确实死了，郑和下西洋这个概念也就终结了。人都是要死的，但不是说某个人死了生意就不做了呀！太宗朝的意义便是奠定一个体系，让后人长久传承，

岂有一个人死了整个体系就消失的道理？基辛格当年推动了美国和很多敌对国家建交，史称基辛格穿梭外交，难道某天他一蹬腿，美国就闭关锁国不搞外交了？郑和卒后，侯显、王景弘等相继接替，多次下西洋，只不过他们的名气远远小于标志性的郑和而已。

根据多伦多大学弗兰克教授（André Gunder Frank）所著《白银资本：重视经济全球化的东方》(Reorient: Global Economy in the Asian Age)，在15、16世纪，全世界约有三分之一的白银通过国际贸易流入中国。须知这两个世纪正值美洲、日本这两个大银矿开发之际，全球贵金属供应量暴涨，而中国能通过贸易（而非掠夺）将这么多白银收入囊中，弗兰克惊呼中国就是一台巨大的"银泵"！试问一个闭关锁国的国度又如何做到？靠走私？中国的走私犯就能引发全世界范围的价格革命，您也太看得起经济罪犯了吧！

郑和之后大规模的官方航海确实减少，但这正是因为开辟航线、清理海盗、建立贸易关系等各项工作都做得差不多了，就不需要海军再开来开去，接下来就该民营企业家们开始表演了。现代也没有任何一个国家（包括美国）会让海军每天做环球航行，难道都是闭关锁国了？

繁荣的全球化贸易进一步促进了明帝国的中心性，除了金银，各种科技、文化都大量涌入开放包容的中国，极大地促进了中国自身的跨越。比如玉米、甘薯、马铃薯等美洲高产作物被引入中国，极大地促进了人口增长。有资料记载明朝总人口只有六千万，但这显然只是明初整理的一个纳税户数，后来增长的没有纳入统计（明朝祖训"永不加赋"）。据最乐观的估计，明末实际人口可能达到两亿五千万，这样的人口规模更加奠定了中华帝国作为世界中心的实力基础。而大量西方学者将西方科学带入中国，极大地开拓了中国人的视野，更使东西方科学在中国相融，保障了中国始终处于全球科技领先的地位。

成为世界的中心帝国，不一定只有烧杀抢掠这一条路。即便是西方，今天也有少数人开始明白这个道理，而作为一个中国人，希望您能够更加理解自己的祖先。

四、刘大夏焚毁郑和下西洋的相关资料

有野史称郑和死后明朝闭关锁国，明宪宗（朱见深）有意重启大航海工程，

但车驾郎中(兵部主管装备的司长)刘大夏便持下西洋得不偿失的观点,所以将郑和下西洋的资料都烧毁了!明宪宗也就只好作罢,从此闭关锁国。这同时也就是郑和下西洋这么重大的事件,最擅长记史的中国人却没有留下完善资料,现在的很多事情还得靠猜的原因吧。

这里可能需要比较直接地指出这个笑话的笑点在哪儿:

第一,区区一个郎中有权烧毁这么重要的资料?我可以负责地告诉您,这些资料涉及到当时世界上最强大海军的核心技术,刘大夏连看一眼的资格都不一定有。

第二,没资料就不能出海了?郑和第一次下西洋的时候也没资料啊,人家是怎么出去的?

第三,现在给您一条木船——给您艘柴油艇吧——但您不能查阅任何官方天文、水文、气候资料,国家也不给沿线国家照会,请您就用个人力量把船从中国开到伊朗去。您觉得有可能吗?那请问连GPS和全球通都没有的明代,那么多民间商船是如何航行于大洋的?这只能说明最迟到明末,明初开拓印度洋航线的资料都还保存得很完善,否则从技术上就无法支撑直至明末还非常繁荣的海上贸易。

那郑和下西洋的资料为何没有保存到现代,以及后来中国怎么就成为一个闭关锁国的内陆国,我想这里已经给出很明确的时间节点了,您就稍微动动脑筋吧!

中国特色封建社会的集大成者

大明,这个在蒙古旋风的废墟上重建的王朝,其历史几乎是汉(含秦)、唐(含隋)、宋三个主流朝代历程的浓缩再现。事实上,明太祖并没有选择这个主流方向,而是倒行逆施。明太宗则扭转了这种趋势,带领大明重归中国特色封建社会的主流,有力地维护了正确的历史前进方向。尽管他是太宗系列中最恶劣的一个篡位者,但他的历史功绩又相当之大。

所谓集大成，主要体现在三方面：

一、全社会阶层隔阂被打破，流动性充分

这一条其实宋朝就已经基本做到，明太祖却建立了一套世袭职业户役制，企图大开历史倒车。不过他挡不住历史前进的滚滚车轮。尽管他规定户籍世袭，但正如他规定不准再设宰相、宦官不得干政等，他死了没几年别人就当是放屁了。同理，尽管明朝从未在法律层面用正式公文宣布明太祖的户籍制度是放屁，但在具体行政行为中不阻止脱籍，这条禁令也就化作一缕青烟。

所谓全社会阶层流动性，重点在于政府高官。只要高层不是始终被世家把持，而不断有底层人民进入高层，流动性就很好了。唐朝比之汉朝、宋朝比之唐朝，世袭荫举一直在变少，但明朝似乎又比宋朝多，这应该说确实有退步。可明朝的科举取士又比前代更严格，宋朝还有不少人荫举入仕，宰相中更不乏吕夷简、吕公著父子，范仲淹、范纯仁父子，史浩、史弥远父子这样的宰执世家，而明朝便再无一对父子两代为相的例子。

当然，宋朝那些宰执世家也并非全靠父辈余荫挺进高层，他们也只是生在宰执之家，仍要考中进士才能获得认同。宋朝读书人虽多，但宰相家庭良好的学习氛围让孩子赢在了起跑线上，而明朝随着公共教育的发达，这种优势也不明显了。整个明朝二百七十六年，宰相之子考取一甲进士的只有杨廷和之子杨慎，张居正之子张懋修极少特例，高中者绝大多数来自底层。宋朝尚有吕公著、范纯仁这种兼具世家和进士身份的中间阶层，明朝的杨慎、张懋修显然不成其为一个阶层，何况他们也只是中了状元，远没当到宰相。在科举人才的主导下，明朝官场渐渐形成了"中外文臣皆由科举而进，非科举者毋得与官""非进士不入翰林，非翰林不入内阁"的规矩。

纵观明朝一百六十三名大学士的履历，其中有一百五十七名进士出身，占总数的98%（另六名也有举人等较低功名，而且全部集中在明朝建立前六十二年）。而一甲进士（状元、榜眼、探花这前三名）更多达四十一名，占总数的四分之一！整个明朝共产生了八十八名状元，其中便有十七名入阁为相，比例高达五分之一。除了成绩最优异的一甲进士可直接入翰林外，二三甲进士登科

后还可以进行选馆考试,考出兼具文化素养和行政能力的人才,称为庶吉士,可在各部门实习三年后任实职。明朝共有八十七位宰相为庶吉士出身,超过总数的二分之一。

我们很容易从这个层次明显的结构看出,明朝政治最大的特征便是由考试成绩决定仕途,而不是出身门第或者其他,这激励了无数人捧起书本,形成了全社会的文化大繁荣。全社会考取功名的机会也相对公平,美国社会科学院院士何炳棣教授(Ping-Ti Ho)研究了明朝所有进士的家庭出身,其中祖上三代从无人获得任何功名和官职的A类进士占总数的47.5%。更重要的是,这个数据在漫长的二百七十六年中,除明初从峰值降为均值外,自明孝宗朝起便稳定在均值。也就是说,完全平民出身的进士始终能占到一半左右,社会并未随着时间推移产生两极分化的马太效应。这表明这个体系本身具有内在的反马太效应机制,这或许归功于明朝发达的公共教育体系。尽管大多数人无法投胎在官宦之家,只能接受政府提供的普通公共教育,但教育条件和学习氛围也并不比富贵家庭差太多,纯平民和富贵家庭的孩子成绩旗鼓相当。

稍微意外的是,宋朝的对应数据是53%,这和产生了大量宰执父子的印象似乎并不相符。这或许和明朝人排斥官宦出身的心态有关——同等条件下,明朝人更愿意提拔贫苦出身的寒士。而宋朝官宦子弟中进士的虽比明朝略少,但只要能中,这种双重身份使他们提拔起来也很快。所以宋朝的官宦出身进士数量更少,但走到后来并不输给寒士。那宋明两种用人倾向哪个更好呢?尽管优先照顾寒士看起来似乎更公平,但出身宰执之家本身也是一种难得的教育经历,非常有助于人格塑造。宰执之子只要不是靠父辈的关系上进,而确是通过公平考试获取功名的仍是栋梁之才,确应重用而不应逆向歧视。事实上,宋朝的官宦世家和寒门子弟相处得非常融洽,宋朝公认最优秀的几位宰相文彦博、吕公著、范纯仁便都是宰执之子继续为相的杰出代表。

良好的人才选拔机制带给了社会良好的活力,除了有志于官场的文士,所有人都能够根据自己的兴趣特长自由择业。尤其是大航海运动极大地开拓了中国人的眼界,无数人怀揣着梦想踏上了下西洋的海船,也有无数人被世界各地的科技成果所震惊,投入到科学的海洋。

当然,这样活力十足的社会,人与人之间又缺乏固定的人身依附关系,就更需要构建完善的政府组织结构来提供公共管理服务。

二、政府组织结构完善,行政权力关系理顺

除了宰相,明朝的军制和地方政府设置也同样重要。

明朝觉得宋朝的募兵制太费钱,采用了类似于隋唐府兵制的卫所制度,但卫所制也必须建立在军户制的基础上,明太祖的户籍制很快就消散了,卫所的征兵职能后来也被募兵制所取代,仅仅作为军队的一种组织结构。

明军的指挥体系大体仿宋制,京师三大营相当于宋军三衙司,由兵部和五军都督府直辖。地方上设约二十个都指挥使司,每司下辖数十个营卫或直属千户所,每卫下辖数个千户所,千户所下辖数个百户所,全国共有近四百个营卫。平时各卫所在都司带领下训练、屯田,遇战事由兵部下令集结,但军事上由五军都督府指挥。这样便将军权分割,避免了拥兵自重的局面出现。整个明朝历史上,并未出现过军官拥兵自立的情况,说明军队公有化思想得到了进一步成功实践。

顺便说一下,有一个驻京的卫所可谓名震天下——锦衣卫。这本是御前十七禁卫之一,和比较有名的羽林卫性质一样,但明太宗为其赋予了特务部队的职能,据说还参与到了一些政治斗争中,后来就越传越神,甚至成了明代特务政治的代名词。再加上武侠小说、国统区白色恐怖文学、武打片的不断渲染,很多现代人便将中统、军统、中情局、克格勃、军情n处的印象统统加到锦衣卫身上,简直成了恐怖深渊。其实锦衣卫也就是个普通的亲军卫,偶尔会执行一些秘密任务,但比起真正的特务部队中情局、克格勃乃至五军营、神机营里的侦察兵都还要差得远呢。

在地方管理体系上,可能很多人对明朝巡抚印象较深,认为是各省省长,但事实上仅是临时差遣,并非常设职务。明朝更没有省这个说法,只是前面的元朝和后面的清朝都有,很多人便想当然的认为明朝也有。明朝仿宋朝在各地设四司的制度,在各地设三司:

1. 都指挥使司:即前文所说的地方军区。

2. 承宣布政使司：相当于宋朝的都转运使司，主管一方的财政经济。因为经济工作比较重要，所以设左右两位布政使共同主持工作。

3. 提刑按察使司：相当于宋朝的提点刑狱司，主管地方司法。

这三司互不隶属，各自负责当地的相关工作，有时遇到重要情况，比如治理河道或打仗，朝廷会派出一名要员（一般本官是副都御史或侍郎）巡抚该地区，协调三司工作。但也只是协调而并无直接管辖权，因为这三司都直接隶属于中央的三个部门，为此中央部门的机构设置也发生了重要变化。

尚书六部，每部四司，唐宋有时会微调二十四司的具体设置，但这个框架从未改变。明朝为加强中央和地方的直辖关系，非常有创意地打破了这种框架，不妨以户部为例来说明这种公共管理创新。

明朝户部内设十三司，分别为：浙江、江西、湖广、陕西、广东、山东、福建、河南、山西、四川、广西、贵州、云南清吏司。这就是一些省份的名称，明朝虽没有省的说法，但这种区划显然是后来各省的框架。

这十三司显然各自对口一个地区，比如浙江布政司就直接对口户部浙江司，而巡抚可管不了户部的内设司所。

同理，刑部也设了这样的十三司，对口各按察司。都察院也设十三道监察御史，分派各地监察地方官员。但兵部的情况比较复杂，并未分十三司直接对口各都司。

有些人据此说明朝的疆域很小，只有区区十三省而已，什么东三省、新疆、西藏都不在辖内。这真是相当无知也很无理的一种说法。户部只管十三省，中央各部门都不用钱了？您看户部十三司也没有北京、南京啊，难道也不在疆域内？更可怕的是这十三司没有五军都督府啊！是明军全体叛逃了还是都不领工资了？郑公公那么大的舰队经费从何而来？最愉快的是刑部也只管这十三省，所以中央百官可以随便犯罪玩儿——反正没人管。搞半天"刑不上士大夫"是这样实现的！

但这显然是很荒谬的。

事实上，十三司（道）也只是一种机构设置方式而已，内设十三个司已经够多，不能再增加了。所以十三司托名某处，并非真的只管这一地之事，还要

兼管很多业务。比如中央机关的经费就由户部陕西司管,两京及其附近地区的税费由福建司管,各营卫分到各司管等。十三司(道)没有出现的地名其实仍有明确的司(道)在管,并非不在辖内。

这样设置,明朝中央部门对地方的直辖能力更强,藩镇独立的可能性比前代更小。当然,这种进步体现在公共管理机构的设置上,只是一种表象,根本仍在于社会进步,尽管明朝倒退性地恢复了世袭爵位乃至世袭职务,但社会已尽力将这种影响降至最低,尽管不得不承认比宋朝略有退步,但总体而言一个平行化公民社会还算成功。明朝的中央集权体系也趋于成熟,地方独立的趋势基本被消灭,务实的地方政府设置方式奠定了大一统中华帝国的框架,使中华民族历代扩展出的生存空间融为一个有机整体,而不是汉区、羁縻区、军事占领区、藩属国的简单拼凑,统一的中国概念彻底深入人心,奠定了现代中国的版图。

当然,一个伟大的王朝,最重要的遗产不是金银,也不是疆域,甚至不是优秀的组织结构,乃是万世相承的文明血脉。汉唐宋都为后人留下了伟大的文明遗产,明朝的问题就稍有点复杂。

三、中华文明的高阶传承

说到文化,明太宗或许有点不好意思。明帝文化都很高,明太宗的子孙们每人掌握至少一门外语,诗词书画均有作品传世,水平较高。更恐怖的是有些人还是非常优秀的土木工程师或机械设计师,完全达到工学博士的学术水平。但这些人都是在翰林学士的包围中长大的皇子,学习条件比祖上好多了,真正让朱老四脸上挂不住的是:他那讨饭出身的老爸文化素养也比他高得多(有传世作品可证)。总之,朱老四就是板上钉钉的明朝最没文化皇帝。

不过所幸当中华帝国推进至宋明这样的高级阶段,皇帝个人的文化素养对全社会的影响已经不大。

明朝作为汉唐宋之后又一个主要王朝,并且是全球化的中心,其文化塑型对中华文明乃至人类文明都具有重要意义。那明朝到底是一个文化繁荣、科学昌明的文明帝国,还是一个思想禁锢、万马齐喑的黑暗王朝?这个问题争议极大,而且不同的答案往往还非常极端。

一个国家的文化塑型主要还是取决于官场风气。明朝作为科举制度全面成熟的时代,再加上合理的官制,社会思想也进步到了一个高峰,提升了整个官场风气。大量出身平民的寒士通过自身努力考取进士,官员晋升有明确的考试成绩为据,而不靠当权者随意评价,所以投机钻营、溜须拍马在主流官场上就很难有市场,形成了一种正直敢言的共同审美观。汉有张释之,唐有魏征,宋有寇准、包拯,而明朝更有海瑞、夏言、范景文、杨涟、左光斗等数不清的诤臣。而且前代的诤臣往往本身也要有一定地位才有底气向大佬叫板,而到明朝,七八品的小官乃至平民百姓公开叫骂皇帝、宰相却司空见惯。

明朝言官(御史、翰林学士、太学生)甚至形成了一个独特的群体,他们每天没有太多事干,但所有往来公文都要抄送给他们看,他们就横挑鼻子竖挑眼地挑漏。挑到了把皇帝、宰相一顿痛骂,大出风头之余,对仕途也非常有帮助,许多名臣都出身言官。当然,开骂也并非言官的专利,既然有利于升官,谁都会来抢着骂。比如著名的海瑞,只考取举人而没中进士,被分配到县府工作。按理说这种学历混个知州、知县这辈子就打发了,但海瑞从基层骂起,骂得总督、巡抚狗血淋头,博得一身骂名,因此从县府小官提拔为户部主事(正六品)。进了中枢机关他自然要提高开骂的层次,以骂皇帝为主,尤以一句"嘉靖者,言家家皆净而无财用也"被誉为骂坛经典,据说气得明世宗把奏本扔在地上猛踩。但海处长从此官运亨通,最后当到南京都察院右都御史(正二品),让无数进士、庶吉士艳羡不已。那么,临渊羡鱼不如退而结网,大家也就纷纷拿起笔,向皇帝、宰相、尚书、将军们开炮吧!

无端辱骂他人肯定是不好的,但身居高位者接受更多公共监督也不是坏事。像明太宗这样没文化的武夫,尚有无数忠臣义士秉笔直谏,整个明朝的风气可想而知。尽管到明末很多坏风气也开始露头,但由于当权者始终处于舆论监督之下,不敢突破底线,没有放纵胡为,全民族道德体系就没有崩溃。

其次,明朝比较忠实地传承了唐宋文明,使得中华文明连续传承。明太宗的一大功绩便是主持编撰了著名的《永乐大典》,全书二万二千八百七十七卷,约三亿七千万字,保存了八千余种古书,是"宋四大书"的好几倍,可谓

古今图书大集成。遗憾的是这样一部伟大的著作，在清代逐渐散佚，到今天只留下其中的三百卷左右。

而除了这部总结性的大典，明太宗的朝代有没有产生唐诗宋词这样伟大的成就呢？应该说明小说勉可比肩。而且大家可以发现一个明显的规律，中国这条楚辞—汉赋—唐诗—宋词—明小说的文化主线，形式越来越通俗，从门阀贵族才玩得起的高级文言文转变到市井之徒皆可诵读的通俗白话文。但千万不要认为思想性便在下降，恰恰相反，有些小说是在用一种通俗的方式将深刻的社会原理阐释给尽可能多的人听。尽管现代各路导演都把四大名著拍成了少儿暑期档，实则其中蕴涵着深刻的社会哲学原理远未被充分发掘。

除了社会科学，明朝的自然科学成就也非常巨大。得出这样的论断并不是根据成书于明代的科学著作，因为这种书很少，少到可以忽略不计，所以后人总觉得明朝是一个思想禁锢的黑暗王朝。然而，明朝强大的军队从何而来？自给自足的小农经济真能支撑复杂的火器部队——以及那支强大的海军？明朝在大航海时代的全球化贸易中始终处于引领地位，让"中国创造"畅销全球，这难道不需要一个庞大的科研和工业社会体系支撑？所以，可以逻辑性地讲：有明二百七十六年，少有科学论著传世，但绝非著作不丰，只是没有流传。

很多文艺作品都说明思宗亡国时，孤独地自缢煤山，只有一个老太监殉死，这与宋亡时十万人蹈海殉国的感人场面形成鲜明对比，说明这个黑暗王朝的人气是很差的。然而这种说法纯属谣言，事实上明思宗自缢后，全国各地乃至国外殉难的臣民多得无法尽数，甚至产生了一个专用名词"甲申殉难"，比人类历史上任何一个国家灭亡时排场都要大得多。尤其令人感慨的是朝鲜等藩属国，在崇祯十七年（1644）大明自身都已灭亡后，以次年继续为崇祯十八年（1645），并一直用到崇祯二百八十三年（1910）——直到被日本吞并！

别的国度在为伟大文明苦苦守望，真的后人却在"只有一个老太监殉死"的谎言中将祖先的壮烈血气抛在了九霄云外。

大明，这个二百七十六年的王朝，几乎浓缩再现了整个中华民族的发展历程。从分封藩王到中央集权，从门阀贵族到平行社会，从世袭户役到自由职业，汉唐宋走过的漫长历史——再现。这个成功再现的过程向世人展示了一个道

理：正确的发展方向可能会被某些偶然的外因扰乱甚至中断，但终会有人率领这个伟大民族重回正轨。

际天极地，罔不臣妾

一个最没文化的人，在华夏文化发展到最关键的时刻，强行当了皇帝，不过还好当上之后表现不错，没有误事，无论文治武功，明太宗至少都不输给他的两位前任。不过也许是明朝这个朝代总体很低调，明太宗的名气似乎又赶不上两位前任。尤其令他恼火的是，人们往往对他的丰功伟绩不那么感兴趣，而更热衷于看他的低素质笑话，比如他为了避开建文帝的猜忌装过疯子，他用白话文写圣谕，他的后宫充斥着女同性恋，比如他性功能勃起障碍……

其实这些笑话未必是纯属捏造，但是他的伟大功绩也不能被无视。一般认为，中华帝国史上最强盛的时刻是明宣宗宣德五年（1430），但很显然，这个顶点正是来自明太宗力拨正轨，并且连续积累二十余年所成。尽管明朝的经济成就或许比宋朝稍差一点点，但以综合国力论，绝对无愧于"治隆唐宋""远迈汉唐"的评价。更由于当时全世界都已被蒙古重创，强大的明帝国更是显得一峰独峻，在世界民族之林中鹤立鸡群。

当时有一位被西方人视为传奇的跛子帖木儿（Tamerlane），很想陪鹤过几招。传奇到什么程度？这样描述吧。当时西方人最恐惧的武装力量是奥斯曼土耳其，尤其是被称作雷电（Yildirim）的巴耶塞特一世（Bayezit I）苏丹，他强大的骑兵和火器多次大败基督教联军，整个基督教世界拿他一点办法都没有，东罗马皇帝甚至打算放弃君士坦丁堡，往西逃命。愁云笼罩着欧洲，蒙古没有毁灭他们，但世界末日似乎仍未逃脱。然而就当基督徒准备集体引颈就戮时，雷电汗却主动退兵了，原来是他背后出了麻烦，帖木儿打来了。闭塞的欧洲人并不了解帖木儿到底是谁，但他们非常了解的巴耶塞特却一战成擒——当了帖木儿的俘虏。

不过欧洲人也很幸运，跛子帖木儿不是很看得上他们这帮废物，他的志向

是要去和永乐大帝一战!

北元向明称臣后,蒙古系诸国自然就都转为明帝国藩属,要按时朝贡。但帖木儿这么厉害,自然有志于恢复大蒙古国的荣耀,一直策划反明。明太宗篡位给帖木儿提供了一个讨伐宗主国的绝佳理由,帖木儿将明帝国驻撒马尔罕的使者抓起来痛骂,让他滚回去报信,帖木儿大帝马上要来灭了燕逆!

说到做到,永乐二年(1404)底,帖木儿大帝的浩荡大军开始向东开进。遗憾的是,才走几个月,六十九岁的帖木儿就在讹答剌(Otrar,今哈萨克斯坦国奇姆肯特市)病逝,东征也就作罢。

明太宗一生最大的遗憾就是寂寞无敌,这里好不容易有人来送菜,走到半路却歇菜了,凄不凄凉?好笑的是现代有不少人惊呼中国又走了一次狗屎运,躲过了帖木儿大帝这次猛烈的入侵。甚至有人煞有介事地说以往鲜卑、蒙古都没有文明,就算侵入中原也只能被汉族同化,而帖木儿带着强势的伊斯兰文明入主中原,中华文明将被彻底覆盖!

然而这么可怕的事中国人似乎浑然不觉,明廷接到帖木儿宣战后连基本的动员都没做,似乎就打算让西部边防驻军自行解决。这到底是明人井底之蛙,稀里糊涂躲过一劫,还是有人在讲冷笑话?其实道理本不复杂,如果这个帖木儿帝国真的实力超强,又岂会只因一个跛子死了就放弃东征大计?不是说游牧民族扩张性很强吗?跛子死了没几年,他儿子就乖乖地重新向大明称臣,并把几年拖欠的贡品都补上,这种国家真有覆盖中华的实力吗?

帖木儿帝国重新对明称臣后引发了更强的连锁反应,欧洲人心目中奥斯曼土耳其已经够恐怖了,帖木儿帝国可将雷电汗一战成擒,而这个不太了解的东方帝国还要向更东方的大明朝贡!很难想象长期闭塞于黑暗中世纪的西方人心理会被冲击到何种程度,于是欧洲人终于打破上帝选民的迷梦,开始睁眼看世界,走出蒙昧,走向现代。

由于北元的终结,鞑靼、瓦剌相继称臣,帖木儿帝国也称臣,附带着蒙古系诸国及其殖民地归为藩属,整个亚欧大陆几乎全都纳入大明的势力范围。而郑和下西洋更将繁荣的印度洋置于大明海军的保护之下,海外慕中华天威而来的番邦更是数不胜数。古往今来,又有几人能够达成此等功业?或许,只有郑第七次下西洋时所拓《天妃灵应之记碑》的首句才是对明太宗一世伟业的最佳评价：

皇明混一海宇,超三代而轶汉唐。际天极地,罔不臣妾！

（大明统一了海洋宇宙,超过夏商周三代、汉唐的功绩。从天到地,无人不成为臣和妾！）

正是：

君不见天风浩荡莽苍原,劲草根繁车辙浅。车辙浅,单于遁逃前,永乐大帝空嗟怜。

君不见碧波涌起大明帆,万里海疆日月悬。日月悬,寰球共华帘,三保太监英名全。

第十一篇

——奇迹之成功者

清太宗皇太极

东北版西夏

相信很多人最初认为皇太极就是宋太祖、明太宗一类的谥号，然而这却是一个李世民、赵光义一类的人名，只是此名霸气得有点超常，让人惊呼什么样的父母才能取出这么意境悠远的名字！不过，此名却不是父母而是他重孙取的——确切地说是翻译，这是一个汉译满洲语名，明末甚至清初的资料上都译为忽勒特吉、黄台鸡等，他重孙清高宗才诏定译为皇太极。也有考证认为黄台鸡亦非人名，而是皇太子的谐音，是他当太子时的封号等，但总之清高宗诏定他的名字就叫——皇太极。

清太宗爱新觉罗·皇太极，生于明神宗万历二十年（1592），熹宗天启六年（1626）继为后金可汗，明思宗崇祯九年（1636）即满洲（清）帝国皇帝位，崇祯十六年（1643）去世，享年五十一岁，在可汗位十八年，其中包含称皇帝八年。

皇太极出生那年正好发生了一件大事，明朝的藩属国日本侵入另一个藩属国朝鲜，明军赴朝打击日军，维持秩序。尽管双方实力悬殊，但就算进山打猴子也得费子弹，何况是丰臣秀吉这种厉害猴子。虽然在战场上明军打得一统日本的战国精英们灰头土脸，又立了不少战功，但消耗也很大，据说用去了几年的国库。当然，朝鲜战争只是很小一方面，二百余岁的大明帝国已老态尽显，再加上全球气候变冷、贵金属通货膨胀、党争等多重危机，很多原本依附明帝国的部族领主便开始谋求独立，皇太极之父努尔哈赤便是典型。

努尔哈赤时任辽东都指挥使司下属的建州左卫指挥使。辽东曾是鲜卑、

契丹、女真等族的发源地,后纳入蒙古统治,杂居着许多小部族。明设辽东都司,军事化管理这些部族,将每个部族设为一个卫所,酋长世袭指挥使,泛称为女真诸部。建州卫后来建立的清朝有时自称是完颜女真的后代,有时又宣称不是,直到清高宗才诏定——是——他家祖上的事都是他一口说了算,其实中国历史上很多事都是他这样一口说了算的。现代的研究也是五花八门,是或不是的理由似乎都还说得过去。

传说努尔哈赤最爱看《三国演义》,或许他应该更爱看西夏历史,因为建州卫的形势和西夏实在太像了:名义上都是中原王朝任命的地方官,但实际上又都领有世袭部落。尽管他们初期势力弱小,不敢公开反对朝廷,但民众基础非常支持领主独立,周边更有大量类似的部族等着去兼并,等一口一口吃胖了,就有和朝廷对抗的本钱了。现在努尔哈赤的任务就和李继迁(夏太祖、赵保吉)很类似:将私有部落建成一个独立王国,然后由他儿子将这个王国建设成可持续发展的规范国家。

当时主持辽东军事的明将是李成梁。李成梁本来混得很差,四十岁还没上演范进中举,没什么仕途可期。但他有世袭铁岭卫指挥佥事(副团长)职务,于是提枪上战场,奋战辽东二十二年,立功无数,能让皇帝告捷于太庙的大胜就有十次,号称明朝后二百年军功最盛的边帅,封宁远伯、世荫锦衣卫都指挥使。但李成梁也开始变得骄横无度,大有将辽东建成他李家藩镇的势头,于是遭到很多弹劾被免职。李成梁免职十年间,辽东各部叛乱频繁,朝廷八易辽帅而不能镇抚,最终还是只好请出七十五岁的李成梁。李成梁一回辽东,立马讨平几股大的反叛势力,重塑和谐辽东,自己也加官至太傅。

仕途起落的李成梁肯定会思考这其中的个人得失,他毕竟是一名职业公务员而不是分封建国的领主,尽管不断地立功,官爵步步上涨,但朝廷一纸调令,什么势力、威望全都成浮云。中国的这套公务员体系号称铁打的营盘流水的兵,换谁来都差不多,但现在辽东不就离不了他李成梁吗?只要辽东需要他一天,他就能在辽东做一天土皇帝。那么,他就要让他一直需要下去。从此,辽东表面上风平浪静,但其实各部落并不是被李成梁镇压住了,而是和他暗通款曲。李成梁默许诸部发展,甚至劫掠汉民,诸部则时不时让他打一下立军功。在朝廷看来,李成梁不断地立军功,维持着辽东的和谐,没他真不行。但实际上,这些部族正是在李成梁的抚育下茁壮成长。

职业公务员体系的一个弊端在此显现:养寇自重。

因为寇的存在,国家才需要这些兵,如果几下把寇全打趴下了,兵也就鸟尽弓藏了。寇时不时闹点事,国家始终需要他才能按得住,就离不开他这个人了。这当然是拿国家资源甚至国土安全换个人仕途,是职业公务员体系的一大弊端。如果把辽东分封给李成梁,他就会认真剿灭私有领土上的反对势力而不会拿私财去养寇,这也就是某些人支持分封、反对中央集权的一大理由。

努尔哈赤无疑是李成梁养寇战略最大的受益者。《清史稿》称努尔哈赤也被李成梁抓过,但因为长得英俊,被李夫人偷偷放了,然后就崛起了。但更多研究认为他早已归附李成梁,正是他带着李成梁打残了女真诸部,所以在女真内斗中脱颖而出,一统诸部。从这个角度讲,其实唐朝那两位比西夏那两位更像清太祖、清太宗。

万历中期,努尔哈赤大致统一女真诸部,将治下的人口分为黄白红蓝四个旗(Güsa,音译固山),其实就是四个部落。后来又细分为正(整)黄、镶(厢)黄、正红、镶红、镶蓝、正蓝、正白、镶白八个部落,称八旗。每旗的领主称 Güsa i ejen,音译固山额真,意译都统。努尔哈赤亲任正黄、镶黄固山额真,其余各固山分封给诸子侄。其中,第八子皇太极获封正白固山额真。

经过李成梁数十年经营,东北蒙古、女真各部斗争激烈,又逢严重的小冰河期,可谓民不聊生,相对强势的努尔哈赤趁机大肆兼并,实力越来越强。万历四十三年(1615),李成梁卒,这下再也没人管得了努尔哈赤。第二年,努尔哈赤在赫图阿拉(今辽宁新宾)称覆育列国英明可汗,年号天命,由于当时他自称是宋代女真族的后裔,所以国号金,史称后金。

可汗是后金名义上的最高领袖,但各旗是旗主的私有财产,所以各旗旗主的联席会议即为固山额真大会(亦译议政王大会)才是后金的最高权力机关,相当于契丹夷离堇、女真勃极烈、蒙古忽里勒台、美利坚参议院。当然,汗国的日常行政事务也要有人主持,努尔哈赤设和硕贝勒制。后金将领主称贝勒(beile),但要加上和硕头衔即为和硕贝勒(hoxoi beile),才有资格参与最高

国政,这确实有点像女真勃极烈议会的翻版。首批和硕贝勒被称为四大贝勒:大贝勒为次子,正红、镶红固山额真代善;二贝勒为侄子,镶蓝固山额真阿敏;三贝勒为五子,正蓝固山额真莽古尔泰;四贝勒则为皇太极。另有多尔衮等四小贝勒就没有加和硕头衔。

表面上看,皇太极排位不高,但四大贝勒其实是平等的,关键另外几位包括努尔哈赤本人都没啥文化,皇太极就不同了。清太宗堪称清十二帝文化最高的一位,不知是领导分工还是个人兴趣,当他的粗人老爹带着子侄们畅快地打猎喝酒时,他却一个人在屋里攻读,现代流传的很多古代典籍满文译本均出自皇太极之手。尽管有些是带着汉官们共同完成的,但他都用功研读过无疑。这种文化素养某些汉语四级都没过就写了十万首"诗",把我们中国历史改得乱七八糟的人就不要拿来比了,入关前的那些就更没法比。在建州女真早期内斗中,皇太极牛刀小试,联合众兄弟斗倒了大哥褚英。而在发展策略上,游牧部族自古只认一个理:谁武力强就可以兼并别的部落,不强就等着被兼并。皇太极精研历史,创造性地提出不能一味以武力兼并,而要以共同利益驱使各部合力对抗朝廷,在顶住朝廷压力的前提下,合理兼并其他部落。这种合纵连横是非常复杂的,汉族能操作好的人也寥寥无几,硬要逼着努尔哈赤这一干粗人搞这套,说实话有点赶鸭子上架,最初还能耐着性子听一下,后来就耐不住了。

后金建立后,努尔哈赤四面出击。由于李成梁的抚育,建州女真实力已强,蒙古、朝鲜、女真诸部都打不过努尔哈赤部,连朝廷也没辙,集结了十余万大军征辽,还是被其迎头击败。不过努尔哈赤像疯子一样到处砍人,弄得四面树敌,这显然不可持续,皇太极经常苦劝父亲要理解合纵连横的道理,并常以和硕贝勒身份出面协调各部落关系,争取了很多蒙古部落。尽管朝廷痛恨"建房",更不允许治下出现封建领主,但和李成梁一样,戍守辽东的大量公务员未必这样想,他们想的是怎么跟"建房"纠缠,好让朝廷源源不断地投资。努尔哈赤最初也是利用李成梁的这个特性起家,但李成梁死后努尔哈赤公然建国,朝廷连续派出多位要员主持围剿。后金和辽东军恶战连连,尽管努尔哈赤在战场上没怎么吃亏,但李成梁式的养育再也没了。朝廷在更换了多位辽东巡

抚后,战略也趋于成熟,不再是一味地大军深入,而是合理防御,更重要的是开始笼络蒙古、朝鲜,让他们从东西两面夹击建州。尽管从清人所撰史料来看,努尔哈赤威风八面,场场战胜,但很显然,他已经应付得非常吃力。在他生命的最后一年,虚岁六十八的努尔哈赤还亲自率军转战辽镇、蒙古、朝鲜,可以说是被累死的。

尽管清人所留史料不会老实承认,但努尔哈赤晚年的四面出击确实已经将后金带到了悬崖边上,再像他这样暴跳下去,朝廷、蒙古、朝鲜以及比宋朝还要低好几度的气温很快就会把新生的后金扼杀在第一代。不过幸运之神眷顾了后金,努尔哈赤在这个关键时刻及时地去世了,继任者却是一位整个人类历史上都极为罕见的奇才,他竟然挽救了这么危险的败局。

满洲版德明

清太祖天命十一年(1626),努尔哈赤病死。《清史稿》称大贝勒代善及其子认为皇太极最聪明,主动拥立。皇太极即为清太宗,改次年为天聪元年(1627)。但很显然,这是受拖雷推荐窝阔台那个故事的启发编出来的一个山寨故事。这种部族政权,第一代死了,四大贝勒正好各自称汗,清太宗的后代宣传当时他就当了老大,其实他恰是四位新可汗中排名最末的一位。

当年夏太宗制定了"西掠吐蕃健马,北收回鹘锐兵,然后长驱南牧"的经典战略规划,奠定了某氏一族二百年家国,皇太极也需要完成类似课题。尽管他嘴上没发过这样的一句式名言,但做得并不比夏太宗差。

进入二世的后金主要面临四个方面的战略问题:后金内部、西面的东蒙古诸部、东面的朝鲜、南面的大明辽东都司。

一、后金内部

如何将这个正在快速裂解的部族政权捏合成一个西夏那样的仿汉式帝国?以努尔哈赤的威望尚且要裂解成八旗,再多裂几下就等着被别人兼并吧。

不过尽管努尔哈赤一死后金就裂解成四大汗国,皇太极却垄断了一种稀缺资源,使大家不得不暂时团结在他周围——政治智慧。这东西当时全东北的女真人、朝鲜人、蒙古人包括汉人也只有皇太极一个人有,他自然会成为八旗联盟必须仰仗的实际核心。

那实际核心和另三大贝勒的关系就非常微妙。所幸理论上地位最高的大贝勒代善很清楚以他自身的智慧不可能苟活于明末辽东这个杀场,所以对皇太极百依百顺。皇太极也给了他不少回报,代善祖孙三代均受封为铁帽子王,整个清朝两红旗都非常优遇。相比之下二贝勒阿敏就有点麻烦。

阿敏之父舒尔哈齐是努尔哈赤的弟弟,共同创建了后金。势力大了后舒尔哈齐想另立门户,被努尔哈赤镇压,许多儿子和部将均被处死。但在封建领主制下,部民不会轻易承认外人成为自己的领主,除非将全部落屠净,否则必须留下领主家族成员继任领主,大家还是只能让舒尔哈齐之子阿敏继承镶蓝旗。阿敏的实力不如努尔哈赤,只能忍气吞声地活着。但努尔哈赤一死,八旗分给各子,实力就分散了,阿敏却独自继承了舒尔哈齐的家业,镶蓝旗的实力远比其余任何一旗,甚至代善的两红旗加起来都要强,所以阿敏不重新考虑下独立就说不过去了。

努尔哈赤一死,阿敏立即率镶蓝旗进攻朝鲜,企图在朝鲜自立,但又没打赢,只好灰溜溜地归队。天聪三年(1629年),皇太极亲率后金、蒙古联军攻克了山海关内的永平等四城,将驻守的重任交给阿敏。结果明军反击,阿敏大败而逃,镶蓝旗损失相当惨重。稍有智力的人都知道,游牧部族劫掠关内只能抢了就跑,哪有重兵驻守关内城市的道理。不过,智力这东西只有皇太极一人有,阿敏没有,那就只能上这个大当了。皇太极又与阿敏之弟济尔哈朗联合,说好一起搞死他哥,由他继承镶蓝旗。于是皇太极召开固山额真大会,借阿敏大败,又罗织了许多罪状,将其囚禁,济尔哈朗继为镶蓝固山额真。济尔哈朗也非常顺从,皇太极死后还当过摄政王,镶蓝这个实力最强但血缘最远的固山被皇太极完美收服。

三贝勒莽古尔泰虽非皇太极同母兄弟,但从小感情很好,更是八弟超凡智慧的崇拜者,但为了政治斗争,还是需要铲除。其实对付莽古尔泰的手段和阿敏如出一辙,毫无创新意识,但唯一有智力的人对付其他人就这么轻松。天聪五年(1631),皇太极集后金、蒙古大军,进行了声势浩大的大凌河之战(地点在今辽宁西部凌海市一带)。皇太极完美运用围城打援战术,大胜明军,偏偏莽古尔泰所部吃了败仗。皇太极伙同其同母弟德格类,故意叱责讥讽,惹得莽古尔泰性情大起,当众殴打德格类,据说还"御前露刃"。固山额真大会重罚莽古尔泰,去掉他的和硕前缀,甚至罚没了正蓝旗不少丁口。第二年,莽古尔泰抑郁而终。三年后,正蓝旗有人揭发莽古尔泰曾密谋造反。女真人哪见过这种玩法儿,正蓝旗贵族们束手就擒,均被诛杀或废黜。皇太极以其长子豪格继为正蓝固山额真,吞并了莽古尔泰一系的家业。

就这样,皇太极收服了另三大贝勒,彻底奠定核心地位,又在汉官宁完我、范文程等的协助下构建组织机构,仿汉制设置了六部甚至御史言官等机构。皇太极大力提拔多尔衮、豪格等年轻领主出任六部贝勒等新官职,新秀的崛起分散了老贵族的权势,皇太极的优势更加明显。皇太极又进行了令人眼花缭乱的换旗活动。最初努尔哈赤亲领两黄旗,死后传给未成年的多尔衮、多铎。皇太极欺他们年幼,将自己的正白旗和正黄旗互换旗色,将儿子豪格的镶白旗和镶黄旗互换。后来皇太极以当年努尔哈赤的格式亲领两黄旗(实际上是以前的两白旗),豪格领正蓝旗,并在八旗内部划分阶级,以正黄、镶黄、正蓝为上三旗,其余为下五旗,上三旗享有更高的特权地位。后来皇太极又多次整编八旗,还将顺序也换来换去。这一系列动作很复杂,他那帮不怎么识字的兄弟子侄们不知道他到底在干什么。总之,最后的结果就是:皇太极建立了绝对优势,所有领主虽仍有私有部族,但全都恭顺地臣服于他。

顺便提一下,清世祖朝最终确定八旗的顺序是:镶黄、正黄、正白、正红、镶白、镶红、正蓝、镶蓝。头旗是镶黄而非正黄旗,清朝皇帝、太后、n阿哥、某珠格格什么的大都出在镶黄旗。所以,要冒充大清皇室或者写穿越小说时,就千万不要自称是满洲正黄旗之后,也不要写主角穿越到某正黄旗贵族少女身上,不要想当然地认为正就比镶的地位高。

理顺核心民族内政后,皇太极又积极调整对蒙古、汉族的统治策略。老努生性凶残,最初需要利用一些蒙古人和汉人,到晚年开始乱杀乱抢,又逢严重小冰河期,东北大地几乎没有收成,收不上来税。老努便放纵女真人直接屠杀汉民,抢夺钱粮。尽管后金防止逃民的措施极其严密,仍止不住大批汉民逃亡关内和朝鲜。气急败坏的老努更加疯狂地屠杀汉民,进入恶性循环,所幸紧急关头他死了,皇太极悬崖勒马,安抚汉民,鼓励蒙古人和女真人也加入耕作,加大对四邻的贸易力度,用东北特产换粮食,挽救了命悬一线的后金国势。尤其重要的是皇太极逐步完善了蒙古八旗和汉军八旗的建制,这为拉拢蒙汉民族,并为后来清朝统治全国开创了重要的制度渊源。

二、西面的东蒙古诸部

蒙古当时已是一盘散沙,但危机总能促进团结,面对严重小冰河期和后金强势崛起,蒙古尤其是东面部落抱团的意愿愈发强烈,一位年轻的英雄应运而生——林丹巴图尔。

林丹十二岁继为蒙古察哈尔部领主,称呼图克图可汗,很快控制了东部的内喀尔喀、科尔沁、兀良哈、八邻等部落,又在今内蒙古赤峰市筑瓦察尔图察汗城,号称全蒙古的都城,大有当年元太宗建都哈剌和林而号令蒙古之遗风。不过关键问题还是人心散了,队伍不好带。林丹又运用宗教武器,取得藏传佛教黄教领袖四世达赖喇嘛(云丹嘉措)的支持,在察哈尔设立蒙古教区的坐床喇嘛(相当于基督教的大主教)。当时蒙古大多数部落信奉黄教,此举凝聚了人心,很多西面部落也口头表示臣服于林丹。天聪四年(1630),二十八岁的林丹巴图尔在铁木真汗陵前即为"统四十万众蒙古国主巴图鲁成吉思汗"。注意后面四个字,他是历史上最后一位使用成吉思汗这个对蒙古民族具有极其特殊意义汗号的最高领主。

最后的成吉思汗确立了亲朝廷、镇压后金的战略,严令蒙古诸部不得擅自与后金勾结,经常出兵配合辽司进剿后金。努尔哈赤的战略是零敲碎打,有机会就欺负下弱小的蒙古部落,林丹汗一来又赶紧讨好。这样的结果是他直接抢了一些物资和奴隶,但蒙古诸部愈发团结在林丹汗周围,再过两天就可以把后金挤死了。皇太极一继位不再对林丹汗阳奉阴违,而是旗帜鲜明地与亲后金部落结为紧密同盟,坚决打击亲林丹汗或朝廷的部落。皇太极以杰出的军事才能多次击败林丹汗的联军,又能慷慨解囊接济饱受小冰河期灾害的部落,逐渐蒙古诸部又开始心向后金。关键时刻,年轻的林丹汗又犯了一个致命错误,他居然改信了红教!要信偷偷信就是了,公开改宗教就是政治上不成熟了,好不容易被他凝聚起来的蒙古民族又成了一盘散沙。皇太极敏锐地捕捉到战机,猛攻林丹汗,三次亲征甚至穷追至呼和浩特。林丹汗仓皇西逃,东面蒙古部落几乎全部倒向后金,林丹汗只剩下少数几个红教部落的支持,悔恨不已。

天聪八年(1634),四十二岁的林丹汗在忧惧愤懑中去世,皇太极立即派兵找到他的遗部,首先当然是笑纳了他的老婆们,也封他的儿子额哲为亲王,收纳了察哈尔部。蒙古再度失去了主心骨,皇太极趁机大力招徕,终于在天聪十年(1636)三月,蒙古十六部四十九位领主齐集盛京(今沈阳),共尊皇太极为博格达·彻辰汗(之后清朝皇帝一直继承此汗位,作为蒙古诸部的最高领主)。蒙古草原正式脱离明帝国藩属,倒向其敌国后金。这很像当年夏太宗收取回鹘,不过他是靠艰苦的战争,皇太极更多的是靠高妙的政治手腕。

三、东面的朝鲜

所谓一物降一物,聪明如皇太极,依然有人治得了他,毛文龙就是他最头疼的克星,所谓朝鲜实际上是指盘踞在朝鲜和辽东半岛打游击的毛文龙。

毛文龙,杭州人,万历三十三年(1605)武举人。明熹宗天启元年(1621),辽东巡抚王化贞派游击将军毛文龙率一百九十七人深入敌后开辟根据地。后金万没料到明军会出现在大后方,被毛文龙乘虚攻克了镇江(今辽宁丹东)。紧接着毛文龙又收复附近的宽甸等六堡,一时名声大震,辽东汉民纷纷来投,在后金东面建立起一个强大的根据地。从此只要后金一进攻蒙古或辽司,毛文龙都会围魏救赵,别说努尔哈赤,连渊渟岳峙的皇太极也常被气得跳脚。后金曾下过很大的决心剿除这个跗骨之蛆,但毛文龙背靠广阔的朝鲜腹地,还可以通过海路接受山东的支援,更有源源不断的东北汉民来投,不但未被剿除,根据地还越来越红火。当然,后金驻守东面忍受毛文龙摧残的恰好是镶蓝旗,甚至一度被打得两年无法出战,这尽管极大削弱了后金的总体实力,但客观上也帮了皇太极个人不小的忙。

后金崛起,辽东的战局非常难看,唯独出了毛文龙这一针肾上腺素。首辅叶向高将毛文龙比为古代的孤胆英雄班超、耿恭。确实,毛文龙这种壮举比班超、耿恭这些一波流还要强大得多。他不是一次突袭,而是长期驻扎敌后,后金倾尽全力围剿多次屹立不倒,更没有泛海逃命,这种英雄气概在晦暗的明末更显光彩照人! 明末御史一向以骂人为己任,对毛文龙却真心献上溢美之词。吏科给事中陈良训将其誉为"海外长城",著名的清流董其昌甚至说若有三个毛文龙,平辽很轻松。当时甚至以宰相孙承宗为首,流行起一股为毛文龙写诗的风潮。在这种级别的众望所归中,毛文龙很快累官至太子太保、平辽将军总兵官、挂征虏前将军印,开镇东江。

那皇太极就只能被按着打了吗? 不,他只需要抓住毛文龙一个致命缺陷——官太小。

太子太保(从一品)还小? 当然,中华帝国这套官僚体系,永远有人比你大。岳飞还正一品呢,照样有人一张纸条要了他的命,要对付这种人不能在战场上硬拼,而要勾结他的上级在背后捅死他。熟读历史的皇太极岂能不懂,他不需要在战场上打败毛文龙,而是需要找到他的秦桧,直接弄死这位明朝版岳飞。头痛医脚,要解决东面的毛文龙,皇太极需要将目光投向南面。

四、最重要的还是南面的朝廷

大明的国力远在后金之上,后金能苟活于东北的核心因素便是与辽镇官员之间的默契。怎样在后金利益、大明国家利益、蒙古诸部利益、辽镇官员们私利的复杂博弈中取胜,这是一场惊心动魄的政治棋局。

其实努尔哈赤过早暴露了自己,本来还可以在李成梁的继任者荫下继续发展一段时间,但建立后金摆明了与朝廷为敌,辽镇官员们也不得不抛开旧谊好好打击这帮逆贼。皇太极虽然不能收回已经建立的国家,但立即改变策略,与朝廷谈和,重新称臣,申请开放贸易。明朝以宋朝继承人自居,而宋人最大的仇敌还不是最终灭宋的蒙古,而是女真金,努尔哈赤偏偏将国号定为金,并宣称本民族是女真,这不故意跟朝廷较劲吗? 皇太极宣布本国与女真金并无关系,改国号满洲(Manju),汉名清,力求缓和关系。这些努力都收到不小的成效,暂缓了朝廷的攻势。这种暂缓使辽镇官吏们又有了和后金——现在叫满洲(清)帝国痴缠的理由,又可以假装打打仗,向朝廷愉快地报账了。而这一次,北面的君主不再是暴躁的努尔哈赤,而是超级聪明的皇太极;南面辽镇的领导也不再是还有点良心的李成梁,而是一个唯有秦桧才能比拟的超级狠角色。这对新组合会将辽事带往何方?

明朝版秦桧

曾经有一个巨大的偶像摆在面前,我惊叹他的名气居然比岳飞小。但阅读过较多资料后,我又惊叹他的名气居然比秦桧小。

袁崇焕,广东东莞人,万历四十七年(1619)赐同进士出身。明朝进士分三级,一般来说一甲进士、庶吉士前途是宰相、九卿,二甲进士是京官、督抚,而三甲进士一般混个主事、知县,顶多知府这辈子就可以打发了,袁崇焕的赐同进士出身就是最末的三甲进士。

中进士次年,袁崇焕便出任福建邵武知县。天启二年(1622),袁崇焕回京述职,转任兵部职方司主事,刚好就遇到广宁兵溃,朝廷出血本在关外建设的广宁镇(今辽宁北宁)被后金袭取,遭到对后金最大的一次防御战惨败。后金既然能袭取固若金汤的广宁,那自然也能袭破居庸关,直取京师了!一时满朝震恐,君臣不知所措,甚至有夸张的史料称明熹宗(朱由校)被吓哭了。这时袁主事却自作主张,做出一个惊人之举——单骑出关,视察关内外情况!安全回来之后还丢了一句豪言:"只要给我兵马钱粮,我一个人都能守住此地。"

英雄啊!

全靠英雄守住雄关,才避免了京师沦为下一个广宁,才拯救了整个大明,实在是力挽狂澜的超级英雄啊!

可北京的君臣们幻想努尔哈赤能杀进居庸关,其实只是他们的幻想。袁崇焕说他能守关,但他并没有守啊,是努尔哈赤自己没打进来。但无论如何,

在满朝君臣的眼里，事情就是这样的：努尔哈赤袭取了固若金汤的广宁城——所以他也能轻松袭取京师——那我们就无力抵抗了——袁崇焕说他一个人就能守关——关真的守住了（因为根本没人来打）。

于是，袁崇焕走上了辽东一线，被辽东经略王在晋提拔为宁前道兵备佥事，并派出关外作为文官监军。当然，广宁兵溃带来的恐慌只能是暂时的，三甲进士袁崇焕不可能一直靠这招混下去。但这次，他开辟了一条全新的仕途，以后再有这样的机会他还会捕捉到，没有这样的机会创造机会也会捕捉到。

果然，袁崇焕在辽东表现不俗，明军多年的劣势开始扭转。事实上，是努尔哈赤的战略本身有问题，后金自己走进了死胡同，袁崇焕在这个时刻带着光环接手辽事，运气不是一般的好。最著名的一次战绩莫过于天启六年（1626）的宁远大捷，努尔哈赤起十三万大军围攻宁远，宁前参政袁崇焕坐镇城中，坚守不下，最终努尔哈赤悻悻而去。此战也算是一场不错的胜绩，不过后来不知怎么就被严重夸大了，不少人说努尔哈赤挨了袁大人一炮，然后死了，所以袁大人是炮毙敌酋的英雄。但正史绝无此说，而且努尔哈赤八个月后才死，其间亲率大军西征蒙古，东拒毛文龙，精光四射，全然不像挨了炮的人。八个月后老努身患毒疽，以六十七岁过世，显然不是中炮牺牲的。袁崇焕在天启年间战绩尚可，但也远没有某些人吹得那么神。

天启七年（1627），明熹宗驾崩，十七岁的明思宗（朱由检）继位，立志要认真解决已经开始失控的东北问题。袁崇焕再次敏锐地察觉到机会，向新皇帝张开了大嘴："给我足够的钱粮，五年可以平辽！"

当时后金国势已固，辽东官吏们又都各怀鬼胎，但这还不是最严重的问题。真正严重的是新兴资产阶级的崛起，潮水般的白银涌入造成货币体系全面失控，看似强大的明帝国已经面临资金链断裂的危险。而自世宗朝开始长达七十年的小冰河期造成旱灾连年，财政又无力救灾，农民起义的星星之火正准备燎原。明思宗一上台就接了个烂摊子，他的策略是首先解决辽事，然后整顿财政，才有力气应付旱灾。这几个问题中，辽事还算是相对最容易解决的，所以明思宗不但要解决，而且还要立即解决，满朝文武只有袁崇焕一个人贴了他的心。

明思宗任袁崇焕以兵部尚书兼右副都御史,督师蓟辽兼督登莱、天津军务。袁崇焕提了很多要求,要户工吏兵四部在各自职能上支持他,明思宗立即依言谕令四部臣全力支持。据研究,袁崇焕在辽东一年要用去全国一半的财政收入,明思宗不遗余力地供给。袁崇焕又要求持尚方宝剑,便宜行事。其实明朝督抚普遍持有尚方宝剑,给一柄也不足为奇,奇就奇在袁崇焕要求朝廷收回王之臣、满桂等另几位辽东督抚的尚方宝剑,让他一个人大权独揽,明思宗居然同意了!可见他对袁督师的厚望已经达到非常人所能理解的地步了,然而唯有毛文龙的尚方宝剑未被收回,而且督师蓟辽兼督登莱、天津军务,没有把毛文龙的东江包括进来,这让袁督师非常不爽。

袁崇焕总揽辽事后主要做了四件事:

第一,提出"以辽人守辽土"。后金崛起,朝廷空降多位大员主持辽事,当地势力遭到严重削弱,但又缺乏李成梁这样的扛把子,无力抵抗。现在广东人袁崇焕提出"以辽人守辽土",他们就把袁督师当成了新的核心。这倒是激发了辽人的积极性,但客观地说并不符合明朝祖制,也不符合公共管理学的基本原理,最多是一种权谋。很多言官指出这是放纵袁崇焕在外镇结党专权,但明思宗已经认定了只要袁督师能五年平辽,这个黑锅也替他背了。

第二,排挤外来势力。辽镇有了新老大,当然就要排挤外人,蒙古人满桂、陕西人王之臣、甘肃人赵率教都被挤开,辽人抢回不少职权,欢呼雀跃,坚定了跟着袁督师走的信念。但浙江人毛文龙远在朝鲜,无法实施有效排挤,袁督师和皇太极一样,认为这个人非常讨厌!

第三,打造出一支关宁铁骑。袁崇焕将世守辽东的将门子弟们整编成一支关宁铁骑,据说是辽东乃至全国第一战队,唯一能在野战中对抗后金骑兵的明军。现在不少人很崇拜这支部队,甚至有人将其与陈庆之的白袍神军、李世民的玄甲天兵和岳飞的神武后军相提并论。

第四,提出与后金议和。皇上重用袁崇焕的目的就是想快速平辽,现在努尔哈赤刚死,机会大好,袁崇焕却偏偏要议和,不是给对方喘息之机吗?朝廷已经在辽东投了那么多银子,等他歇够了气你还得投更多来处理——但其实就是这意思。何况明朝是著名的"不和亲,不纳币,不议和",对外姿态一直很

强硬,小小的"建虏"还要议和?但袁督师解释这是缓兵之计,说以前急于进攻总是失败,应该先稳住皇太极,再步步为营修堡垒挤死他——当然,修堡垒要花很多钱,得找皇上报账。明思宗很快又接受了新理念,顶住满朝文武的压力表扬了袁崇焕。当然明思宗也不敢公开议和,只是默许袁崇焕私下议和。这就是在玩火了,为后来明思宗被黑锅压断背埋下重要伏笔。

然而袁崇焕不复炮毙老努的神勇,连后金的一个小贝勒都没宰到,反过来还要议和,十七岁的明思宗脑子有点不够用了。还没等他想通,袁督师给了他一个惊喜——宰了个大人物——不是皇太极,是毛文龙。

崇祯二年(1629)六月,袁崇焕到双岛(今大连金州海域)视察东江镇,突然出示一份圣旨,宣布毛文龙有十二条大罪当死。这道圣旨当然是袁崇焕自制的,但毛文龙信以为真,当场自尽。也有资料称袁崇焕是用林冲火并王伦的方式,趁毛文龙跪在地上听旨时拔剑砍了。总之,袁崇焕是未报朝廷,直接把毛文龙宰了。

且先不论这十二条罪名是否成立,罪犯论死尚且要三奏,就这样杀一个太子太保?拆了"海外长城",让孙相他们写的那么多诗都成了祭文?估计满朝文武把袁崇焕撕了吃了的心都有了。不过另外一边皇太极却是欣喜若狂,史载他"置酒高会",大肆庆祝,祝酒词应该是:"你毛文龙厉害,老子砍不赢你,但帮我收拾完镶蓝旗就没利用价值了,要你死你就死!"

令人吃惊的是,明思宗没有从众意惩处袁崇焕,反而帮他背了这个黑锅。很简单,他已经在袁崇焕身上寄托了太多希望,也投了太多银子,现在撤掉袁崇焕,那之前的投资不都打水漂了吗?不行,得让他把局势捞回来。这其实就是股票跌了一大截,明知还要继续跌但也死活不肯割肉,非要等这支票解套的心情。但等解套的散户往往会被套得更深,袁崇焕马上就要给明思宗一个更大的惊喜——皇太极直接到北京城下问候您来了。

崇祯二年(1629)十一月,皇太极率女真、蒙古兵马近十万,从长城喜峰口关突入,直接攻打了北京城!尽管没有攻克,但在富裕的京畿爽抢了一个月,然后又安然退回关外。尤其重要的是,跟着他进来的蒙古诸部也抢了个盆满钵满。此举的重大意义在于皇太极向后金联盟,尤其是还有些犹豫的蒙古诸

第十一篇 奇迹之成功者——清太宗皇太极

部展示了强大的实力——可以直薄北京,还可以带着你们抢这么多战利品,以后就跟定我吧!游牧部族最大的弱点就是联盟松散,某个强人一死,很容易分崩离析。后金更面临朝廷、林丹汗、小冰河期的多重围剿,努尔哈赤的死——其实死前已经将这个联盟送上了绝路,但皇太极的北京一月游解决了所有问题。

然而,真正的问题在于——北京一月游又是如何做到的?

这就好比一个乞丐快饿死了,体温下降,脉搏下降,多糖下降,转氨酶下降……总之就是要挂了。您给了一个解决方案:马上吃二斤绿色环保无公害猪肉,所有问题都解决了。

这不废话吗,有肉吃谁还饿死,关键就是没有啊!同样的道理,绿色环保无公害猪肉都知道带大家抢关内的好处,关键是抢得到吗?

问题就在于皇太极抢到了——还是带着大家抢到了。

明太宗以天子守国门,河北、山西一代重重防御,强大如阿鲁台、也先、小王子,也不是说破就破,皇太极是怎么带着几十个部落的十万杂牌军,悠哉游哉入关来逛一大圈,抢够了又轻松回去的呢?这个问题非常关键,我们不得不详探一番。

崇祯二年(1629)十月初,皇太极率八旗精锐从辽阳出发,与蒙古诸部大会于蒙古喀喇沁部驻地喀喇城(今河北滦平),共集结兵力近十万,这几乎是后金乃至蒙古的全部家底。朝廷已经探知他要入关,袁崇焕对此进行了一系列部署,在东面的山海关、西面的密云都部署了重兵。并且他亲率关宁铁骑镇守喜峰口关—遵化—蓟州—通州—北京的这条直线。

从喜峰口入关后立即就要面对一座要塞三屯营,然后才是遵化,按常理蓟辽督师首应派兵救援三屯营。袁崇焕首先派太子少傅、平辽将军总兵官赵率教率四千精骑从山海关出发,急趋三屯营。其实三屯营离山海关有三百里,离喜峰口却只有五十里,等赵率教赶到,别说三屯营,没准儿遵化都早已陷落了。所以他只能考虑尽快赶到遵化,如果四千精兵入驻大城遵化,挡住金军几天,袁崇焕率主力赶到,皇太极就只能带着他的旅游团出关了。然而奇迹发生了——赵率教昼夜兼程赶到遵化,却发现后金连三屯营都还没打!那他就应

该将防线前移,入驻三屯营。结果三屯营总兵朱国彦却不准他进城,没办法,只好又退往遵化。三屯营距遵化仅三十里,精骑一日可达,可就在这短短三十里,赵率教遭到后金精准的伏击,前后堵截。近在咫尺的两座要塞均未出援,赵率教全军覆没。

在自己的国土上遭到这么精准的大规模伏击,是不是有点神奇?皇太极敢让十万大军在关内两座尚未攻克的要塞之间埋伏一个星期,是不是有点过于神奇?后金全歼赵率教这场战役怎么看都像是预先排演好的一样。不可否认,皇太极的军事功底是很强的,但他毕竟是人类,出现这种情况只有两种可能:

第一,皇太极事先和赵率教的同事们策划好一条死路,放他去钻。

第二,赵率教忘了取手机电池,被后金的卫星定位追踪了。

两者您至少采信其中一种,本来我是比较倾向于相信第二种的,但我发现了一件奇事:后金对朝廷的胜仗全都这样赢的。

没错,萨尔浒战役、松锦战役、赵率教战役以及后来的大凌河战役等,金(清)军总是以精准的伏击取胜。而且明军往往会分成几路,金(清)军兵力不足,只能伏击其中一路。没关系,凭你几路来,我只一路去。伏击完这场再去赶下一场就行了,反正你们跑不掉。当然,也不是绝对跑不掉,李成梁的儿子就能跑掉,袁崇焕自己更不会中伏,只有那些陕西人、甘肃人、四川人、浙江人才总是记不住取电池。

甘肃人赵率教送死后,皇太极才开始攻打三屯营和遵化,在内应的帮助下轻松攻克。皇太极只留八百兵驻守遵化,大军继续南下。

留八百兵驻守这么重要的后路!疯了吗!

没疯。现在全东北的明军都被袁督师集结在山海关,而且袁崇焕只会拼命堵皇太极的前路,又不会抄皇太极的后路,八百兵只是用来维持治安而已。

没错,袁崇焕向朝廷奏报,他已率关宁铁骑拼命堵截金军,最初计划在遵化阻截,结果晚了一步没挡住。于是袁崇焕又在蓟州设防,可惜被皇太极绕过去了。然后袁崇焕又在通州设防,又被绕过去了。这就不给力了,才绕这么几个小城,把北京、太原、西安都绕过去,绕成都去抢川妹子啊!

千里奔援,明军总是被金军精准地伏击,袁崇焕却是被精准地绕过去。对此《明史》的解释是皇太极害怕袁督师的关宁铁骑,不敢正面碰他,所以只能绕过去。

其实皇太极突破遵化后明思宗已经坐不住了,诏令袁崇焕必须在蓟州堵住金军,就算被金军绕过,也不能再离开,以断其后路。而且在袁崇焕之前,右佥都御史,总理蓟、辽、保定军务刘策已率重兵从保定赶到蓟州。

这个云南人真是碍手碍脚,不是说好了中线我袁督师亲自守吗?谁让你擅离职守?袁督师一纸军令,让刘策带着蓟州—通州一线的部队都滚到密云去,蓟州他亲自守。然后,当然就是被绕过去了。

之后皇太极又绕过通州,这时袁崇焕没办法了,只能率军直趋北京城下,准备背靠北京城以捍金军。这时,又一个奇迹发生了:袁崇焕比皇太极早一天到北京。

不是说他绕过你吗?怎么你先到呢?

其实此时太子太师、大同总兵满桂已率宣府、大同守军赶到北京,五千精骑背城列阵,可以先抵住皇太极的正面进攻,然后袁崇焕的九千关宁铁骑正好腹背夹击,把天聪汗做成汗耙,袁督师怎么偏偏要早一天到呢?一时城内纷纷传言是袁崇焕率关宁铁骑引金军入关。别误会,这只是传言,至于十五年后,袁崇焕的弟子吴三桂真的率这支关宁铁骑引清军入关,那只是个巧合——只能说太巧了。

不过朝廷命令袁崇焕留在蓟州,袁崇焕非要到北京,而且来得这么可疑,这可是很危险的,连袁崇焕的副将都劝他不要这样做。但袁督师慷慨陈词:"君父有急,何遑他恤?苟得济事,虽死无憾(皇上要挂了,我哪还顾得其他?只要能帮上忙,虽死无憾)。"袁督师这种不顾职场潜规则,宁肯自己受猜忌,也要忠心为国的精神极大地打动了后人,很多人正是抓住这一点拼命赞美这位奋不顾身的大忠臣,把无数人感动得泪流满面。

接下来,袁崇焕、满桂便在城下与金军奋战。据说关宁铁骑个个奋勇,袁大人更是身先士卒,身中十余箭,还好盔甲厚,没受伤。而宣大军呢?人家文官出身的袁大人中了十几箭都没死,满桂这个精壮的蒙古汉子居然死在了阵

前!五千宣大军被十万金军打成了蜂窝。关宁铁骑号称友军黑洞,杜松的秦军、戚继光的浙军、秦良玉的川军,都曾威震一方,但只要做了关宁铁骑的友军,一律扑街,宣大军也不能搞特殊。现在毛帅挂了,赵帅挂了,满帅也挂了,能与后金一战的就剩袁督师了,然而袁督师说:"不能打,要议和。"

明思宗坐不住了,皇太极十万重兵突掠京城,这是有点吓人,但也不至于攻克吧?多挺几天,勤王军聚集个十万、二十万的还怕他?如果能堵死他的退路,没准儿还是个一举歼灭的机会,怎么能议和呢?

然而袁崇焕就是要议和,不但要议和,还要违制让关宁军进城(明朝祖制外镇兵必须在城下死战,不得入城),甚至偷偷带蒙古喇嘛进城来议和。更恐怖的是,满桂在城下奋战时,挨了一些箭,上面刻着关宁军的标志……城内都在传言,是袁督师故意把皇太极放进关,威吓北京,以达到议和的目的,至于满桂这种拼死抵抗的,袁督师就要做了他,跟毛文龙、赵率教一个道理。

这终于突破了明思宗的底线,这个黑锅背不下去了,他下令将袁崇焕下狱。这时更大的奇迹发生了,唯一可以仰仗的袁督师下狱了,皇太极反而撤军了!那关宁铁骑赶紧从背后追击金军呀。但这时关宁铁骑又像来的时候一样,冲到了金军前面。辽东总兵祖大寿怒吼:"你们居然把这么忠义的袁督师抓了?不跟你们玩儿了!"率关宁铁骑猛冲到山海关,从关内攻破了此关。本来山海关大量驻军正在筹划断皇太极后路,被祖大寿突然冲乱,皇太极从容带兵出关。

带进来还负责带出去?你这个团还是双飞?你袁崇焕这次嘴再大怕也是说不清了。经过八个月的漫长审讯,朝廷终以"袁崇焕咐托不效,专恃欺隐,以市米则资盗,以谋款则斩帅,纵敌长驱,顿兵不战。及至城下,援兵四集,尽行遣散。又潜携喇嘛,坚请入城"罪名处以磔刑,传首九边。你五年平辽,第二年就平到北京城下?北京市民又何曾见过敌军打到皇城根下的场面。行刑时市民拥塞刑场,付钱买袁崇焕的肉片生吃,可见民愤之大,古今罕见!当然,这种死法比岳飞更惨,所以袁督师的冤屈比岳武穆更大,更加震撼心灵!而杀他的明思宗和群臣,包括买他刺身吃的百姓,居然这样对待这么伟大的一个英雄!良心大大地坏了!直到今天,还有无数小说、网文甚至论文在为这位伟大的民

族英雄鸣冤洒泪,造就了无数袁督师的拥趸。

袁崇焕死后十五年,清朝就建立了。清人创作了很多大忠臣袁崇焕的故事,其中最搞笑的一个莫过于皇太极山寨蒋干盗书的反间计。有些史料语焉不详地记载了袁崇焕下狱后,皇太极率军北返,他故意安排人在两个被俘的太监面前说话,透露他和袁崇焕之间的密谋,然后故意放这两人逃掉,传话给明思宗。明思宗一听,立即相信袁崇焕确实和皇太极有勾结,冤杀了赤胆忠心的袁督师。但周瑜的火烧连环船在现实中都是行不通的,蒋干盗书又怎么可能。然而这个故事又颇具可读性(能入选《三国演义》的当然有可读性),茶余饭后聊聊还不错,于是就扩散开了。这个故事更凸显了袁督师天大的冤屈,也更强烈地控诉了昏庸刻薄猜忌的明思宗。尽管正常人稍一动脑就会觉得这事儿不那么靠谱,但已经被强烈主观感情充塞的读者哪还有空去动这点脑筋。类似这种吹捧袁崇焕、控诉明思宗的故事还很多,都很容易让大多数没认真读过这段历史的人所接受。当然,这和编造诛十族的原理一样,主要不是为了吹捧袁督师,而是控诉明思宗等明朝君臣的昏庸。

可能有人还不禁要问:袁崇焕这样卖国,他到底图个啥?要知道当时还没有任何人——包括皇太极都没想过后金(清)能入主中原。这个问题就更严重了。

袁崇焕勾结后金,绝不是看到了后金(清)能入主中原,甚至在他的眼里后金成不了大气,所以他才敢这样搞。他并未想过投靠后金,其实也是在利用后金。他的动机和李成梁完全一致,利用后金这个黑洞,吸引国家不断投资,自己从中渔利——这个利包括银子,也包括官爵和实权,也就是所谓养寇自重。

袁崇焕巡抚辽东时,也就是努尔哈赤当政后期,后金已命悬一线,明思宗从表面上看已经可以一举剿灭,所以才会相信五年平辽。但袁崇焕决不能让后金真的灭了,灭了他和手下一大帮辽东将吏就断了财路,所以他杀毛文龙,卖粮食给后金,甚至封锁亲林丹汗的蒙古部落,放纵亲后金的部落劫掠,并且拼命要求议和,都是在给后金续命。至于后来朝廷逼急了,袁崇焕便出了一个狠招——让皇太极率女真、蒙古诸部入关大游行,打到北京城下吓你一跳,看

你还议不议和。而要做到这一步,他就必须先杀掉毛文龙,解决皇太极的后顾之忧;让赵率教送死,让刘策离开蓟州,清空喜峰口到北京这条直线,解决皇太极的前方通道;而在北京城下关宁军号称血战,结果几无伤亡,宣大军却背靠着本国京城全军覆没。尽管没有确切史料明证,但我眼前总是忍不住要浮现出满桂将军那张怒不可遏的血脸,还在咬碎钢牙的喊冤:"是袁督师射我!"袁督师也咬牙切齿:"就是老子射你,谁让你断我财路!掉那妈,硬顶上。辽东好儿郎,给我射死这个骚鞑子!"

尽管清人所留史料绝口不提皇太极和袁崇焕之间的密谋,但皇太极敢带着全部家底,甚至透支了蒙古诸部的信任,像逛超市一样深入京畿又安然而回,谁能信不是蓟辽督师事先给他安排好了来回路线呢?

现在有些人把袁崇焕吹捧成岳飞一样的英雄,这真的有点黑色幽默,因为袁崇焕很显然是以秦桧为模板的,甚至有点刻意模仿秦前辈。秦桧要议和,于是袁崇焕也要议和;秦桧把挡在宋高宗面前的张俊调走,他也把挡在明思宗面前的刘策调走;秦桧杀岳帅,他也去杀个毛帅;最可笑的是秦桧出了十二道金字牌令岳飞撤军,他杀毛帅居然也是凑了十二条罪状,连这个数都不创新,这也太山寨了吧!不过现在袁督师被吹成了岳飞,他的秦老师也有不少人翻案,这个问题开始越来越乱。

其实南宋以来九百年,包括清朝,秦桧这个案子一点都不乱,是他与金人勾结,阻挠北伐,杀害岳飞,导致南宋不能恢复中原故地。但近几年开始有人说秦桧并不想杀岳飞,真正想议和、杀帅的是宋高宗,秦桧只是执行。然而当时南宋站稳脚跟,灭金指日可待,宋高宗作为皇帝凭什么就不想恢复故土?他的祖坟还在开封呢。现代人拼凑了许多理由,比如岳家军是私军、岳飞妄议立储、宋高宗怕岳飞救回他老爹老哥会威胁皇位之类的理由。这些理由其实都跟皇太极的反间计差不多,稍微看点正史或者动点脑筋都知道不靠谱,但封建皇帝在现代的名声是很臭的,给皇帝扣屎盆子,那多愉快呀,谁还去动这脑筋。

其实秦桧杀岳飞、促和议的动机就和袁崇焕杀毛文龙一模一样,他也不是想投靠金,也是利用金来打造自己在宋朝的权位。他和金关系最好,宋朝要与金议和,就得仰仗他秦大人。但如果宋高宗和岳飞呼啦啦地把金灭了,还要他干啥？所以，要在宋朝专权，就要靠金的外部支持，就得保持宋金战略平衡，就得议和，不议和的就得杀了。

可惜秦前辈的水平袁崇焕就比不上了，同样是养寇自重，人家秦桧就真能做到宋金均势，两边守着江淮一线干瞪眼，谁也奈何不了谁，都等着秦太师慢慢给协调吧。袁崇焕这一搞就搞砸了，不但身败名裂，十五年后明朝就亡了。所以，秦桧下的这种大棋，也不是人人都下得起的。

不过袁汉奸得的好处便比不上秦汉奸吗？这可未必。秦桧一死，他儿子孙子都被革职，秦家其实什么也没留下，袁氏可就不一样了！清军入关后，当然不能忘了恩公，让他的后裔加入了正白旗。正白旗，上三旗啊！尽管比李成梁家的正黄旗略逊一筹，但也够阿敏的后代自惭形秽了。袁崇焕六世孙袁佳·富明阿当到了吉林将军，七世孙袁佳·寿山当到了黑龙江将军。这什么概念？清朝实施民族隔离，东北满洲本部只有旗人才能进入，其余民族严禁入内。吉林、黑龙江将军自然是满洲核心上层人物才当得到的，这真是皇恩浩荡啊！袁佳氏也不负皇恩，富明阿及其子永山在甲午战争中血战捐躯，而寿山在俄军制造海兰泡大屠杀后，自杀谢罪。清朝有几个高官这样轻生死、重大义的？唯有继承袁督师忠勇血脉的袁氏一脉呀！号称明朝最精忠的袁崇焕，他的后代恰恰对清朝最精忠。

其实，在中华帝国庞大的官僚体系下，出现秦桧、袁崇焕这样的奸臣似乎也无法尽免，我不妨直接告诉您：以后还会有。但关键在于我们得认清这种人的真面目，有些人在拼命粉饰这类奸臣，无非就是想等后后金再出现时，他也有机会演一次秦袁。他们把奸臣作的恶扣在皇帝身上，这倒是一种不错的技巧，但以后不扣皇帝了又扣谁？您想想，以前皇帝是国家的主人，以后呢？吃袁督师刺身、被他们骂得狗血淋头的，是谁？

幻想版南宋

崇祯十六年（1643），五十一岁的皇太极在征兆并不明显的情况下突然就

死了,而清修史书一贯不喜欢把事情说得太清楚,这可能是预料到后来清宫戏流行,所以留点戏说的空间。关于皇太极的死因说法颇多,其中较流行的一种是他弟弟多尔衮和他四老婆(孝庄文皇后科尔沁·博尔济吉特·布木布泰,据说还有个诨名叫大玉儿)通奸,被他撞破,多尔衮一不做二不休,干脆做了他。这种说法当然不靠谱,事实上,孝庄皇后应该和多尔衮不熟,甚至有可能以前不认识,只是后来她联合多尔衮,扶自己的儿子继位,结成了政治同盟,就给编剧们提供了不少灵感,甚至上升到了通奸这么浪漫的层面。

皇太极死后,长子豪格似乎最有资格继位,他当了多年和硕贝勒,并领有上三旗中的正蓝旗。但选举制政体下,实力太强反而受他人忌惮,还记得元太宗是怎么当选的吗?同样道理,现在大家不会选实力最强的,偏偏要去选最弱的那个,大玉儿抓住大家这个心理,积极串联代善、多尔衮、济尔哈朗等和硕贝勒,选中了年仅五岁的皇太极第九子爱新觉罗·福临,史称清世祖,年号顺治。作为回报,孝庄皇太后让多尔衮、济尔哈朗摄政至清世祖成年。

皇太极当年把兄弟子侄们耍得很惨,可惜他儿子继承了他的部落却无法继承他的智力,大家要报当年的被耍之仇,豪格就成了清初第一惨人。多尔衮摄政五年就把他耍死了,年仅三十八岁,正蓝旗的上三旗地位也被多尔衮的正白旗取代。

崇祯十七年(1644),八旗内斗尚未尘埃落定,却突然出现了一个重大历史机遇:明朝灭亡了。

明朝不是被大清所灭,而是被国内农民起义推翻的。但这时大清该怎么办?按说是个进关爽抢的好机会,但这时宁远总兵吴三桂来请清军入关帮他剿灭农民军。这就不是一般的机遇了,皇太极生前最倚仗的汉官范文程力劝多尔衮下定决心,进军中原。最初吴三桂只承诺割让黄河以北,但由于明朝中央政权突然消失带来的全盘崩溃效应,整个中国突然群龙无首。清军入关后发现:这简直是无主之地呀,那不取白不取了。于是清世祖在北京即中国皇帝位,建立清朝。明朝好几位亲王在南方建立政权,泛称为南明,再加上李自成农民军及其分支的一些政权,清军还用了数十年才逐个灭杀。

历史上把清军入关的清世祖顺治元年(1644)作为进入清代的一年。

第十一篇 奇迹之成功者——清太宗皇太极

其实,中国特色封建社会这条发展脉络,到明朝就已经结束了,至于取得太宗庙号的皇太极所建立的这个朝代,老实说跟前面的那些朝代完全不属于同等社会形态,也不是顺着汉—唐—宋—明这个大方向继续发展。已经超出了作者的知识范围,就没法再详细讲了。我只是耳闻该朝尤其善于公共管理体系的改革进步,历用七种不同的公共管理模式,分别是:康熙独裁、雍正独裁、乾隆独裁、嘉庆独裁、道光独裁、咸丰独裁和慈禧独裁。每种都堪称巧夺天工,权力制衡和组织结构设计得极尽完善,尽得公共管理科学之奥义。该朝更以高度的契约精神著称,据说二百多年签订了一千多项国际条约,均严格执行,无一爽约,让经常诟病东方缺乏契约精神的洋大人不得不闭嘴。该朝的开放包容更是令前朝汗颜,广辟租界,引进西方先进文明在中国的土地上搞开发,东方明珠香港就是这样产生的……由于清朝的发展历程已经偏离主线太远,本书就不多讲了。

有些人纠结于袁崇焕在明末的历史作用,有人说他对明朝很重要,因为他被冤杀,所以明朝亡了;有人说他对清朝很重要,没有他就没有大清;有人说他对谁都不重要,只是个小人物。其实这些人说得都有道理,只是站在了不同的角度,而且把明亡和清兴这两个概念混淆了。袁崇焕当然是清兴的重要人物,否则不会赏他的后代入上三旗,但很难说他是明亡的关键。

明末是中国特色封建社会高度成熟的状态,很多弊端也随之涌现,最关键的是官僚集团畸形强大,皇帝和人民都失去了对他们的制约。而官僚集团内部也陷入激烈的党争,畸形强大的人都在内斗而不做正事,这样的国家能不亡吗?养寇自重其实都只是平民公务员体系诸多弊端中的一个,李成梁、袁崇焕只是这个庞大队伍中的两个点,还有更多的人在做更多更坏的事。不过他们每个人也都只想在帝国的肌体上剜一小块肉而已,要说袁崇焕剜的这一块其实不算大,真正的问题在于剜的人太多,结果就剜死了。

除了官僚集团,还有海量白银涌入造成的货币体系失控,另外相当不幸的就是遇到了小冰河期。天下无不散的筵席,大明王朝二百七十六年,国祚已然不短,气数当尽,遇到这种天大的问题不亡也说不过去,就不要只怨明思宗、袁崇焕或是皇太极中的某一个了吧!

当然，明亡一瞬间，清军入关接管中原，一统中华二百余年，这确实有很大的偶然性，但也必须建立在一定的实力基础上，尤其是以一个弱小的部落突然接管两亿多直辖人口的庞大帝国，没有一套强有力的上层统治体系是不可想象的，这不得不说就是清太宗的重要遗泽了。没有他和袁崇焕等明朝官员的巧妙博弈，这套体系根本都无法传承至崇祯十七年（1644）。所以，清太宗对他这一朝的意义恐怕比前面任何一位太宗还重大得多。

另外，不少人对南明很不解，须知南宋偏安江南一百五十三年，几乎是独立的一个新朝代，南明为何就做不到？应该说这也有很大的偶然性，平行化的中华帝国将所有鸡蛋放在一个篮子里，确实很缺乏这种抗风险能力。如果按晋朝的分封建国制度，藩王就可以在江南以原有藩镇为框架，快速建立一个新王朝，宋明的藩王显然就缺乏这种能力。个人观点，南宋和南明都不应该存在，南明的快速灭亡才是正常的，南宋才是宋高宗硬生生扛出来的一个奇迹。这不得不说是平行化中央集权帝国最大的一个缺陷，次次都有南宋是不切实际的幻想，或许这才是真正值得思考的问题。

终篇 一脉相承的发展脉络

本书包含了两条主线,一是历朝历代都有太宗,把他们的故事接起来就行了;二是各位太宗塑造的不同国家结构。

首先还是回顾一下有幸登场的各篇主角。在以他们所处的时代背景讲完他们的故事后,也有必要拉到一起做个谢幕。其实,我知道有人已经按捺不住:"给他们排个名,评一评谁是我们中华帝国的最佳太宗吧!"

商太宗:

小兄弟,怎么第一个就是你?说真的,你没被人砍死已经够幸运了,你是不是觉得这么好的运气还可以延续到评优?你还是回家重修一下概率论吧!

秦二世:

有点冤枉的小悲剧。不少人把一些不该他负的责任也栽到了他头上,我们应该在传统印象的基础上大幅提高对他的评价。当然,即便如此,他的排名应该仍然是倒数几位。

汉文帝:

三大贤主中唯一一位太宗,给人感觉虽然不错,但又略显平庸,主要是吃了没打大仗的亏,也缺了点亦正亦邪的个性来塑造文艺效果。尽管他的威名或许比不上后面某些人,但恶名更比不上。其实后世称赞或诫勉当朝皇帝,最爱以汉文帝为标杆,正是因为他没什么明显缺陷。把皇上比为唐太宗吧,皇上想:"你暗示我得位不正,还贪慕虚荣?"比为宋太宗吧,他想:"你又暗示我得位不正,还打得一手烂仗?"那比为明太宗吧,他又想:"你还在暗示我得位不正?还性功能不全?小样儿要不要来试一下!"所以,比为汉文帝就最合适。

终篇　一脉相承的发展脉络

魏文帝：

历史上形象尚可，主要是很多人把篡汉的恶名错扣在了他爹头上，而他在文学史上的地位又被他弟弟掩盖了不少。

蜀后主：

阿斗，把自己扶起来去找罗贯中索讨名誉损失费呀！

吴大帝：

生子当如孙仲谋！尽管很难算正统政权，但孙权本人无疑是二世祖的一个标杆。

晋太宗：

之所以要让这位山寨货在本书占有一席之地决不是为了凑数，而是为了让您明白：人多了难免有南郭先生，再规范的体系也难免有漏洞，我们要做的并非妄图创造一个完美的体系，而是不断总结完善，以更大的概率避免这些漏洞。看了晋太宗这个未能避免的小概率误差事件，希望您能悟得管理学的这层境界。

宇文护：

把最佳太宗颁给你，你敢来领奖吗？其他候选人都是皇帝，对，就是你专门杀的那种。

隋文帝：

其实他的影响似乎比汉文帝更加深远，他带领中华帝国走过了进入中国特色封建社会后最重要的瓶颈，他调整的框架似乎至今仍然适用。但他个人的缺陷又太明显，子嗣问题尤为令人诟病。关键是最佳太宗如果出在一个二世而亡的朝代，就好比超级女生的冠军是一个纯爷们儿那样别扭。

唐太宗：

这位选手，麻烦你把嘴从我的乳头上移开。你看，我只有两个乳头，不是你老爸，不要吮了。唐太宗个人功业奇伟，青史风采惊人，但又为历史的发展作了多少正面贡献呢？透支资源换来的表面繁荣能让人热血沸腾一时，又岂是可持续发展之道？当然，作者对唐朝这个朝代的态度极不客观，本书中唐朝有两位皇帝入选，尽管是后唐，但东汉、南宋都没享受到这种待遇啊！可见对唐朝有严重偏向,所以你们将作者对唐太宗的评价再调低一点,才更接近客观真实。

朱友珪:

你先去找欧阳修解决一篇本纪再说吧。

唐明宗:

五代唯一的明君,其实作者很欣赏,但如果把奖状发给你,反正你也不认识上面的字,还是留给别人吧。

晋出帝:

孙子,这本书里面再没有比你更丢脸的主角啦!

汉隐帝:

好吧,我收回上面那句话。汉隐帝成为一章的主角为不少读者带来了极大的痛苦,痛苦的根源在于明知这个人和晋出帝一样,原本可以在免费的笑话网站上看他当喜剧演员,现在却不得不花钱买这本书来看他当太宗。

周世宗:

宋人吹捧的两大偶像中的另一位,他用行动告诉世人一个道理:急流勇退是保持良好形象的妙方。当然,皇帝急流勇退的方式一般只有一个——去死。这又稍微惨了点。

宋太宗:

作者:光义,你知道吗?在这本书里,再没人比你打起仗来更像是一坨狗屎。

宋太宗:要知道,我的长处不是冲锋陷阵,而是设计科学的阵形。

作者:可你设计的阵形也很像一坨狗屎。

宋太宗:要知道,我的长处不是打仗,而是构建科学的文官政府。

作者:宋太宗的贡献其实很伟大,一个成熟的公民社会和文官政府正是在他手中成型,他的王朝更奠定了中华(汉)民族的民族性格,这个成就怎么吹捧都不过分。但我们也不能在他成串的败绩面前装瞎子,最主要是我不希望看到耶律休哥、耶律斜轸等一千八十余人纷纷跳将出来,捶着胸肌大叫:"耶!老子当年曾经在战场上踢爆过你们最佳太宗的屁股!"

辽太宗：

很多人拿帝耙当笑柄,这是很不道德的——尽管这其中也包括我。其实辽太宗非常不错,辽是历史上唯一一个真正成功锻造成汉式帝国的游牧部族,这个成就非常伟大,也符合人类文明前进的方向,尽管死得很丢脸,但他比那些一生不败的嗜血狂人伟大得多!

夏太宗：

和辽太宗恰恰相反,夏太宗是把本来可以成为国家公民的党项族人民强行变回了部落民,目的只是为了保住自家的一份私业。当然,这些部落民愿意接受他的统治,也说明大规模推广平行化公民社会不可能一蹴而就,是有条件,有步骤的。

金太宗：

一个神奇的人,神奇的民族,神奇的国度,如阿波罗 13 号那样耀眼,但立刻又消失了。如果按金太祖的国策走下去,或许东亚地区会多一个文明国度,但金太宗想把整个东亚文明报销,结果玉石俱焚。

元太宗：

上帝之鞭因你而找到极限,你的伟大有多少诗人咏叹!但诚实地说,以上四位离本书的主线都比较远,就不多说了。

明太宗：

际天极地,罔不臣妾!若以个人功业的绝对高程论,恐怕全人类至今也无人能与明太宗比肩!但很显然,他只是站在了他爹这个超级巨人的肩上,相对高程也不过如此。当然,明太宗作为人类从冷兵器时代向热兵器时代转变最重要的一位军事家,并开启了伟大的大航海时代,地位不可磨灭。然而他的个人素养又实在难堪了点。如果拉通宋明六百年来看,明太宗无疑是三十四位帝王中文化素质最差的一个——比宋末那两个幼童都不如。其实看看全书哪篇最长就可以猜到作者私下最欣赏哪位太宗,但如果强要选他做最佳太宗,就好比考察干部时,十几位一甲进士可供选择,您偏要去选一个秀才,这在有舆论监督的文明时代是毫无可能的。另外,朱老四还有着严重的道德缺陷——不论此事前因后果,篡贼终归是篡贼。至于明朝形成的一套规范成熟

的公共管理体系,并且成为一个超级帝国,其实跟朱老四关系并不是很大,换个人来也差不多。

清太宗:

客观地说,他的智慧修养和胸襟见识整本书无人能及,他简直就是汉文帝的气度、隋文帝的境界、宋太宗的文治、明太宗的武功完美结合的怪物,他后代"写史"的水平更比唐太宗强上百倍。然而,他的王朝却不在本书所说的主线之上,甚至可以说是专门来打断这条主线的。所以,论个人,皇太极是全书第一牛人,绝无争议;但论公共,清太宗不能参加中华帝国最佳太宗的评选。希望您能从公共管理学的角度理解这层意义。

综合评价,中华帝国的最佳太宗就是——汉文帝!

当然,这仅是个人观点。事实上,在作者的概念中,中华帝国的主流王朝——汉唐宋明是愈发完善,益趋至治,但李老二、赵老三、朱老四的毛病却一个比一个多,确实没办法把他们排在汉文帝前面。当然,这也是因为宋仁宗、宋高宗、明太祖、明孝宗没有参与本次评比,中国皇帝的素质总体而言还是呈上升趋势的,不能把最佳太宗的概念扩大为最佳皇帝。

然而,我写本书的目的并不是请您来看汉文帝怎么凭运气捞皇帝当,不是学习唐太宗怎么杀兄篡父还能把自己打扮成大英雄,也不是观赏光义的驴车驾驶技艺,更没兴趣跟您探讨明太宗是不是万艾可的潜在用户,而是以他们为节点,表现行政组织管理体系的发展历程,也就是本书的第二条主线。

这条主线其实主要是三个问题:宰相、一级地方政府、军权。

中华帝国理论上主权只属于皇帝,其他人都仅是辅助管理员而不是次级主权拥有者,但帝国的庞大决定了真正的个人独裁是不现实的,必须委政于吏,而官吏之首(宰相)又容易架空皇帝。皇帝的应对之策是用更亲近的内臣来取代权势日隆的外臣。丞相这个词最初并非政府一把手的意思,而是商周国王家里的大管家。但这个大管家一旦承担起公共管理职能,自然就成为一个公共职位,与前代的尹、宰并无区别。后来魏文帝设中书省制衡外朝,而中书令最初可不是朝官而是宦官,尊敬的太史公司马迁受宫刑后便入宫担任此职。魏文帝便想,宦官是皇帝的私家服务员,亲近度与外朝官员可不能比。然而，从此担任中书令、尚书令、侍中的都是朝官，这几个职务便不再是宦官，而演化成朝官的职名。尽管名义上没有丞相那么独尊，但也差不了多少。

  隋文帝终于改变了以往政府必须要由一个一把手全面负责的思维定势，用三省六部的形式分权制衡，并形成了宰相是一群人而不是一个人的新思维。唐宋在此基础上又有进步，这群人无非就是个参会的资格，挂个同平章事的差遣就行了，不一定固定成什么职务。但这么重要的差遣自然就会职务化，到后来南宋恢复左右丞相之名，甚至出现平章军国事这样和汉朝丞相无异的一把手。明朝把这些统统废除，以皇帝的秘书内阁大学士辅政。当然，秘书们就很快拥有了前代宰相的实质。

  其实很容易发现规律，每当一个职务威望太高，容易架空皇帝时，皇帝都用一个近臣职务来取代之。但这个新职务难免又会渐渐趋同于前者。宰相历经尹、太宰、冢宰、丞相、中书令、尚书令、侍中、枢密使、同平章事、平章军国事、内阁大学士等多种表面形式，但内涵并无实质性巨变。中途隋文帝将独相制改成群相制，但群相中仍有一个明确的首相。明后期皇帝又尝试用司礼监等内宫宦官机构来抗衡内阁，尽管发展的方向后来被打断了，但依照规律，还是很容易猜到：假设历史继续发展，司礼监又斗赢了内阁，那司礼监自身也会蜕变成一个公共机构，掌印太监、秉笔太监多半会成为新的首相、次相——当然，会由文官担任，还会形成"非进士不入翰林，非翰林不入司礼监"的规矩，阉人就再也无法染指了。

  对地方政府设置问题，最初中国也是分封建国，最高领主把一块地方封给一位次级领主就不管了，领主再往更次的领主封，层层分封，将主权直接交给下级，实现多级主权分封管理。但自从进入单一制中央集权帝国后，中国人便孜孜以求地追求着一个境界——实现中央政权对全国的直接管理。这也经历了州牧、州刺史、行台尚书省、节度使等几种形式，最初也是和宰相一样，新发明的形式仍然会趋同于前辈，不过到宋太宗这个问题真的解决了。宋朝打破必须实设一级地方政府（省）的思维定势，朝廷在各地派出数个平行机构，各自负责财政、司法、军事等几项政务，而不是全权委托一位一把手，避免了形成一方诸侯。这里需要再次提醒，明朝的地方司（道）直属于朝廷相关部门，

巡抚只能协调而没有主管权,并没有取得州刺史、节度使的实质,这无疑是人类建设单一制中央集权帝国的一个伟大胜利。

军权设置的问题其实和前者类似,尽管军队在指挥方面绝无可能不设一个明确的一把手,但调动、人事、后勤等重要权力仍然可以分解开来,这样就极大地避免了军权这个最根本的权力落于权臣之手。更重要的是宋朝以后中华帝国以公共事业管理思想建设军队,将军队事务融入到国家政治生活中来,实现整个政府对军队的控制,这就比皇帝个人靠与将领不稳定的私交控制军队要可靠得多。

理清这两条明线,然后才是关键——这其中蕴藏的暗线何在?这便是中国社会的发展规律了。

以上那些行政管理体制的改革,看起来很巧妙,但绝不能仅仅归结于隋文帝、宋太宗的灵感突发,连赵小胖都想得到的前人会想不到吗?只不过他所处时代的社会基础才能承载新的行政体制和组织结构。比如地方政府设置,如果不废除分封建国,又何来朝廷派出地方官一说呢,直接扔给藩王不就行了。秦朝覆灭后,六国贵族拿回了领地。但隋朝覆灭后,萧瑀、陈叔达都在唐朝身居高位,但并没有把他们的故国作为独立辖领还给他们。这不是唐高祖小气,而是社会进步使然。而写夏太宗一章的目的其实就是想告诉您:在缺乏公民社会基础的地方,即便设计与内地一模一样的公共管理方式,也难免沦为封建领主的私业。而宰相的形式尽管越来越完善,但秦桧、张璁这些厉害家伙仍能找到漏洞,架空皇帝。然而社会形态变了,官员们可以听命于首相却再也不能成为首相的附庸,权相们也就不能形成可传承的家族势力。所以当个人寿命结束后,权相也就成了浮云。

不过需要强调的是,随着政府组织结构的完善,权力运行愈发规范,官员们分到每个人头上的权力小了,合力却越来越大,到明朝已经可以轻松架空皇帝——只是单个官员也更难专权。所以,中华帝国的发展趋势是皇位越来越稳固,但皇权其实是越来越虚化。当皇权虚化到一定程度时,您甚至可以发现,这个虚名已经不太可能被篡夺了,这恰是靠让渡权力来实现的。有些人简单地说封建专制越来越强化,其实是只看到了皇位的稳固,没有理清皇位和皇权之间的概念逻辑，这种人当然就无法理解让渡部分权力来换取更加巩固地位的高妙境界了。

而军事组织的变革更有赖于社会的进步，解除人身依附关系才能建起公有军队。这个问题市面上的误解最多，这主要是某些还在妄图拥有私有军队的人进行了大量宣传，他们使劲渲染私有军队是多么强大，公有军队是多么不灵活，进一步还可以扩展为私有的政府比公共管理体系更有效率，这些人总爱说宋明文弱，不如汉唐强盛便是出于这个目的。事实上宋军的战绩比唐军要强得多，不然宋朝的和平发展时期不会比唐朝长。尤其典型的一役便是唐朝的怛罗斯战役，唐朝只派出万余汉族军队，却雇佣了十万异族领主私军。这种撬动力量看似强大，但关键时刻领主临阵叛变，万余汉军顿时被包饺子。宋朝公有化军队便规避了私军的这种缺陷，只不过这种缺陷和唐军诸多类似败绩一样，被选择性失明了。

除了社会进步，科技进步也在暗中起着作用。比如完善的交通网络，印刷、造纸技术，武器制造等也都从根本上影响着社会形态的变革。由于中华帝国形成了学而优则仕的氛围，读书人很多，其中投身科研的人比西方任何一个国家的总人口还多，所以科学技术也远比西方发达。我知道您想说某个时代中国的科技落后了，不过我想我也已经反复提醒过了，这个时代并不在本书所言的主流体系之中。

说了这么多，相信您已经认识到序篇西哲关于中国文明从不进步的说法是何其可笑了。他到底是西方式的偏见，还是对中国历史不够了解？抑或两者兼有，哪个多一点呢？尽管我很想引导您把他看成是人民公敌，但说实话还是后者多一点。

那西方人为什么会对中国历史有如此的偏见呢？恰如基辛格无法理解不掠夺资源和殖民地的大航海运动意义何在，西方人确实很难理解一个在一千年前就实现了公民社会的文明到底先进在何处。如果没记错，序篇西哲入土时西方仍处于领主时代。他对中华文明的理解就好比有人对他人学历的看法：小学一年级读完过几年又读初中一年级，过几年又读高中一年级，再过几年又读大学一年级，再过几年又读硕士一年级，再过几年又读博士一年级，

"周而复始,原地踏步"——而我已经从刚入园时从一数到十进步到从一数到三十了!

最后,本书虽以管理学为线索,其实仍是缅怀历史。因为这终归是一套已经作古的体系,或许我们能从中借鉴一些有益的成分,但毕竟没有主体性传承。真正重要的是,我们的祖先曾经创造过非常伟大的文明,远非序篇西哲这些人宣扬的"东方停滞论"可一言以蔽之。正视自己的历史,树立健康的民族意识,努力学习其他民族尤其是西方的优秀文明成果,但不盲信,不盲从,才能在未来更漫长的发展中,构造适合本民族文化背景的中国特色的管理模式。

主要参考资料

1.[汉]司马迁等.点校本二十四史[M].中华书局.1978.

2.[宋]司马光.资治通鉴[M].中华书局.1956.

3.[英]崔瑞德等.剑桥中国史系列[M].中国社会科学出版社.1992.

4.周宝珠等.中国历史系列[M].人民出版社.2007.

5.方诗铭,王修龄.古本竹书纪年辑证[M].上海古籍出版社.1980.

6.陈彦良.四铢钱制与西汉文帝的铸币改革：以出土钱币实物实测数据为中心的考察[J].清华学报.2009(12).

7.[法]勒内·格鲁塞.草原帝国[M].商务印书馆.2007.

8.[唐]温大雅.大唐创业起居注[EB/OL].http://www.guoxue123.com/shibu/0101/01dtcy/index.htm.

9.[唐]吴兢.贞观政要[M].黄山书社.2002.

10.[唐]李靖.唐太宗李卫公问对[M].三秦出版社.1999.

11.徐亮.茶镈和罗城战役及唐贞观年间青藏高原边缘地带力量均势.温州职业技术学院学报[J].2009(04).

12.[日]田中芳树.天竺热风录[M].南海出版社.2007.

13.杨鹤皋.魏晋隋唐法律思想研究[M].北京大学出版社.1994.

14.杜文玉.五代十国制度研究[M].人民出版社.2006.

15.[清]毕沅.续资治通鉴[M].中华书局.2008.

16.[宋]李焘.续资治通鉴长编[M].中华书局.2004.

17.[清]黄以周.续资治通鉴长编拾补[M].中华书局.2004.

18.[日]竺沙雅章.宋太祖与宋太宗[M].三秦出版社.1988.

19.邓广铭.岳飞传[M].人民出版社.1983.

20.黄如一.铁血强宋[M].云南人民出版社.2009.

21.杨宪益.译余偶拾(宋代东罗马遣使中国考)[M].山东画报出版社.2006.

22.[美]包弼德.唐宋转型的反思:以思想的变化为主[J].中国学术.2000(03).

23.[美]ConradSchimkauc RobertHymes. 樊理天下：中国宋代通向国家和社会的道路[M].Berkeley:University of California Press.1993.

24.葛金芳.宋代经济:从传统向现代转变的首次启动[J].中国经济史研究.2005(01).

25.[宋]叶隆礼.契丹国志[M].上海古籍出版社.1985.

26.[清]吴广成.西夏书事[M].甘肃文化出版社.1995.

27.[宋]宇文懋昭.大金国志[M].中华书局.1986.

28.刘浦江.关于金朝开国史的真实性质疑[J].历史研究.1998(06).

29.[宋]徐梦莘.三朝北盟会编[M].上海古籍出版社.2008.

30.[宋]李心传.建炎以来系年要录[M].上海古籍出版社.1992.

31.胡昭曦.宋蒙(元)关系史[M].四川大学出版社.1992.

32.[明] 杨士奇等. 大明太宗文皇帝实录 [EB/OL].http://www.docin.com/p-121106830.html.

33.[美]何炳棣.中华帝国成功的阶梯:社会流动面面观[M].哥伦比亚大学出版社.1962.

34.当年明月.明朝那些事儿[M].中国友谊出版公司.2006.

35.[清]赵翼.廿二史札记[M].凤凰出版社.2008.

36.谭天星.明代内阁政治[M].中国社会科学出版社.1996.

37.[美]黄仁宇.放宽历史的视界[M].中华书局.2001.

38.[美]黄仁宇.万历十五年[M].中华书局.2007.

39.陈昆.宝钞崩坏、白银需求与海外白银流入:明代白银货币化的考察[J].南京审计学院学报.2011(02).

40.[英]李约瑟.中国科学技术史[M].科学出版社.2010.

41.[德]冈德·弗兰克.白银资本:重视经济全球化的东方[M].中央编译出版社.2008.

42.[英]加文·孟席斯.1421中国发现世界[M].京华出版社.2005.

43.[美]亨利·基辛格.论中国[M].企鹅出版社.2011.

44.[明]计六奇.明季北略[M].中华书局.1984.

45.[明]谈迁.国榷[M].中华书局.2005.

46.[明]邓凯.崇祯长编[M].北京古籍出版社.2002.

47.阎崇年.明亡清兴六十年[M].中华书局.2006.

48.阎崇年.袁崇焕研究论集[C].台北文史哲出版社.1984.

49.[清]赵尔巽.清史稿[M].中华书局.1977.

50.[清]佚名.满洲实录[EB/OL].http://www.guoxue123.com/shibu/0201/00mzsl/index.htm.

51.姚念慈.满族八旗制国家初探[M].北京燕山出版社.1996.

52.李亚平.帝国政界往事[M].北京出版社.2007.

53.钱穆.中国历代政治得失[M].生活·读书·新知三联书店.2001.

54.金庸.金庸全集[M].花城出版社.2002.

55.张成福,党秀云.公共管理学[M].中国人民大学出版社.2007.

56.樊勇明,杜莉.公共经济学[M].复旦大学出版社.2007.

57.陈振明.公共政策分析[M].中国人民大学出版社.2009.

58.竺乾威,邱柏生,顾丽梅.组织行为学[M].复旦大学出版社.2009.

59.叶振鹏.中国历代财政改革研究[M].中国财政经济出版社.1999.

60.竺可桢.中国近五千年来气候变迁的初步研究[J].考古学报.1972(01).